Responsible Entrepreneurship

Harald Pechlaner · Sebastian Speer
(Hrsg.)

Responsible Entrepreneurship

Verantwortlich handeln in einer
globalisierten Welt

Hrsg.
Harald Pechlaner
KU Eichstätt-Ingolstadt
Eichstätt, Deutschland

Sebastian Speer
KU Eichstätt-Ingolstadt
Eichstätt, Deutschland

ISBN 978-3-658-31615-0   ISBN 978-3-658-31616-7   (eBook)
https://doi.org/10.1007/978-3-658-31616-7

Die Deutsche Nationalbibliothek verzeichnet diese Publikation in der Deutschen National-
bibliografie; detaillierte bibliografische Daten sind im Internet über http://dnb.d-nb.de abrufbar.

Springer Gabler ist ein Imprint der eingetragenen Gesellschaft Springer Fachmedien Wiesbaden
GmbH und ist ein Teil von Springer Nature.
Die Anschrift der Gesellschaft ist: Abraham-Lincoln-Str. 46, 65189 Wiesbaden, Germany

Inhaltsverzeichnis

   Sarah Eichelberger & Mike Peters

Responsible Entrepreneurship – Verantwortlich handeln in einer globalisierten Welt: eine Einführung

Sebastian Speer & Harald Pechlaner

Abstract

In dieser Einleitung umreißen die Autoren das Spannungsfeld des vorliegenden Sammelbandes von Unternehmertum und Verantwortung. Dazu zeigen sie neben der aktuellen Bedeutung verantwortlichen Unternehmertums, theoretische Ansätze auf, sich diesem komplexen Thema anzunähern. Die Autoren enden mit einem Überblick über die Beiträge des vorliegenden Bandes.

Inhalt

© Springer Fachmedien Wiesbaden GmbH, ein Teil von Springer Nature 2020
H. Pechlaner und S. Speer (Hrsg.), *Responsible Entrepreneurship*, Entrepreneurial Management und Standortentwicklung, https://doi.org/10.1007/978-3-658-31616-7_1

1 Einführung

„Mensch sein heißt verantwortlich sein." Mit dieser Feststellung aus dem weltbe-
rühmten Buch „Der kleine Prinz" zeigt der französische Autor Antoine de Saint-
Exupéry in einem Satz Verbindung von Verantwortung und Individuum auf. Verantwortung mit direktem Bezug zu menschlichen Akteuren erlebt in unserer heutigen Zeit Hochkonjunktur; sei es beispielsweise in Bezug auf die im Zuge der
Corona-Pandemie handelnden Akteure und politischen Entscheider, sei es in Bezug auf den Klimaschutz, die Nachhaltigkeit, den Umgang mit Migration und
Flüchtlingen, die Herausforderungen der Digitalisierung, das Wahlverhalten und
politische Anschlussfähigkeit, Konsumgewohnheiten oder unternehmerisches
Handeln – um nur einen beliebig erweiterbaren Überblick über derzeit medial
präsente Themen zu geben.

Der Ruf nach eben jenem verantwortlichen Handeln sowie nach der Übernahme von Verantwortung scheint – mit wenigen Ausnahmen – über alle Gesell-
schaftsschichten, Medien und politischen Parteien konsens- und anschlussfähig
zu sein. Dass dabei aber vor allem das Handeln von Unternehmen verstärkt in den
Fokus des öffentlichen Interesses und eines mitunter heftig geführten Diskurses
rückt, was bisweilen in ein Ergreifen aktiver Gegen- und Protestmaßnahmen einzelner Bürger, Bevölkerungsgruppen, Aktivisten und Interessengemeinschaften
gipfelt, ist ein jüngeres Phänomen. Wenngleich sich eine Vielzahl aktueller Beispiele finden ließe, seien an dieser Stelle nur zwei exemplarisch ausgewählt: zum
einen die Wiederstände gegen die Rodung der verbleibenden 200 Hektar des
Hambacher Forstes in Nordrhein-Westfalen durch den Energiekonzern RWE[1],
zum anderen die Proteste gegen die Beteiligung am Bau eines Kohlekraftwerkes
in Australien in Form der Zulieferung einer Zugsignalanlage durch Siemens[2].
Wird am Beispiel von RWE deutlich, dass bei klimaschädlichem (und damit unverantwortlichem) Handeln vor Ort mit Wiederstand zu rechnen ist, zeigt das Beispiel von Siemens, dass selbst die Ermöglichung klimaschädlichen Verhaltens
auch am von Europa aus gesehen anderen Ende der Welt auf der Agenda hiesiger
Akteure und als würdig erscheint verurteilt zu werden. Andere Unternehmen werben hingegen aktiv mit (ihrer) Verantwortung, indem sie „nachhaltige" oder aus
Abfällen hergestellte Produkte anbieten[3]. Anhand der gewählten Fälle lassen sich
Muster erkennen, welche die Grundlage für die Idee des vorliegenden Publikati-
onsband darstellten:

---

[1] Hajek, 2018

[2] Pfahler, 2020

[3] Man nehme die Beispiele von aus Müll (Nike) oder Ozean-Plastik (Adidas) hergestellten Sportschu-
hen oder die „Conscious Collection" des Modekonzerns H&M.

Zunächst scheint sich die Bedeutung von rechtlichen bzw. vertraglichen Verpflichtungen von Unternehmen, die in Verantwortungshierarchien abbildenden Modellen[4] einen fundamentalen und *notwendigen* Stellenwert einnehmen, zugunsten moralischer Verantwortung, die in den genannten Modellen eine für ganzheitliche unternehmerische Verantwortung *hinreichende* Funktion einnehmen, zu verschieben. Außerdem geht die Forderung nach Verantwortung über die lokale oder individuell-unternehmerische Ebene hinaus und hat mittlerweile eine globale und unternehmensübergreifende Dimension erreicht[5]. Gleichzeitig bleibt aber eine Spezifikation dessen, was Verantwortung im jeweils spezifischen Kontext bedeutet, in den meisten Fällen aus, sodass sich der Idee, was als verantwortlich angesehen wird, in der Regel über die Feststellung des Gegenteils angenähert wird. Inwieweit hingegen auf den innovativen Ideen des *upcycling*[6], des *cradle-to-cradle*[7] oder der *circular economy*[8] basierende Produktionsmuster und Angebote in unmittelbarer Relation zu der tatsächlichen Ökobilanz (z.B. das absolute Mehr an produzierten Waren und den dafür notwendigen Energie- und Ressourcenverbrauch ignorierend) oder zu den sozialen Kosten als tatsächlich verantwortlich bezeichnet werden können oder nur als ein Weg anzusehen sind, einer Situation politischen Zwangs zuvorzukommen[9], sei zunächst dahingestellt. Neben der grundsätzlichen Frage, inwieweit Verantwortung auf Freiheit basiert oder inwieweit echte Verantwortung erzwungen werden kann, spielt zudem die Frage, wer Verantwortung zu tragen hat – Unternehmen, Unternehmen oder beide – eine zentrale Rolle.

Damit lässt sich die zuvor formulierte Frage auf die Betrachtungsebenen kollektiver und individueller Verantwortung abstrahieren. Diese Sicht auf persönli-

---

[4] S. z.B. Hiß, 2006; Schranz, 2007; Carroll & Buchholtz, 2008 sowie die Stellungnahme von Siemens-Chef Joe Kaeser (vom 12. Januar 2020) via Twitter: „We need to fulfil our contractual obligations."

[5] Vgl. dazu bspw. „no company is an island" (Reeves et al., 2018: 1)

[6] *Upcycling* bezeichnet die Umwandlung normalerweise als nutz- und wertlos angesehener Abfallprodukte in neue, wertvolle Produkte. Es handelt sich folglich um einen Ansatz, der nicht nur auf die Vermeidung von Abfällen abzielt, sondern zugleich Mehrwert schafft. Vgl. z.B. Braungart & McDonough, 2013

[7] Unter *cradle-to-cradle*-Ansätzen werden Produktionsmethoden verstanden, die als Outputs anfallende Rohstoffe und Materialien im Sinne einer Kreislaufwirtschaft dauerhaft als Inputs nutzbar machen. Vgl. z.B. Braungart & McDonough, 2009

[8] Die auch als Kreislaufwirtschaft bezeichnete *circular economy* beschäftigt sich mit der Wiederverwertung von gebrauchten Roh- und Abfallstoffen sowie dem Erhalt von höherwertigen Gebrauchsgütern durch Reparatur u.a. Vgl. z.B. Pearce & Turner, 1990

[9] Specht et al., 2019

che und betriebliche Verantwortung steht nicht nur im Fokus aktueller Diskussionen im wirtschaftlichen Kontext – man denke an die Debatte hinsichtlich der Rolle einzelner Manager und deren Einbettung in organisationale Strukturen, die derartiges Fehlverhalten decken oder ermöglichen, wenn nicht gar fördern[10] – bringt die derzeitige Bundesjustizministerin in einem Anfang des Jahres 2020 geführten Interviews mit der WirtschaftsWoche exemplarisch auf den Punkt:

> „Nehmen Sie die Umetikettierung von Gammelfleisch. Es gibt wohl keinen Mitarbeiter, der morgens aufsteht und sich aus eigenem Antrieb sagt: Heute will ich verdorbenes Fleisch als frische Ware ausweisen!" Die Initiative hierfür kommt ja in der Realität von einem Vorgesetzten oder der Firma. Also muss man prüfen, ob sie ihre Mitarbeiter zum Betrug gedrängt oder solche Taten zumindest stillschweigend gebilligt hat. Und sie gegebenenfalls zur Rechenschaft ziehen. Die Verantwortung hierfür darf nicht auf die einfachen Mitarbeiter abgewälzt werden."[11]

Das so umrissene Spannungsverhältnis von tatsächlichem Handeln, der Verantwortlichkeit für dieses Tun, dem Ermöglichen oder Billigen von bestimmten Verhaltensweisen und die Bedingungen, unter denen Taten stattfinden, zeigt die Komplexität von Verantwortungsbeziehungen zwischen einzelnen Akteuren in organisationalen Strukturen auf.

Gleichzeitig können die bisher vorgestellten Beispiele einerseits als Indikator dafür gesehen werden, wie stark in unserer heutigen Zeit Skandale und Fehlverhalten – kurz: unverantwortlichem Verhalten – im Wirtschafts- und Unternehmenskontext im öffentlichen Bewusstsein präsent geworden sind und einen Platz in medialen, politischen und gesellschaftlichen Diskussionen eingenommen haben. Andererseits bedarf vielleicht gerade diese (Omni-)Präsenz einer bewussten Differenzierung und Schärfung dessen, was mit Verantwortung von Menschen und Unternehmen gemeint ist – bzw. wie sich unverantwortliches Handeln von verantwortlichem unterscheidet. Dieser Sammelband möchte hierzu einen Beitrag leisten, indem er sich auf die Person des Entrepreneurs fokussiert und deren Motivation zu verantwortlichem Handeln in das Zentrum des Forschungsinteresses rückt.

Die Person des Unternehmers und deren Motive und Anreize, ein Unternehmen zu gründen, haben besonders durch den Beitrag „The promise of entrepreneurship as a field of research" (2000)[12] eine besondere Beachtung in der Entrepreneurshipforschung erfahren. Seitdem erfreuen sie sich eines ungebrochenen, immer stärker ausdifferenzierenden Interesses seitens der wissenschaftlichen

---

[10] Clemente & Gabbioneta, 2017

[11] Böll & Ramthun, 2020

[12] Shane & Venkataraman, 2000

Community[13]. Anfangs stand zunächst der Dreiklang aus unternehmerischer Gelegenheit, der sie entdeckenden und nutzenden Person sowie des daraus resultierenden Geschäftsmodells im Zentrum des Interesses. Dabei waren die Erkennung einer unternehmerischen Gelegenheit und die Ableitung unternehmerischen Handelns zunächst eng mit der Fähigkeit des Entrepreneurs verknüpft, die Profitmöglichkeiten hinter einer Gelegenheit (*profit opportunity*) zu erkennen und in ein gewinnbringendes Geschäftsmodell (*business model*) umzumünzen. Geschäftstätigkeit und Gewinnorientierung wurden praktisch synonym genutzt. Damit orientierte sich die betriebswirtschaftliche Entrepreneurship-Forschung zunächst stark an dem Grundverständnis der mathematisch-optimierenden Modelle der volkswirtschaftlichen Mikroökonomie[14]. Der bekannte Satz von Milton Friedman „The social responsibility of business is to increase its profits"[15] steht sinnbildlich für diese Art von Denken und ausschließlich durch monetäre Interessen geleitetes Handeln – zumindest von Unternehmen als künstliche Akteure und juristische Personen. Bald jedoch stellte man fest, dass es auch (unternehmerisch handelnde) Personen gibt, die sich überhaupt nicht – oder zumindest nicht ausschließlich – durch eine Aussicht auf möglichen, leicht quantifizierbaren Profit leiten lassen, sondern vielmehr einen Beitrag zum stärker qualitativ orientierten Allgemeinwohl leisten möchten. An die Seite der *wealth creation* trat die *value creation* als alternative Form von sich für Belange der Allgemeinheit, der Umwelt oder bestimmter sozialer Gruppen einsetzenden Unternehmertums[16]. Die Kristallisation einer ganzheitlich auf Gerechtigkeit, Solidarität und Verantwortung ausgerichteten Wirtschaft lässt sich in dem „Ökonomie für den Menschen"[17] titulierten Werk des Wirtschaftsnobelpreisträgers Amartya Sen wiederfinden. In diesem stellt er – in Abgrenzung zum Titel *Development as Freedom* der englischen Originalausgabe – die Verbindung von Wirtschaft und Menschen in den Mittelpunkt. Besonders die Zuschreibung des „für" macht die Rolle der Wirtschaft als Summe all der in ihr zusammengefassten Akteure, Unternehmen und Institutionen als Verantwortungsträger gegenüber den Menschen deutlich[18].

Zur Ebene der wirtschaftlichen Akteure zurückkehrend, stellen *social entrepreneurship*, *community entrepreneurship*, *green*, *ecological* oder *environmental entrepreneurship* und *sustainable entrepreneurship* prominente Unter- bzw. Son-

---

[13] Wiklund et al., 2011

[14] Lowrey, 2003

[15] Friedman, 1970

[16] Für die unterschiedlichen Ansätze s. bspw. Hitt et al., 2001; Acs et al., 2013

[17] Sen, 2007 (1999)

[18] S. hierzu Jonas, 1984 (1979): 181; Hubig, 1995: 149

derformen dar, unternehmerisch aktiv zu sein. Diese sich in den vergangenen Jahren in der wissenschaftlichen Debatte herausgebildeten, wenngleich nicht immer
vollkommen trennscharf voneinander abgrenzbaren Formen von Unternehmen
und Unternehmertum haben jedoch eine wichtige Gemeinsamkeit: Der Person des
Unternehmers liegt es nicht – oder nicht ausschließlich – daran, ausschließlich
auf den monetär geschaffenen *wealth* für sich, das Unternehmen und dessen
Shareholder zu fokussieren, sondern vielmehr *value* für nicht in direkter Interes-
sens- oder Verpflichtungsbeziehung mit dem Unternehmer und seiner Organisation stehende soziale Gruppen oder die Umwelt selbst schaffen. Die Verleihung
des Wirtschaftsnobelpreises an Amartya Sen (1998) und des Friedensnobelpreises
an den Gründer der sich für zugleich wirtschaftliche und soziale Entwicklung einsetzenden Grameen Bank Mohammad Yunus (2006) zeigen exemplarisch die Bedeutung und Wertschätzung von Verantwortung im unternehmerischen Kontext
auf.

Zentral an dem Phänomen, sich für andere Menschen oder die Umwelt ein-
zusetzen ist die Tatsache, dass sich das dazu notwendige Verhalten im letzten
Schluss immer auf Personen – und eben nicht Institutionen oder Unternehmen als
juristische Personen oder super-menschliche Konstrukte – zurückzuführen sind[19].
Hinter jeder Entscheidung, die Unternehmensziele am Wohl einer gewissen Stakeholdergruppe auszurichten, findet sich in letzter Konsequenz der menschliche
Willen zu einem derartigen Handeln. Dieses Handeln werden wir im Zuge dieser
Publikation als verantwortliches Handeln deklarieren, die Unternehmerperson,
die sich zu einem solchen Handeln entscheidet, als verantwortungsvollen Unternehmer – oder *responsible entrepreneur*. Einer Annäherung dessen, was unter
dem oft Buzzword-artig genutzten Begriff der „Verantwortung" zu verstehen ist
und wie sich dieser in den Kontext zunächst menschlichen Handelns allgemein
und unternehmerischen Handelns im Speziellen einordnet, gehen wir zunächst
mit der von Heidbrink angebotenen Definition von Verantwortung nach:

> „Verantwortung ist eine Eigenschaft von Personen, die am Schicksal anderer teil-
> haben und ein Bewußtsein dafür besitzen, was sie ihnen nicht nur aus Gründen der
> Gerechtigkeit, sondern der Solidarität schulden. Zu einem umfassenden Verständnis
> von Verantwortung gehört, sich auch solche Pflichten zuzuschreiben, die aus dem Be-
> reich unbedingter Obligationen herausfallen, Bereitschaften des Engagements, der
> Freiwilligkeit, der Partizipation zu entwickeln und den normativen Aufmerksamkeits-
> bereich über das Gebotene hinaus zu erweitern. Das Verantwortungsprinzip ist schließ-
> lich auch ein integratives Handlungsprinzip, das zur Zurechnung dessen führt, was
> nach kausalen und intentionalen Kriterien unzurechenbar bleibt."[20]

---

[19] Vgl. hierzu die Argumentation von Kleinfeld, 1998

[20] Heidbrink, 2003: 8

Gemäß diesem Verständnis ist Verantwortung eine Kombination von drei Voraussetzungen, die aufeinander aufbauen und kumulativ zu erfüllen sind: Die Grundlage bildet auf persönlicher Ebene die Fähigkeit, Mitgefühl mit anderen Menschen zu haben und sich mit ihnen emotional solidarisieren zu können[21]. Ist dies der Fall, muss zudem eine freiwillige Bereitschaft zum Handeln bestehen, die sich nicht auf Verpflichtungen, Vorschriften oder Gebote beruft, sondern dem Mitgefühl für den anderen entspringt[22]. Zuletzt bildet ein über das reine Nutzenkalkül, gegebenenfalls auch traditionelle Regeln der Logik und der eigenen Präferenzen missachtend, hinausgehendes Handeln die Konsequenz gelebter Verantwortung. Dieser Argumentation folgend, lassen sich alle zuvor genannten Formen des Unternehmertums, die sich auf die ein oder andere Weise mit ihrem Umfeld solidarisieren und aus freien Stücken nicht ausschließlich auf ihren Vorteil, sondern auch zum Wohl anderer handeln, als „verantwortlich" charakterisieren.

Da die Idee der Verantwortung jedoch deutlich komplexer ist als die zuvor angeführte und zu einer ersten Verortung herangezogene Definition, stellen wir an dieser Stelle zu Beginn des vorliegenden Bandes einige Aspekte besonders heraus. Damit möchten wir zum einen einen gebotenen Grad der Differenzierung erreichen, um sich den vielfältigen Facetten des Konzepts „Verantwortung" anzunähern, und zum anderen die Verständnisbasis für die Beiträge dieses Bandes legen.

Verantwortung wird als relationales Konzept bezeichnet[23] und zeichnet sich insofern durch eine Pluralität von miteinander in Beziehung stehender Dimensionen aus. Lenk identifiziert in seiner klassischen Konzeption sechs solcher Dimensionen[24], die sich in der Verantwortung eines (1) jemanden (2) für etwas (3) gegenüber einem Adressaten (4) vor einer Urteils- oder Sanktionsinstanz (5) in Bezug auf ein normatives Kriterium (6) im Rahmen eines Handlungs- bzw. Verantwortungsbereichs ausdrückt[25]. Als Voraussetzungen, überhaupt eine Verantwortungszuschreibung vornehmen zu können, gelten die Faktoren Freiheit, Kausalität und Intentionalität; zu den das Maß der zurechenbaren Verantwortung beeinflussende Größen zählen die jeweils spezifischen Lebens-, Entscheidungs- und

---

[21] Diese Bedeutung ist bereits zu finden bei Smith, 2006 (1759): Part I, Section II, Chapter IV.

[22] Sen, 2007 (1999) wählt die umgekehrte Argumentation, indem er Opfer bringendes und das eigene Interessen zurückstellende Handeln aus Pflichtgefühl als Steigerung von eigene Interessen bewahrenden Handlungen aus Mitgefühl ansieht.

[23] Heidbrink, 2010; Wiborny, 2016

[24] Andere Autoren führen hier bis sieben Dimensionen (z.B. Ropohl, 1994) an, die sich in den wesentlichen Aspekten aber decken.

[25] Lenk, 1992: 81 f.

Handlungsumstände sowie persönliche Rollen und Fähigkeiten[26]. Dieser erste grundsätzliche Blick auf das Konzept der Verantwortung lässt die starke Ausrichtung an einem (menschlichen) Individuum und seinen emotionalen, kognitiven und aktionalen Eigenschaften deutlich werden. Diese so vorgenommene Fokussierung auf menschliche Akteure spiegelt sich in den Beiträgen dieses Bandes wider; zugleich möchten wir aber betonen, dass in der Wissenschaft auch die Position vertreten wird, dass auch ein Unternehmen als institutionaler Akteur Träger von Verantwortung sein kann[27]. Diesen Denkansatz schließen wir bewusst nicht aus; nimmt er doch eine wichtige Funktion in der Betrachtung von individuellem verantwortlichem Handeln eines Unternehmers und kollektiv-organisationalem verantwortlichem Handeln eines Unternehmens ein.

Eine so vorgenommene Unterscheidung in individuelle und kollektive Verantwortung lässt aufgrund der Vielzahl an Individuen, die ein Kollektiv[28] ausmachen (können), auch die Zahl der Optionen der Verantwortungszuschreibung, -zuteilung oder -übernahme ansteigen. Während die Relation von Verantwortung und einer Person unidirektional und eindeutig ist, zeigt De George fünf Möglichkeiten auf, Verantwortung auf die Individuen einer Gruppe und die Gruppe als über-individuelles Konstrukt zurechenbar zu machen: Angefangen von einer vollumfänglichen Verantwortung jedes einzelnen für das Verhalten der Gruppe bis hin zu einer ausschließlichen Verantwortung der Gruppe ohne einer Verantwortungszuschreibung auf individueller Ebene[29]. Möchte man über die Betrachtung von Verantwortung von Individuen einer organisierten Gruppe hinausgehen, lässt sich der Verantwortungsgedanke dahingehend ausdifferenzieren, dass auch kumulatives, aber unabgestimmtes Zusammenwirken gleicher oder in der Konsequenz vergleichbarer Handlungen in der Realität von Bedeutung ist. Während jede individuelle Handlung nahezu keinen Einfluss hat, ist die Summe entscheidend für den Effekt: „Die Kausalbeziehung besteht nicht zwischen den Einzelhandlungen und dem Effekt, sondern stellt sich erst auf der Ebene des aggregierten Handelns ein. Das kausale Band zwischen dem individuellen Akteur und dem negativen Effekt löst sich in Statistik auf."[30] Den umgekehrten Weg betrachtet Wiborny, wenn er Verantwortung in Hinblick auf die Beseitigung eines existenten Übels – welches

---

[26] Heidbrink, 2003; 2010

[27] Heidbrink, 2010

[28] Zu differenzieren gilt zwischen einem Kollektiv in der Bedeutung einer organisierten (und in Teilen auf ein gemeinsames Ziel ausgerichteten) Gruppe und einem Kollektiv als mehr oder weniger zufällig in unmittelbarem räumlichen Kontext zueinander stehender Akteure (Held, 1991 (1970))

[29] De George, 1986

[30] Bayertz, 1995: 54

derzeit beispielsweise in Themen wie dem Klimawandel, Umweltschädigung oder sozialer Ausbeutung Ausdruck findet – untersucht. Hintergrund ist die Annahme, dass ein Problem nur gelöst werden kann, wenn viele individuelle Akteure auf die Lösung eines Problems hinarbeiten. Die Herausforderung besteht nun darin, zu einem gemeinsamen und abgestimmten Grad verantwortlichen Verhaltens zu gelangen, da nur die Summe der Einzelverantwortungen, nicht aber die separat betrachteten, individuellen Einzelverantwortlichkeiten es vermögen, ein Problem zu lösen[31].

Aus dem vorangegangenen Beispiel lässt sich eine weitere bedeutsame Unterscheidung im Bereich der Verantwortung herauslesen: Verantwortung aus retro- und aus prospektiver Sicht. Stellt sich die retrospektive Verantwortung vor allem die Frage, wer an einer eingetretenen Folge Schuld hat, richtet die prospektive Verantwortung ihren Blick in die Zukunft und fokussiert die Vermeidung von Übel von vornherein und nimmt somit eine fürsorgende Funktion ein[32]. Während die retrospektive Sicht auf Verantwortung vor allem auf Bestrafung abzielt, aber nichts mehr am *status quo* zu verändern vermag, strebt die prospektive Verantwortung an, das sprichwörtliche Kind erst gar nicht in den Brunnen fallen zu lassen. Dieses Verantwortungsverständnis steht im Zentrum heutigen Handelns, da das grundsätzliche Bewusstsein herrscht, dass es nur die eine Erde gibt, die es zu schützen und für die Nachkommen zu erhalten gilt.

Die Welt als Handlungssphäre wahrnehmend, stellt sich zudem die Frage nach der Globalität von Verantwortung in zweierlei Hinsicht: Zum einen im engen Sinne einer geographischen Ausdehnung der Verantwortung des eigenen Handelns und der daran geknüpften Folgen, zum anderen im weiten Verständnis der Ganzheitlichkeit der Verantwortung. Die Ausdehnung von Verantwortung auf den globalen Kontext nimmt im Bereich der Wirtschaftsethik einen prominenten Stellenwert ein. Den weltweiten Aktivitäten vieler mittelgroßer und großer Unternehmen steht dabei die Forderung nach der Übernahme von Verantwortung in gleichem Ausmaß gegenüber: „Wer global wirkt, muss sich auch weltweit verantworten", fasst Dierksmeier[33] diese Argumentation zusammen, die aus der lokalen und kausalen Zurechenbarkeit von durch Handeln implizierten Folgen resultiert. Für eine holistische Betrachtungsweise von Handlungen, die über den bloßen geographischen Betrachtungshorizont hinausgehen, plädieren jüngste Forschungen:

---

[31] Wenngleich Wiborny (2016) seinen Ansatz vor allem auf menschliche Akteure bezieht, kann dieser auch auf die organisationale Ebene gehoben werden: So erscheint es logisch, dass ein Kleidungsproduzent, der für menschliche Arbeitsbedingungen sorgt, nicht die prekäre Situation in Bangladesch verändern kann oder ein Unternehmen, das ressourcenschonend produziert es vermag, den Klimawandel aufzuhalten.

[32] Werner, 2002

[33] Dierksmeier, 2016: 16

Zum einen bedeutet ganzheitlich verantwortliches Handeln im Unternehmenskontext, nicht nur die Aktivitäten des eigenen Unternehmens verantwortlich zu
gestalten. Vielmehr impliziert das Konzept der Verantwortung, die gesamte Wertschöpfungskette an Verantwortungsprinzipien auszurichten und somit das unver-
antwortliche Agieren vor- und nachgelagerter Wertschöpfungsstufen durch das
vermeintlich vorbildliche Handeln im eigenen Geschäftsbetrieb kompensieren o-
der überdecken zu können[34]. Gleiches gilt für das Handeln auf individueller
Ebene – unabhängig von der Betrachtung einer Person oder eines Unternehmens.
So zeigt eine Studie, dass Menschen gerne auf einen als *moral self-licensing* bezeichneten Mechanismus zurückgreifen, der es ohne weiteres erlaubt, verantwortliches oder gutes Handeln durch schlechtes oder unverantwortliches Handeln auszugleichen oder zu kompensieren – ohne, dass dieses schlechte Verhalten als ver-
werflich angesehen würde[35]. Verantwortung und Unverantwortlichkeit liegen somit sehr nah beieinander; der Übergang ist nahezu fließend.

Der somit zuletzt genannte Aspekt, die Unverantwortlichkeit, wird häufig
mit zwei zentralen Effekten verbunden: Der erste betrifft die Externalisierung von
negativen Effekten, d.h. die Auslagerung negativer Handlungsfolgen, die einem
Akteur ursächlich und somit kausallogisch zuzurechnen ist[36]. Das Handeln selbst
und die Verantwortung für dessen Konsequenzen werden also bewusst entkoppelt,
wodurch der Anreiz zu unverantwortlichem Handeln vor allem durch das Wissen
gegeben ist, selbst keine negativen Konsequenzen tragen zu müssen, sondern
diese auf andere zu übertragen. Ein zweiter Effekt, der mit unverantwortlichem
Verhalten in Verbindung gebracht wird, ist das Eingehen von Risiken, deren Auswirkungen den eigenen Verantwortungsbereich übersteigen[37]. Zwar wird in der
Wissenschaft Risikobereitschaft als ein zentrales Merkmal von Entrepreneuren
identifiziert[38]; das Risiko zu scheitern trägt und trifft aber in der Regel die Unter-
nehmensperson selbst. Das Beispiel des sogenannten Dieselskandals mit seinen
finanziellen, aber auch ökologischen Folgen zeigt, dass Risiken in Kauf genommen wurden, für deren Folgen der verursachende Kreis von Mitarbeitern unmög-
lich in vollem Umfang zur Verantwortung gezogen werden kann. Das Prinzip bewusst Risiken einzugehen, im Erfolgsfall den Gewinn einzustreichen, im Fall des
Misserfolgs aber die Konsequenzen zu externalisieren, können somit als Kern-
merkmal unverantwortlichen Handelns identifiziert werden.

---

[34] Oermann & Hauser, 2020

[35] Engel & Szech, 2020

[36] Aßländer & Schumann, 2011; Bartling et al., 2014

[37] Kaufmann, 1995

[38] z.B. Brockhaus & Horwitz, 1986

Zurückkehrend zum Spannungsfeld der Verantwortung im Kontext unternehmerischen Handelns bezeichnet Heidbrink Verantwortung als „Grundprinzip der guten Unternehmensführung"[39] und identifiziert in diesem Zusammenhang die „Vermittlung der ökonomischen Rationalität mit der moralischen Vernunft"[40] als bedeutsame Kombination der Grundprinzipien „Erfolgsorientierung" und „Prinzipienorientierung". Das Gebot der wirtschaftlichen Profitabilität (Erfolgsorientierung) sieht er nicht konträr, sondern komplementär zu ethisch korrektem und verantwortlichem Verhalten gegenüber allen internen und externen Stakeholdergruppen (Prinzipienorientierung). Die Freiheit, auf kreative Art und Weise unternehmerisch aktiv zu werden und auf diese Weise gewinnbringende Gelegenheiten für sich zu nutzen, sollte mit einer doppelten Selbstreflektion einhergehen: Zunächst mit einer freiwilligen Selbstbeschränkung[41], durch die ein Akteur sich in seinen Handlungsoptionen eingrenzt. Durch die Reflektion von Handlungen und deren Konsequenzen obliegt es ihm abzuwägen, welches Handeln er für vertretbar hält und somit nicht alles und nicht um jeden Preis zu tun. Die zweite Ebene ist jene der Selbstrechtfertigung[42], durch die sich Unternehmen oder Unternehmer nicht nur vor ihrem persönlichen Gewissen, sondern auf Grundlage anerkannter Standards, Regeln oder Vorschriften hinsichtlich der Konformität ihres Verhaltens mit diesen vor einer breiteren Öffentlichkeit und Interessengruppen rechtfertigen müssen.

Das mehrdimensionale Konstrukt der Verantwortung lässt sich für den Zweck dieses Sammelbands wie in Abbildung 1 visualisiert zusammenfassen: Verantwortungssubjekte (Individuen oder Kollektive unterschiedlicher Größe und Struktur) bewegen sich in einem Handlungskontext von zeitlicher (Verantwortungshorizont) und räumlicher Dimension (Verantwortungsebene). Das Handeln der Akteure wird dabei von einer Reihe interner (z.B. Intention oder Motivation) sowie externer (z.B. spezifischer Handlungskontext oder in der Vergangenheit gemachte Erfahrungen) Faktoren beeinflusst und mündet schließlich in einem mit einem Nutzen bzw. einer gewissen Wertschöpfung einhergehenden Resultat. Eine Bewertung dieses Resultates anhand von heranzuziehenden Kriterien, das Konstrukt der Verantwortung zu messen, lässt sich auch in eine Bewertung der vorangegangenen Handlungen und der dahinterstehenden Akteure überführen. Innerhalb des aufgezeigten Zielkorridors bewegen sich die Beiträge dieses Sammelbandes und fokussieren dabei auf Entrepreneure als Verantwortung übernehmende Subjekte.

---

[39] Heidbrink, 2010: 11

[40] Heidbrink, 2010: 3

[41] Steinmann, 1999

[42] Oermann & Hauser, 2020

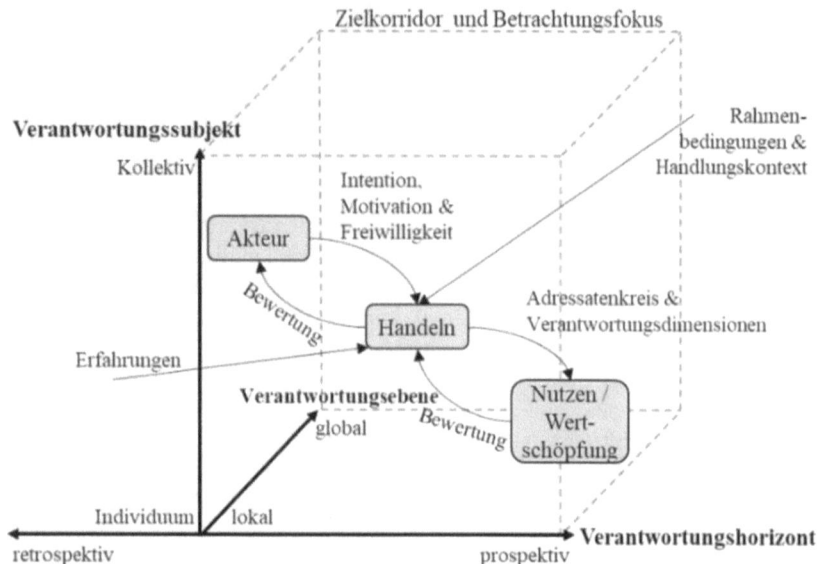

Abbildung 1: Verantwortungskonzeption und -dimensionen für den Kontext des vorliegenden Bandes. Quelle: eigene Darstellung.

2 Überblick über den Inhalt des Bandes

Der vorliegende Band gliedert sich in vier thematische Blöcke, die den inhaltlichen Bogen von allgemeinen Überlegungen zu verantwortlichem Handeln im unternehmerischen Kontext (Teil I) über Herausforderungen der alltäglichen Entrepreneurship-Ausbildung und -Praxis (Teil II) und besonderen Aspekten unternehmerischen Handelns (Teil III) hin zum praktischen Anwendungsfeld von Responsible Entrepreneurship im Kontext des Tourismus (Teil IV) spannt.

Der **erste Teil** stellt grundlegende Überlegungen verantwortlichen Handelns ins Zentrum des Interesses, indem sich die Beiträge durch philosophiebasierte Zugänge den Grundlagen unternehmerischen Agierens unter Verantwortungsaspekten annähern. Dazu wendet sich *Claus Dierksmeier* zunächst der Freiheit als fundamentaler Basis sowohl für alles verantwortliche Handeln[43] als auch für jedes unternehmerische Tun[44] zu. In seinem Beitrag argumentiert er für ein Umdenken,

---

[43] Dierksmeier, 2011

[44] Ballet et al., 2014

indem er von dem Primat des quantitativen Freiheitsdenkens, das die bloße Anzahl an Wahlmöglichkeiten zum Gradmesser für Freiheit *per se* heranzieht, Abstand nimmt und stattdessen für eine qualitativ ausgerichtete Freiheitslogik plä-
diert, nach der die Güte der Wahlmöglichkeiten den Wert der Freiheit ausmachen.
Anschließend zeigt er, dass eine reduzierte oder durch persönliche Werte und moralische Normen selbstbeschränkte Zahl möglicher Handlungsoptionen gerade
nicht zum Scheitern gegenüber quantitativen Maximierungslogiken folgenden
Geschäftsmodellen ist, sondern vielmehr innovationsfördernd ist, anziehend auf
Mitarbeiter und Kunden wirkt und auf wirtschaftlich langfristigen Erfolg ausgelegt ist. Neben der Existenz bestimmter Freiheiten sind vor allem persönliche Motive, Fähigkeiten, Kenntnisse, Charaktereigenschaften und Werte für das letztend-
liche Handlungsergebnis menschlicher Akteure im Allgemeinen und Unternehmer im Besonderen relevant[45]. Die Kombination der Gründe einerseits und der
expliziten Ausgestaltung der in (intendierten) Konsequenzen mündenden Taten
andererseits steht somit in Ergänzung zur Freiheit als Handlungsgrundlage. Dieser integrierten Betrachtung des Handelns nimmt sich der Beitrag von *Sebastian
Speer* an. Dazu bedient der Autor sich zentraler Theorien zweier Philosophen,
deren Anwendungskontext er auf den Anwendungskontext verantwortlichen unternehmerischen Handelns überträgt.

Nach der zuvor erfolgten Verortung unternehmerischen Handelns in einer breit
angelegten theoretischen Fundierung, wendet sich der **zweite Teil** praktischen
Herausforderungen verantwortlichen unternehmerischen Handelns zu. Das
grundlegende Wissen zu unternehmerischem Handeln wird in wirtschaftswissenschaftlichen Studiengängen vermittelt. Eingedenk der Tatsache, dass allein das
Studienfach „Betriebswirtschaftslehre" die meisten Studenten auf sich vereint[46],
wird das Potential, eine Vielzahl an ökonomischen Akteuren nicht nur durch die
vermittelten Inhalte auszubilden, sondern auch in ihrer Denk- und Handlungsweise zu prägen, offenbar. An dieser Stelle der Ausbildung von Wirtschaftswissenschaftlern setzt der Beitrag von *Sebastian Oelrich, Anne Chwolka und
Matthias Raith* an. In diesem verstehen sie den Unternehmer als sozialen Entrepreneur, der aufgrund des Einbezugs seines Wertesystems Wert (*value*) für sich
und andere schafft. Zudem leiten sie zentrale Ansätze ab, die Betriebswirtschaftslehre zu einer Gestaltungswissenschaft zu weiterzuentwickeln, die wirtschaftliche
Akteure und Entrepreneure zu aktiven Gestaltern ihrer Umwelt und Zukunft
macht. Eine zentrale Rolle in der Gestaltung der Zukunft nehmen entsprechend
(verantwortungbezogene) Innovationen ein. Dieses Thema machen *Christine*

---

[45] Ardichvili et al., 2003

[46] DeStatis (Stand: WS 2018/2019)

Volkmann und Karsten Bolz zum Gegenstand ihres Beitrags, in dem Sie Responsible Innovation (RI) als dreifaktoriges Konzept vorstellen, welches den akteurszentrierten Innovationsprozess um Wertorientierung und Zusammenarbeit erweitert. Eine zentrale Frage, die sich Entrepreneure nach dem Erkennen einer unternehmerischen Gelegenheit stellen, ist, wie sie die Umsetzung ihres Geschäftsmodells finanzieren[47]. Mit der Frage, in welchem Ausmaß Unternehmen ihren Eigentümern und Anteilseignern (finanziell) verpflichtet sein müssen bzw. dürfen, sehen sich Unternehmen, die entweder keine Gewinnerzielung anstreben oder deren Geschäftsmodell als nicht (bereits nach kurzer Zeit) rentabel erscheint, gezwungen, neue Finanzierungsmodelle zu finden. *Isabell Tenner und Jacob Hörisch* beschäftigen sich in ihrem Beitrag mit der Möglichkeit der Crowdfinanzierung – einer Finanzierungsart die weltweit an Bedeutung gewinnt. Auf Basis einer Fallstudie zeigen die Autoren eine praxisrelevante Möglichkeit für verantwortlich handelnde respektive handeln wollende Unternehmer auf, ihr Geschäftsmodell zu finanzieren.

Der **dritte Teil** des vorliegenden Bandes widmet sich schließlich besonderen Aspekten verantwortlich handelnden Unternehmertums. Dabei kommen besonders eng mit der Verantwortungsidee in Beziehung stehende Konzepte der Nachhaltigkeit (*sustainaility*) und Resilienz zur Sprache. Vor allem in jüngerer Vergangenheit wird das Konzept der Nachhaltigkeit häufig in unmittelbare Nähe zur Verantwortung gebracht. Nachhaltigkeit (*sustainability*) bzw. nachhaltige Entwicklung und Verantwortung (*responsibility*) gehen häufig Hand in Hand[48], gerade weil auf Langfristigkeit ausgelegtes Handeln (Nachhaltigkeit) mit den Interessen vieler Stakeholdergruppen kompatibel ist (Verantwortung). Der Beitrag von *Sebastian Speer* wendet sich der Rolle von Entrepreneuren als Katalysatoren für die Etablierung von nachhaltigen – und somit verantwortlichen – Konsum- und Produktionsmustern zu. Resilienz, häufig als Adaptionsmechanismus an durch primär extern verursachten Wandel bezeichnet[49], zeichnet sich im Kontext des *entrepreneurship* durch Widerstands- und Adaptionsfähigkeit der handelnden Akteure sowie der durch sie geschaffenen organisationalen Gebilde aus[50]. Diesen Zusammenhang von Resilienz, Verantwortung, Nachhaltigkeit und Unternehmertum wenden sich *Martin Fontanari und Theresa Reiche* in ihrem Beitrag zu.

Der **vierte Teil** der vorliegenden Publikation wendet sich schließlich mit dem Tourismus einem konkreten Anwendungsfeld von Responsible Entrepreneurship

---

[47] S. z.B. Kerr & Nanda, 2009 und dortige Verweise
[48] Ebner & Baumgartner, 2006; Blackburn, 2007
[49] Cumming, 2005
[50] Hedner et al., 2011; Yang & Danes, 2015

zu – und somit einer Branche, die aufgrund ihrer engen Verzahnung von Unternehmern, Gästen und Bevölkerung als „spezielles Fenster des Gebäudes ‚Gesellschaft‘"[51] angesehen werden kann. Steht ein Konzept in unmittelbar wörtlich erkennbarem Zusammenhang mit der Verantwortungskonzeption, dann ist es wohl das Konzept der unternehmerischen Sozialverantwortung oder CSR. Der Beitrag von *Erica Mingotto und Mara Manente* setzt hier an, indem sie eine Bestandsaufnahme vornehmen, inwieweit touristische Unternehmer ihr Handeln an CSR-Maßstäben ausrichten. Dazu lassen sie den Blick zunächst in die Vergangenheit schweifen, um davon ausgehend den Entwicklungspfad bis in die heutige Zeit nachzuzeichnen. Einen ähnlichen Schwerpunkt setzen *Anita Zehrer und Frieda Raich*, die sich dezidiert mit CSR von familiengeführten touristischen Unternehmen auseinandersetzen. Dazu wenden sie sich mit den Familienunternehmen einem zentralen Pfeiler der touristischen Unternehmenslandschaft zu, indem sie deren Besonderheiten herausarbeiten und in diesem Zuge einen Schwerpunkt auf die Bedeutung der betrieblichen Charakteristika auf die Etablierung und Umsetzung von CSR-Aktivitäten legen. Abschließend schlagen *Sarah Eichelberger und Mike Peters* eine Brücke in die derzeitige Zeit der Corona-Krise und wagen darüber hinaus einen Blick in die Zukunft nach COVID-19. Über das Aufzeigen von Verantwortungsbereichen, die sich leicht auf andere Branchen und Wirtschaftsbereiche übertragen lassen, formulieren die Autoren Leitlinien für verantwortungsvolles Unternehmertum im touristischen Kontext. Auch diese lassen sich aufgrund ihres konzeptionellen Charakters jenseits des Tourismus anwenden und bilden somit den Ausgangspunkt für vielfältige Überlegungen, die sich Akademikern und Praktikern sowohl im Umgang mit der derzeitigen Krise als auch mit der Weichenstellung auf die Zeit danach stellen.

Literatur

Acs, Z. J., Boardman, M. C. & McNeely, C. L. (2013): The social value of productive entrepreneurship. In: Small Business Economics, 40, 785-796.

Adidas (o.J.): Parle. Für die Ozeane. Online unter: https://www.adidas.de/parley [letzter Zugriff: 28.05.2020].

Alvarez, S. A. & Barney, J.B. (2007): Discovery and creation: Alternative theories of entrepreneurial action. In: Strategic Entrepreneurship Journal, 1(1), 11-26.

Ardichvili, A.; Cardozo, R. & Ray, S. (2003): A theory of entrepreneurial opportunity identification and development. In: Journal of Business Venturing, 18(1), 105-123.

Aßländer, M. S. & Schumann, O. J. (2011): Grundprobleme der Wirtschaftsethik. Wirtschaftsethik als angewandte Ethik. In: Aßländer, M. S. (Hrsg.): Handbuch Wirtschaftsethik. Stuttgart & Weimar: J.B. Metzler, 177-187.

---

[51] Pechlaner & Volgger, 2017: 2

Ballet, J.; Bazin, D.; Dubois, J.-L. & Mahieu, F.-R. (2014): Freedom, responsibility and economics of the person. London, UK & New York, NY: Routledge.

Bartling, B.; Weber, R. & Yao, L. (2014): Do markets erode social responsibility? Working Paper No. 134, Zürich: University of Zurich, Department of Economics. Online unter: http://dx.doi.org/10.5167/uzh-85623 [letzter Zugriff: 15.03.2020].

Bayertz, K. (1995): Eine kurze Geschichte der Herkunft der Verantwortung. In: Bayertz, K. (Hrsg.): Verantwortung. Prinzip oder Problem? Darmstadt: Wissenschaftliche Buchgesellschaft, 3-71.

Blackburn, W. R. (2007): The Sustainability Handbook. The Complete Management Guide to Achieving Social, Economic and Environmental Responsibility. London, UK & New York, NY: Routledge.

Böll, S. & Ramthun, C. (2020): "Wir waren zu gutgläubig". Interview mit Bundesjustizministerin Christine Lambrecht. In: Wirtschaftswoche 4/2020 vom 17.01.2020, 32-34.

Braungart, M. & McDonough, W. (2009): Cradle to cradle. Re-making the way we make things. London: Vintage.

Braungart, M. & McDonough, W. (2013): The upcycle. Beyond sustainability – designing for abundance. New York, NY: North Point Press.

Brockhaus, R. H. & Horwitz, P. S. (1986): The psychology of the entrepreneur. In: Krueger, N. F. (Hrsg.): Entrepreneurship: Critical perspectives on business and management, Bd. 2. London & New York: Routledge, 260-279.

Carroll, A. B. & Buchholtz, A. K. (2008): Business & society: Ethics and stakeholder management. Mason: Cengage Learning.

Clemente, M. & Gabbioneta, C. (2017): How Does the Media Frame Corporate Scandals? The Case of German Newspapers and the Volkswagen Diesel Scandal. In: Journal of Management Inquiry, 26(3), 287-302.

Cumming, G. S.; Barnes, G.; Perz, S.; Schmink, M.; Sieving, K. E.; Southworth, J.; Binford, M.; Holt, R. D.; Stickler, C. & van Holt, T. (2005): An Exploratory Framework for the Empirical Measurement of Resilience. In: Ecosystems, Vol. 8, No. 8, 975-987.

De George, R. T. (1986): Business Ethics. New York & London: Macmillan (2. Aufl.).

DeStatis (o.J.): Statistik „Studierende: Deutschland, Semester, Nationalität, Geschlecht, Studienfach", Code: 21311-0003. Online unter: https://www-genesis.destatis.de/genesis/online?sequenz=tabelleErgebnis&selectionname=21311-0003#abreadcrumb [letzter Zugriff: 28.05.2020].

Dierksmeier, C. (2011): The freedom-responsibility nexus in management philosophy and business ethics. In: Journal of Business Ethics, 101(2), 263-283.

Dierksmeier, C. (2016): Qualitative Freiheit. Selbstbestimmung in weltbürgerlicher Verantwortung. Bielefeld: Transcript Verlag.

Ebner D. & Baumgartner R. J. (2006): The Relationship Between Sustainable Development and Corporate Social Responsibility. Beitrag zur Corporate Responsibility Research Conference 2006, 4.-5. September 2006, Dublin.

Engel, J. & Szech, N. (2020): Little Good is Good Enough. Ethical Consumption, Cheap Excuses, and Moral Self-Licensing. Discussion Paper No. 17-28. German Economic Association of Business Administration (GEABA). Online unter: http://www.geaba.de/wp-content/uploads/2017/07/DP_17-28.pdf [letzter Aufruf: 15.03.2020].

Friedman, M. (1970): The social responsibility of business is to increase its profits. In: The New York Times Magazine vom 13. September 1970.

H&M (o.J.): Let's be conscious. Online unter: https://www2.hm.com/de_de/hm-sustainability/letschange.html/conscious [letzter Zugriff: 28.05.2020].

Hajek, S. (2018): Hambacher Forst. 500 Windräder könnten die Braunkohle aus dem Wald ersetzen. In: WirtschaftsWoche vom 21. September 2018. Online unter: https://www.wiwo.de/politik/deutschland/hambacher-forst-500-windraeder-koennten-die-braunkohle-aus-dem-wald-ersetzen/23097724.html [letzter Zugriff: 03.03.2020].

Hedner, T.; Abouzeedan, A. & Klofsten, M. (2011): Entrepreneurial resilience. In: Annals of Innovation & Entrepreneurship, 2(1), DOI: 10.3402/aie.v2i1.6002.

Heidbrink, L. (2003): Kritik der Verantwortung. Zu den Grenzen verantwortlichen Handelns in komplexen Kontexten. Weilerswist: Velbrück. Auszug online unter: https://www.velbrueck.de/out/media/978-3-934730-69-4.pdf [letzter Zugriff: 15.03.2020].

Heidbrink, L. (2010): Die Rolle des Verantwortungsbegriffs in der Wirtschaftsethik. In: Working Paper des Center for Responsibility Research (CRR), 3(9), Essen. Online unter: https://duepublico.uni-duisburg-essen.de/servlets/DerivateServlet/Derivate-25912/WP_09_Verantwortungsbegriff_in_der_Wirtschaftsethik.doc.pdf [letzter Zugriff: 15.03.2020].

Held, V. (1991 [1970]): Can a random collection of individuals be morally responsible? In: May, L. & Hoffman, S. (Hrsg.): Collective Responsibility. Five decades of debate in theoretical and applied ethics. Lanham u.a.: Rowman & Littlefield Publishers, 90-100.

Hiß, S. B. (2006): Warum übernehmen Unternehmen gesellschaftliche Verantwortung? Ein soziologischer Erklärungsversuch. Frankfurt am Main: Campus Verlag.

Hitt, M. A.; Ireland, R. D.; Camp, S. M. & Sexton, D. L. (2001): Strategic entrepreneurship: entrepreneurial strategies for wealth creation. In: Strategic Management Journal, 22(6-7), 479-491.

Hubig, C. (1995): Technik- und Wissenschaftsethik. Ein Leitfaden. Berlin u.a.: Springer (2. Aufl.).

Jonas, H. (1984 [1979]): Das Prinzip Verantwortung. Versuch einer Ethik für die technologische Zivilisation. Frankfurt a.M.: Suhrkamp [Insel Verlag].

Kaeser, Joe (2020): Twitter-Nachricht vom 12.01.2020. Online unter: https://twitter.com/JoeKaeser

Kaufmann, F.-X. (1995): Risiko, Verantwortung und gesellschaftliche Komplexität. In: Bayertz, K. (Hrsg.): Verantwortung. Prinzip oder Problem? Darmstadt: Wissenschaftliche Buchgesellschaft, 72-97.

Kerr, W. & Nanda, R. (2009): Financing Constraints and Entrepreneurship. In: NBER Working Paper No. 15498. Cambridge, MA: National Bureau of Economic Research. Online unter: https://www.nber.org/papers/w15498.pdf [letzter Aufruf: 15.02.2020].

KfW Bankengruppe (Hrsg.) (2019): KfW-Gründungsmonitor 2019. Gründungstätigkeit in Deutschland stabilisiert sich: Zwischenhalt oder Ende der Talfahrt? Online unter: https://www.kfw.de/PDF/Download-Center/Konzernthemen/Research/PDF-Dokumente-Gr%C3%BCndungsmonitor/KfW-Gruendungsmonitor-2019.pdf [letzter Aufruf: 15.02.2020].

Kleinfeld, A. (1998): Persona Oeconomica. Personalität als Ansatz der Unternehmensethik. Berlin & Heidelberg: Springer.

Lenk, Hans (1992): Zwischen Wissenschaft und Ethik. Frankfurt am Main: Suhrkamp.

Lowrey, Y. (2003): The Entrepreneur and Entrepreneurship: A Neoclassical Approach. Working paper präsentiert beim ASSA Annual Meeting, 5. Januar 2003, Washington D.C.: Office of Advocacy, US Small Business Administration.

Nike (o.J.): Nike Space Hippie. Online unter: https://www.nike.com/de/space-hippie [letzter Zugriff: 28.05.2020].

Oermann, N. O. & Hauser, T. (2020): Die Hoffnung auf den doppelten Gewinn. In: WirtschaftsWoche 1/2 2020 vom 03.01.2020, 44-45.

Pearce, D. W. & Turner, R. K. (1990): Economics of natural resources and the environment. Harlow, UK: Pearson.

Pechlaner, H. & Volgger, M. (2017): Einleitung: Die Gesellschaft auf Reisen – Eine Reise in die Gesellschaft. In: Pechlaner, Harald & Volgger, Michael (Hrsg.): Die Gesellschaft auf Reisen – Eine Reise in die Gesellschaft. Wiesbaden: Springer VS, 1-6.

Pfahler, L. (2020): Siemens in Australien. Das umstrittenste Kohlebergwerk der Welt. In: WELT online vom 13.01.2020. Online unter: https://www.welt.de/vermischtes/article204974032/Siemens-in-Australien-Das-umstrittenste-Kohlebergwerk-der-Welt.html [letzter Aufruf: 03.03.2020].

Reeves, M.; Dierksmeier, C. & Chittaro, C. (2018): The humanization of the corporation. BCG Henderson Institute. Online unter: http://image-src.bcg.com/Images/BCG-The-Humanization-of-the-Corporation-Feb-2018_tcm9-183684.pdf [letzter Aufruf: 15.02.2020].

Ropohl, G. (1994): Das Risiko im Prinzip Verantwortung. In: Ethik und Sozialwissenschaften - Streitforum für Erwägungskultur, 5(1), 109-120.

Schranz, M. (2007): Wirtschaft zwischen Profit und Moral. Die gesellschaftliche Verantwortung von Unternehmen im Rahmen der öffentlichen Kommunikation. Wiesbaden: Springer VS.

Sen, A. (1993): Markets and Freedoms. Achievements and Limitations of the Market Mechanism in Promoting Individual Freedoms. In: Oxford Economic Papers, 45(4), 519-541.

Sen, A. (2007 [1999]): Ökonomie für den Menschen. Wege zu Gerechtigkeit und Solidarität in der Marktwirtschaft. München: Deutscher Taschenbuch Verlag (4. Aufl.).

Shane, S. & Venkataraman, S. (2000): The promise of entrepreneurship as a field of research. In: Academy of Management Review, 25(1), 217-226.

Smith, A. (2006 [1759]): The Theory of Moral Sentiments. Mineola, NY: Dover Publications.

Specht, F.; Riedel, D.; Fröndhoff, B.; Kolf, F. & Koch, M. (2019): Lieferketten. Berlin will Unternehmen zu globaler Verantwortung zwingen. In: Handelsblatt online vom 12.03.2019. Online unter: https://www.handelsblatt.com/politik/deutschland/lieferketten-berlin-will-unternehmen-zu-globaler-verantwortung-zwingen-/24088046.html?ticket=ST-6511053-H0wcvH95vbStzy7z4sqM-ap6 [letzter Aufruf: 11.03.2020].

Steinmann, H. (1999): Freiheit, Selbstbindung und Verantwortung. In: Ulrich, P.; Löhr, A. & Wieland, J. (Hrsg.): Unternehmerische Freiheit, Selbstbindung und politische Mitverantwortung. Perspektiven republikanischer Unternehmensethik. München: Rainer Hampp.

Tirole, J. (2006): The Theory of Corporate Finance. Princeton, Oxford: Princeton University Press.

Thaler, R. H. & Sunstein, C. R. (2009): Nudge. Improving decisions about health, wealth and happiness. London, UK: Penguin Books.

UNEP & UNWTO (2005): Making tourism more sustainable. A guide for policy makers. Paris, Madrid: UNEP, UNWTO.

Werner, M.a H. (2002): Verantwortung. In: in: Düwell, M.; Hübenthal, C. & Werner, M. H. (2002): Handbuch Ethik. Stuttgart & Weimar: Metzler, 521-527.

Wiborny, W. (2016): Grenzen individueller Verantwortung angesichts von Weltübeln. Dissertation an der KU Eichstätt-Ingolstadt. Online unter: https://opus4.kobv.de/opus4-ku-eichstaett/frontdoor/index/index/year/2016/docId/299 [letzter Zugriff: 30.03.2020].

Wiklund, J.; Davidsson, P.; Audretsch, D. & Karlsson, C. (2011): The future of entrepreneurship research. In: Entrepreneurship Theory and Practice, 35(1), 1-9.

Wöhe, G.; Bilstein, J.; Ernst, D. & Häcker, J. (2013): Grundzüge der Unternehmensfinanzierung. München: Vahlen (11. Aufl.).

Yang, Y. & Danes, S. M. (2015): Resiliency and Resilience Process of Entrepreneurs in New Venture Creation. In: Entrepreneurship Research Journal, 5(1), 1-30.

Welche Freiheit benötigen verantwortliche Unternehmer?

Claus Dierksmeier

Abstract

Alle Verantwortung setzt Freiheit voraus. Verantwortliche Unternehmer und Unternehmerinnen[1] benötigen etwa unternehmerische Freiheit, um sich in ihrem Wirkungsfeld verantwortlich zu betätigen. Diese Freiheit ihrerseits muss nicht nur deskriptiv angemessen erfasst werden, z.B. hinsichtlich ihres faktischen Spielraums, sondern sie bedarf auch einer normativen, kontrafaktischen Ausrichtung. Dieser doppelten Herausforderung lässt sich, so werde ich argumentieren, nur durch eine Theorie der Freiheit gerecht werden, die umstellt von einer rein *quantitativen* Logik, welche nur auf die Masse ökonomischer Optionen achtet, auf eine *qualitative* Perspektive, die zuerst die Art sowie Beschaffenheit derselben in Augenschein nimmt. Die Konsequenzen jener Umstellung der Freiheitslogik ist dann zu skizzieren in Hinblick auf unternehmerische Freiheit nicht *von*, sondern *zur* Verantwortungsübernahme. Ich beginne (1) mit einer kurzen Synopsis der von mir andernorts entwickelten Konzeption „qualitativer Freiheit",[2] gleiche diese dann (2) mit empirischen Studien zum Freiheitsverständnis von Unternehmern ab und leite daraus (3) einige Konsequenzen für die Wirtschaftsethik und Wirtschaftspädagogik ab.

Inhalt

---

[1] Im Folgenden verstehe und verwende ich den Begriff Unternehmer inklusiv, d.h. gerade auch weibliche Unternehmerinnen einschließend.

[2] Dierksmeier, 2016a; Dierksmeier, 2016b; zusätzlich beziehe ich mich in diesem Beitrag auch stark auf einen gemeinsam mit Holger Petersen verfassten Artikel: Dierksmeier & Petersen, 2016.

© Springer Fachmedien Wiesbaden GmbH, ein Teil von Springer Nature 2020
H. Pechlaner und S. Speer (Hrsg.), *Responsible Entrepreneurship*, Entrepreneurial Management und Standortentwicklung, https://doi.org/10.1007/978-3-658-31616-7_2

1 Qualitative vor quantitativer Freiheit

Die Nationalökonomik vergangener Tage setzte einen Nationalstaat voraus, der die negativen Externalitäten des Wirtschaftens politisch regulieren, rechtlich sanktionieren und ökonomisch bepreisen konnte. Angesichts der heutigen Weltökonomie, der kein Weltrechtsstaat korreliert, sind diese schon stets von der Realität nur eingeschränkt eingelösten Voraussetzungen und vor allem der sie tragende methodologische Nationalismus hinfällig. Was tritt an ihre Stelle? Zwar darf man hoffen, dass sich über kurz oder lang eine kosmopolitische Ordnung samt Institutionen der Global Governance ausprägen werden, die einige der seinerzeit von der Nationalökonomik auf dem Wege strafbewehrter Gesetze eingeforderten Steuerungsleistungen auf sanfteren Wegen – politische Deliberation, *naming-blaming-shaming, coalitions of the willing*, industriespezifische Selbstregulierung, *creeping codification*, etc. – einholt. Doch gerade deshalb stellt sich umso schärfer die Frage nach dem normativen Orientierungsrahmen für solche Formen der weltgesellschaftlichen Selbststeuerung. Wo niemand unilateral und eindeutig Recht setzen kann, stellt sich die Frage nach den Geltungsgründen zu etablierender Ordnungsregeln und Richtwerte umso nachdrücklicher. Wessen Werte und welche Regeln können legitimer Weise Anspruch darauf erheben, für den globalen Wirtschaftsverkehr richtungsweisend zu werden?

Während in der Vergangenheit lediglich moralische *Idealisten* dazu aufriefen, nach universalisierbaren Maximen bzw. so zu handeln, als ob wir ‚der ganzen Welt' Rechenschaft schuldeten, erkennen derweil auch selbsterklärte *Realisten* als Zeichen der Zeit, dass unser *aufgeklärtes Selbstinteresse* immer öfter mit den Geboten eines *moralischen Kosmopolitismus* zusammenfällt. Immer nachdrücklicher drängt sich uns über Imperative der Nachhaltigkeit die Ausdehnung unserer Verantwortung ins Planetarische wie Futurische auf. Egal, ob wir kommende Globalisierungsschübe daher noch verlangsamen oder aufhalten, schon jetzt haben wir einen Paradigmenwechsel vollzogen: weg von einer eher lokal begrenzten ökonomischen Buchführung und hin zu einer zusehends globalen sowie intergenerationalen Perspektive. Wer weltweit wirkt, muss sich global verantworten – und was alle angeht, muss auch von allen bzw. im Sinne aller angegangen werden. Diese Forderung ist der kleinste gemeinsame Nenner der derzeit für Klima und Menschenrechte allerorten auf die Straße gehenden Menschen.

Die bloße Forderung nach einem moralischen Kompass für kosmopolitische Fragen löst dieselbe jedoch noch lange nicht ein. Der einen Gott ist der Götze der anderen; die Wahrheit von hüben gleicht drüben oft der Häresie. Je stärker der kulturelle Austausch und je schneller der soziale Wandel, desto schärfer stellt sich das Problem: Regionale Bräuche, tradierte Religionen und die Konventionen der Vergangenheit werden nicht mehr überall fraglos gewürdigt; an ihre Stelle treten neue, andere Werte – bisweilen auch gar keine. Jeder Globalisierungsschub engt die Reichweite tradierter Ethik ein. Und weil jeder gegen Normen anrennt, deren Begründung er nicht (mehr) akzeptiert, geht unserer Lebenswelt mit jedem Zuwachs an Pluralität immer auch ein Stückchen ehedem unhinterfragter Ordnung verloren. Zu suchen wäre daher ein Prinzip, das angesichts der faktischen Divergenz der auf dem Erdenrund vertretenen Normen weder kapituliert, noch dieselbe schlicht nivelliert – und zugleich anschlussfähig ist für sowohl die praktischen Belange der heutigen Ökonomie als auch den theoretischen Diskurs der gegenwärtigen Ökonomik.

In unserem Zeitalter der Nachmoderne ist derlei im Ausgang von der Idee der Freiheit zu suchen. Denn im Reigen aller Werte, die normative Orientierung beim Wirtschaften anbieten, hat die Freiheit eine Sonderrolle. Zwar gibt es, wie oft betont wird, Zivilisationen, die sich ihrem *expliziten* Selbst*verständnis* nach kaum auf die Idee der Freiheit stützen; weshalb so mancher die Freiheit als einen bloß westlichen Wert ansieht. Doch als Selbst*bestimmung* nehmen Freiheit *implizit* alle in Anspruch; auch dann, wenn sie Freizügigkeit in der Lebensführung ablehnen. Jegliche, nicht zuletzt eine fundamentalistische Wertbindung wird ja widersinnig, falls von außen aufgezwungen. Auch jene also, die sich *illiberalen* Lebensmodellen verschreiben, möchten dies selbstredend *autonom* tun. Darum aber haben sie dann auch keinen (guten) Grund, ebensolche Autonomie anderen zu versagen. Weil aber Freiheit-als-Selbstbestimmung individuell nicht konsistent abzustreiten ist, sollte sie allen anderen konsequent zugestanden werden. Das anzuerkennen, was man selbst in Anspruch nimmt, und gelten zu lassen, wogegen keine guten Gründe sprechen, gebietet schlichtweg die Vernunft. Und darin – in dieser sich indirekt selbstbegründenden Struktur – erweist sich die Idee der Freiheit m.E. als besonders geeigneter Meta-Wert für kulturübergreifende normative Diskurse über globale Orientierungsfragen.

Zudem ist Freiheit *per se* keine lokale oder nationale, sondern eine kosmopolitische Leitkonzeption. Freiheit steht uns *als* Personen zu – und damit *allen* Personen, allen Weltbürgern, hier wie anderswo und heute ebenso wie morgen: Solange auch nur ein einziger Mensch sich in Unfreiheit befindet, bleibt – der Idee nach – die Freiheit aller unvollkommen. Freiheit verpflichtet also – auf die Freiheit aller anderen; auf deren faktischen Schutz und, wo nötig, auch auf deren kontrafaktische Einräumung, auf ihre Befreiung. Und weil dies nicht nur angesichts räumlich, sondern auch zeitlich entfernter Personen – zukünftiger, mit unserer eigenen Existenz nicht überlappender Generationen – gelten muss, sind Gebote der sozialen und ökologischen Nachhaltigkeit immanenter Bestandteil jeder konsistent entfalteten Freiheitsidee. Deshalb müssen wir uns verabschieden von rein *quantitativ* konzipierten Freiheitstheorien; von einer Vorstellung von Freiheit also, die sich bloß auf das Abzählen bzw. Vermehren der eigenen Optionen kapriziert, sich um die Lebenschance anderer Menschen aber nicht schert. Wer Freiheit

nur nach der Maßgabe „je mehr, desto besser" kalkuliert und in sozialer Solidarität, moralischer Rücksichtnahme, spiritueller Widmung, ja, selbst in ökologischer
Nachhaltigkeit nichts als ein *Minus* an Freiheitlichkeit erblickt, irrt doppelt. Einmal deskriptiv: Das, was die Idee der Freiheit adelt und ihr weithin ungeheuren
Respekt verschafft, kommt so kaum in den Blick. Zum zweiten normativ: Unsere
individuelle Freiheit gewinnt ihre Berechtigung aus der universell auf alle Personen ausgerichteten Idee der Freiheit. Wir haben stets zu klären, *wessen* und auch
welche Freiheiten wir fördern, wenn wir einer Liberalisierung das Wort reden, so
dass nicht der Schutz der Freiheiten einiger, die Lebenschancen anderer unter-
gräbt. Darum hat eine qualitative Umkehr der Freiheitslogik zu erfolgen und zu
gelten: „je besser, desto mehr!", d.h. je besser eine bestimmte individuelle Freiheit
mit der Idee universeller Freiheit und somit mit den Freiheiten anderer Personen
– auch und gerade den Freiheiten zukünftiger Generationen und geographisch
weit entfernt lebender Menschen – übereinstimmt, desto mehr sollten wir sie
schätzen, schützen und stärken.

Statt einer „Welt der unbegrenzten Möglichkeiten", in der *einige alles er-
werben* können, erstrebt qualitative Freiheit eine „Welt der begrenzten Unmög-
lichkeiten", in der *alle etliches* zu *erreichen* vermögen. Während Konzeptionen
quantitativer Freiheit der Welt die Maximierung privater Optionen vorschreiben,
rät qualitative Freiheit davon bisweilen auch schon einmal ab. Anstatt alle Fragen
durch ein Verrechnen abstrakter Optionen zu entscheiden, empfiehlt qualitative
Freiheit zunächst das kritische *Abwägen* konkreter Alternativen, bevor es danach
ans *Abwiegen* der dabei eröffneten Möglichkeiten geht. Sie ermuntert uns etwa,
moralische Wertbindungen, soziale Teilhabe und ökologische Rücksicht als
Chancen wahrzunehmen, durch verantwortliches Handeln die spannungsreichen
Zielsetzungen der Individuen und Kulturen zu vermitteln (um Freiheit zu erhalten), zu koordinieren (um Freiheit zu gestalten) und persönliche Freiheit zur Befreiung anderer einzubringen (um Freiheit zu entfalten).[3]

Denn warum auch sollte man Freiheit allein mengenmäßig bewerten? Warum das *quantitative Maximieren* dem *qualitativen Optimieren* unserer Wahlmöglichkeiten überordnen? Jedem leuchtet ein, dass eine kleine Anzahl guter Chancen
einer Vielzahl scheußlicher Optionen vorzuziehen ist – und dass es nicht nur auf
die Masse, sondern auch auf die Klasse unserer Möglichkeiten ankommt. Denken
wir uns – um ein Beispiel des Nobelpreisträgers Amartya Sen aufzugreifen – zwei
Welten: Die eine offeriert eine bestimmte Zahl von Freiheiten samt der unschönen
Option, an Pocken zu erkranken, während die andere, weil der Erreger ausgemerzt
wurde, die gleiche Anzahl von Optionen bietet, indes samt der Freiheit, ohne
Angst vor dieser Krankheit leben zu können. *Quantitativ* betrachtet, im Blick auf

---

[3] Dierksmeier, 2016a.

die bloße Anzahl vorgefundener Optionen gleichen sich die Szenarien. *Qualitativ* jedoch besteht ein himmelweiter Unterschied.

Qualitativ gedachte Freiheit zielt daher erst gar nicht auf unbegrenzte Freiräume. Ihr gilt es als ausgemacht: Wer Freiheit will, begrenzt Freizügigkeit; gute Regeln und gerechte Gesetze belasten nicht, sondern entlasten; und sinnvolle Gewohnheiten befreien uns für das Wesentliche. Anstatt unsere Freiheit zu negieren, helfen solche Formen der autonomen Selbstbeschränkung sie zu realisieren. Denn der Mensch ist ein durch und durch *relationales* Lebewesen: stets auf andere und anderes verwiesen. Ohne soziale Mitwelt und gegen die natürliche Umwelt kann niemand frei sein. Ein auf einem unbewohnten Planeten ausgesetzter Mensch wird sich kaum als sonderlich *frei* erfahren, obschon er physisch *ungehindert* und normativ *unbeschränkt* der Erfüllung seiner Vorlieben nachgehen könnte. So radikal erfüllt entpuppt sich der libertäre Traum von quantitativ schrankenloser Freiheit als Alptraum. Daran erkennen wir: Nicht allein in exklusiver Privatheit, sondern gerade auch in der Inklusion sozialer Bindungen gedeiht Freiheit.

Anstatt also gesellschaftliche Bindungen und Verantwortungsbezüge rein zweckrational aus Kalkülen der Optionenmaximierung abzuleiten, müssen wir vielmehr Acht haben: auf unseren Hang zu kulturellem Austausch, zu unverzweckter Kommunikation, spiritueller Kontemplation sowie sittlicher Vereinigung. Kurz: Ohne symbolische Formen und ihre ethischen Normen verkümmert der Mensch, und seine Freiheit verkommt. Das gilt für das Leben insgesamt und für das Wirtschaftsleben nicht minder. Deshalb ist die Konzeption qualitativer Freiheit weder marktversessen, noch marktvergessen. Sie zielt darauf, dass wir unsere Märkte so gestalten, dass es Firmen möglich ist, ihr Gewinnstreben in Rücksicht auf Um- und Mitwelt wie auch in Vorsorge für die Nachwelt zu realisieren,[4] und unterstellt, dass Unternehmer nicht in erster Linie eine Freiheit von Verantwortung, sondern eine Freiheit zur freiwilligen Verantwortungsübernahme anstreben – und will genau dies fördern.

Aber – so ist zu fragen – geht das denn überhaupt im Rahmen einer Konkurrenzwirtschaft? Oder werden am Ende des Tages nicht die Ehrlichen die Dummen und die Nachhaltigen unter den Verlierern sein? Kann man eine derartige Ausrichtung tatsächlich von realen Unternehmerpersönlichkeiten erwarten?

2   Unternehmerische Freiheit: Was sagt die Forschung?

Wie realistisch die vorgestellte Variante einer qualitativ orientierten unternehmerischen Freiheit ist, hängt zunächst einmal davon ab, wie wir uns den wirtschaftenden Menschen denken. Falls wir ihn uns als einen reinen *homo oeconomicus*

---

[4] Dierksmeier, 2016b.

vorstellen, der nichts als seinen eigenen Vorteil verfolgt, dann mögen natürlich Zweifel kommen, ob es in der Ökonomie jemals anders als unter der Knute von Recht und Gesetz, Steuern wie Abgaben moralisch anständig und ökologisch nachhaltig zugehen mag. Anders sieht es jedoch aus, wenn wir uns an einem empirisch gesättigten Begriff des *homo sapiens* orientieren. Dann nämlich – so unisono die Ergebnisse der *behavioral* und der *neuro economics*[5] sowie der empirischen Spieltheorie[6] – kommen uns ökonomische Agenten als Wesen in den Blick, die beispielsweise mit einem Gespür für Gerechtigkeit ausgestattet sind, und es wertschätzen, wenn Menschen *moralisch* verdienen, was sie *ökonomisch* verdienen, etwa wenn wohldotierte Leistungen auch als gemeinwohlförderlich wahrgenommen werden.

Die jüngere Forschung betont dabei zusehends eine Korrelation von Ethik und Erfolg.[7] Ihr zentraler Befund: Weil Moral alle Vorlieben der Individuen beeinflusst, so auch die ökonomischen; Moral wird wertgeschätzt und preiswirksam – ganz wie andere Präferenzen auch.[8] So hilft Moral – wie etwa Studien der KPMG gezeigt haben[9] – zum einen beim Senken von Konflikt- und Transaktionskosten (es wird weniger gestritten und prozessiert) sowie andererseits beim Heben von Effizienz, Innovation, Loyalität und Reputation (es wird bessere Leistung erbracht und das spricht sich auch herum). Vor allem aber führen – wie Studien der BCG unterstreichen[10] – moralisch anspruchsvolle Ziele oft auf neue Strategien und so, durch die von ihnen ausgelösten Innovationen, auf andere Produkt- und Verfahrensideen oder sie erschließen neuartige Absatzfelder sowie Kundenschichten. Firmen, die im Selbst- und Außenverhältnis einen Diskurs der Tugend und Rechtschaffenheit unterhalten, stehen hinsichtlich konventioneller Performance-Messungen besser da, als solche, die einer Rhetorik der Profitmaximierung folgen.[11] Ethik und Ökologie werden zusehends zu Strategien, die Zukunftsfähigkeit der Geschäftsmodelle zu sichern.[12]

Genau gegen derlei Annäherung ökonomischer und moralischer Kategorien jedoch hatte seinerzeit Milton Friedman die unternehmerische Freiheit in Schutz

---

[5] Giordano & Gordijn, 2010; Kolster, 2008.

[6] Pecorino & van Boening, 2010; Guala, 2008; Eckel, Johnson & Wilson, 2002; Killingback & Studer 2001.

[7] Rohrhirsch, 2005; Covey & Merrill, 2018; Böhler & Ruh, 2004.

[8] Fehr & Rangel, 2011; Singer & Fehr, 2005.

[9] Insam & Racky, 2010.

[10] Boston Consulting Group, 2009.

[11] Reeves, Dierksmeier & Chittaro, 2018.

[12] Glauner, 2016.

nehmen wollen mit seinem Diktum „The business of business is business."[13] Zwar müssten Manager das geltende Recht einhalten und auch in der Gesellschaft verfestigte Werte beachten; alle weitergehenden Forderungen nach einer genuin unternehmerischen Verantwortung liefen jedoch, so Friedman, den Rechten von Anteilseignern zuwider, beeinträchtigten die ökonomische Effizienz und schränkten die unternehmerische Freiheit ungebührlich ein.

Die Friedmansche Sichtweise resultiert aus einer Optik, die unternehmerische Freiheit wie einen zweidimensionalen Raum von Optionen vorstellt, dessen Ausmaß an seinen Rändern durch Umwelt- und Sozialgesetze beschnitten wird. Eine nächste Einschränkung bringen dann firmeninterne Compliance-Systeme, welche über Rechtskonformität noch hinausgehen.[14] Aufgrund zunehmender Undurchsichtigkeit und mangelnder internationaler Konvergenz der Rechtsvorschriften sind ja die meisten weltweit agierenden Unternehmen schon längst dazu übergegangen, sich ein firmeneigenes Regelsystem zu geben – um klarzustellen, was überall im Unternehmen als verboten gilt. Hinzu kommen dann zumeist noch positive Anreize von Bonus- oder Prämien-Programmen. Im Ergebnis soll so ein Führen mit „Zuckerbrot und Peitsche" ermöglicht werden: Dem *homo oeconomicus* als rationalen Verfolger seines Eigeninteresses würden so eben, sagt man, die zum Wohlverhalten nötigen Anreize gesetzt. Nur so sei Wirtschaftsethik realistisch und überfordere die ökonomisch Tätigen nicht.

Zwar mögen Compliance-Regeln in der Tat willkommene Effekte zeitigen und Manager wie Mitarbeiter von moralisch schwierigen Entscheidungen entlasten.[15] Werden sie aber zu eng geschnürt, folgen Klagen, man könne sich in ihrem Regel-Korsett nicht frei genug bewegen, um flexibel auf Anforderungen des Wettbewerbs zu reagieren. Zudem zeigt sich zusehends, dass extrinsische Anreize wie Sanktionen und Prämien die intrinsische Motivation von Mitarbeitern ersetzen bzw. zersetzen können.[16] Daher können solche Anreizmodelle opportunistisches Verhalten im Management sogar befördern, anstatt es zu reduzieren.[17] Die Skandale bei Siemens und VW beispielsweise gingen ja nicht etwa darauf zurück, dass es dort an Compliance-Regeln mangelte, sondern darauf, dass diese gezielt ausgetrickst wurden.

Ganz anders setzen deshalb Konzepte freiwilliger Unternehmensverantwortung an, die nahelegen, dass Unternehmen *aus eigenem Antrieb* Zulieferung, Pro-

---

[13] Friedman, 1970.

[14] IDW, 2011.

[15] Wieland & Grüninger, 2011.

[16] Frey & Osterloh, 1997.

[17] Schwegler, 2009, 323ff.

duktion sowie Absatzstrategien sozial und ökologisch nachhaltig ausrichten sollten. Im direkten Vergleich: Herkömmliche *Compliance* soll die gesetzte Norm
bloß erfüllen, will sie aber nicht übertreffen. Freiwillige *Corporate Responsibility*
folgt weit anspruchsvolleren moralischen Zielen.

Übersetzen wir dies graphisch, so kommt es vordergründig zu einer noch
weiteren Einschränkung des betriebswirtschaftlichen Freiheitsspielraums – auf
die jeweils angestrebten Unternehmenswerte. Das bisher vorgestellte Bild ist jedoch zu einseitig. Es übersieht: Wer sich als Unternehmer an bestimmte Werte –
wie Nachhaltigkeit oder die Menschenrechte – bindet, befreit sich zugleich auch.
Da er sodann nicht mehr mit denselben Mitteln wie zuvor dieselben Ziele erreichen kann, wird er entweder mit neuen Mitteln die alten Ziele oder mit den alten
Mitteln neue Ziele oder gar mit neuen Mitteln neue Ziele anstreben – und so in
der Regel erhöhte Kreativität und Produktivität freisetzen.[18]

Wo diese Einschränkung freiwillig und anhand von Werten erfolgt, die innerhalb des Unternehmens geteilt werden, erwächst Firmen *zusätzlicher* Spielraum durch *Corporate Responsibility*, weil sie sich so neue Handlungsoptionen
erschließen und damit, bildlich gesprochen, in eine bisher verschlossene dritte
Dimension vorstoßen; und zwar: *erstens* aus der dabei erlernten moralischen
Sprach-, Urteils- und Handlungsfähigkeit in einem neu geschaffenen Aktionsfeld,
zweitens durch die Strategieinnovationen welche durch die Wertbindung veranlasst werden und *drittens* durch neue, bessere Beziehungen zu Kunden, gegenwärtigen und prospektiven Mitarbeitern, Kapitalgebern und Partnern. Im Ergebnis wird daher die operative Freiheit von Firmen durch freiwillige Bindungen oft
eher ausgeweitet als beschränkt. Die zuvor widergespiegelte Vorstellung konventionellen ökonomischen Denkens erweist sich (wörtlich wie metaphorisch) als zu
flach, eben weil sie diese „vertikale" Synthese aus Bindung und Freiheit übersieht.[19]

In dieses andere, dreidimensionale Bild fügt sich auf Firmenseite ein wach-
sendes Interesse an Standards zum sozialen und ökologischen Accounting, etwa
nach der *Global Reporting Initiative* (GRI) oder den *Sustainable Development
Goals* (SDGs).[20] Dieses Interesse sollte nicht umgedeutet werden also bloßer Versuch, sich in den Augen der Öffentlichkeit reinzuwachsen. Vielmehr zeigen empirische Untersuchungen, dass unternehmerisches Handeln oft weniger vom Kal-
kül der Gewinnmaximierung als von einem Streben nach *Sinnhaftigkeit* angetrie-

---

[18] Boston Consulting Group, 2009.

[19] Beckmann & Pies, 2006; Di Fabio, 1999; Petersen, 2016; 2017.

[20] International begünstigt wird dieser Trend durch etliche Gesetze, die von Unternehmen zusehends
auch soziale sowie ökologische Berichterstattung einfordern, etwa der UK Modern Slavery Act
oder die EU-Richtlinie zur CR-Berichterstattung.

ben wird: Betriebliche Entscheidungsträger wollen in erster Linie die eigene Tätigkeit für wichtig und gut erachten.[21] Um aber das jeweils als wichtig und gut Befundene zur Richtschnur für das eigene Vorgehen machen zu können, bedarf es operativer Freiheit. Und die Aussicht darauf, genau *diese* Freiheit zu gewinnen, ist eine maßgebliche Motivation für Unternehmer. Ähnliches gilt für Manager und Mitarbeiter, deren innere Beteiligung, Mitdenken und Identifikation mit ihrer Tätigkeit ansteigt, wenn sie im Einklang mit ihrem persönlichen Wertempfinden wirtschaften.[22] Dabei wird der Nutzen unternehmerischer Freiheit insbesondere dann gesteigert, wenn man sie für gemeinsame Zwecke teilt, überträgt und, etwa durch die Ermächtigung von Mitarbeitern, ausweitet.[23] Wo also Firmen nicht trotz, sondern aufgrund ihrer integren Geschäftsmodelle erfolgreich sind, ob sie nun menschenrechtlich durch eine „blaue Lieferkette" oder einen fairen Handel überzeugen oder durch ökologische Konsistenz- sowie Effizienzstrategien (*closed loop, cradle-to-cradle*) nachhaltig mit schwarzen Zahlen wertschöpfen, zeigt sich: Unternehmerische Freiheit wird durch gesellschaftliche Verantwortungsübernahme realisiert, nicht reduziert.[24]

Natürlich: *Welche* Form verantwortlicher Freiheit sich bestimmte Unternehmer, etwa ein Sir Richard Branson (*Virgin*) oder ein Wolfgang Grupp (*Trigema*), anstreben, divergiert im Einzelfall stark. Aber statistisch lassen sich durchaus Tendenzen erkennen: Studien, die nach den Handlungsmotiven von Unternehmern fragten, zeigen: Viele Unternehmer schätzen Gewinn in erster Linie als Ermöglichung, Selbstverpflichtungen und geweckte Erwartungen einzulösen sowie den Handlungsspielraum für Investitionen zu erweitern. Profite gelten ihnen als Mittel zum Zweck, Freiheitsmotive zu realisieren.[25] Hohe Renditen zeigen an, dass Ideen funktionieren, marktfähig umgesetzt wurden und Früchte tragen. Geld wirkt hierbei also weniger als eigenständiger Motivator und vielmehr als Indikator für gelungene unternehmerische Selbstwirksamkeit, als *proxy* für erfolgreich genutzte unternehmerische Freiheit.[26]

---

[21] Schönborn, 2014; Weinrich, 2014.

[22] Nizielski, 2014; Stehr, 1994.

[23] Ashman & Winstanley, 2006; Collier & Esteban, 1999.

[24] Glauner, 2016.

[25] Bereits 1968 belegt eine Befragung von Hofmann die Dominanz von Freiheits- und Leistungsmotiven bei Unternehmern gegenüber der Gewinnerzielungsabsicht. Hamer (1988, S. 89ff.) bestätigt „Freiheit" empirisch als „eigentlichen Grund" für unternehmerische Tätigkeit. Spätere Erhebungen von Amit et al. (2000), Kuratko et al. (1997), Vesalainen & Pihkala (1999), Cassar (2007) u.a. weisen Freiheitswerten gleichfalls eine hohe Bedeutung zu. Zu ähnlichen Schlüssen kommen Goebel (1990) und Kets de Fries (1986) anhand psychoanalytischer Untersuchungen von Unternehmerbiographien.

[26] Jacobsen, 2006; Stadler, 2009.

Manche Unternehmer suchen sich sogar gezielt besonders herausfordernde moralische Aufgaben, um zu beweisen, was sie können.[27] Diese Haltung zeigt sich durch das Eingehen von Selbstbindungen an, indem Unternehmer in Verträgen, Zusagen und signalisierter Entschlossenheit ihre persönliche Vertrauenswürdigkeit, Zieltreue und Leistungskontinuität investiv einsetzen. Derartige Vertrauensbildung setzt verlässliche Bindungen gegenüber Geschäftspartnern und Stakeholdern voraus. Das Verwirklichen wirtschaftlicher Freiheit ist mithin an den Zwang zur Selbstfestlegung gekoppelt. Firmenlenker wissen: Wer sich alle Optionen offenhalten möchte, wird letztlich keine von ihnen wahrnehmen. Auch dies zeigt: Unternehmerische Freiheit wird durch selbstverfügte Bindungen nicht bedroht, sondern vielmehr bestätigt.[28] Für die Verwirklichung unternehmerischer Freiheit ist daher nicht die bloße Quantität bezahlbarer Handlungsoptionen maßgeblich, sondern die Qualität ihrer Nutzung.[29] Kurz: Unternehmer streben oft weniger eine quantitativ-maximierende Freiheit *von* Verantwortung, sondern eher eine qualitativ-optimierende Freiheit *zur* Verantwortungsübernahme an.

3   Konsequenzen für Wirtschaftsethik und Wirtschaftspädagogik

In den letzten Jahren gerieten die von Ökonomen vorgetragenen Erklärungen wirtschaftlichen Verhaltens zusehends *idealistischer,* und gerade deshalb – weil der Mensch nun einmal ein *auch* von Ideen und Idealen inspiriertes Wesen ist – *realistischer.*[30] Die überfällige Revision des fiktiven Bildes vom stets maximierenden, voll informierten und ewig präferenzstabilen *homo oeconomicus* erfolgt aus vielen Ecken. So werden seitens der *neuro-economics* und der Sozialpsychologie, seitens der *behavioral economics* und der empirischen Spieltheorie, seitens der *institutional economics* und der Experimentalphilosophie dem ökonomischen Akteur erneut menschlichere Züge verliehen. Er erhält weniger Information, aber mehr soziale Kontakte, leidet an Unsicherheit, verfügt aber über die Fähigkeit, seine Präferenzen kritisch – zum Beispiel: moralisch – zu evaluieren sowie zu modifizieren.[31]

---

[27] Bandura, 1998.

[28] Carney, 2009.

[29] Petersen, Schaltegger & Schock, 2015.

[30] Dierksmeier, 2016a.

[31] Spiegler, 2011; Gabaix & National Bureau of Economic Research, 2011; Nielsen, 2009; Munro, 2009; Simon, Egidi & Marris, 2008; Salehnejad, 2007; Rubinstein, 1998.

Stritten manche Ökonomen bis vor wenigen Jahren jegliche soziale Verantwortung von Firmen ab, weil ihnen unklar war, wie eine Kohorte rationaler Nut-
zenmaximierer jemals ethisch handeln könne, so verkünden sie heute das glatte
Gegenteil. Beispiel: Michael Jensen, der Vater der bis dato in allen wirtschaftswissenschaftlichen Studiengängen vermittelten Principal/Agent-Modelle, der seinen eigenen Theorien eine Mitschuld an der Krise von 2008/09 gibt und seit gut
10 Jahren ein Hohelied auf *Integrity* und *Authenticity Management* singt.[32] Gefragt wird zusehends weniger, *ob überhaupt* wirtschaftliche Agenten moralische
Tendenzen oder Firmen gesellschaftliche Verantwortung hätten, sondern vielmehr
welche, und *wie* diese am besten wahrgenommen werde, so dass Unternehmen,
moralisch und gewinnbringend *zugleich* – kurz: „anständig"[33] – wirtschaften können.

Die in den letzten 10 Jahren viel beachteten *Social Entrepreneurs* machen es
vor: Die Voraussetzungen, um ihre Projekte rentabel zu skalieren, verschafft ihnen
der globale Zugang zu Kunden, Waren, Informationsströmen. Nicht obschon, sondern weil sie zum Wohle ihrer Mit- und Umwelt tätig werden, erweisen sie sich
als attraktiv für bestimmte Investoren und Konsumenten.[34] Aber auch in zahlreichen konventionellen Firmen lässt sich beobachten, wie immer mehr Unternehmen ihren Erfolg nicht mehr nur mit einer quantitativen *single bottom line* messen, sondern auch qualitativ evaluieren, z.B. orientiert am *Social Accountability*
(SA) 8000 Standard, an der Gemeinwohlmatrix oder sonstigen auf die Harmoni-
sierung von *people, planet* und *profit* ausgerichteten *triple bottom line* Modellen.[35]

Zudem verändert das (durch das WorldWideWeb gestärkte) globale öffentliche Bewusstsein das Wirtschaftsleben. Selbst in schwach regulierten Gesellschaften unterwerfen sich mehr und mehr Firmen anspruchsvollen transnationalen
Corporate Governance Standards, z.B. um für globale Investoren oder Kunden
attraktiv(er) zu werden. Das Anschmiegen an Erwartungen der Weltöffentlichkeit
führt dann bisweilen gar zu einem *race to the top*, wenn verschiedene Unternehmen oder Standorte in Konkurrenz treten, wer die nachhaltigsten Normen und die
transparentesten Verfahren anbieten kann.[36]

Vor allem, wo *Non-Governmental Organizations* kompetent als Vermittler
und Sachwalter auftreten, lässt sich vieles, was auf globaler Ebene mittels harter,

---

[32] Dierksmeier, 2019.

[33] Küng, 2012.

[34] Franz, Hochgerner &Howaldt, 2012; London & Morfopoulos, 2010; Kao, 2010; Elkington &
    Hartigan, 2008; Nicholls & Cho, 2006.

[35] Gilbert & Rasche, 2008; Gray, 2002; Gray et al., 1997.

[36] Lattemann, 2014.

rechtlicher Maßnahmen (noch) nicht durchsetzbar ist, schon durch weiche Sanktionen erreichen, beispielsweise durch sektorspezifische Programme (wie in der Diamanten- oder Mineralwirtschaft), durch industrieübergreifende Institutionen (wie z.b. *Transparency International*) sowie universale Plattformen (wie den *UN Global Compact*). Das heißt natürlich nicht, alles steht zum Besten und wir bräuchten keine staatlichen Ordnungsrahmen für Negativabweichler. Es besagt aber, nach einer Lösung der sozialen wie ökologischen Nachhaltigkeitsprobleme der Wirtschaft sollte nicht nur außerhalb, sondern gerade auch innerhalb der Ökonomie gesucht werden. So bringen etwa Arbeiten von Philip Mirowski, Stephen Marglin, Hilary Putnam, Amartya Sen, Vivian Walsh, Partha Dasgupta, Joseph Stiglitz, Senjay Reddy u.v.a.m. die Moral zurück ins Zentrum der Ökonomie und damit die Ökonomik wieder in den Schoß der Sozialwissenschaften.

Dabei beobachten wir eine produktive Wechselwirkung: Einerseits ebnet das *theoretische Wahrnehmen* wirtschaftlicher Gestaltungsfreiheit dem *praktischen Wahrnehmen* unternehmerischer Verantwortung den Weg. Andererseits zeigt die *praktische Wirklichkeit* qualitativ ausgerichteter unternehmerischer Freiheit deren *theoretische Möglichkeit* auf – und widerspricht so ökonomischen Theoremen, die solche Freiheit bestreiten. Denn in der Praxis nutzen ja etliche Unternehmer bereits ihre finanzielle und operative Freiheit, um Vorstellungen einer lebenswerten Zukunft zu verwirklichen – und so gesellschaftliche Verantwortung zu übernehmen. Wirklichkeit aber beweist Möglichkeit.[37] Und was jenen Firmen gelingt, dürfen wir moralisch von allen fordern.

Entsprechend ist Wirtschaftsethik keine fromme, aber weltfremde Predigt, sondern als eben die ökonomische Strategie zu nachhaltigem Unternehmertum zu erkennen, die sie ist. Die verantwortliche Ausrichtung des wirtschaftlichen Handelns stellt kein quantitatives *Minus* an wirtschaftlicher Freiheit dar, sondern ein qualitatives *Bonum*. Mit dieser Interpretation rekonstruiert die Konzeption qualitativer Freiheit das empirisch nachgewiesene Freiheitsstreben von Unternehmern nicht nur angemessener als quantitativ ausgerichtete Konzeptionen von Wirtschaftsfreiheit es vermögen, sondern sie richtet es auch normativ – insbesondere kosmopolitisch – aus. Und da die wirtschaftliche Freiheit von Firmen durch unternehmerische Verantwortungsübernahme, wie gezeigt, nicht beschädigt, sondern betätigt und bestärkt wird, gibt es auch keinen Grund für Theoretiker und Ethiker der Wirtschaft, Unternehmer vor der Aufforderung zu ebensolchem Engagement in Schutz zu nehmen. Um hingegen ein auf freiwilliger Verantwortungsübernahme gegründeten Unternehmertum zu befördern, wären m.E. die folgenden Schritte zielführend.

    1)   Da die praktischen Barrikaden, die einem anständigen Wirtschaften im Wege stehen, oft das Resultat festgefügter theoretischer Barrieren sind,

---

[37] Dierksmeier, 2011.

gilt es, an Universitäten und Fachhochschulen letztere abzubauen und von der hergebrachten mechanistischen Ökonomik auf eine humanistische Wirtschaftspädagogik umzustellen.

2) Die Politik muss endlich ihre volkswirtschaftlichen Parameter anpassen: weg von rein quantitativ-materiellen Messgrößen wie dem BIP und hin zu differenziert qualitativen Erfolgsmessungen – wie auch durch die Enquete-Kommission des Deutschen Bundestags „Wachstum, Wohlstand, Lebensqualität" empfohlen.

3) Gleichauf damit sind seitens der Zivilgesellschaft und der Medien Firmen positiv hervorzuheben, die ihre Unternehmensbilanz mittels eines ökologische und soziale Aspekte berücksichtigenden Accounting-Standards abfassen. Notfalls lässt sich diese Berichtspflicht auch gesetzlich vorschreiben (wie in Großbritannien).

4) IHKs sowie sonstige professionelle Verbände sollten Trainings organisieren, die Unternehmer und Mitarbeiter befähigen, über (negative) Compliance hinaus ein strategisch ausgerichtetes (positives) Wertemanagement anzupacken.

5) Schließlich ist auch die Beratungsindustrie in die Pflicht zu nehmen. Die Öffentlichkeit darf verlangen, dass Coaches und Consultants ihre eigene gesellschaftliche Verantwortung ernstnehmen – und ihren Kunden ein auf moralische, soziale und ökologische Nachhaltigkeit ausgerichtetes Set von Kompetenzen vermitteln.

Literatur

Amit, R.; MacCrimmon, K.R. & Zietsma, C. (2000). Does money Matter? Wealth attainment as the motive for initiating growth-oriented technology ventures. Journal of Business Venturing, 16, 119–143.

Ashman, I. & Winstanley, D. (2006). The ethics of organizational commitment. Business Ethics: A European Review, 15(2), 142–154.

Bandura, A. (1998). Self-efficacy: the exercise of control. New York: Freeman.

BCG, The Boston Consulting Group, (2009). The Business of Sustainability. Imperatives, Advantages, and Actions. Published online in cooperation with the MIT Sloan Management Review, at http://sloanreview.mit.edu/special-report/the-business-of-sustainability/.

Beckmann, M. & Pies, I. (2006): Freiheit durch Bindung – Zur ökonomischen Logik von Verhaltenskodizes. Diskussionspapier Nr. 2006-9 des Lehrstuhls für Wirtschaftsethik an der Martin-Luther-Universität Halle-Wittenberg, Halle.

Böhler, D. & Ruh, H. (2004). Ethik im Management: Ethik und Erfolg verbünden sich. Zürich: Orell Füssli.

Carney, B. M. &Getz, I. (2009). Freedom, Inc.: Free your employees and let them lead your business to higher productivity, profits, and growth. New York: Crown Business.

34   Claus Dierksmeier

Cassar, G. (2007): Money, money, money? A longitudinal investigation of entrepreneur career reasons, growth preferences and achieved growth. Entrepreneurship & Regional Development, 19(1), 89–107.

Collier, J. & Esteban, R. (1999). Governance in the Participative Organisation: Freedom, Creativity and Ethics. Journal of Business Ethics, 21, 173–188.

Covey, S. M. R. & Merrill, R. R. (2018). The speed of trust: the one thing that changes everything. New York: Free Press.

Gilbert, D.U. & Rasche, A. (2008). A Critical Perspective on Social Accounting – The Contribution of Discourse Philosophy. In:Cowton, C. & Haase, M. (Hrsg.): Trends in Business and Economic Ethics. Berlin & Heidelberg: Springer, 175-197.

Di Fabio, U. (1999). Unternehmerische Selbstbindung und rechtstaatliche Fremdbindung. In: Ulrich, P.; Löhr, A. & Wieland, J. (Hrsg.): Unternehmerische Freiheit, Selbstbindung und politische Mitverantwortung. München und Mering: Hampp, 85–98.

Dierksmeier, C. (2016a). Qualitative Freiheit: Selbstbestimmung in weltbürgerlicher Verantwortung. Bielefeld: transcript.

Dierksmeier, C. (2016b). Reframing Economic Ethics: The Philosophical Foundations of Humanistic Management. Switzerland: Palgrave Macmillan.

Dierksmeier, C. (2019). From Jensen to Jensen: Mechanistic Management Education or Humanistic Management Learning. Journal of Business Ethics (Feb. 2019), 1-15, https://doi.org/10.1007/s10551-019-04120-z

Dierksmeier, C. & Petersen, H. (2016). Welche Freiheit brauchen Unternehmer? Forum Wirtschaftsethik, 24, 143-153

Dierksmeier, C. (2011). The freedom–responsibility nexus in management philosophy and business ethics. Journal of Business Ethics, 101(2), 263-283.

Dierksmeier, C. & Pirson, M. (2010): The Modern Corporation and the Idea of Freedom. Philosophy of Management, 9(3), 5–25.

Eckel, C.; Johnson, M. & Wilson, R.K. (2002). Fairness and Rejection in the Ultimatum Bargaining Game. Political Analysis, 10(4), 376-393. doi: 10.2307/25791699.

Elkington, J. & Hartigan, P. (2008). The Power of Unreasonable People: How Social Entrepreneurs Create Markets that Change the World. Boston, MA: Harvard Business School Press.

Fehr, E. & Rangel, A. (2011). Neuroeconomic Foundations of Economic Choice—Recent Advances. The Journal of Economic Perspectives, 25(4), 3-30. doi: 10.2307/41337228.

Guala, F. (2008). Paradigmatic Experiments: The Ultimatum Game from Testing to Measurement Device. Philosophy of Science, 75(5), 658-669. doi: 10.1086/594512.

Franz, H.-W.; Hochgerner, J. & Howaldt, J. (2012). Challenge social innovation: potentials for business, social entrepreneurship, welfare and civil society. Heidelberg & New York: Springer.

Frey, B. & Osterloh, M. (1997). Sanktionen oder Seelenmassage? Motivationale Grundlagen der Unternehmensführung. Die Betriebswirtschaft, 57(3), 307-321.

Friedman, M. (1970): The Social Responsibility of Business is to Increase its Profits. The New York Times Magazine, September 13, 1970.

Gabaix, X. & National Bureau of Economic Research (2011). A sparsity-based model of bounded rationality. NBER working paper series working paper 16911. Cambridge, MA: National Bureau of Economic Research. http://www.nber.org/papers/w16911.

Giordano, J. J. & Gordijn, B. (2010). Scientific and philosophical perspectives in neuroethics. Cambridge & New York: Cambridge University Press.

Glauner, F. (2016). Zukunftsfähige Geschäftsmodelle und Werte. Strategieentwicklung und Unternehmensführung in disruptiven Märkten. Heidelberg: Springer.

Goebel, P. (1990). Erfolgreiche Jungunternehmer - Welche Fähigkeiten brauchen Firmengründer? München: mvg.

Gray, R.; Dey, C.; Owen, D.; Evans, R. & Zadek, S. (1997). Struggling with the praxis of social accounting: Stakeholders, accountability, audits and procedures. Accounting, Auditing & Accountability Journal, 10(3), 325-364.

Gray, R. (2002). The social accounting project and Accounting Organizations and Society Privileging engagement, imaginings, new accountings and pragmatism over critique? Accounting, Organizations and Society, 27(7), 687-708.

Hamer, E. (1988). Wie Unternehmer entscheiden: Motive und Verhalten mittelständischer Firmenchefs. Landsberg am Lech: Moderne Industrie.

Hofmann, M. (1968). Das unternehmerische Element in der Betriebswirtschaftslehre. Berlin: Duncker & Humblot.

IDW – Institut der Wirtschaftsprüfer in Deutschland (2011). Prüfungsstandard 980 Grundsätze ordnungsmäßiger Prüfung von Compliance Management Systemen, WPg Supplement 2/2011, S. 78 ff.; FN-IDW 4/2011, S. 203 ff.. Düsseldorf: IDW.

Insam, A., & Racky, F. (2010). Konfliktkosten-Controlling – der „missing link" bei Konfliktmanagementsystemen. Zeitschrift für Konfliktmanagement, 13(6).

Jacobsen, L.K. (2006). Erfolgsfaktoren bei der Unternehmensgründung: Entrepreneurship in Theorie und Praxis. Wiesbaden: DUV.

Kao, R. W. Y. (2010). Sustainable economy: corporate, social and environmental responsibility. Singapore Hackensack, NJ: World Scientific.

Kets de Vries, M.F.R (1986). Die Schattenseiten des Entrepreneurs. Harvard Manager, 2/86, 7–10.

Killingback, T. &Studer , E. (2001). Spatial Ultimatum Games, Collaborations and the Evolution of Fairness. Proceedings: Biological Sciences, 268(1478),1797-1801.

Kolster, W. (2008). Ethik in der Wirtschaft: ein Prozess aus Emotionen und Vernunft, Philosophie im Kontext. Berlin: Lit.

Küng, H. (2012). Anständig wirtschaften: Warum Ökonomie Moral braucht. München: Piper.

Kuratko, D.F.; Hornsby, J. S. & Naffziger, D.W. (1997). An examination of owner's goals in sustaining entrepreneurship.Journal of Small Business Management, 1/97, 24–33.

Lattemann, C. (2014). On the Convergence of Corporate Governance Practices in Emerging Markets. International Journal of Emerging Markets, 9(2), 316-332.

London, M. & Morfopoulos, R.G. (2010). Social entrepreneurship: how to start successful corporate social responsibility and community-based initiatives for advocacy and change. New York: Routledge.

Luhmann, N. (1968). Vertrauen: Ein Mechanismus der Reduktion sozialer Komplexität. Stuttgart: Enke.

Munro, A. (2009). Bounded rationality and public policy: A perspective from behavioural economics, The economics of non-market goods and resources. Dordrecht; New York: Springer.

Nicholls, A. & Cho, A. H. (2006). Social Entrepreneurship: The Structuration of a Field. In: Nicholls, A. (Hrsg.): Social entrepreneurship: new models of sustainable social change, , 99-118. Oxford; New York: Oxford University Press.

Nielsen, H. (2009). Bounded rationality in decision-making: how cognitive shortcuts and professional values may interfere with market-based regulation, Issues in environmental politics. Manchester; New York: Manchester University Press.

Nizielski, S. (2014). Emotional Intelligence - A Personal Resource for Employees who Work With People: Processes and Implications. Dissertation, Otto-Friedrich-Universität Bamberg.

Pecorino, P., and Van Boening, M. (2010). Fairness in an Embedded Ultimatum Game. Journal of Law and Economics, 53(2), 263-287. doi: 10.1086/599622.

Petersen, H. (2017): Unternehmerische Freiheit endogen verwirklichen. In: FUGO (Hrsg.): Unternehmen der Gesellschaft. Interdisziplinäre Beiträge zu einer kritischen Theorie des Unternehmens. Weimar bei Marburg: Metropolis.

Petersen, H. (2016). Freiheit im Kleinen: Warum es unternehmerisch und nachhaltig sein kann, klein zu bleiben. In: Keck, W. (Hrsg.): CSR und Kleinstunternehmen. Wiesbaden: Springer Gabler.

Petersen, H.; Schaltegger, S. & Schock, M. (2015). Vision, Leitbild und Strategie für eine nachhaltige Unternehmensentwicklung. In: Petersen, H. & Schaltegger, S. (Hrsg.): Nachhaltige Unternehmensentwicklung im Mittelstand: Mit Innovationskraft zukunftsfähig wirtschaften. München: Oekom, 15–36.

Reeves, M.; Dierksmeier, C. & Chittaro, C. (2018) The Humanization of the Corporation, Bruce Henderson Institute (BHI), The Boston Consulting Group (BCG), https://www.bcg.com/publications/2018/humanization-corporation.aspx

Rohrhirsch, F. (2005). Erfolg - Ethik - Sinn : Faktoren einer nachhaltigen Mitarbeiter- und Unternehmensentwicklung. Karlsruhe: Univ.-Verl. Karlsruhe.

Rubinstein, A. (1998). Modeling bounded rationality. Zeuthen lecture book series. Cambridge, MA: MIT Press.

Salehnejad, R. (2007). Rationality, bounded rationality and microfoundations: foundations of theoretical economics. Basingstoke, UK; New York, NY: Palgrave Macmillan.

Schaltegger, S. & Hörisch, J. (2013). Was prägt das Nachhaltigkeitsmanagement - Gewinnmaximierung oder Legitimitätssicherung? Forum Wirtschaftsethik, 4, 2-4.

Schaltegger, S. & Hörisch, J. (2015). In Search of the Dominant Rationale in Sustainability Management: Legitimacy- or Profit-Seeking? Journal of Business Ethics, 145(2), 259-276.

Schönborn, G. (2014). Unternehmenskultur als Erfolgsfaktor der Corporate Identity: Die Bedeutung der Unternehmenskultur für den ökonomischen Erfolg von Unternehmen. Wiesbaden: Springer VS.

Schwegler, R. (2009). Moralisches Handeln von Unternehmen: Eine Weiterentwicklung des neuen St. Galler Management-Modells und der Ökonomischen Ethik. Wiesbaden: Gabler.

Simon, H. A.; Egidi, M. & Lapthorn Marris, R. (2008). Economics, bounded rationality, and the cognitive revolution. Cheltenham, UK; Northampton, MA: Edward Elgar.

Singer, T. & Fehr, E. (2005). The neuroeconomics of mind reading and empathy. Discussion paper no. 1647. Bonn: IZA. http://www.iza.org/en/webcontent/publications/papers/view-Abstract?dp_id=1647.

Spiegler, R. (2011). Bounded rationality and industrial organization. Oxford; New York: Oxford University Press.

Stadler, C. (2009). Freude am Unternehmertum in kleinen und mittleren Unternehmen: Ergebnisse einer Quer- und Längsschnittanalyse. Wiesbaden: Gabler.

Stehr, N. (1994). Arbeit, Eigentum und Wissen: Zur Theorie von Wissensgesellschaften. Frankfurt am Main: Suhrkamp.

Vesalainen, J. & Pihkala, T. (1999). Motivation Structure and Entrepreneurial Intentions, Paper präsentiert im Rahmen der Babson-Kauffman Entrepreneurship Research Conference, South-Carolina, Mai 99, http://fusionmx.babson.edu/entrep/fer/papers99/II/II_B/IIB.html (21.12.12).

Weinrich, K. (2014). Nachhaltigkeit im Employer Branding: Eine verhaltenstheoretische Analyse und Implikationen für die Markenführung. Wiesbaden: Springer Gabler.

Wieland, J. & Grüninger, S. (2011). Verantwortung in der globalen Ökonomie gestalten: Governanceethik und Wertemanagement: Festschrift für Josef Wieland. Marburg: Metropolis.

Vom verantwortlichen Handeln. Ein philosophischer Blick auf verantwortliches Entrepreneurship

Sebastian Speer[1]

Abstract

Dieser Beitrag nimmt eine philosophische Betrachtung und Analyse personenimmanenter Vorgänge hinter unternehmerischem Handeln vor. Ausgehend von einer einleitenden Verortung der Konzepte des Handelns und der Verantwortung im philosophischen und ökonomischen Kontext, wird sich der konkreten Anwendung mithilfe der Gedanken des Thomas von Aquin und von Hans Jonas angenähert. Über das Aufzeigen des Weges, wie aus Intentionen tatsächliche Handlungen folgen, wird der Blick auf das Handeln selbst gelenkt. Dabei wird zunächst der Akt des Handelns beleuchtet, bevor in einem zweiten Schritt Bewertungsmaßstäbe und Beurteilungsgrundlagen für das Handeln aufgezeigt werden. In diesem Zusammenhang wird kontextuellen Faktoren und handlungsbegleitenden Rahmenbedingungen eine zentrale Rolle zugeschrieben, die Einfluss auf die Bewertung einer Handlung als verantwortlich oder unverantwortlich nehmen können. Auf dieser Basis des zukunftsethischen Verantwortungsverständnisses von Hans Jonas wird abschießend Bilanz gezogen, die einen Beitrag zum besseren Verständnis der Intention, Umsetzung und Bewertung einer Handlung im Allgemeinen und (verantwortlichen) unternehmerischen Handelns im Besonderen leistet.

Inhalt

---

[1] Mein besonderer Dank gilt meinem Onkel, Prof. Dr. Dr. h.c. Andreas Speer (Universität zu Köln), der durch seine Expertise, seinen fachlichen Rat und inhaltlichen Input ein wertvoller Sparring-Partner war und zudem durch die dafür aufgebrachte Zeit einen wichtigen Beitrag zum Entstehen dieses Artikels geleistet hat.

© Springer Fachmedien Wiesbaden GmbH, ein Teil von Springer Nature 2020
H. Pechlaner und S. Speer (Hrsg.), *Responsible Entrepreneurship*, Entrepreneurial Management und Standortentwicklung, https://doi.org/10.1007/978-3-658-31616-7_3

1   Einleitung

In Anbetracht zahlreicher Skandale mit negativen Auswirkungen auf die Bereiche der Wirtschaft (z.b. im Rahmen der gewinnfokussierenden Kreditvergabe, die zum Ausbruch der Finanzkrise führte[2]), der Umwelt (z.b. in Bezug auf den Einbau von sogenannter Betrugssoftware zur nur scheinbaren Reduzierung von tatsächlich existenten CO_2-Emissionen[3]) sowie der Menschen selbst (z.b. durch den Verkauf von verdorbenen Fleisch- und Wurstwaren[4]) ist die Frage nach der Verantwortung von Unternehmen im Allgemeinen sowie die Forderung nach verantwortlicherem Agieren von Managern und Unternehmern im Besonderen Gegenstand gesellschaftlicher, politischer und medialer Diskurse. Während in der wissenschaftlichen Debatte Denkrichtungen existieren, die Unternehmen als Gesamtkonstrukt eine eigene Handlungsverantwortung zuschreiben, gibt es genauso Strömungen, die das Handeln einzelner Menschen in Unternehmen zum Beurteilungsgegenstand für Verantwortung machen[5]. Da im vorliegenden Band der Fokus speziell auf den Entrepreneur und damit – ganz im Sinne der Wortherkunft – auf die etwas unternehmende und somit handelnde Person gelegt wird, konzentriere ich mich bewusst auch nur auf diesen Zweig der Verantwortungsdiskussion. Damit stelle ich den Bedarf nach der Verbindung von (erfolgreichem) ökonomischen Handeln einerseits und dem auf verantwortlichen Entscheidungen basierenden moralischen Agieren einzelner Akteure andererseits heraus. Auf diese Weise schließe ich mich argumentativ solchen Ansätzen in der wissenschaftlichen Debatte an, die Verantwortung an individuell handelnde Personen knüpfen[6] – zunächst unabhängig davon, ob diese im Kontext eines Unternehmens aktiv sind oder nicht. Im Unternehmenskontext ist der Entrepreneur sowohl als der verantwortliche Entscheidende als auch der verantwortliche Handelnde anzusehen. Insbesondere sein Handeln soll im Folgenden in Bezug auf die Verantwortungsdiskussion einer Untersuchung und Bewertung unterzogen werden, die es erlaubt, ein Verständnis hinsichtlich des Grades der (Un-)Verantwortlichkeit und somit eine Beurteilungsbasis von personenbezogenem unternehmerischem Handeln zu schaffen. Verantwortung in diesem Sinn stellt ein aktives, unmittelbar an eine Person gebundenes Tun oder Unterlassen (die Verantwortung *für* etwas) dar, welches unter Beachtung gegebener Rahmenbedingungen entweder als verantwortlich oder unverantwortlich bewertet wird (die Verantwortung *vor* einer höheren Instanz

---

[2] Vgl. z.B. Foster & Magdoff, 2009: S. 27 ff.

[3] Vgl. z.B. Siano et al., 2017

[4] Vgl. z.B. Schulze et al., 2008

[5] Vgl. dazu z.b. Lenk & Maring, 1995; Zimmerli & Aßländer, 1996

[6] Vgl. z.B. Altman, 2007 und darauf aufbauend Scharding, 2019

oder Norm) und somit unmittelbar auf den Täter als Urheber der Handlung reflektiert[7]. Bestimmte Handlungen unter situativen Einflüssen und in spezifischen Kontexten bilden somit zusammen mit einem Bewertungsmaßstab die Grundlage für eine Beurteilung verantwortlichen Handelns[8]. Die so zu verortenden Handlungen eines Unternehmers und deren Bewertung sind Gegenstand des vorliegenden Artikels.

Obwohl – oder gerade weil – sich mittlerweile ein ausdifferenziertes Forschungsfeld im Bereich der Wirtschaftsethik, also der Reflexionsebene moralischen Entscheidens und Agierens im ökonomischen Kontext einerseits[9] sowie der Untersuchung von Motiven[10], Anreizen[11] und neuro-biologischen Prozessen[12] zu handeln andererseits, etabliert hat, erscheint es als angebracht, das konkrete Handeln aus einer weiteren Perspektive heraus zu untersuchen. Hierfür bietet sich der philosophische Blickwinkel deshalb als besonders geeignet an, weil diesem Feld entstammende Modelle die wichtigen Aspekte des Entscheidens, Handelns sowie der Verantwortung nicht nur zumeist integriert betrachten, sondern sowohl Bezüge als auch Kausalitäten zwischen einzelnen Themenbereichen herstellen. Damit erlaubt die philosophische Betrachtungsweise eine gleichsam holistische wie auch kausallogische Analyse des auf eine Person zurückzuführenden Wirkungsgeflechts von Entscheiden und Handeln vor dem Hintergrund der Frage nach Verantwortung. In der vorliegenden Analyse konzentriere ich mich auf die Darstellungen von zwei wichtigen philosophischen Denkern, die es gemeinsam vermögen, das umrissene Untersuchungsfeld konzeptuell abzudecken. Zum einen beziehe ich mich auf Thomas von Aquin, der in einem seiner Hauptwerke, der *Summa theologiae*[13], neben einer komplexen Handlungs- und Entscheidungstheorie auch eine differenzierte Lehre bezüglich der Handlungsumstände (*cirumstantiae*) entwirft. Mit ihm geht es primär um die (Verständnis-) Frage[14] nach dem Handeln, das auf Vernunft, Willen und freien Entscheidungen basiert – also kurz: um zielgerichtetes Handeln. Dabei stehen das Wissen um das Ziel sowie die Entscheidungen und die Wahl der richtigen Mittel, um den Zweck, d.h. das Ziel zu

---

[7] Vgl. Kluxen, 1980: S. 334; Picht, 2004 (1969): S. 318 ff., insb. S. 323; Müller, 2016: S. 23

[8] Vgl. Auhagen, 2002: S. 233

[9] Vgl. z.B. Heiß, 2011

[10] Vgl. Weber, 1919; Kleinfeld, 1998

[11] Vgl. Sunstein, 2015

[12] Vgl. z.B. Kenning & Plassmann, 2005; Krueger & Welpe, 2014

[13] Im Folgenden wird Bezug genommen auf den lateinischen Originaltext der Fundación Tomás de Aquino (2006) sowie auf die englischsprachige Übersetzung von Freddoso (o.J.). Die Referenzierung erfolgt nach dem folgenden Schema: Werk (STh), Buch (I bis II), Frage (q. – quaestio), Artikel (a. – articulus).

[14] Vgl. insb. Speer, 2005: S. 11.

erreichen, im Zentrum. Mit diesem Vorgehen wird ein Gegenentwurf zu den Ansätzen der *behavioral economics* gewählt, die Handeln auf Verhalten reduzieren und anstreben, jene Faktoren ermitteln und messen zu wollen, die dieses menschliche Verhalten konditionieren. Ergänzt werden die Überlegungen des Thomas durch die Ansätze von Hans Jonas, der seinerseits eine pointierte sowie komplexe Verantwortungsethik vorstellt, die er insbesondere auf ihre globale und futurische – und somit auf eine räumlich wie zeitlich unbegrenzte – Gültigkeit hin versteht. Mit Hans Jonas geht es folglich um die Frage der Verantwortung, um verantwortliches und verantwortetes Handeln, das auch die Folgen des menschlichen Handelns in den Blick nimmt. Zusammengefasst lässt sich der theoretische Rahmen also wie folgt umreißen: Während die Gedanken des Thomas von Aquin zur Analyse der Grundlagen von Entscheidungen und Handeln in bestimmten Situationen und Kontexten dienen, eignen sich die Jonas'schen Ansätze dazu, eine ethische Bewertung vorzunehmen und sowohl Handeln als auch Entscheiden aus dem Bereich der unmittelbaren Begleitumstände herauszulösen und in einen zeitlich wie räumlich weiter gefassten Kontext zu stellen.

Primäres Ziel ist es, aus dem Bereich der Philosophie stammende Ansätze beider Denker vorzustellen, welche die Perspektive des (verantwortlichen) Entscheidens und Handelns beleuchten und dabei zunächst von der konkreten Unternehmerperson abstrahieren; gleichwohl werden sie aber in einem letzten Schritt auf das Anwendungsfeld des Entrepreneurship übertragen. Konkret gilt es den handlungsleitenden Gedanken zu verstehen, *was* eine Person erreichen will bzw. soll und *wie* die Erreichung dieses identifizierten Ziels in praktisches Handeln übersetzt wird. Auf diese Weise lassen sich Fragen in Bezug auf das eigene Tun, die sich in einem Spannungsfeld von gesellschaftlichen Erwartungen, politischen und rechtlichen Vorgaben sowie wirtschaftlichen Interessen (der Anteilseigner) befindende Unternehmer heute stellen müssen, systematisch aufarbeiten. Zu diesem Zweck wird zunächst der Prozess ausgehend von der Zielbildung hin zum tatsächlichen Handeln nachgezeichnet (Abschnitt 2). Anschließend wende ich mich dem Handeln selbst zu, da dieses zum einen im Zentrum der unternehmerischen Aktivität steht und zum anderen Gegenstand der Verantwortlichkeitsreflektion ist (Abschnitt 3). Aufgrund der Tatsache, dass der Mensch und sein Tun in einem handlungsspezifischen Kontext stehen, wird der Blick danach auf die Rahmenbedingungen des Handelns gelenkt (Abschnitt 4) und in einen Zusammenhang mit dem Jonas'schen Verantwortungsverständnis gestellt (Abschnitt 5). Die so gewonnen Erkenntnisse werden bereits während der Untersuchung auf den Anwendungsbereich des Entrepreneurship gespiegelt und zum Ende einer abschließenden Reflexion (Abschnitt 6) unterzogen.

2 Vom Wollen zum Handeln

Gegenstand dieses Abschnitts ist es, anhand der Entscheidungstheorie des Thomas von Aquin einen komplexen philosophischen Verständniszugang aufzuzeigen, wie sich ein in einer Handlung Ausdruck findender Zielbildungsprozess innerhalb einer Person vollzieht. Mit diesem Vorgehen wird bewusst der Fokus auf die personenimmanenten Vorgänge gelegt, die den sich explizierenden Handlungen eines Unternehmers vorgeschaltet sind. Die Betrachtung der Ausführungen des Thomas bietet sich dabei vor allem aufgrund ihrer auf konkrete Handlungsmuster zu beziehenden Praxisrelevanz[15] sowie wegen der in ihr enthaltenen psychologischen Züge[16] an.

Als Ausgangspunkt der Überlegungen dient die auf zwei Ebenen vorgenommene Differenzierung von Thomas von Aquin in der *Summa theologiae* in Selbstbewegung und Nicht-Selbstbewegung einerseits[17] sowie unvollendete Zielkenntnis (*cognitio finis perfecta*) und vollendete Zielkenntnis (*cognitio finis imperfecta*) andererseits[18]. Als Selbstbewegung wird dabei jeder willentlich ausgeführte Akt bezeichnet, der aufgrund eines erkannten oder bewusst formulierten Ziels vollzogen wird[19]. Diese Weise des teleologischen Handelns setzt somit *per definitionem* die (Er-)Kenntnis eines angestrebten Ziels voraus. Einen Zweck zu formulieren, in seiner Gesamtheit zu durchdringen und sein Handeln zielgerichtet darauf hinzuordnen kann – in Abgrenzung zur Verfolgung von Trieben durch Tiere – ist allein Sache des Menschen aufgrund seiner überlegenden Vernunft[20]. Diese vermag es nämlich, den freien Willen des Menschen in zweckgerichtetes Handeln zu überführen[21]. Der Wille selbst ist dabei nach thomasischer Ansicht grundsätzlich in dem Sinne frei, dass er keinen Zwängen und externen Einflüssen unterliegen kann[22]. Dennoch gilt es bei der Willensfreiheit darauf zu verweisen, dass neben der grundsätzlichen Möglichkeit des (handeln) Wollens oder Nichtwollens (*libertas exercitii*) das Wollen einer von mehreren zu Verfügung stehen-

---

[15] So bezeichnet Forschner, 2006 Thomas als „einen ,induktiven' Metaphysiker" (S. 12) und betont damit die Herleitung auf konkreten Beobachtungen und Erfahrungen basierender Schlussfolgerungen; s. hierzu auch das Beispiel bei Müller, 2016: S. 24.

[16] Vgl. Müller, 2016: S. 20

[17] Vgl. STh I-II q. 6 a. 2 co.

[18] Vgl. STh I-II q. 6 a. 2 co.

[19] Vgl. STh I-II q. 6 a. 1 co.

[20] Vgl. STh I-II q. 6 a. 2 ad 2

[21] Vgl. Heinzmann, 1994: S. 54; Mertens, 2005: S. 174

[22] Vgl. STh I-II q. 6 a. 4 co.

den Willens- bzw. Handlungsoptionen (*libertas specificationis*) die vollumfängli-
che Willensfreiheit konstituiert[23]. Den unmittelbaren Zusammenhang von Willen
und Vernunft fasst Kluxen wie folgt zusammen: „Der Wille ist nun jenes Strebe-
vermögen, das der Vernunft zugeordnet ist, und insofern ist der Umfang dessen,
was ihm Objekt werden kann, nicht geringer als jener, in welchem die Vernunft
Objekte zu finden vermag."[24] Die Vernunft setzt folglich den Rahmen für die ziel-
gerichteten Handlungsalternativen einer Person und bestimmt somit zugleich ihre
auf der Willensfreiheit basierende Handlungsfreiheit. Diese wiederum kann durch
einen Akteur entweder genutzt werden, auf die eine oder andere Weise tätig zu
werden, oder eben auch überhaupt nicht zu handeln – ohne an dieser Stelle das
Handeln einer Bewertung zu unterziehen.

Auf das Anwendungsfeld des Entrepreneurship angewandt, erscheinen die
bisherigen Erkenntnisse zunächst trivial, sind aber in Hinblick auf ein schlüssiges
Gesamtverständnis als wichtige Grundlage anzusehen: Der Unternehmer als
menschlicher Akteur unterliegt zunächst den thomasischen Annahmen der Selbstbewegung und der perfekten Zielkenntnis. Letztgenannte ist gleichzeitig sowohl
Ausgangspunkt als auch Zweck des Handelns, die sich als Gelegenheit darstellt
und deren Ausnutzung entsprechend verfolgt wird[25]. An die Zielbildung schließt
sich folglich – und das grenzt den Entrepreneur von anderen Personen ab, die
möglicherweise dieselbe Gelegenheit erkannt, aber nicht ausgenutzt haben[26] –
ein konkretes Handeln an. Der Aspekt der Selbstbewegung ist also insofern gegeben, als dass das unternehmerische Tun von dem Ziel der Gelegenheitsnutzung
geprägt ist und weder zufällig noch unbewusst erfolgt. Dies bedeutet zugleich,
dass der Unternehmer seine Handlungsfreiheit bewusst zugunsten eines intendierten, spezifischen und gerichteten Tuns nutzt. Das Handeln schließlich ist durch
das Verständnis der eigenen Situation (s. dazu auch Abschnitt 4) einerseits sowie
durch den eigenen Kreativitäts- und Wertehorizont andererseits geprägt[27], die gemeinsam das Spektrum der potentiellen Handlungsoptionen bestimmen.

Nach dieser ersten vernunfts- und willenstheoretischen Verortung lohnt es
sich besonders, sich der Entscheidungs- und Handlungsanalyse des Thomas von
Aquin zuzuwenden. Für diese konzentriere ich mich auf die sieben von Mertens
beschriebenen Willensakte[28]. Thomas unterscheidet dabei die Akte, die den Willen auf ein Ziel hin lenken (im Folgenden *voluntas, fruitio* und *intentio*), von jenen

---

[23] Vgl. STh I-II q. 9 a. 1 co.; s. auch Kluxen, 1980: S. 331

[24] Kluxen, 1980: S. 330 f.

[25] Vgl. z.B. Holcombe, 1998; Ardichvili, et al., 2003

[26] Vgl. Shane & Venkatamraman, 2000; Sarason et al., 2006

[27] Vgl. z.B. Brockhaus & Horwitz, 1986; Morrison, 2000

[28] Sofern nicht anders angegeben orientiert sich die Interpretation der Willenshandlungen (im Folgenden **fett gedruckt**) nach Thomas an den Darstellungen von Mertens, 2005: S. 180-182. Es sei

Akten, die den Willen zur Erreichung der Ziele lenken (im Folgenden *electio*, *consilium*, *consensus* und *usus*)[29]. Diese Willensakte sind nicht als „reale psychologische Vorgänge" zu verstehen, sondern vielmehr als „eine Art ‚Handlungslogik‘"[30] im Sinne eines logischen Ablaufschemas konsekutiver Willens-, Entscheidungs- und Handlungsvorgänge aufzufassen. Mit ihrer Hilfe wird der Weg, ausgehend von einer Zielkenntnis über den Willen, diese Ziele zu erreichen, bis hin zu den Taten, die aus dem Willen resultieren, schrittweise nachvollzogen, wobei die Ebenen des Wollens, Könnens, Entscheidens und Handelns miteinander verschmolzen werden.

Zuerst nennt Thomas den **Willen** (*voluntas*) selbst, der ein zielgerichtetes Wollen – häufig mit einer Intention[31] der Veränderung eines gegenwärtigen Zustands –, allerdings noch ohne konkretisierende Ableitung von Handlungen, darstellt[32]. An den Akt der Willensbildung schließt sich bei Thomas der **Genuss** (*fruitio*) als das „Zielwollen in Hinsicht darauf, daß man mit dem Erreichen des Ziels zur Ruhe kommt"[33] an. Diesen Genuss in Hinblick auf ein Ziel spezifiziert Thomas weitergehend dahin, dass die Zielerreichung als perfekt im Sinne einer tatsächlichen Realisierung oder nicht perfekt im Sinne einer bloßen Absicht bezeichnet werden kann[34]. Die **Absicht** (*intentio*) als dritter Willensakt stellt schließlich den Kristallisationspunkt alles weiteren Wollens und Tun-Wollens dar[35]. Laut Thomas ist die Intention nämlich jener Akt eines personalen Initiators, der eine tatsächliche Bewegung bzw. Handlung auf ein Ziel hin verursacht[36]. Da allerdings der abstrakte Wille allein noch nicht zum Ziel führt, ist zudem ein Wollen notwendig, welches sich mit der **Wahl** (*electio*) der Mittel[37] befasst, deren Einsatz das Ziel erreichbar werden lässt. Auch wenn laut Thomas die Wahl als

---

darauf hingewiesen, dass die Zahl der der als singuläre Analyseeinheiten betrachteten Willensakte in der Wissenschaft nicht einheitlich aufgefasst wird. So nimmt Müller, 2016: S. 24 ff. Bezug auf einen vierstufigen Prozess.

[29] Vgl. STh I-II q. 8 pr.

[30] Kluxen, 1980: S. 337

[31] Den Begriff der willentlichen Absicht, der Intention, führt Kluxen, 1980, S. 328 direkt auf Thomas von Aquin zurück

[32] „Unde voluntas proprie est ipsius finis." (STh I-II q. 8 a. 2 co.)

[33] Mertens, 2005: S. 181

[34] Vgl. I-II q. 11 a. 4 co.

[35] s. auch Kluxen, 1980: „[D]ie ‚intentio‘ ist jener Begriff, durch den die partikulare, konkrete und eben reale Handlung als selbständige Größe, unabhängig vom letzten Ziel, begriffen wird." (S.336)

[36] „Unde intentio primo et principaliter pertinet ad id quod movet ad finem [...]" (STh I-II q. 12 a. 1 co.)

[37] Vgl. STh I-II q. 13 a. 4 co.

eine auf einem Vergleich beruhende (bloße) *Aus*wahl erscheint, ist sie dennoch
mehr als das, da sie sowohl ein Akt des Wollens als auch der zielorientierten Vernunft ist[38]. Im Schritt der **Beratschlagung** (*consilium*) werden die zuvor identifizierten, zur Wahl stehenden Handlungsalternativen vor dem Hintergrund des situativen Kontextes reflektiert, bewertet und gegeneinander abgewogen. Eine solche Beratschlagung wird von der handelsleitenden Vernunft geboten, da unreflektiertes Handeln (d.h. Handeln, ohne zuvor etwaige Unsicherheiten auch nur zu bedenken) unvernünftig wäre[39]. Die **Zustimmung** (*consensus*) zu möglicherweise mehreren Handlungsoptionen und Mitteln, die vom Grundsatz her allesamt sowohl als (aus persönlicher, ökonomischer, aber auch moralischer Sicht) akzeptabel als auch als dazu geeignet angesehen werden, das ins Auge gefasste Ziel zu erreichen, bildet den sechsten Willensakt[40]. Folglich umfasst der *consensus* bereits die persönliche, moralische Reflektion des zu Tuenden[41] – und somit eine Bewertung hinsichtlich des Gütegrades sowie, *de facto*, der Verantwortung. Aus diesem eingeschränkten Kanon infrage kommender Handlungsalternativen entscheidet man sich schließlich für eine, die in der Folge umgesetzt wird. Bei diesem von Thomas als **Gebrauch** (*usus*) bezeichneten, finalen Willensakt spielt insbesondere das Zusammenspiel von Willen, Vernunft und Handlungen respektive Mitteln der Zielerreichung eine zentrale Rolle. Der Wille ist die initiierende Instanz, die Vernunft nimmt eine lenkende Funktion ein und andere Kräfte schließlich dienen der Umsetzung[42]. In seiner Analyse der thomasischen Willensakte spricht Mertens von einer Abstimmung „äußerer Dinge und innerer Prinzipien"[43], welche für die kombinierte Nutzung von (physischen) Gegenständen und Hilfsmitteln einerseits sowie den (physischen) Gebrauch von Geist und Seele andererseits steht.

Überträgt man die von Thomas vorgenommene Unterscheidung der Willensakte auf das Handeln des Entrepreneurs, lassen sich zentrale Parallelen aufzeigen: Zu Beginn steht der Wille (vgl. *voluntas*) einer Person (beispielsweise aufgrund einer erkannten Gelegenheit[44]), unternehmerisch aktiv zu werden ohne dabei jedoch bereits ein konkret ausgestaltetes Geschäftsmodell im Sinn haben zu müssen. Die Dimension des Genusses (vgl. *fruitio*) hingegen kann eher im Bereich

---

[38] Vgl. STh I-II q. 13 a. 1 co. und STh I-II q. 13 a. 4 ad 1

[39] Vgl. STh I-II q. 14 a. 1 co.

[40] Vgl. STh I-II q. 15 a. 3 co.

[41] Kluxen, 1980: S. 336 f.

[42] Vgl. STh I-II q. 16 a. 1 co.

[43] Mertens, 2005: S. 182

[44] Für wissenschaftliche Ansätze, was unter einer unternehmerischen Gelegenheit verstanden wird, vgl. z.B. Wickham, 2006: S. 262; Alvarez & Barney, 2007: S. 13 ff.; Holcombe, 1998: S. 46

der persönlichen Motivation verortet werden, als in Bezug zum zweckgerichteten Handeln selbst. So kann das Erlangen wirtschaftlicher Autonomie durch eine unternehmerische Tätigkeit[45] als intrinsische Motivation denn als konkreter Akt der Zielverfolgung angesehen werden. Die von einem Entrepreneur verfolgte, in der Realisierung einer Absicht (vgl. *intentio*) mündende Zielerreichung führt dazu, dass er sich in die Richtung seines anvisierten Ziels unternehmerisch aktiv zu werden, bewegt. Dazu bedarf es allerdings der Wahl (vgl. *electio*) konkreter Parameter, z.B. ob sich das unternehmerische Handeln durch das Produzieren von Waren oder das Anbieten von Dienstleistungen ausdrücken soll. Die sich daran anschließende Analyse des Kontextes, der situativen Faktoren (vgl. auch Abschnitt 3.2) sowie des Einbezugs etwaiger Risiken und Unsicherheiten (vgl. *consilium*), lässt aus der Entscheidung – folgt man Thomas – eine vernünftige Entscheidung werden. Gerade in diesem im Feld des Entrepreneurship bekannten Spannungsverhältnisses von existenten Risiken und mitunter auf komplexen Wirkungszusammenhängen beruhenden Unsicherheiten einerseits[46] und einer der Person des Entrepreneurs innewohnenden, überdurchschnittlichen Risikoakzeptanz andererseits[47] wird die beide „Fliehkräfte" ausgleichende Bedeutung der Vernunft besonders deutlich. Eine vernünftige Einschätzung der eigenen Situation und der intendierten Handlungen sollte trotz allem persönlichem Involvement der Unternehmerperson die Maxime des Handelns darstellen. Die am Ende des Beratschlagungsprozesses stehende Zustimmung (vgl. *consensus*) macht schließlich deutlich, für welche konkrete Handlungsoption sich ein Entrepreneur entschieden hat. In diese Entscheidung fließen nicht nur ökonomische, sondern auch moralische Überlegungen mit ein, die sich letztlich im Handeln (vgl. *usus*) ausdrücken. Hier greifen das *Was* (was wird getan?) und das *Wie* (wie wird gehandelt?) des Handelns unmittelbar ineinander und zeigen die Verbindung von Zielverfolgung, Vernunft, Moral und Handlungen auf: Das Zusammenwirken des Wollens unternehmerisch aktiv zu werden, eine auf der Vernunft gegründete, reflektierte Vorgehensweise zu wählen und die Wahl geeigneter Mittel und Wege, die Zielerreichung konkret werden zu lassen, sollten vor dem Hintergrund der Analyse der Entscheidungs- und Handlungstheorie des Thomas von Aquin die Grundlage unternehmerischen, da menschlichen Handelns darstellen.

Der im vorangegangenen Abschnitt nachvollzogene Analysebogen, hat damit begonnen, sich eines Ziels bewusst zu werden, und mündete darin, diesem Ziel unter Einsatz nützlicher – hier besonders im Sinne von zweckdienlicher – Hilfsmittel und Handlungen entgegenzustreben. Umgekehrt argumentiert erhält

---

[45] Stanworth et al., 1989

[46] Vgl. z.B. Sommer et al., 2009, aber weiterführend auch Taleb, 2018.

[47] Brockhaus & Horwitz, 1986: S. 264; Morrison, 2000: S. 61

eine Handlung erst vom Ziel her ihre eigentliche Bestimmung, da Handeln im Allgemeinen erst durch den jeweils verfolgten Zweck spezifisch wird[48]. Da das Ziel als Gegenstand der Handlung zugleich zum Objekt des Handelns wird, entscheiden sich von diesem ausgehend auch die zu wählenden, zur Zielerreichung beitragenden Mittel. Das vernunftgeleitete Erkennen eines Ziels in Verbindung mit einem auf ebendieses Ziel gelenkten freien Willen sind somit essentielle Grundlagen menschlichen Handelns und konstitutiv für die (moralische) Verantwortung, die eine Person für ihr Handeln hat.

Auch wenn eine schrittweise Anwendung auf den Kontext des Entrepreneurship bereits mit der Vorstellung der Willensakte erfolgt ist, bleibt abschließend festzuhalten, dass der präsentierte, siebenstufige Ansatz der menschlichen Entscheidungs- und Handlungsanalyse einen so feingliedrigen, in sich logischen Aufbau aufweist, der in dieser Form nicht in der Entrepreneurship-Literatur zu finden ist. Dies erscheint umso erstaunlicher, da das unternehmerische Handeln Gegenstand vieler nicht nur wirtschaftswissenschaftlicher, sondern auch entscheidungstheoretischer und psychologischer Untersuchungen ist. Zudem werden die Vernunft, die gerne als handlungsleitende Maxime im wirtschaftlichen Handlungskontext herangezogen wird[49], und der Faktor der Moralität in einen unmittelbaren Zusammenhang gestellt. Alleine aus diesem Grund erscheint es für den angestrebten Zweck folgerichtig, sich eines philosophischen Zugangs für ein besseres Verständnis zu bedienen. Dazu wird im folgenden Abschnitt eine dezidiertere Analyse der Handlung vorgenommen.

3 Das Handeln

Der zuletzt angesprochene Zweck, an dem laut Thomas das persönliche Handeln – gegebenenfalls unter Einsatz von Hilfsmitteln – ausgerichtet wird[50], findet sich auch als zentrales Element in der Verantwortungsethik von Hans Jonas. Seiner Definition zufolge ist „[e]in Zweck [...] das, um dessentwillen eine Sache existiert und zu dessen Herbeiführung oder Erhaltung ein Vorgang stattfindet oder eine Handlung unternommen wird."[51] Diesem Handeln, das im Zentrum des vorliegenden Beitrags steht, möchte ich mich auf zwei Ebenen annähern: Zuerst wird unter Rückgriff auf die Erkenntnisse der Entscheidungs- und Handlungsanalyse

---

[48] Vgl. STh I-II q. 9 a. 1 co.

[49] Vgl. z.B. Lewin, 1988; Esser, 1990; Riker, 1995

[50] Kluxen (1980) bewertet Thomas gar als einen akademischen Vorreiter, der „eine im eigentlichen Sinne ‚praktische' Wissenschaft systematisch aufgebaut und darin eine differenzierte Analyse der Handlung gegeben hat [...]" (S. 328)

[51] Jonas, 1984 (1979): S. 105

speziell der Akt des Handelns untersucht (Abschnitt 3.1), bevor im Anschluss daran Ansätze zu dessen Bewertung aufgezeigt werden (Abschnitt 3.2). Während
im ersten Teil sowohl Thomas von Aquin als auch Hans Jonas bei den Themen
„Handlungszweck", „Handlungslogik" und „Handlungsbewertung" als einander
ergänzend zur Sprache kommen werden, werde ich mich im zweiten Teil ausschließlich der verantwortungs- und zukunftsethischen Argumentation von Hans
Jonas zuwenden.

3.1 Der Akt des Handelns

Um den Akt des Handelns besser verorten zu können, greife ich auf die Konzepte
des Zwecks beziehungsweise Ziels und der vernunftgestützten Entscheidung aus
der vorangegangenen Entscheidungs- und Handlungsanalyse des Thomas von
Aquin zurück. Die aus einer Entscheidung hinsichtlich einer Zielerreichung resultierenden Handlungen dienen als Mittel, den durch seine Spezifizierung zur
Erstrebung erkorenen Zweck zu erreichen. Bei Hans Jonas macht das Handeln,
das über das bloße Können aufgrund seiner faktischen Umsetzung hinausgeht,
erst den Ziel- und Zweckbezug konkret[52]. Oder anders ausgedrückt: Erst Zweck
und Wille lassen aus dem bloßen Können konkrete Handlungen folgen. Die Dimension des Könnens lässt sich bei Thomas in der Analyse der Willensakte erkennen: Zwischen der Wahl der Mittel (*electio*) und dem finalen Gebrauch (*usus*)
findet innerhalb einer Person ein Entscheidungsprozess statt, der über unterschiedliche Selektionsebenen (z.B. den situativen Kontext in der Phase der Beratschlagung (*consilium*) und den Einfluss persönlicher Werte und Präferenzen in
der Phase der Zustimmung (*consensus*) die potentiellen Handlungsoptionen – das
bloße Können – auf eine konkret gewählte Alternative hin – das faktische Handeln – kanalisiert.

Möchte man nämlich nun verstehen, wieso Menschen allgemein und Entrepreneure im Besonderen nicht ausschließlich egoistisch handeln, sondern mitunter auch das Wohl ihrer Mitmenschen oder ihrer Umwelt in ihre Handlungen einbeziehen, hilft die Argumentation von Hans Jonas weiter. Er geht von der Existenz
eines absoluten Guten (*bonum*) aus, das durch den Menschen allerdings nicht notwendigerweise offensichtlich oder leicht erkennbar sein muss. Der Schwierigkeit
das Gute konkret für jeden einzelnen zu umreißen begegnet Jonas, indem er es als
das anzustrebende Gegenteil des (häufig einfacher und intuitiver zu erkennenden)
Schlechten (*malum*) darstellt[53]. Charakterisiert man Hunger, Unfreiheit, Krank-

---

[52] Jonas, 1984 (1979): S. 117

[53] Vgl. Jonas, 1984 (1979): S. 63

heit, Armut und ähnliche Umstände als *malum*, lässt sich ein individuell wün-
schenswertes *bonum* für jedes Individuum schlussfolgern, ohne eine Allgemein-
gültigkeit unterstellen zu müssen[54]. Die hiermit einhergehende praktische
Schwierigkeit, wie das Gute unter Erkenntnis des Schlechten verfolgt werden
kann, bietet ausreichend Potential für einen späteren praktischen Transfer. Zunächst wird jedoch auf das zuvor als *bonum* eingeführte Gute eingegangen. Die
Erkenntnis des *bonum* sollte laut Jonas allein aufgrund seiner qualitativen Charakterisierung für einen menschlichen Akteur Grund genug sein, zu handeln und
sich auf diese Weise dem Guten anzunähern: „Denn das Gute oder Wertvolle, [...]
ist eben seinem Begriffe nach dasjenige, dessen Möglichkeit die Forderung nach
seiner Wirklichkeit enthält und damit zu einem Sollen wird, wenn ein Wille da
ist, der die Forderung vernehmen und in Handeln umsetzen kann."[55] Wichtig und
zugleich zentral für die Jonas'sche Argumentation erscheint die Verknüpfung von
Sollen, Wollen und Handeln. Das Gute selbst birgt aufgrund seines immanenten
und normativen Wertes einen sich aus sich selbst ergebenden Appell, verfolgt zu
werden. Dadurch erscheint das Sollen als eine sich aus dem Zweck ergebende und
somit rational nachvollziehbare Vorstufe zum Handeln und nicht als ein von außen herangetragener Auftrag. Die Umsetzung schließlich hängt vom Wollen und
vom Können ab. Während sich das Sollen – wie zuvor gezeigt – aus der Güte des
Zwecks selbst ergibt, speist sich laut Jonas der Wille zu handeln bereits daraus,
dass überhaupt ein Zweck gesetzt wird: „Jeder Zweck also, den ich mir setze, ist
dadurch allein als ‚Wert' ausgewiesen, nämlich als mir jetzt der Mühe wert, ihn
zu verfolgen"[56]. Wenn nun aber ein Zweck als einer Mühe wert angesehen wird,
mündet dies in der Absicht, auch entsprechende Mühen auf sich zu nehmen,
sprich: der Zweckerreichung gemäß zu handeln.[57]

Nun stellt sich in Bezug auf das Agieren von Entrepreneuren die Frage, inwieweit sich beide philosophischen Ansätze im verantwortungsvollen unternehmerischen Handeln wiederfinden lassen. Aus der Perspektive des Thomas von
Aquin handelt eine Person aufgrund eines Ziels, welches sie aufgrund einer vernunftbasierten Reflexion durch die Wahl von Handlungen verfolgt. Die Tatsache,
dass Personen unterschiedliche Ziele haben, mündet in der Praxis darin, dass sich
verschiedene Typen von Unternehmern identifizieren und voneinander abgrenzen

---

[54] So sind eine Reihe von Zuständen denkbar, satt zu sein bzw. zu werden, die alle das Gegenteil von
    Hunger darstellen, aber je nach individuellem Kontext in ihrer Ausgestaltung divergieren kön-
    nen.

[55] Jonas, 1984 (1979): S. 153

[56] Jonas, 1984 (1979): S. 160

[57] Jonas, 1984 (1979): S. 161

lassen[58]. Neben den „klassischen", sich vornehmlich am Profit orientierenden Entrepreneuren, gibt es ebenso Formen, die sich verantwortungsvoll in dem Sinne verhalten, dass Sie – sei es ausschließlich oder zu einem bestimmten Grad – zur Lösung von sozialen oder ökologischen Problemen beitragen möchten[59]. Das sich zeigende unternehmerische Handeln ist nach Thomas folglich ein Resultat des Ziels existente Missständen zu beheben. Die konkrete Art und Weise des Handelns – und dazu zählt auch, ob gewinnorientiert, nicht-gewinnorientiert, zugunsten eines *public good* bzw. *public value*[60] oder auf eine unterschiedliche Anliegen in einem hybriden Angebot vereinende Weise gehandelt wird – ist somit Ergebnis des internen und vernunftbasierten Entscheidungsprozesses. Die Argumentation von Hans Jonas heranziehend, steht das Erkennen eines „guten" Zwecks im Zentrum des Handelns. Aufgrund dieses Zwecks, der es aufgrund seiner Güte Wert ist, verfolgt zu werden, handelt der Unternehmer schließlich[61]. Das Agieren zugunsten eines sozialen, ökologischen oder gewinnorientierten Zwecks würde also darauf hindeuten, dass ein Unternehmer ebendiesen Zweck als gut identifiziert hat und dementsprechend handelt.

Somit lassen sich Argumentationslinien der beiden hier zur Sprache kommenden Philosophen in Bezug auf verantwortungsvolles Unternehmertum gut kombinieren: Ein verantwortungsvoller Unternehmer handelt (wie jeder Entrepreneur) aufgrund einer erkannten Gelegenheit[62]. Diese kann in der Erkenntnis eines offensichtlichen Mangels, von identifizierten Ineffizienzen oder Ungleichheiten bestehen. Das Handeln zielt schließlich darauf ab, Lösungen und Angebote zur Lösung, Reduzierung oder Verbesserung der erkannten Missstände zu entwickeln und anzubieten[63]. Andersherum müssen die Argumentationslogiken von Thomas von Aquin und Hans Jonas nicht notwendigerweise in denselben Handlungen einer Person münden und identische Handlungen sind nicht zwangsläufig als identisch „gut" oder „verantwortlich" zu beurteilen. Dieser Frage, wie sich Handlungen als „gute", das heißt sowohl der Vernunft entsprechende als auch in ihrem Ausdruck als solche zu bewertende qualifizieren wird sich im nun folgenden Abschnitt zugewandt.

---

[58] s. z.B. Young & Tilley, 2006: S. 410 für einen Überblick über Entrepreneurship-Typen im unmittelbaren Kontext der Nachhaltigkeitsdebatte.

[59] Für Darstellungen unterschiedlicher Ansätze vgl. z.B. Dees & Anderson, 2006; Young & Tilley, 2006; Dean & McMullen, 2007.

[60] s. hierzu beispielsweise Meynhardt, 2009; Roper & Cheney, 2005

[61] Vgl. Jonas, 1984 (1979): „Der Begriff der Verantwortung impliziert den des Sollens, zuerst des Seinsollens von etwas, dann des Tunsollens von jemand in Respons zu jenem Seinsollen." (S. 234)

[62] Vgl. z.B. Alvarez & Barney, 2007

[63] Vgl. z.B. Dean & McMullen, 2007

3.2   Die Beurteilung des Handelns

Ein Ziel und der Wille, dieses zu erreichen, wurden zuvor als treibende Kräfte hinter Handlungen von Menschen identifiziert. In diesem Rahmen habe ich auf Basis philosophischer Argumente auch umrissen, dass Ziele, die erreicht werden wollen, aus thomasischer Sicht in der Regel vernunftbasiert und aus Jonas'scher Sicht (zumeist) gute Ziele sind, da sie es sonst nicht wert wären, angestrebt zu werden. Aus der Perspektive des Thomas von Aquin lässt sich argumentieren, dass moralische Handlungen neben dem verfolgten Ziel sowohl dem freien Willen als auch der praktischen Vernunft entspringen. Die Ansätze beider zur Untersuchung herangezogenen philosophischen Denker wirken folglich auch in dieser Hinsicht gut einander ergänzend. Vor dem Hintergrund dieser Betrachtung wird in diesem Abschnitt ein besonderes Augenmerk der Bewertung des Handelns gewidmet.

Auf Basis der Nikomachischen Ethik des Aristoteles setzt Thomas von Aquin alles menschliche Streben und die Bewertung des Handelns in unmittelbaren Zusammenhang zur Zielerreichung des Guten (*bonum*)[64], wenn er das Maß der Güte von der Entfernung zum Grad der höchsten Vollkommenheit, das heißt des idealen Guten (*bonum*), abhängig macht[65]. In der Folge unterscheidet Thomas der Art nach gute Handlungen, die in Einklang mit der Vernunftordnung stehen[66], und der Art nach schlechte Handlungen, die der Vernunftordnung widersprechen[67] – eine einheitliche Definition von Vernunft ist bei Thomas folglich nicht zu finden und immer in Relation zur persönlichen Vernunft zu setzen[68]. Neben guten (d.h. vernünftigen) und schlechten (d.h. unvernünftigen) Handlungen führt Thomas eine dritte Kategorie ein, die vor allem spontane und unterbewusste Aktivitäten ohne direkten oder höheren Zielbezug umfassen. Diese bezeichnet er in der Folge als indifferent[69]. Alle übrigen Handlungen, die bewusst, willentlich und auf der Grundlage menschlicher Vernunft beruhen, können aber nach thomasischer Ansicht nie bezüglich ihrer Moralität indifferent sein[70]. Vielmehr lassen sie sich anhand von Bewertungskategorien als der Vernunft entsprechend, d.h. gut, oder als der Vernunft widersprechend, d.h. schlecht, einordnen[71]. Aufgrund des Zusammenhangs zwischen den in der Praxis festzustellenden Äußerungen der Handlung

---

[64] „[...] bonum est quod omnia appetunt." (STh I-II q. 8 a. 1 co.)

[65] Mertens, 2005: S. 190

[66] Vgl. STh I-II q. 18 a. 8 co.

[67] Vgl. STh I-II q. 18 a. 8 co.

[68] Müller, 2016: S. 21

[69] Vgl. STh I-II q. 18 a. 8 co.

[70] Mertens, 2005: S. 193

[71] Vgl. Kluxen, 1980: S. 331; Mertens, 2005: S. 193

einerseits und der Vernünftigkeit einer Handlung andererseits leitet Kluxen den Begriff der „praktischen Vernunft" ab[72], der unter anderem in jüngsten Forschungen im Bereich der Wirtschaftsethik wieder aufgegriffen und zum Untersuchungsgegenstand im akteurszentrierten Managementkontext erhoben wird[73].

Hans Jonas argumentiert auf der Grundlage von normativen Werturteilen, wenn er auf der Basis werter (guter) und unwerter (schlechter) Zwecke eine entsprechende Kategorisierung der diese Ziele verfolgenden Handlungen vornimmt[74]. Die Folgerung, dass ein als unwert erachtetes Ziel auch eine als schlecht bewertete Handlung hervorrufen muss, begründet er so: „*Wert*urteile [...] sind vom Sein der betreffenden Dinge selbst abgeleitet und beruhen auf meinem Verständnis von ihnen, nicht meinem Gefühl über sie."[75] Urteile über die Güte von Handlungen orientieren sich ihm zufolge immer unmittelbar an der Qualität der Ziele, die erreicht werden wollen. Zudem greift er in seiner Argumentation den Zusammenhang von einer Handlung und der sie vollziehenden Person auf, wenn er zu dem Schluss kommt, dass die Beurteilung eines Menschen direkt auf der Bewertung der durch sein Handeln verfolgen Zwecke beruht.[76]

Beide vorgestellten Ansätze Handlungen zu beurteilen, bieten in Summe eine breite Ausgangsbasis für die praktische Übertragung. Aus der Sicht des Thomas handelt ein Unternehmer gut, wenn er vernünftig handelt. So kann die Vernunft zunächst grundsätzlich sowohl auf das eigene Wohl als auch auf das Wohl anderer Personen gerichtet sein. Auch die Aspekte des Umweltschutzes und der Nachhaltigkeit, die als Manifestierungen verantwortlichen Handelns angesehen werden, lassen sich über die Argumentation der Vernunft erklären: So erscheint es als vernünftig, dass man selbst als Person, die Handlungsfreiheiten und Rahmenbedingungen, die diese ermöglichen, genießt, diese auch anderen, zukünftigen Generationen zuspricht und durch rücksichtsvolles, nachhaltiges Handeln ermöglicht[77]. Auch umweltschützendes und ressourcenschonendes Verhalten ist insoweit als vernünftig anzusehen, als nicht nur die eigene Lebensgrundlage, sondern auch die meiner heutigen Kunden und Stakeholder sowie darüber hinaus meiner Nachkommen erhalten bleibt. Aufgrund der Komplexität des Ökosystems Erde und der vielfältigen Interdependenzen zwischen einzelnen Wirkungsfaktoren, ist ein vernunftbasiertes und damit verantwortungsvolles Handeln ein solches, das ein ganzheitlich rücksichtsvolles und abwägendes Verhalten umfasst.

---

[72] Kluxen, 1980: S. 331 f.

[73] Siehe z.B. Bachmann et al., 2018

[74] Jonas, 1984 (1979): S. 161; beachte auch die Identität von Zweck = Ziel (beides lat. *finis*)

[75] Jonas, 1984 (1979): S. 106

[76] Jonas, 1984 (1979): S. 162.

[77] Vgl. Dierksmeier, 2016: S. 259.

Aus der Perspektive eines Hans Jonas würden die Ergebnisse wahrscheinlich ähnlich ausfallen, auch wenn der Argumentationsweg zu diesen hin ein anderer wäre: Ausgehend von der normativen Feststellung, dass der Erhalt von zukünftigen Freiheiten und Handlungsoptionen für folgende Generationen wertvoll und deshalb gut ist, lassen sich ebensolche Handlungen daraus ableiten, die als verantwortungsvoll, überlegt, reflektiert und gut bezeichnet werden können. Wenngleich das Jonas'sche Argument die theoretische Möglichkeit für einen (unternehmerischen) Akteur offen lässt, ein gutes Ziel mit unlauteren Mitteln zu erreichen[78], bietet sich erst Recht eine Synthese mit dem Ansatz des Thomas von Aquin an, da dieser eine notwendige Konformität von vernunftbasierter Zielbildung und Zielerreichung voraussetzt. Kurzum darf es also nicht bloß bei einer edlen Absicht – in der unternehmerischen Praxis gerne als „Nachhaltigkeitsstrategie" oder „unsere Verantwortung" deklariert und mit medialem und kommunikativen Aufwand verbreitet – bleiben, sondern es müssen den Worten der Absichtserklärungen auch Taten folgen, die nicht nur in Hinblick auf das Ziel selbst, sondern auch aus einer Perspektive der Vernunft heraus als verantwortlich oder nachhaltig bezeichnet werden können.

Zuletzt lohnt es sich den Blick von den handelnden Personen selbst auf die Handlungsumstände zu richten. Dieses Vorgehen erlaubt es, das bisher untersuchte Handeln und dessen Bewertung kontextuell und situativ zu verorten. Hierzu wird im folgenden Abschnitt erneut Thomas von Aquin zurate gezogen, der mit seiner Lehre von den Handlungsumständen (*circumstantiae*) einen für die (Be-)Wertung von Handlungen zentralen Aspekt beschreibt, da dieser „Verfehlungen mildern oder erschweren"[79] kann. Daran anschließend werden die Handlungsumstände, denen insbesondere in den Theorien des Entrepreneurship eine wichtige Funktion zugeschrieben wird, beleuchtet und mit den Ansätzen des Heiligen Thomas verglichen.

4   Handlungsumstände

Der Umstand, dass menschliches Handeln nicht losgelöst von seinem jeweiligen Kontext betrachtet werden sollte, um in seinen wechselseitigen Abhängigkeiten

---

[78] So werden in der Philosophie mitunter die Begriffe der Handlungsethik (bei Weber, 1919): Verantwortungsethik) und Gesinnungsethik voneinander abgegrenzt. Während die Gesinnungsethik das angestrebte Ziel fokussiert, wobei Mittel und Methoden der Zielerreichung neben dem Primat der edlen Intention nur eine untergeordnete Rolle spielen, stellt die Handlungsethik das Handeln ins Zentrum des Interesses und postuliert, dass ein gutes Ziel nicht durch unlautere Mittel erreicht werden sollte – vielmehr solle der Bewertungsmaßstab an die Handlungen selbst angelegt werden (vgl. Birnbacher, 1995: S. 148).

[79] Mertens, 2005: 188

mit diesem nachvollzogen werden zu können, begründet dessen gesonderte Untersuchung. Bei dieser soll allerdings nicht auf die innere Konstitution – gemeint sind hier Empfindungen, Gefühle, Motivationen, Ängste, aber auch Krankheiten und dergleichen – einer Person eingegangen werden. Zwar prägen auch diese das Entscheidungs- und Handlungsverhalten einer Person, für die auf einer philosophischen Basis beruhende Untersuchung gehen sie allerdings zu weit. Vielmehr geht es darum, den äußeren, einen Akteur umgebenden Handlungskontext und dessen Einfluss auf sein Handeln besser zu verstehen.

Dessen konkrete Bedeutung zeigt Thomas auf, wenn er konstatiert, dass das Handeln einer Person stets sowohl von dem durch sie verfolgten Zweck als auch von ihrer Situation abhängig ist. Zwar bleibt eine Handlung immer das Ergebnis einer vernünftigen Willensentscheidung, dennoch können situative Faktoren – zu ihnen zählt Thomas insbesondere Ort und Zeit einer Handlung[80] – ihre Beurteilung beeinflussen. Hierbei soll jedoch nicht der Eindruck erweckt werden, dass bloß eine theoretische Möglichkeit besteht, dass äußere Bedingungen Einfluss auf das Handeln nehmen können. Vielmehr gehören das Handlungsumfeld und der in ihnen handelnde Mensch untrennbar zusammen[81]. So können Kontext und Realitätsbezug die Bewertung ein und derselben Tat positiv oder negativ beeinflussen, wenngleich aber nicht vollends begründen oder rechtfertigen[82]. Folglich vermag eine negative Beeinflussung es aber eine absoluten Gutheitsanspruch erhebende Tat nicht mehr als gut erscheinen zu lassen[83]. Vor diesem Hintergrund kommt Thomas zu dem Schluss, dass *circumstantiae* Akzidenzien, also nicht wesentliche, das Handeln begleitende Umstände menschlichen Tuns sind[84]. Sie schaffen aus sich heraus zwar keine neuen Handlungen, vermögen es aber dennoch, Einfluss auf sie auszuüben.

Auch Hans Jonas greift den Gedanken der Handlungsumstände im Rahmen seiner Zukunftsethik auf und setzt sie gleich zu Beginn seiner Ausführungen in einen unmittelbaren Handlungskontext: So verweist er darauf, dass aufgrund der eingeschränkten Reichweite menschlichen Handelns Ethik zumindest bis in die 1970er Jahre vor allem auf den zeitlichen wie räumlichen Nahbereich einer Person begrenzt war[85]. Taten und die aus ihnen resultierenden Konsequenzen hatten zumeist Einfluss auf das unmittelbare Umfeld des Handelnden mit nur einem

---

[80] „Sed quia ratio etiam de loco vel de tempore, et aliis huiusmodi, ordinare potest [...]" (STh I-II q. 18 a. 10 co.)

[81] Rhonheimer, 2008: S. 103 f.

[82] Vgl. STh I-II q. 18 a. 10 co., s. dazu auch: Mertens, 2005: S. 188; Beestermöller, 1990: S. 39 f.

[83] Vgl. STh I-II q. 20 a. 2 co.

[84] Vgl. STh I-II q. 18 a. 3 co. und Mertens, 2005: S. 186 f.

[85] Jonas, 1984 (1979): S. 23

überschaubaren Einfluss auf die Zukunft. Heute allerdings gilt diese Begrenztheit
nur noch bedingt, da menschliches – und hier insbesondere unternehmerisches –
Handeln vor dem Hintergrund weltweiter Aktivitäten von Unternehmen, länder-
übergreifender Supply Chains und multinationaler Stakeholdergruppen einen zunehmend global(isiert)en Charakter aufweist. Zugleich werden Handlungen heute
mehr und mehr unter dem Gesichtspunkt ihres Einflusses auf zukünftige Generationen, den Erhalt der Natur sowie das Weltklima beurteilt[86] und erfahren somit
eine Ausdehnung im räumlichen und zeitlichen Horizont. Die somit beschriebene
Ausweitung der menschlichen Handlungssphäre geht jedoch mit einer ähnlich gerichteten Globalisierung der Beeinflussungsfaktoren des Handelns, der *circumstantiae*, einher – ein Phänomen, das durch den Geographen David Harvey unter
der Bezeichnung *time-space compression* Eingang in die Humangeographie gefunden hat[87]. Die vielfältigen, zumeist interdependenten und sich zugleich ten-
denziell immer schneller verändernden Einflussfaktoren auf globaler Ebene auf
das menschliche Handeln veranlassen Jonas dazu, bei der Bewertung der Handlungsumstände als bloß unwesentliche Begleitumstände hinauszugehen und sie in
den Rang maßgeblicher Einflussfaktoren zu erheben: „Dynamik ist die Signatur
der Moderne; sie ist nicht Akzidenz sondern immanente Eigenschaft der Epoche
[…]."[88] Kurzum ergeben sich für einen menschlichen Akteur eine Vielzahl möglicher und zugleich einem grundsätzlich immer zügigeren Wandel unterliegender
Einflussfaktoren, die sein Handeln prägen können. Mit dieser Bewertung sind sie
auch nicht mehr als periphere, sondern durchaus als konstitutive *circumstantiae*
anzusehen, ohne jedoch den menschlichen Willen weder als maßgeblichen Aus-
löser noch als moralischen Bewertungsmaßstab zu ersetzen. Vielmehr lässt sich
ein Spannungsverhältnis für verantwortliches Handeln ausmachen, das durch eine
Vielzahl von sich aus dem globalen Wirkungsgeflecht von menschlichen, unternehmerischen und institutionellen Handlungen resultierenden Herausforderungen
einerseits, sowie den sich auf ebendiese Umstände zurückzuführende Chancen
andererseits geprägt ist.
    Die bislang philosophisch umrissene Bedeutung der Handlungsumstände
findet sich auf zweierlei Ebenen im wirtschaftswissenschaftlichen Untersuchungsfeld des Entrepreneurship wieder: Zum einen gibt es auf theoretischer Un-
tersuchungsebene ein zunehmendes Interesse an der Erforschung der Gründe für
das Aktivwerden von Entrepreneuren. In diesem Zusammenhang finden vor allem

---

[86] Verwiesen sei hier insbesondere auf Forderungen auf internationaler politischer Ebene (bspw. im
Rahmen der *Sustainable Development Goals* (SDGs)); geäußert werden sie aber auch (wenngleich in anderer Tonalität) von Interessen- und Aktivistengruppen, die sich für Umweltschutz
und Nachhaltigkeit einsetzen.

[87] Harvey, 1990: S. 260 ff.

[88] Jonas, 1984 (1979): S. 216

Faktoren Beachtung, die auf das Erkennen und die Nutzung einer unternehmerischen Gelegenheit maßgeblichen Einfluss nehmen[89]. Diese Einflussfaktoren stehen zumeist in direktem Zusammenhang zu den zuvor genannten externen, einer mitunter hohen Dynamik unterliegenden Begleitumständen. Zum anderen werden die handlungsbeeinflussenden Umstände in der praxisorientierten Managementliteratur unter dem Akronym PESTEL aufgegriffen. Hinter dieser Abkürzung verbirgt sich der Ansatz einer ganzheitlichen Analyse wesentlicher, das unternehmerische Handeln beeinflussenden Faktoren auf politischer (*political*), wirtschaftlicher (*economic*), sozio-kultureller (*socio-cultural*), technologischer (*technological*), ökologischer (*ecological*) und juristisch-gesetzgeberischer (*legal*) Ebene[90]. Eine auf die unternehmerische Aktivität ausgerichtete Bewertung dieser genannten Begleitumstände lässt das Management gewichtige Faktoren erkennen, die Einfluss auf die spezifische Ausgestaltung des eigenen Agierens nehmen können, ohne die Entscheidungsträger jedoch von moralischem Handeln zu dispensieren. Durch die äußeren Rahmenbedingungen lassen sich folglich gewisse Ausrichtungen und Schwerpunktsetzungen des unternehmerischen Handelns erklären, eine dem spezifischen Kontext angepasste, verantwortliche Handlungsweise wird dadurch allerdings nicht obsolet. Vielmehr führen sich verändernde Rahmenbedingungen dazu, das eigene Handeln zu überdenken, neu zu bewerten und gegebenenfalls an sich ändernden Umständen oder sich neu ergebenden Zielen auszurichten.

Die Untersuchung der Handlungsumstände lässt zunächst den allgemeinen Schluss zu, dass die Bewertung von Handlungen stets unter Berücksichtigung des jeweiligen Handlungskontextes erfolgen sollte. Im Bereich der Entrepreneurship-Forschung sowie in der Managementliteratur wird Umweltfaktoren eine maßgebliche Rolle zugeschrieben, wenn die Realisierung und Umsetzung von unternehmerischen Gelegenheiten oder die konkrete Ausgestaltung von Geschäftsmodellen im Kontext des multifaktoriellen Unternehmensumfeldes im Zentrum des Interesses stehen. Vor allem letztgenannter Faktor ist aus einer Jonas'schen Perspektive wichtig: Sein Postulat, dass Dynamik als Charakteristikum unserer Zeit das Handeln maßgeblich prägt, erscheint vor dem Hintergrund (geo-)politischer Konflikte, von Handelsstreits und Migrationsbewegungen aktueller denn je. Eine zusätzliche Herausforderung stellt für viele Unternehmen bereits heute die Komplementierung des physischen (Handlungs-)Raumes durch den *Cyber*raum dar[91]. Hinzu kommt das sich bereits abzeichnende Konfliktpotential im Weltall[92]. Diese

---

[89] Vgl. hierzu beispielsweise die Ausführungen von Alvarez & Barney, 2007

[90] Vgl. beispielsweise Johnson et al., 2018: S. 64 ff.; Rothaermel, 2018: S: 67 ff.

[91] S. hierzu beispielsweise. Cohen, 2007

[92] Emmott, 2019

Beispiele zeigen, dass Handeln nicht nur im (physisch) globalen, sondern in zunehmendem Maße auch in einem kosmischen und virtuellen Aktionskontext zu
verstehen ist. Wieder zur globalen Ebene zurückkehrend, hilft die Perspektive des
Thomas von Aquin insbesondere dabei weiter, die umstandsabhängige Bewertung
von (gleichartigen) Handlungen mitunter anders einzuordnen. Im Fall des Walfangs durch Inuit auf Grönland lässt Thomas Logik eine andere Bewertung zu als
im Fall des Walfangs durch darauf spezialisierte japanische Unternehmen. Auch
Brandrodung zum Zweck des Ackerbaus bewertet das Handeln indigener Völker
im Regenwald am Amazonas anders als Brandrodung, um brasilianischen Far-
mern zu mehr Land für die Rinderzucht zu verhelfen. Beide Beispiele zeigen, dass
ein und dieselbe Handlung (Töten von Tieren oder Abbrennen von Bäumen) im
jeweiligen Kontext gesehen als gut oder schlecht bzw. vernünftig oder unvernünftig klassifiziert werden kann. Eine solche Differenzierung gilt es insbesondere
dann zu berücksichtigen, wenn die Handlungsumstände komplexer werden oder
jenseits der physischen Umwelt zu verorten sind. Eine Zusammenführung des
Handelns, von dessen Bewertung sowie der Handlungsumstände erfolgt im nun
folgenden Abschnitt, wenn sich der Verantwortung zugewandt wird.

5 Verantwortung

Nachdem zuvor (Abschnitt 3) der Zusammenhang zwischen persönlichem Können, Zieldefinition (Wollen) und dessen Erreichung (Handeln) durch die gegenseitige Ergänzung der Argumentationslinien des Thomas von Aquin und von Hans
Jonas aufgezeigt und anschließend der Einfluss äußerer Umstände auf das Handeln in die Betrachtung einbezogen wurde (Abschnitt 4), ist es Gegenstand dieses
Abschnitts, sich der Bewertung der Handlungen am Maßstab der Verantwortung
zuzuwenden. Bezugnehmend auf den zuvor dargestellten Handlungskontext, spezifiziert Jonas die Voraussetzungen für Verantwortung aus seiner Argumentationslogik wie folgt: „Bedingung von Verantwortung ist kausale Macht. Der Täter
muß für seine Tat antworten: er wird für deren Folgen verantwortlich gehalten
und gegebenenfalls haftbar gemacht."[93] Damit nimmt er eine konditionale Präzi-
sierung vor, indem er dem Wollen und Können (bzw. Wissen) die Dimension des
Dürfens im Sinne einer juristischen Haftung[94] beifügt und diesen Dreiklang zum
Konzept der „Macht" erhebt[95]. Hat eine Person keine oder nur eingeschränkte

---

[93] Jonas, 1984 (1979): S. 172
[94] Vgl. Ausführungen in Abschnitt 4
[95] Vgl. Jonas, 1984 (1979): S. 222

Macht über ihr Wollen und Handeln[96], sind die an das Konzept der Macht gestellten Voraussetzungen nur als teilweise erfüllt zu erachten: Verantwortung kann folglich nur in begrenztem Maße vorliegen. Zugleich präzisiert Jonas, dass Verantwortung als „Korrelat der Macht"[97] kein Selbstzweck sein kann, sondern vielmehr „die ganz formale Auflage auf *alles* kausale Handeln unter Menschen [ist]"[98]. Macht im Sinne von Können und Wissen kann demzufolge nie sich selbst als finalen Zweck haben, sondern gewinnt immer erst in konkreten Handlungen in den zuvor thematisierten spezifischen Kontexten an Bedeutung. Erst wenn ich mein Können einsetze und in konkretem Tun offenbare, kann von Verantwortung gesprochen werden – ohne jedoch zunächst deren Maß oder Güte zu beurteilen. Auch an dieser Stelle lassen sich die Gedanken des Thomas von Aquin ergänzend heranziehen: Für ihn ist eine Handlung dann moralisch, wenn sie durch Vernunft und freien Willen bestimmt ist. Hieraus erwächst zunächst die Notwendigkeit zur freien Entscheidung als Ausgangspunkt. Resultiert eine Handlung aus einer freien Entscheidung, bedingt der Grad der hinter der Tat zu identifizierenden Vernunft – oder vielleicht genauer: der Grad der Vereinbarkeit mit der Vernunft – die moralische Bewertung als gut oder schlecht. Es darf vor dem Hintergrund des bisher gewonnenen Verständnisses der Argumentationslogik des Thomas davon ausgegangen werden, dass Vernunftkonformität und (freiwillige) Verantwortungsübernahme als weitestgehend kongruent aufgefasst werden können.

Für den hier untersuchten Fall des Entrepreneurship bedeutet zunächst die Argumentation von Hans Jonas folgendes: Die kausale Urheberschaft des Unternehmers für durch ihn initiierte Handlungen hat die Verantwortung der Unternehmerperson für ebendieses Handeln zur Folge. Ein Entrepreneur kann sich folglich nicht vor seiner Verantwortung davonstehlen. Das Einstehen für seine Taten und die daraus resultierenden Folgen bezeichnet Jonas in seinem Plädoyer folglich als „formale Auflage" für Handeln überhaupt. Wäre dies nicht der Fall und müsste sich in der Konsequenz eine Person nicht für ihr Handeln und dessen Folgen verantworten, wäre an unverantwortliches Handeln keine (juristische) Konsequenz mehr geknüpft. Dadurch wäre der Anreiz, unredlich zu agieren entsprechend groß – mit entsprechenden Folgen für die Vertrauens- und Handlungsbeziehungen zwischen Menschen (und Unternehmen) in einer global vernetzten Welt. Die ergänzende Perspektive eines Thomas von Aquin heranziehend, handelt ein Unternehmer insoweit moralisch, als dass er dies aus freien Stücken und vernunftgeleitet tut. Die moralische Güte – hier gleichgesetzt mit dem Grad der Verantwortung –

---

[96] Vgl. Ausführungen in Abschnitt 2

[97] Jonas, 1984 (1979): S. 230

[98] Jonas, 1984 (1979): S. 174

jedoch hängt von der Vernünftigkeit der unter den existenten Rahmenbedingungen getroffenen Handlungsentscheidung ab. Auch hier zeigt eine Kombination
der Ansätze von Thomas und Jonas einen Mehrwert: Verantwortung ist zum einen
unmittelbar an eine Person und ihr Handeln und zum anderen an die Freiheit und
Vernunft des Akteurs gebunden. Ein Unternehmer, dessen Freiheit, Verstand und
explizites Tun können folglich als gemeinsame Bewertungsgrundlage seiner Verantwortung angesehen werden.

Im Rahmen seiner Zukunftsethik geht Hans Jonas jedoch einen Schritt weiter
und über die Betrachtung der Verantwortung eines Individuums hinaus. Für seine
Argumentation zieht er die persönlichen Beziehungen einer Person zu ihrem unmittelbaren sozialen, aber auch weiter gefassten Umfeld heran. Diese Beziehungen sind insoweit durch gegenseitige Abhängigkeiten geprägt, als dass zwischen
einer Person und anderen Menschen in der Regel sowohl auf Interesse als auch
auf hierarchischen (Führungs-)Strukturen begründete Wirkungsverflechtungen
und Machtverhältnisse existieren. Den Einfluss auf bzw. die Macht *über* andere
lässt Jonas unmittelbar in einer derselben Richtung folgenden Verpflichtungsbeziehung des die Macht Besitzenden *für* die jeweils anderen münden[99]. Zugleich
stehen ein erstrebenswertes Ziel sowie das darauf ausgerichtete Handeln in unmittelbarer Beziehung *zu*einander und definieren gemeinsam *mit*einander den
Grad der Verantwortung. Dieser ergibt sich Jonas Argumentation zufolge aus dem
konsequenten Ausrichten des eigenen Handelns an den zum Zweck erhobenen
Idealvorstellungen[100]. Doch bleibt Hans Jonas nicht bei der integrierten Betrachtung von Willen und Handeln auf Ebene des Individuums stehen, sondern bezieht
den Handlungskontext in zeitlich wie räumlich weit gefasster Perspektive mit in
seine Überlegungen ein. Das infolge von ihm als „totale Verantwortung"[101] bezeichnete Verantwortungsverständnis zeichnet sich dadurch aus, nicht nur im Hier
und Jetzt verantwortlich zu handeln, sondern ein solches Handeln auch in Zukunft
den dann lebenden Menschen zu ermöglichen, ohne allerdings Vorstellungen oder
Vorgaben hinsichtlich einer konkreten Ausgestaltung daran zu knüpfen[102]. Mit
dieser bewusst offenen Formulierung wird die Komponente der Dynamik in das
Denkmodell integriert und zugleich der größtmögliche Grad an Konkretisierung
erreicht. Kurzum ist Verantwortung in dem Sinne nachhaltig, als dass es für die
„Erhaltung der eigenen Voraussetzungen"[103] konstitutiv ist. Diese Besonderheit

---

[99] Jonas, 1984 (1979): S. 176; ähnlich auch: „Daß das ‚über‘ zum ‚für‘ wird, macht das Wesen der
   Verantwortung aus." (S. 181)
[100] Vgl. Jonas, 1984 (1979): S. 234
[101] Jonas, 1984 (1979): S. 215
[102] Vgl. Jonas, 1984 (1979): S. 239
[103] Jonas, 1984 (1979): S.215

macht Jonas in seiner zukunftsethischen Definition von Verantwortung deutlich: „Verantwortung ist die als Pflicht anerkannte *Sorge* um ein anderes Sein, die bei der Bedrohung seiner Verletzlichkeit zur ‚Besorgnis' wird."[104] Die zuvor nur implizit angeklungene Konsequenz von verantwortlichem Handeln und dessen Auswirkung auf das Umfeld des Handelnden lässt Schwartländer in einer ganzheitlichen Synthese beider Faktoren münden: „Die volle Erfahrung der Verantwortung fordert also die beiden Grundbeziehungen: Verantwortung für sein eigenes Handeln und Verantwortung für die Welt konkret zu vereinigen. Ja, in dieser konkreten Vereinigung besteht die eigentliche Praxis der Verantwortung."[105]

Auf den Bereich des Entrepreneurship bezogen geht die Idee der umfassenden Verantwortung mit dem Konzept des unternehmerisch-nachhaltigen Handelns einher[106]: Aktuelles Handeln bleibt mit seinen Folgen weder räumlich noch zeitlich im Hier und Heute verwurzelt, sondern ist stets in Hinblick auf ihre globalen (in Zukunft ggf. sogar die Welt als Planet übersteigenden) und zukünftigen Folgen zu verstehen. Dabei können die Folgen selbstverständlich in beide Richtungen – sowohl positiv als auch negativ – eintreten. Gerade Unternehmer sind aufgrund der Reichweite ihres Handelns zu entsprechend besonderer Berücksichtigung des „Prinzips Verantwortung" aufgerufen. Dieser Aufruf soll aufgrund seiner enthaltenen Absolutheit allerdings nicht vom Handeln abschrecken, sondern vielmehr einen Anreiz dazu liefern, einen solchen Anspruch anzustreben. So formuliert es auch Hans Jonas: „Nicht vom Handeln abratende, sondern die zu ihm auffordernde Furcht meinen wir mit der, die zur Verantwortung wesenhaft gehört […]"[107].

Mit diesen Worten will ich die integrierte Betrachtung des Handelns im engeren philosophischen Kontext sowie dessen Übertragung auf das Feld des Entrepreneurship auf sich beruhen lassen und zu einer Zusammenfassung und Reflexion kommen. Wenngleich bereits in den vorangegangenen Abschnitten Parallelen zum Ende eines jeden Gedankengangs zwischen philosophischer und unternehmerischer Perspektive gezogen wurden, hilft es vor dem Hintergrund der eingangs formulierten Intention des vorliegenden Beitrags, alle Gedankenstränge in Hinblick auf das unternehmerische Handeln allgemein und dessen Verantwortungscharakter im Speziellen zusammenzuführen und reflektierend zu bewerten.

---

[104] Jonas, 1984 (1979): S. 391

[105] Schwartländer, 1974: S. 1582

[106] Vgl. die Definition nachhaltiger Entwicklung der Weltkomission für Umwelt und Entwicklung (WCED, 1987): „Humanity has the ability to make development sustainable to ensure that it meets the needs of the present without compromising the ability of future generations to meet their own needs." (§ 27)

[107] Jonas, 1984 (1979): S. 391

6   Zusammenfassung und Reflexion

Mithilfe der Erklärungsansätze der beiden Philosophen Thomas von Aquin und
Hans Jonas habe ich mich im Rahmen dieses Beitrags dem zentralen Phänomen
unternehmerischen Wirkens mittels der Analyse menschlichen Handelns angenähert. Zusätzlich habe ich den Akt des Handelns speziell in Hinblick auf den Aspekt der Verantwortung einer auf die Erklärung von Handlungen und Handlungs-
mustern angelegten Untersuchung unterzogen. Den Ausgangspunkt bildete der
Zielbildungsprozess, welcher den Menschen aufgrund einer identifizierten Ziel-
vorstellung zum willentlich handelnden Subjekt macht. Diese Einheit aus Ziel
und zweckorientiertem Handeln macht den Unternehmer, wie jeden anderen
Menschen, zu einer Person, die dazu als prädestiniert angesehen werden kann, zur
Schaffung von Wert oder – allgemeingültiger formuliert – Gutem beizutragen[108].
Wenngleich sowohl Hans Jonas als auch Thomas von Aquin akzeptieren, dass der
Mensch aufgrund seines freien Willens oder aufgrund des Abweichens von der
Vernunftordnung nicht immer gut handelt, laufen ihre Argumentationen jedoch
auf eine zunächst prinzipielle Orientierung des Handelns am Guten hinaus – sei
es aufgrund des immanenten Wertes des Guten angestrebt zu werden oder auf-
grund der Vernunft, die es folgerichtig erscheinen lässt, gut zu handeln.

Für die Bewertung dessen, was gutes oder verantwortliches Handeln ist, sind
die Handlungsumstände mit einzubeziehen. Diese sind insofern von Relevanz, als
dass sie das Tun in einen Kontext zur Umwelt setzen, mit dem ein Individuum
interagiert. Besonders Hans Jonas greift diesen Gedanken in seiner Zukunftsethik
auf, indem er personales Handeln in einen planetarischen und futurischen Zusammenhang einordnet. Thomas von Aquin sieht die Handlungsumstände als wesentliche Einflussfaktoren auf die Bewertung von Taten an: Spezifische Gegebenheiten lassen Bewertungen identisch erscheinender Handlungen mitunter unterschiedlich ausfallen. Eine Kombination beider Ansätze erscheint insofern attraktiv, als dass eine Ausweitung der Handlungssphäre in zeitlicher und räumlicher
Dimension möglicherweise auch eine Anpassung der Beurteilung von Handlungen notwendig macht. Vor diesem Hintergrund ist auch die Jonas'sche Verantwortungskonzeption zu verstehen, die den Selbsterhalt und die Bewahrung des existenten Guten aufgrund seines immanenten Wertes als Kern verantwortlichen Handelns stellt. Doch was lässt sich aus diesen Erkenntnissen für das Verständnis eines verantwortlich handelnden Unternehmers folgern? Die Antwort erfolgt auf
zwei Ebenen: erstens der Erkenntnis, welche handlungsleitenden Logiken sich

---

[108] Vgl. Rhonheimer, 2008: S. 100

auf das *responsible entrepreneurship* anwenden lassen, und zweitens, welche Anforderungen an das Handeln eines verantwortlichen Unternehmers formuliert werden können.

Der Abgleich der philosophischen Erkenntnisse hinsichtlich einer Handlungstheorie und dem Handeln aus Unternehmersicht erscheint überraschend eindeutig und intuitiv: Zunächst bildet freies Handeln den Ausgangspunkt jeder unternehmerischen Aktivität. Hinzu kommt, dass ein Mensch, der Unternehmer wird, dies vernunftgeleitet tut. Damit ist keineswegs (ausschließlich) die wissenschaftlich kontrovers diskutierte Eigennutzen-Maximierung eines *homo oeconomicus* gemeint (Handeln aufgrund eines eigenen Vorteils), sondern vielmehr die Tatsache, dass das Handlungsmotiv sinnvoll (oder in Anlehnung an Thomas *rational*) und unter den gegebenen Umständen nachvollziehbar ist. An diesem Punkt lässt sich bereits die Brücke zu Hans Jonas schlagen: Die Erkenntnis des Guten lässt aufgrund der Tatsache, dass es gut ist, menschliches Handeln als verantwortliches Handeln offenbar werden. Gleichzeitig muss nicht alles, was heute als gut und somit auch als verantwortlich angesehen wird, morgen noch Gültigkeit besitzen. Sich stetig verändernde Rahmenbedingungen lassen eine konsequente Überprüfung und gegebenenfalls Revision des eigenen (unternehmerischen) Handelns notwendig werden. Nur ein ständiger Prozess des Hinterfragens, Prüfens und Adaptierens des eigenen Agierens in Relation zur Umwelt macht verantwortliches Handeln auch wirklich nachhaltig verantwortlich. Diese Forderung klingt herausfordernd und bisweilen schwer zu erfüllen. Aber allein der Wille und die Bereitschaft zu einem solch konsequenten Vorgehen zählen – womit ich bei den Anforderungen an verantwortliches Handeln von Unternehmern angelangt bin.

Da jeder Mensch aufgrund seines freien Willens „die *Fähigkeit* zum Gut-oder Schlechtsein"[109] hat, zählt es für einen verantwortlichen Unternehmer zunächst, sich für das Gutsein-wollen zu entscheiden. Anschließend sollte sich die im Wollen ausgedrückte Mühe in vorbildlichem – oder mit Hans Jonas Worten: tugendhaftem – Verhalten zeigen. Was vorbildlich ist, wird jedoch nicht ausschließlich vom Unternehmer selbst definiert, sondern leitet sich darüber hinaus aus den Vorstellungen und Anforderungen der Gesellschaft, deren Teil der Unternehmer ist, ab. Diese so gebildete „Tugend braucht nicht leicht zu sein, aber ihr Preis darf nicht zu hoch sein und damit für die meisten unerschwinglich"[110]; soll übersetzt auf den Kontext des Entrepreneurship bedeuten: Gesellschaftliche Ansprüche an den Unternehmer sowie eigene Ansprüche der Unternehmerperson an sich selbst sind legitim, sollten sich aber im Bereich des realistisch Erreichbaren

---

[109] Jonas, 1984 (1979): S. 385
[110] Jonas, 1984 (1979): S. 298

bewegen. Dieses Augenmaß ist heute besonders gefordert, wenn radikale Konsumverzichtsforderungen und Schamdebatten aufgrund (subjektiv) überzogener und unrealistischer Vorstellungen auf trotzige Ablehnung und Jetzt-erst-recht-Reaktionen prallen. Lösungsansätze zu existenten Problemen und Missständen, denen durch das Angebot verantwortliche handelnder Entrepreneure begegnet werden kann – so unsere These – lässt sich durch eine Kombination aus einer (heraus-)fordernden, aber erreichbaren Formulierung von (konsumentenseitigen) Erwartungen einerseits und Vernunft-basiertem und ambitioniertem (unternehmerischem) Handeln andererseits erreichen – zum Wohle aller.

Literatur

Altman, M. C. (2007): The Decomposition of the Corporate Body: What Kant Cannot Contribute to Business Ethics. In: Journal of Business Ethics, 74(3), 253-266.

Alvarez, S. A. & Barney, J. B. (2007): Discovery and creation: Alternative theories of entrepreneurial action. In: Strategic Entrepreneurship Journal, 1(1), 11-26.

Ardichvili, A.; Cardozo, R. & Ray, S. (2003): A theory of entrepreneurial opportunity identification and development. In: Journal of Business Venturing, 18(1), 105-123.

Auhagen, A. E. (2002): Kompetenz und Verantwortung. In: Zeitschrift für Personalforschung, 16(2), 230-249.

Bachmann, C.; Habisch, A. & Dierksmeier, C. (2018): Practical wisdom: Management's no longer forgotten virtue. In: Journal of Business Ethics, 153(1), 147-165.

Beestermöller, G. (1990): Thomas von Aquin und der gerechte Krieg. Friedensethik im theologischen Kontext der Summa Theologiae. Köln: J. P. Bachem.

Birnbacher, D. (1995): Grenzen der Verantwortung. In: Bayertz, K. (Hrsg.): Verantwortung. Prinzip oder Problem. Darmstadt: Wissenschaftliche Buchgesellschaft, 143-183.

Brockhaus, R. H. & Horwitz, P. S. (1986): The psychology of the entrepreneur. In: Krueger, N. F. (Hrsg.): Entrepreneurship: Critical perspectives on business and management, Band 2. London & New York: Routledge, 260-279.

Cohen, J. E. (2007): Cyberspace As/And Space. In: Columbia Law Review, 107, 210-256.

Dean, T. J. & McMullen, J. S. (2007): Toward a theory of sustainable entrepreneurship: Reducing environmental degradation through entrepreneurial action. In: Journal of Business Venturing, 22(1), 50-76.

Dees, J. G. & Anderson, B. B. (2006): Framing a theory of Social Entrepreneurship: Building on two schools of practice and thought. In: ARNOVA Occasional Paper Series, 1(3), 39-66.

Dierksmeier, C. (2016): Qualitative Freiheit. Selbstbestimmung in weltbürgerlicher Verantwortung. Bielefeld: Transcript Verlag.

Emmott, R. (2019): Exclusive: NATO aims to make space new frontier in defense. Online unter: https://www.reuters.com/article/us-nato-space-exclusive/exclusive-nato-aims-to-make-space-new-frontier-in-defense-idUSKCN1TM1AD [letzter Zugriff: 02.01.2020].

Esser, H. (1990): „Habits", „Frames" und „Rational Choice". Die Reichweite von Theorien der rationalen Wahl (am Beispiel der Erklärung des Befragtenverhaltens). In: Zeitschrift für Soziologie, 19(4), 231-247.

Forschner, M. (2006): Thomas von Aquin. München: C. H. Beck.

Foster, J. B. & Magdoff, F. (2009): The Great Financial Crisis. Causes and Consequences. New York: Monthly Review Press.

Freddoso, A. J. (o.J.): New English Translation of St. Thomas Aquinas's Summa Theologiae (Summa Theologica). Online unter: https://www3.nd.edu/~afreddos/summa-translation/TOC-part1-2.htm [letzter Zugriff: 14.04.2020].

Fundación Tomás de Aquino (2006): Corpus Thomisticum. Sancti Thomae de Aquino. Summa Theologiae. Online unter: https://www.corpusthomisticum.org/sth2006.html [letzter Zugriff: 14.04.2020].

Harvey, D. (1990): The Condition of Postmodernity. An Enquiry into the Origins of Cultural Change. Cambridge, MA: Blackwell.

Heidbrink, L. (2010): Die Rolle des Verantwortungsbegriffs in der Wirtschaftsethik. In: Working Paper des Center for Responsibility Research (CRR), 3(9), Essen. Online unter: https://due-publico.uni-duisburg-essen.de/servlets/DerivateServlet/Derivate-25912/WP_09_Verantwortungsbegriff_in_der_Wirtschaftsethik.doc.pdf [letzter Zugriff: 29.05.2019].

Heinzmann, R. (1994): Thomas von Aquin. Eine Einführung in sein Denken. Mit ausgewählten lateinisch-deutschen Texten. Stuttgart u.a.: Kohlhammer.

Heiß, D. (2011): Verantwortung in der modernen Gesellschaft. Grundzüge einer interaktionsökonomischen Theorie der Verantwortung. Freiburg, München: Verlag Karl Alber.

Holcombe, R. G. (1998): Entrepreneurship and economic growth. In: The Quarterly Journal of Austrian Economics, 1(2), 45-62.

Johnson, G.; Whittington, R.; Scholes, K.; Angwin, D. & Regnér, P. (Hrsg.) (2018): Strategisches Management. Eine Einführung. Hallbergmoos: Pearson (11. Aufl.).

Jonas, H. (1984 [1979]): Das Prinzip Verantwortung. Versuch einer Ethik für die technologische Zivilisation. Frankfurt a.M.: Suhrkamp [Insel Verlag].

Kaufmann, F.-X. (1989): Über die soziale Funktion von Verantwortung und Verantwortlichkeit. In: Lampe, E.-J. (Hrsg.): Verantwortlichkeit und Recht. Jahrbuch für Rechtssoziologie und Rechtstheorie. Opladen: Westdeutscher Verlag, 204-228.

Kenning, P. & Plassmann, H. (2005): NeuroEconomics: An overview from an economic perspective. In: Brain Research Bulletin 67, 343-354.

Kleinfeld, A. (1998): Persona Oeconomica. Personalität als Ansatz der Unternehmensethik. Berlin, Heidelberg: Springer.

Kluxen, W. (1980): Thomas von Aquin: Zum Gutsein des Handelns. In: Philosophisches Jahrbuch, Jg. 87, 327-339.

Krueger, N. & Welpe, I. (2014): Neuroentrepreneurship: what can entrepreneurship learn from neuroscience? In: Morris, M. H. (Hrsg.): Annals of Entrepreneurship Education and Pedagogy 2014. Cheltenham, UK; Northampton, MA, USA: Edward Elgar, 60-90.

Lenk, H. & Maring, M. (1995): Wer soll Verantwortung tragen? Probleme der Verantwortungsverteilung in komplexen (soziotechnischen-sozioökonomischen) Systemen. In: Bayertz, K. (Hrsg.): Verantwortung. Prinzip oder Problem? Darmstadt: Wissenschaftliche Buchgesellschaft, 241-286.

Lewin, L. (1988): Utilitarism and rational choice. In: European Journal of Political Research, 16(1), 29-49.

Mertens, K. (2005): Handlungslehre und Grundlagen der Ethik. In: Speer, A. (Hrsg.): Thomas von Aquin: Die *Summa theologiae*. Werkinterpretationen. Berlin, New York: Walter de Gruyter, 168-197.

Meynhardt, T. (2009): Public value inside: What is public value creation? In: International Journal of Public Administration, 32(3), 192-219.

Morrison, A. (2000): Entrepreneurship: what triggers it? In: International Journal of Entrepreneurial Behaviour & Research, 6(2), 59-71.

Müller, J. (2016): Mittelalter. In: Kühler, M. & Rüther, M. (Hrsg.): Handbuch Handlungstheorie. Grundlagen, Kontexte, Perspektiven. Stuttgart: J. B. Metzler, 20-33.

Picht, G. (2004 [1969]): Wahrheit, Vernunft, Verantwortung. Philosophische Studien. Stuttgart: Klett-Cotta (3. Aufl.).

Rhonheimer, M. (2008): Practical Reason and the "Naturally Good". In: Rhonheimer, M. (Hrsg.): The Perspective of the Acting Person. Essays in the Renewal of Thomistic Moral Philosophy. Washington D.C.: The Catholic University of America Press, 95-128.

Riker, W. H. (1995): The Political Psychology of Rational choice Theory. In: Political Psychology, 16(1), 23-44.

Roper, J. & Cheney, G. (2005): Leadership, learning and human resource Management. The meanings of social entrepreneurship today. In: Corporate Governance, 5(3), 95-104.

Rothaermel, F. T. (2018): Strategic Management. Concepts. New York: McGraw-Hill (4. Aufl.).

Sarason, Y.; Dean, T. & Dillard, J. F. (2006): Entrepreneurship as the nexus of individual and opportunity: A structuration view. In: Journal of Business Venturing, 21(3), 286-305.

Scharding, T. (2019): Individual Actions and Corporate Moral Responsibility: A (Reconstituted) Kantian Approach. In: Journal of Business Ethics, 154(4), 929-942.

Schulze, H.; Böhm, J.; Kleinschmit, D.; Spiller, A. & Nowak, B. (2008): Öffentliche Wahrnehmung der Primärverantwortung für Lebensmittelsicherheit: Eine Medienanalyse der Gammelfleischskandale. In: Agrarwirtschaft, 57(7), 334-345.

Schwartländer, J. (1974): Verantwortung. In: Krings, H.; Baumgartner, H. M. & Wild, C. (Hrsg.): Handbuch philosophischer Grundbegriffe, Band 6. München: Kösel, 1577-1588.

Shane, S. & Venkataraman, S. (2000): The promise of entrepreneurship as a field of research. In: Academy of Management Review, 25(1), 217-226.

Siano, A.; Vollero, A.; Conte, F. & Amabile, S. (2017): "More than words": Expanding the taxonomy of greenwashing after the Volkswagen scandal. In: Journal of Business Research, 71, 27-37.

Sommer, S. C.; Loch, C. H. & Dong, J. (2009): Managing Complexity and Unforeseeable Uncertainty in Startup Companies: An Empirical Study. In: Organization Science, 20(1), 118-133.

Speer, A. (2005): Die *Summa theologiae* lesen – eine Einführung. In: Speer, A. (Hrsg.): Thomas von Aquin: Die *Summa theologiae*. Werkinterpretationen. Berlin, New York: Walter de Gruyter, S. 1-28.

Stanworth, J.; Stanworth, C.; Granger, B. & Blyth, S. (1989): Who Becomes an Entrepreneur? In: International Small Business Journal, 8(1), 11-22.

Sunstein, C. (2015): The Ethics of Nudging. In: Yale Journal on Regulation, 32(2), 413-450.

Taleb, N. N. (2018): Skin in the Game. Hidden Asymmetries in Daily Life. New York, NY: Random House.

WCED (1987): Report of the World Commission on Environment and Development: Our common future. Online unter: http://www.un-documents.net/wced-ocf.htm [letzter Zugriff: 02.01.2020].

Weber, M. (1919): Geistige Arbeit als Beruf: vier Vorträge vor dem Freistudentischen Bund. 2. Vortrag: Politik als Beruf. München & Leipzig: Duncker & Humblot.

Wickham, P. A. (2006): Strategic entrepreneurship. New York: Prentice Hall (4. Aufl.).

Young, W. & Tilley, F.(2006): Can businesses move beyond efficiency? The shift toward effectiveness and equity in the corporate sustainability debate. In: Business Strategy and the Environment, 15(6), 402-415.

Zimmerli, W. C. & Aßländer, M. (1996): Wirtschaftsethik. In: Nida-Rümelin, J. (Hrsg.): Angewandte Ethik. Die Bereichsethiken und ihre theoretische Fundierung. Ein Handbuch. Stuttgart: Alfred Kröner, 290-344.

Betriebswirtschaftslehre als Gestaltungswissenschaft? Neue Ansätze und empirische Erkenntnisse.

Sebastian Oelrich, Anne Chwolka & Matthias Raith

Abstract:

Bei den großen gesellschaftlichen Herausforderungen der kommenden Jahrzehnte werden immer stärker auch (wieder) Unternehmen mit in die Verantwortung genommen. In diesem Beitrag wird untersucht, inwieweit die an Hochschulen vermittelte Betriebswirtschaftslehre (BWL) inhaltlich wie auch methodisch auf ein verantwortungsvolles Unternehmertum ausgerichtet ist. Das Paradigma der traditionell gelehrten BWL, lange Zeit geprägt durch Optimierungsansätze individualrationaler, nicht-kooperativer Entscheidungsträger, wird in den letzten drei Jahrzehnten zunehmend gesellschaftlich kritisiert aber auch wissenschaftlich durch alternative Perspektiven in Frage gestellt. Wie gut diese neuen Ansätze durch den „Transfer über die Köpfe" in die Gesellschaft gelangen, hängt ab von der Aufnahmebereitschaft der aktuellen Generation von BWL-Studierenden. Im Rahmen dieser Arbeit durchgeführte empirische Studien liefern erste Einsichten, aus denen sich Implikationen für die BWL-Ausbildung ableiten lassen.

Inhalt

© Springer Fachmedien Wiesbaden GmbH, ein Teil von Springer Nature 2020
H. Pechlaner und S. Speer (Hrsg.), *Responsible Entrepreneurship*, Entrepreneurial Management und Standortentwicklung, https://doi.org/10.1007/978-3-658-31616-7_4

1   Einleitung

Im Jahr 2016 gab Apples CEO Tim Cook auf der jährlich stattfindenden „Keynote" noch mit Stolz bekannt, dass die neu eingeführte „Apple Watch" auf Platz zwei der meistverkauften Uhren weltweit gelegen habe – knapp hinter Rolex und vor Cartier, Omega und Fossil.[1] Ein klares Statement Richtung Shareholder: unser neues Produkt wird von den Kunden positiv aufgenommen, es verkauft sich sehr gut. Gerade einmal drei Jahre später (die Apple Watch ist weiterhin die meistverkaufte Smartwatch der Welt) lässt Tim Cook andere Töne verlauten. In einem emotional geladenen Werbespot kommen auf der neuen Keynote all die Menschen zu Wort, deren Leben durch die Apple Watch „gerettet" worden ist (mit Hilfe der Apple Watch können Herzrhythmusstörungen erkannt werden, oder in Notsituationen automatisch der Notruf gewählt werden) und Menschen mit Behinderungen, denen die Uhr den Alltag erleichtert. Der Fokus der Präsentation liegt vorrangig auf dem sozialen „Impact", d.h., wie die Uhr das Leben der Menschen – und Menschen in deren Umfeld – positiv beeinflusst hat und beeinflussen kann. Kein Wort mehr über die Verkaufszahlen, die die Anteilseigner erfreuen würden, sondern ein eindeutiges Signal in Richtung Stakeholder: wir leisten einen sozialen Mehrwert für die Gesellschaft durch unsere Produkte.

Der Gedanke, dass ein Unternehmen nicht nur für Anteilseigner, sondern für die Gesellschaft einen Mehrwert schaffen muss, haben schon unsere Gründungsväter und -mütter gesehen, und es ist bereits im Grundgesetz Art. 14(2) erfasst: „Eigentum verpflichtet. Sein Gebrauch soll zugleich dem Wohle der Allgemeinheit dienen." Während jedoch wirtschaftlicher Erfolg methodisch greifbar ist, erscheint es umso schwieriger, das gesellschaftliche Wohl einerseits zu definieren und andererseits in betriebswirtschaftliche Entscheidungen einzubeziehen. Deutlich einfacher scheint die bloße Gewinnmaximierung in den Anfängen der deutschen Betriebswirtschaftslehre, die damals noch unter der Bezeichnung „Handelswissenschaft" oder „Privatwirtschaftslehre" geführt wurde, und von Nationalökonomen als öde „Profitlehre" abgewertet wurde.[2] Ebenso erschien der Management Fokus und die Shareholder Orientierung der US-amerikanischen Unternehmen in der Nachkriegszeit operationaler zu sein, deren „soziale" Verantwortung nach Friedman (1962, 1970) lediglich darin bestand, die Gewinne zu erhöhen. Schwerpunkte der BWL-Ausbildung waren ausgerichtet auf Teilaspekte des Unternehmens (Produktion, Finanzierung, Marketing, Organisation). Über

---

[1] Online einsehbar unter: https://www.youtube.com/watch?v=NS0txu_Kzl8&t=1290s, 20:16.

[2] Vgl. Schneider, 2012, 38. Vgl. auch Gutenberg, 1928, 11f.: „Diese [Organisation] ist also Mittel zur Erfüllung des Unternehmungszweckes, der hier zunächst rein privatwirtschaftlich als „Ausnutzung von Preisdifferenzen" bezeichnet sei." Dieses Ziel bezeichnet Gutenberg dann als „betriebswirtschaftlichen Endzweck".

den Optimierungsansatz konnte die elegante formale Methodik der neoklassischen Wirtschaftstheorie und auch der Neuen Institutionenökonomik mit den Funktionsschwächen der Märkte einbezogen werden. Insofern ist es wenig verwunderlich, dass Studierende der Wirtschaftswissenschaft seltener kooperativ agieren als Studierende anderer Studiengänge.[3]

Seit den 1990er Jahren wird diese auf Gewinnmaximierung und Opportunismus ausgerichtete Darstellung der BWL in Forschung und Lehre durchaus wieder kritisch reflektiert[4], und die Notwendigkeit erkannt, auch wirtschaftsethische Betrachtungen und Fragestellungen in die vorwiegend entscheidungstheoretisch fundierte BWL einfließen zu lassen. Die Einbeziehung von Wertesystemen in die Entscheidungsfindung – die dem ansonsten in der BWL eher vertretenem alternativorientierten Denken entgegensteht – wurde zur gleichen Zeit auch von Entscheidungstheoretikern verfolgt[5] und ist auch in der traditionellen Entrepreneurshipliteratur prominent vertreten.[6] Wertorientiertes Denken ist danach eine proaktive Planung, die im entrepreneurischen Kontext als unternehmerische Gestaltung verstanden werden kann. Im Unternehmen ist eben gerade die Einbeziehung von Wertesystemen zur Entscheidungsfindung und der Ausrichtung des Geschäftsmodells auf unterschiedlichen Ebenen und in generellen Leitlinien von Organisationen sichtbar (bspw. in Form von Verhaltenskodices, Code of Conducts oder Corporate Values).

Neben dieser Selbstreflexion, die eine Re-Integration des wertorientierten Denkens eher aus der Organisation selbst motiviert, wird ein solcher Gestaltungswille auch von externen Akteuren forciert: Unternehmen werden gleichzeitig durch die öffentliche Diskussion gesellschaftlich unter Druck gesetzt, soziale Verantwortung zu übernehmen, auch in Bezug auf negative ökologische Externalitäten. Als Reaktion hierauf wurde Corporate Social Responsibility (CSR) zum neuen Aushängeschild, das sich jedoch oftmals als „Window Dressing" entpuppte.[7] Dagegen postulieren Porter und Kramer (2006, 2011) einen neuen CSR-Ansatz, bei dem Unternehmen ihre gesellschaftliche Verantwortung gemeinsam mit ihren relevanten Stakeholdern als „Shared Value" gestalten sollen.

Dieser proaktive, unternehmerische Gestaltungsansatz kann als das charakteristische Element von Social und Responsible Entrepreneurship gesehen werden, bei dem es um die unternehmerische Umsetzung sozialer Missionen ausgerichtet auf Stakeholder Bedürfnisse geht, wodurch Mehrwert geschaffen werden

---

[3] Vgl. Marwell & Ames, 1981.

[4] Vgl. z.B. Küpper, 1992.

[5] Vgl. bspw. Keeney, 1992.

[6] Vgl. bspw. Drucker, 1985; Kirzner, 1997.

[7] Zur Diskussion vgl. bspw. Connors et al., 2017.

kann, der als „Shared Value" begriffen wird.[8] Hierbei werden die Stakeholder nicht nur über Überlegungen informiert, sondern sie nehmen aktiv daran teil: Unternehmen entscheiden nicht mehr allein für bspw. Kunden, sondern diese sind in den Schaffensprozess einbezogen, wodurch das Wort „Shared" seine Bedeutung schon im gemeinsamen Adressieren von Problemen auf Augenhöhe entfaltet.

Social Entrepreneurship spielt in der deutschen Unternehmenspraxis eine immer wichtigere Rolle. Wie bereits der erste Deutsche Social Entrepreneurship Monitor (DSEM) 2018 offenbarte, sind Sozialunternehmer in fast allen Sektoren der Wirtschaft zu finden.[9] Dieser international zu beobachtende Trend wird getragen von einem neuen Typ gesellschaftlich verantwortungsbewusster Unternehmerinnen und Unternehmer (Responsible Entrepreneurship) mit einem Anspruch, der nicht auf den marktwirtschaftlichen Erfolg beschränkt oder gar fokussiert ist. Während viele der etablierten Entscheidungsträger der Wohlstandsgesellschaft ihren Status Quo meist zumindest erhalten möchten, gibt es eine nachwachsende Generation, deren Unzufriedenheit gerade durch diesen Status Quo gegeben ist und die für die Zukunft Veränderungen von der Gesellschaft einfordert.

Da die meisten (vier von fünf) der im DSEM befragten Social Entrepreneure einen Hochschulabschluss vorzuweisen haben,[10] stellt sich die Frage, welche Ansprüche und welche Erwartungshaltung die jungen Menschen haben, die an die Hochschule kommen, um BWL zu studieren. Darüber hinaus ist zu klären, welchen Beitrag die betriebswirtschaftliche Lehre an der Hochschule leisten kann, um Studierende auf diese neuen Unternehmensaufgaben und –formen vorzubereiten.

Anhand erster empirischer Untersuchungen möchten wir daher analysieren, inwieweit BWL-Studierende im Rahmen ihrer Ausbildung zugänglich für ein sozial verantwortliches Unternehmertum sind. Wir stellen fest, dass Moralentwicklung in diesem Prozess ein treibender Faktor sein kann. Als besondere Herausforderung identifizieren wir die Integration geeigneter Ansätze in die Curricula der deutschen Universitäten, in dem wir kritisch unseren eigenen Beitrag betrachten. Dabei geben wir erste Lösungsvorschläge, um eine Neuausrichtung der BWL hin zu einer Gestaltungswissenschaft zu realisieren.

---

[8] Vgl. Porter & Kramer, 2011.
[9] Vgl. Olenga et al., 2019.
[10] Vgl. Scharpe & Wunsch, 2020, 54.

2   Die BWL neu entdecken: von alten und neuen Denkern

Obwohl Wirtschaftskriminalität nur etwa ein Prozent der Fälle in der Kriminal-
statistik ausmacht, verursacht sie etwa die Hälfte der Schäden.[11] Dabei sind Ver-
trauensverlust in das Funktionieren der Marktwirtschaft, Reputationsschäden für
Unternehmen oder die Kosten einer Verzerrung des Wettbewerbs nicht einberech-
net.[12] Aber man muss noch nicht einmal so weit gehen, illegales Verhalten zu betrachten. Auch legale Möglichkeiten können vollends ausgenutzt werden, wie beispielsweise im „Cum-Ex Skandal" geschehen. Die Medien berichten in solchen
Fällen mit Schlagzeilen wie „Gier frisst Hirn"[13] und urteilen, dass Manager – und
BWLer generell – ausschließlich nach der eigenen Nutzenmaximierung agieren
und der Gewinn das Zentrum jeder Analyse und Entscheidung sei. Zahllose Beispiele finden sich auch im sozialen Bereich. Um Kosten niedrig zu halten und auf
dem Markt kompetitiv sein zu können, wird auf Kinderarbeit zur Herstellung von
Kaffee zurückgegriffen, prekäre Arbeitsbedingungen in Entwicklungsländern
werden hingenommen und Löhne mit Nachdruck niedrig gehalten.[14] Soziale Belange und negative Externalitäten wie Umweltverschmutzung oder Treibhaus-
gasemissionen scheinen in dieser Betrachtung keinen Platz zu haben.

Mit der Vorstellung vom „ehrbaren Kaufmann" lassen sich diese Handlungen nicht in Einklang bringen. So schreibt die Industrie- und Handelskammer[15],
dass dieser auch „im internationalen Geschäft für seine Werte ein[trete]" und
„Verantwortung für die Wirtschafts- und Gesellschaftsordnung [übernimmt]" und
fordert seine Mitglieder sogar dazu auf, dem UN Global Compact[16] beizutreten,
in dessen 10 Prinzipien genau solche oben genannten Praktiken keinen Platz haben. Artikel 1 Abs. 1 des IHK-Gesetzes beschreibt diese Rolle sogar ganz explizit:
„Die Industrie- und Handelskammern haben [...] für Wahrung von Anstand und
Sitte des ehrbaren Kaufmanns zu wirken." Auch die Politik sieht Unternehmen
(wieder) zunehmend in der Verantwortung: So wird im Referentenentwurf zum
Verbandssanktionengesetz („Wirtschaftsstrafrecht") von einer Stärkung der "Integrität" der Wirtschaft gesprochen[17], fast schon in Anlehnung an den Gedanken
des „ehrbaren Kaufmanns". Die breite Etablierung von Compliance Systemen

---

[11] Vgl. Bundeskriminalamt, 2019.

[12] Vgl. Chwolka & Oelrich, 2020.

[13] Vgl. Bognanni, 2019.

[14] Vgl. Amann et al., 2017.

[15] IHK, 2015, 36.

[16] Vgl. Website: https://www.unglobalcompact.org/what-is-gc/mission/principles.

[17] Vgl. BmJV, Referentenentwurf eines Gesetzes zur Stärkung der Integrität in der Wirtschaft, i.d.F.v.
    21.04.20.

und deren Kommunikation, die auch öffentliche Rechtschaffenheitsberichte über Unternehmensaktivitäten beinhalten können, stehen dabei im Vordergrund. Dagegen bieten der Management-Fokus und die Shareholder-Orientierung der Chicagoer Schule aus dem US-amerikanischen Raum legitimierende Argumente. Nach Milton Friedman (1962) besteht die „soziale" Verantwortung von Unternehmen nur darin: „to use its resources and engage in activities designed to increase its profits" (ebd. 133). Das Ziel liegt also lediglich in der Befriedigung der Eigentümer (Shareholder) Interessen und damit darin, die Gewinne zu erhöhen. Dieses stark reduzierte Verständnis von Nutzen auf Gewinn ist dagegen mit Blick auf Bentham (1781) und Mill (1861) nicht nachvollziehbar. Ist hier doch der Nutzen noch das viel komplexere Gebilde des Glücks. Die internationale Dominanz der amerikanischen Business Schools aber insbesondere auch die Einfachheit der betriebswirtschaftlichen Zielsetzung hat vermutlich dazu geführt, dass sich die amerikanisch geprägte BWL um Friedman auch in der deutschen Forschung verbreitete.

Strategische Fragestellungen werden in der BWL seit langer Zeit dominiert durch Ansätze aus der nichtkooperativen Spieltheorie, eine neue speziell für die Wirtschaftswissenschaft entwickelte mathematische Methodik, die, getrieben durch den Zeitgeist des kalten Krieges in allen Bereichen der Sozialwissenschaften Anwendung fand. So wird z.B. Wettbewerbsverhalten auf Märkten vielfach vereinfacht als nicht-kooperatives Spiel in strategischer Form (simultan) oder in extensiver Form (sequentiell) dargestellt.[18] Oder die Anreizproblematik in Organisationen wird durch das Prinzipal-Agenten-Modell formalisiert.[19] Grundlegende Annahme bei diesen Ansätzen ist, dass Akteure als rational agierende Egoisten modelliert werden, die ohne moralische Bedenken jede Gelegenheit zu opportunistischem Verhalten wahrnehmen, ohne Rücksicht auf die Verluste der Anderen, welche typischerweise als „Gegner" betrachtet werden. Nash Gleichgewichte werden zum Inbegriff eines „vernünftigen", rationalen, interaktiven Verhaltens postuliert, auch wenn es, wie beim Gefangenendilemma, zu Pareto-Ineffizienzen führt. Opportunistisches Verhalten wird bei interaktiven Entscheidungen in den Vordergrund gerückt und zunehmend zur Verhaltensannahme des ökonomischen Handelns. Opportunistisch im Sinne von Williamson (1973) bedeutet eigennützig mit „List", d.h. vertragsabweichendes Verhalten, wenn es nicht entdeckt werden kann. In Form des etablierten Wissenstransfers wurde dieses in der ökonomischen Ausbildung antrainierte Verhalten über mehrere Jahrzehnte in die Gesellschaft getragen. Es hat somit das Entscheidungsverhalten in der Wirtschaft geprägt und opportunistisches Verhalten gerechtfertigt.

---

[18] Vgl. Dixit & Nalebuff, 1991.

[19] Insbesondere Jensen & Meckling, 1976 als Vorreiter.

In den 1990er Jahren wurde diese auf Gewinnmaximierung und Opportunismus ausgerichtete Darstellung der BWL in Forschung und Lehre wieder kritischer reflektiert[20], und die Notwendigkeit und Möglichkeit erkannt, auch wirtschaftsethische Betrachtungen und Fragestellungen in die vorwiegend entscheidungstheoretisch fundierte BWL einfließen zu lassen. Ansätze hierzu kamen zum einen aus der experimentellen Forschung, wo Altruismus, Reziprozität und Ungleichheitsaversion in ökonomischen Interaktionen beobachtet wurden.[21] Zum anderen erlebte die kooperative Spieltheorie in den 1990er Jahren eine Renaissance wegen ihrer auf Fairnessstandards basierten Lösungskonzepte, die normativ eine Orientierung gaben. Die kooperative Spieltheorie hat gegenüber den nicht-kooperativen Ansätzen den weiteren Vorteil, dass sie keine Spielverläufe darstellen oder annehmen muss. Diese sind meist viel zu speziell, als dass sie realistische Handlungen der Praxis aufzeigen. Im Fokus der kooperativen Spieltheorie stehen dagegen Spielstrukturen und ihre Einflüsse auf angestrebte (normative) Lösungen, was nach Brandenburger und Stuart (1996) gerade für das heterogene Forschungsfeld des strategischen Managements wesentlich allgemeinere Aussagen zulässt.

Die Einbeziehung von Wertesystemen in die Entscheidungsfindung wurde zur gleichen Zeit auch von Entscheidungstheoretikern verfolgt. In diesem Zusammenhang bietet Keeney (1992) mit seinem Perspektivwechsel von einem reaktiv ausgerichteten alternativenorientierten zu einem proaktiven wertorientierten Denken einen analytischen Rahmen, in dem Zukunftsvisionen basierend auf Werturteilen explizit in die Zielstrukturierung mit einbezogen werden können.

Die Bedeutung der Wertvorstellungen und Ziele der Entscheidungsträger spielt auch in der traditionellen Entrepreneurship Literatur eine große Rolle. So macht z. B. Drucker (1985) den ökonomischen Wert von Ressourcen davon abhängig, dass jemand (der Entrepreneur) diesen Wert erkennt. Und Kirzner (1997) sieht Gelegenheiten zur Wertschöpfung primär dort entstehen, wo Mitglieder der Gesellschaft unterschiedliche subjektive Wertvorstellungen bezüglich der vorhandenen Ressourcen haben. Um zu erklären warum, wann und wie dieser Wert erkannt und dann verwertet wird, muss der Sachverhalt aus der (stets subjektiven) Sicht des Entrepreneurs betrachtet werden.

Hierzu gilt es zunächst die Vision durch sogenannte „strategische Ziele" zu konkretisieren. Im Sinne von Ackoff (1978) sind dies ultimative Ziele oder Ideale des Entscheidungsträgers. Sie müssen unerreichbar sein, um den Entscheider in Bewegung zu halten, sie müssen sich aber annähern lassen, um überhaupt einen Anreiz zum Handeln zu geben. Die strategischen Ziele legen den strategischen

---

[20] Vgl. Küpper, 1992.

[21] Vgl. Weimann & Brosig-Koch, 2019, Kapitel 4 für einen Überblick.

Entscheidungskontext fest, d.h., das handlungsrelevante Umfeld des Entscheiders.[22] Abb. 1 illustriert wie die strategischen Ziele den Entscheidungskontext aufspannen.

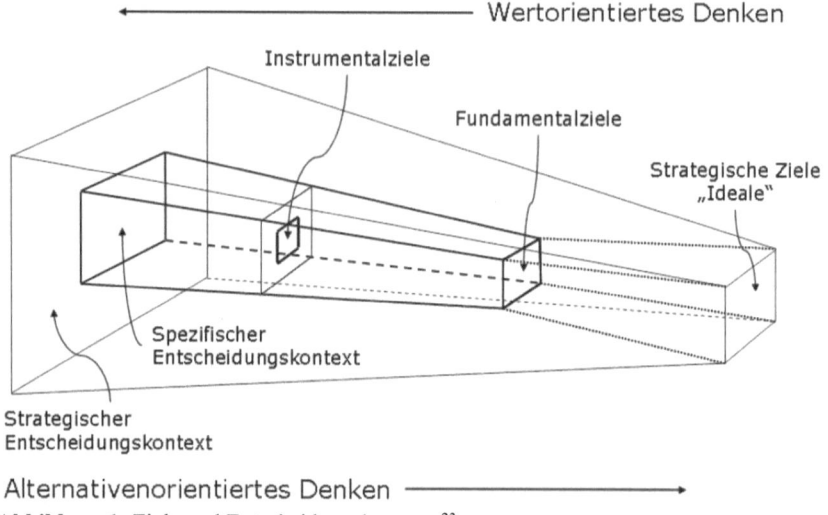

Abbildung 1: Ziele und Entscheidungskontexte[23]

Strategische Ziele sind allerdings für konkrete Entscheidungen in der Regel zu allgemein, so dass die Zielerfüllung nur schwer messbar ist. Als relevant für den spezifischen Entscheidungskontext sieht Keeney (1992) daher so genannte „Fundamentalziele" – sie haben einen intrinsischen Wert, sie sind aber auf den Entscheidungskontext stärker fokussiert als die strategischen Ziele, mit denen sie über die Werturteile des Entscheidungsträgers verbunden sind. Fundamentalziele lassen sich in Hierarchien ordnen, wobei untergeordnete Fundamentalziele eine Spezifizierung übergeordneter Fundamentalziele darstellen. Über die multiplen Fundamentalziele lässt sich das individuelle Wertesystem des Entscheidungsträgers auch in jede ökonomische Entscheidung integrieren. Dabei entstehen im Allgemeinen Zielkonflikte, unabhängig davon ob die divergierenden Ziele ökonomischer, sozialer oder ökologischer Natur sind. Der Umgang mit Zielkonflikten gehört jedoch zu den zentralen Themen der Entscheidungsanalyse.

Um die Zielerreichbarkeit durch Handlungsmöglichkeiten zu sichern, müssen Zweck-Mittel-Beziehungen identifiziert werden. Dies erfolgt über Netzwerke

---

[22] Vgl. Covey, 1989; Keeney, 1992.

[23] In Anlehnung an Fig. 2.7 und 2.8 von Keeney, 1992, 45f.

von Instrumentalzielen (means objectives). Instrumentalziele sind auch auf den spezifischen Entscheidungskontext ausgerichtet, sie haben aber, ähnlich wie die Mittel bei Ackoff (1978), einen extrinsischen Wert, gegeben dadurch, dass sie als Mittel dienen, Fundmentalziele oder höhere Instrumentalziele zu erreichen.[24] Bei der Suche nach geeigneten Mitteln zur Zielerreichung identifiziert der Entscheidungsträger Instrumentalziele, die zunehmend spezifischer werden, und stößt auf diese Weise dann letztendlich auf konkrete Handlungsalternativen im spezifischen Entscheidungskontext, die anhand der messbaren über die Zweck-Mittel-Beziehungen verbundenen Fundamentalziele bewertet werden können.

Wertorientiertes Denken bedeutet, ausgehend von den strategischen Zielen – in Abb. 1 nach links gerichtet – über die Fundamentalziele den Entscheidungskontext zu fokussieren, um dann über die Instrumentalziele Handlungsmöglichkeiten bzw. Alternativen zu generieren. Es handelt sich somit um einen offenen, Alternativen generierenden *Gestaltungsprozess* bei dem unterschiedliche Alternativen entstehen können und am Ende die optimale Realisierung für das angestrebte Ziel gewählt werden kann. Wertorientiertes Denken ist nach Keeney (1992) proaktive Planung – im entrepreneurischen Kontext handelt es sich hierbei um unternehmerische Gestaltung.

Das traditionelle Entscheidungsmodell, insbesondere in der Betriebswirtschaftslehre, beruht dagegen vorwiegend auf alternativenorientiertem Denken.[25] Wie in Abb. 1 zu sehen ist, nimmt dieser Ansatz eine Perspektive ein, die dem wertorientierten Denken genau entgegengesetzt ist. Alternativenorientiertes Denken basiert auf einer Menge gegebener Alternativen im spezifischen Entscheidungstext, aus der – in Abb. 1 nach rechts gerichtet – anhand gegebener Ziele die optimale Alternative ausgesucht wird. Rein alternativenorientiertes Denken ist somit ein reaktiver *Optimierungsprozess*. Die hierbei zugrunde gelegten Ziele sind meist kontextrelevante Instrumentalziele oder messbare Fundamentalziele. Das Wertesystem hinter den Fundamentalzeilen steht dabei nicht im Fokus. Insofern ist es nicht überraschend, dass primär ökonomische Ziele die traditionellen Optimierungsansätze in den verschiedenen Teilgebieten der BWL prägen.

---

[24] Vgl. Abb. 1.

[25] Vgl. Bamberg und Coenenberg (1974) für eine detaillierte Darstellung des traditionellen Entscheidungsmodells. Jedoch gibt es auch in der BWL schon lange die Unterscheidung zwischen effizient und effektiv, sowie Probleme mit mehrfacher Zielsetzung, wie beispielsweise bei Saaty (1980) im Zuge von *Analytical Hierarchy Processes* (AHP).

3   Der Unternehmer als „Social Entrepreneur"

Die Probleme im Umgang mit einer Zielerweiterung sind vielfach wissenschaftlich diskutiert worden; sie sind aber auch in der Praxis relevant, wo Unternehmen in den letzten zwei Jahrzehnten zunehmend gesellschaftlich unter Druck gesetzt wurden, soziale Verantwortung zu übernehmen, auch in Bezug auf ihre negativen ökologischen Externalitäten. Corporate Social Responsibility (CSR) wurde zum neuen Aushängeschild, mit dem sich traditionelle Unternehmen ein neues gesellschaftlich verträgliches Image zulegen konnten. Die neuen Werte, die über CSR einbezogen wurden, wurden jedoch vielfach nicht als echte Zielerweiterung internalisiert, sondern dienten eher als (Marketing-) Mittel zum Zweck der Gewinnsteigerung und können so als „greenwashing" oder „whitewashing" durch Adressaten verstanden werden.[26] In ihrer Kritik an dem traditionellen CSR-Ansatz schlagen Porter und Kramer (2006, 2011) daher vor, dass Unternehmen ihre gesellschaftliche Verantwortung gemeinsam mit ihren relevanten Stakeholdern als „Shared Value" gestalten. Dabei geht es nicht darum, ökonomische Wertschöpfung mit Stakeholdern zu teilen, sondern unter Einbeziehung ihrer Wertesysteme mit Stakeholdern gemeinsam eine multidimensionale (d.h., ökonomische, soziale und ökologische) Wertschöpfung proaktiv zu gestalten.

Anders ausgedrückt: „Value" wird nicht nur als Gewinnmaximierung verstanden, sondern es werden u.a. auch die Kosten von sozialen Problemen und die Kostenminderungen durch funktionierende Gesellschaften mittel- und langfristig betrachtet. Dasselbe Argument kann auch für die ineffiziente Ressourcenverwendung angeführt werden. Porter und Kramer (2011) führen aus, dass ein Shared Value Ansatz daher keine Fair-Trade Bewegung wäre, stattdessen würden lokale Gesellschaften in Ihrer Produktion vor Ort unterstützt werden. Beispielsweise durch die Beihilfe zum Aufbau neuer Irrigationssysteme, Maschinen, oder optimierter Fabrikhallen. Hierdurch findet keine bloße Umverteilung statt, sondern es wird ein Mehrwert für die lokale Gesellschaft geschaffen und durch gesteigerte Produktivität eben auch eine Kostenreduktion erreicht. Die Aufgabe der Politik und – was für unsere Analyse im Fokus steht – der Ausbildenden ist nun, betriebswirtschaftlich Interessierten die notwendigen Werkzeuge mit auf den Weg zu geben, damit sie genau solche Möglichkeiten eines Shared Values begreifen und ersinnen können. Denn diese sind es, die durch Ihre Innovationen Produkte und Dienstleitungen auf den Markt bringen und einen Mehrwert für die Gesellschaft schaffen können.

---

[26] Vgl. Hahn & Lülfs, 2014; Connors et al., 2017.

Dieser proaktive Gestaltungsansatz ist auch das charakteristische Element von Entrepreneurship, welches in den letzten zwei Jahrzehnten zu einem Paradigmenwechsel geführt hat. Betrachtet wird dabei die gesamte Organisation, im Fokus steht die Verfolgung von Gelegenheiten zur Wertschöpfung, um den Status Quo zu überwinden und Veränderungen herbeizuführen.[27] Mit der wissenschaftlichen Entwicklung von Entrepreneurship rückt zunehmend wieder in den Vordergrund, dass unternehmerische Wertschöpfung in der Regel multidimensional ist, wodurch insbesondere auch soziale und ökologische Wertschöpfungen unternehmerisch verfolgt werden können. In Social Entrepreneurship geht es primär um die unternehmerische Umsetzung sozialer Missionen ausgerichtet auf gesellschaftliche Bedürfnisse, die meist als Folge von Marktversagen unberücksichtigt geblieben sind.[28] Porter und Kramer (2011) sehen daher insbesondere in Social Entrepreneurship einen innovativen Ansatz für „Shared Value".

Eine ähnlicher Stakeholder-Ansatz findet sich bereits in moralphilosophischen Werken wie „The Theory of Moral Sentiments" von Adam Smith (1759). Danach ist eine Handlung moralisch, wenn andere Interessen in die eigene Entscheidungsfindung eingeschlossen werden, wofür ein gewisses Maß an Sympathie und Mitgefühl für Dritte notwendig sind. Diese Ideen finden sich auch bei Mill (1861) und Bentham (1781) wieder.

Denn gerade die Einbeziehung verschiedener Interessen eröffnet neue Perspektiven und Möglichkeiten, die traditionellen Shareholder-Ansätzen verborgen bleiben würden. Ein Entrepreneur, der Shared Value anstrebt, hat einen Wettbewerbsvorteil gegenüber anderen Entrepreneuren, da sein Produkt keine bloße neuerliche Umverteilung des Wertes vorsieht, sondern neuen Wert schafft – das ist einfach zu verstehen, wenn wir an das Beispiel von Porter und Kramer (2011) vom Fair Trade Handel zurück denken. Der Unternehmer der einen Fair Trade Kaffee in seine Produktlinie einführt, verteilt den geschaffenen Wert lediglich anders, wohingegen ein Entrepreneur mit Fokus auf Shared Value einen ganzheitlichen Ansatz verfolgt, der durch bessere Produktionsmöglichkeiten mehr Produktivität und ein besseres Leben ermöglicht und damit einen neuen Wert schafft. So einfach die Idee ist, so komplex können die praktischen Herausforderungen einer stärkeren Stakeholder Einbeziehung sein, wie beispielsweise Raith und Starke (2017) zeigen.

McClelland nutzt in seiner Monographie „The Achieving Society" (1961) Entrepreneure als Beispiel, um Unterschiede zwischen Gesellschaften in ihrer Innovationskraft zu verdeutlichen. Er identifiziert dabei zwei grundlegende Grup-

---

[27] Vgl. Shane & Venkataraman, 2000.

[28] Vgl. Austin et al., 2006.

pen von Menschen-Typen: Den „Professional" und den „Entrepreneur", die er ge-
genüberstellt (ebd., Kapitel 7). McClellands Ansatz ist dabei, dass Innovation
durch einen Entrepreneurship-Geist in der Gesellschaft vorangetrieben wird, der
einen Wettbewerbsvorteil bringt. Diese Innovationskraft, die nach McClelland
aus der Motivation etwas Großes zu Erreichen hervorgebracht wird, ist auch bei
dem Social Entrepreneur notwendig, wenn durch Einbeziehung anderer Stakeholder eine „Value Creation" das Ziel ist. Ein Entrepreneur kann durch einen Social
Value Ansatz andere und neue (innovative) Möglichkeiten für Unternehmen und
Produkte ersinnen, die ein klassischer Entrepreneur gerade nicht wahrnehmen
würde. Diese Neuevaluation zeigt aber zugleich, dass McClellands Ansatz dem
Zeitgeist nicht mehr Rechnung tragen kann. Sein Modell der „Achieving Society"
kennt den Unterschied zwischen Angestellten und Entrepreneuren, nicht aber
zwischen dem Entrepreneur und dem Social Entrepreneur. Der Social oder
Responsible Entrepreneur als „neuer" Typus ist als Unternehmer im weiteren
Sinne zu verstehen, der den Wert des Shared Values verinnerlicht hat und diesen
auch identifizieren kann. Er erkennt Möglichkeiten – und bringt damit soziale
Innovationen hervor – die von einem traditionellen Entrepreneur eben nicht erkannt werden können, da entsprechende Stakeholder-Ansätze im unternehmerischen Kontext keine zentrale Rolle spielen.

Im Folgenden gilt nun zu untersuchen, ob Potential für diesen neuen Typus
Entrepreneur unter Studierenden vorhanden ist und wie wir als Wissenschaftsin-
stitution den Typus Social und Responsible Entrepreneur fördern können.

4   Empirische Erkenntnisse

4.1   Datenerhebung und Konstruktbeschreibung

Um unsere theoretischen Überlegungen zu fundieren und den Status Quo der Entwicklung unter Studierenden zu eruieren, haben wir eine Online-Befragung mit
Studierenden der Betriebswirtschaftslehre[29] im 1. Semester im WS 19/20 an unserer eigenen Universität zu Beginn der ersten Veranstaltung durchgeführt (N =
302; 42,6 Prozent weiblich). Eine zweite Erhebung haben wir gegen Ende des
Semesters WS 19/20 unter Bachelor Studierenden im 3. Semester durchgeführt
(N = 114; 53,6 Prozent weiblich). Diese dient als eine Art Ausblick, um die Entwicklung trotz fehlender Längsschnittdaten simulieren zu können.[30]

---

[29] Die Studierenden können dabei den Bachelor Studiengängen „Betriebswirtschaftslehre", „Internationales Management", „Volkswirtschaftslehre" oder „International Business and Economics"
zugeordnet werden.

[30] Eine ähnliche Herangehensweise findet sich beispielsweise auch schon bei Ponemon (1993).

Die Intention Unternehmer zu werden, messen wir anhand von sechs Fragen auf einer 5-Punkte Likert Skala (1 bis 5), wobei niedrigere Werte eher Ablehnung/Verneinung gegenüber der Frage ausdrücken und höhere Werte Zustimmung/Bejahung. Die einzelnen Fragen werden zum Konstrukt „Entrepreneurial Intention" zusammengefasst, welches durch den Mittelwert aus allen sechs Fragen gemessen wird. Niedrige Werte stehen für eine niedrige, höhere Werte für eine hohe Gründungsintention. Das Konstrukt weist über alle Gruppen hinweg gemessen an Cronbach's Alpha Werten mit $\alpha = 0{,}810 > 0{,}8$ eine sehr hohe interne Reliabilität und damit Güte auf. Die Fragen und deskriptiven Angaben befinden sich in Tabelle 1.

#	Fragen	n	M	SD
ent1	Haben Sie jemals daran gedacht, ein Produkt oder eine Dienstleistung auf den Markt zu bringen?	382	2,90	1,11
ent2	Wie wahrscheinlich ist es, dass Sie in der Zukunft ein Unternehmen gründen werden?	359	3,01	1,13
ent3	Wie attraktiv ist es für Sie als UnternehmerIn tätig zu sein statt als Angestellte/r in einem Unternehmen?	357	3,77	1,04
ent4	Nehmen Sie an, Sie haben eine sehr vielversprechende Geschäftsidee. Wie sehr stimmen Sie der folgenden Aussage zu? „Ich habe alle notwendigen Fähigkeiten und Kenntnisse ein Unternehmen zu gründen."	320	2,62	0,93
ent5	Wie wahrscheinlich ist es, dass Sie in den nächsten drei Jahren ein Unternehmen gründen werden?	311	2,20	1,12
ent6	Wie stark stimmen Sie der folgenden Aussage zu? "Ich bin interessiert an einer Selbständigkeit."	309	3,76	1,02
ent_int	Entrepreneurial Intention ($\alpha = 0{,}810$)	297	3,05	0,76

Tabelle 1: Entrepreneurial Intention. Deskriptive Angaben zu den einzelnen Fragen sowie zum Gesamtkonstrukt. Niedrigere Werte bedeuten dabei eher Ablehnung gegenüber der Frage, höhere Werte Zustimmung bei einem 5-Punkte Likert Antwortformat. n =Anzahl an Datenpunkten; M = Mittelwert; SD = Standard Abweichung.

Wie oben ausgeführt, gehen wir davon aus, dass ein Social oder Responsible Entrepreneur durch die Einbeziehung relevanter Interessensgruppen einen Shared Value anstrebt, um einen Mehrwert für die Gesellschaft zu schaffen. D.h., es werden die Interessen und Bedürfnisse anderer in die Überlegungen und Entscheidungen einbezogen. Ob und wie die Bedürfnisse anderer berücksichtigt werden, wird im Moralentwicklungsmodell von Kohlberg systematisch erfasst (bspw. 1974). Dieses Modell stellt eine deskriptive Analyse der Moralvorstellungen eines Individuums dar, ohne normative Aussagen zu treffen.[31] Was wir damit beschreiben bzw. erfassen können, ist die Art und Weise, wie Entscheidungen gefällt werden, welche Positionen anderer ein Akteur in seine Überlegungen hat einfließen lassen. Das Modell beruht auf jahrzehntelangen Längsschnittstudien und ist bis heute ein prominentes Modell zur empirischen Analyse des moralischen Urteilsverhaltens von Menschen in der Betriebswirtschaftslehre.[32]

Kohlberg unterscheidet in seinem Modell zwischen drei „Niveaus" der Moralentwicklung, die jeweils weiter in zwei Stufen unterteilt werden. Je höher jemand auf den Niveaus und Stufen einzuordnen ist, desto mehr ist er in der Lage die Interessen anderer in seine Überlegungen einzubeziehen. Umso wahrscheinlicher sollte es also sein, dass Interessen und Bedürfnisse der Stakeholder die Entscheidungen des Entrepreneurs beeinflussen. Im Detail sind die Niveaus und Stufen in Abb. 2 angegeben.

Operationalisiert wird das Modell in unserer Befragung durch eine Fallbewertung. Diese hat den Ursprung in Rests (1979) *Defining Issues Test*, der die Interviews von Kohlberg in ein ungestütztes Fragebogenformat gebracht hat. Wir nutzen hier die erweiterte Version von Welton et al. (1994, siehe auch Welton und Guffey, 2009), den sogenannten *Accounting Defining Issues Test* (ADIT), da dieser für betriebswirtschaftliche Fragestellungen optimiert wurde. Den Studierenden wird ein betriebswirtschaftlicher Fall beschrieben, der eine Entscheidung in einem Dilemma fordert.[33] Im Folgenden werden die Studierenden zu den Gründen befragt, warum sie sich entschieden haben, wie sie es taten. Dabei ist die Entscheidung im weiteren Verlauf irrelevant, da der Fokus auf dem Entscheidungsfindungs*prozess* liegt. Es werden verschiedene Aspekte, die die Entscheidung beeinflussen können, dargestellt, wobei die Studierenden anhand eines 5-

---

[31] Das Modell Kohlbergs hat nicht den Anspruch das Ergebnis der Überlegung vorherzusagen.

[32] Vgl. Christensen et al., 2016.

[33] Das Dilemma bezieht sich hier auf die Einreichung einer Reisekostenabrechnung, die von einer Mitarbeiterin bearbeitet wird. Der Reisende ist gemeinsam mit seiner Frau verreist, wodurch andere Kosten anfallen. Gefragt wird nach Aspekten, die in dieser Situation für die Entscheidung der Mitarbeiterin für die Befragten eine Rolle spielen würden, wie bspw. ob die Mitarbeiterin und der Reisende Freunde sind, ob es anderen gegenüber fair wäre, ob es internen Richtlinien entspräche etc. Die exakte Fallvignette sowie der gesamte Fragebogen sind auf Anfrage bei den Autoren erhältlich.

Punkte-Antwort Formats die Relevanz des jeweiligen Aspektes in der Entscheidung beurteilen sollen. Die Aspekte decken die unterschiedlichen Niveaus und Stufen in Kohlbergs Moralentwicklungsmodell ab. Hieraus kann eine relative Wichtigkeit verschiedener Niveaus/Stufen in der Entscheidung der Probanden berechnet werden, die traditionell im sogenannten „P-Score" ausgedrückt wird, der metrische Werte von 0 bis 95 annehmen kann. Je höher der Wert, desto eher findet eine Evaluation auf der fünften und sechsten Stufe (postkonventionelles Niveau) statt.[34]

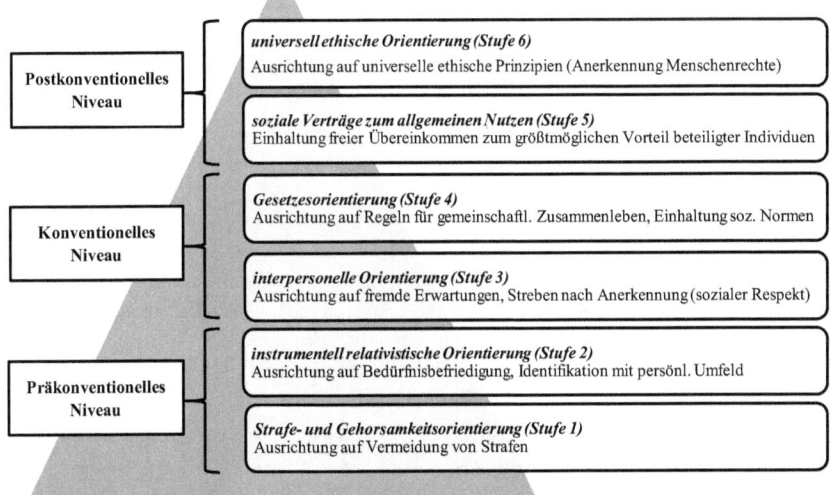

Abbildung 2: Moralentwicklungsmodell nach Kohlberg. Eigene Darstellung in Anlehnung an Kohlberg (1974).

Eine Alternative hierzu stellt das Ranking anhand der dominierenden Relevanz eines Faktors bzw. eines Niveaus dar. Also ob eine Person Faktoren des präkonventionellen, konventionellen oder post-konventionellen Niveaus als wichtiger gegenüber anderen Faktoren eines anderen Niveaus einschätzt, was wir als *moral-reasoning-level* bezeichnen. Der Mittelwert des *P-Scores* liegt in unserer Untersuchung bei 49,37 ($N = 211, SD = 23,068$). Der des dominierenden Niveaus, *moral-reasoning-level*, bei 1,736 ($N = 224, SD = 0,785$).

---

[34] Vgl. Christensen et al., 2016.

4.2   Moralische und soziale Entrepreneure

In unserer Befragung haben wir die Studierenden gefragt, ob sie mit Unternehmertum gesellschaftliche Verantwortung verbinden würden (ja/nein). Opportunistisches Verhalten, d.h. eigennützig mit List und Egoismus prägen diese Vorstellung des Unternehmers, der hier „nein" antworten würde. Mit „ja" würden dagegen eher Verfechter des Ansatzes vom ehrbaren Kaufmann oder von Smiths Vorstellung des gesellschaftlichen Gesamtwohls antworten.

Unserer Vermutung folgend würden also Personen die hier „ja" antworten, eine höhere Moralentwicklung nach Kohlberg aufweisen und gleichzeitig den Responsible Entrepreneur bei entsprechend hoher Entrepreneurial Intention repräsentieren. Wir führen einen t-test Mittelwertvergleich für unabhängige Stichproben durch. Die Gruppe, die der Aussage zustimmt, weist einen signifikant höheren Wert ($t(273) = -2{,}425; p = 0{,}016$) bei der Moralargumentation auf dem postkonventionellen Niveau auf, bei der nach Kohlberg insbesondere Interessen anderer in die Entscheidungsfindung einbezogen werden.

Um diesen Zusammenhang in Verbindung mit Entrepreneurship besser zu verstehen, ordnen wir die Studierenden anhand ihrer Moralentwicklung, d.h. ihres *P-Score* und *moral-reasoning-level* Ergebnisses an der Abszisse und Entrepreneurial Intention an der Ordinate ein (Abb. 3). Dabei behalten wir die vorherige Gruppenzuteilung bei: diejenigen die mit Unternehmertum gesellschaftliche Verantwortung verbinden (dargestellt als schwarzer Punkt) und diejenigen, die dies nicht damit verbinden (dargestellt als weißes Dreieck).

Bei der Betrachtung fallen Cluster der Daten auf: Nahe des Achsenursprungs sowie generell näher an der Ordinatenachse häufen sich die weißen Dreiecke, wohingegen sich die schwarzen Punkte eher weiter vom Ursprung konzentrieren, generell auch weiter von der Ordinate entfernt.

Letztere Gruppe ist daher prädestiniert, den Shared-Value Gedanken zu verwirklichen, sie repräsentiert daher am ehesten die Gruppe der Sozialunternehmer. Diese Gruppe meint überwiegend, dass Unternehmertum auch Verantwortung gegenüber den Stakeholdern bedeutet und eine echte Wertschaffung durch Produkte und Dienstleistungen möglich ist (gesellschaftliche Verantwortung). Diese Gruppe ist überwiegend im Bereich mit hoher Moralentwicklung zu finden.

Dagegen können die Personen nahe des Koordinatenursprungs eher als klassische „Professionals" nach McClelland (1961) verstanden werden. Diese Personen zeigen in ihrem Antwortverhalten eine relativ niedrige Moralentwicklung sowie niedrige Gründungsintention. Die Verantwortung gegenüber der Gesellschaft sehen sie nicht. Sie vertreten eventuell eher einen Shareholder Ansatz im Sinne Friedmans (1962).

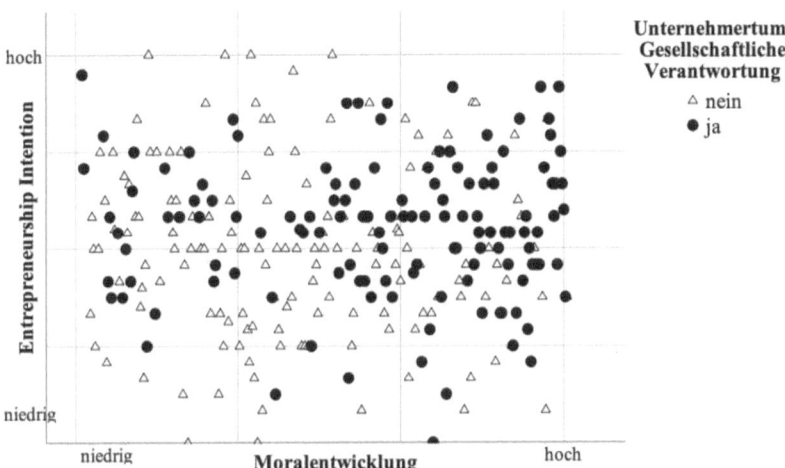

Abbildung 3: Entrepreneurial Intention und Moralentwicklung im Gruppenvergleich. Eigene Darstellung.

Dass mit einer Moralargumentation auf höheren Stufen die Rolle von Unternehmen zunehmend aus einer Stakeholder Perspektive gesehen wird, d.h. ein Mehrwert für die Gesellschaft geschaffen werden soll, zeigt auch die Einteilung der Studierenden in zwei Gruppen anhand der Frage „Sind Unternehmen geeignet, soziale und ökologische Probleme zu lösen?". Die Antworten wurden mit einem 5-Punkte Antwortformat erfasst, wobei eine eher ablehnende Gruppe mit Antworten kleiner drei (< 3) und eher zustimmend mit größeren Werten (≥ 3) gebildet wurde. Ein t-test Mittelwertvergleich für unabhängige Stichproben zeigt, dass jene Gruppe, die dieser Aussage eher ablehnend gegenüber steht (< 3), einen geringeren Wert bei der Moralentwicklung (*P-Score*) nach Kohlberg aufweist ($M = 39,74; SD = 19,74$) im Vergleich zur Gruppe, die dieser Aussage eher zustimmt ($M = 50,25; SD = 23,19$), mit $t(208) = 2,225; p = 0,035$.

Dass Unternehmer gesellschaftliche Probleme lösen sollen, wird von Studierenden mit hoher Moralentwicklung also eher vertreten. Diese sind dann vielleicht eher prädestiniert, den Shared Value Ansatz nach Porter und Kramer (2011) aufzugreifen. Wenn wir nun den Shared Value Gedanken vorantreiben wollen, bedarf es also einer Förderung der Moralentwicklung sowie des Entrepreneur-Gedankens. In Abb. 3 bedeutet das graphisch, dass es einer Erhöhung entlang beider Achsen bedarf. Im Folgenden betrachten wir hierauf aufbauend kritisch unseren eigenen Beitrag zu dieser Förderung, bevor wir den Blick auf das Lehrangebot in der BWL in Deutschland generell ausweiten.

4.3   Der Beitrag der BWL zu Social Entrepreneurship

Wir haben unsere Befragung von Studierenden zu Beginn des ersten Semesters sowie zu Ende des dritten Semesters durchgeführt, um so einen pseudo-Längsschnitt untersuchen zu können. Ändert sich die Moralargumentation im Verlauf des Studiums? Oder anders ausgedrückt: Leistet das BWL Studium einen Beitrag zur Entwicklung des Social oder Responsible Entrepreneurs?

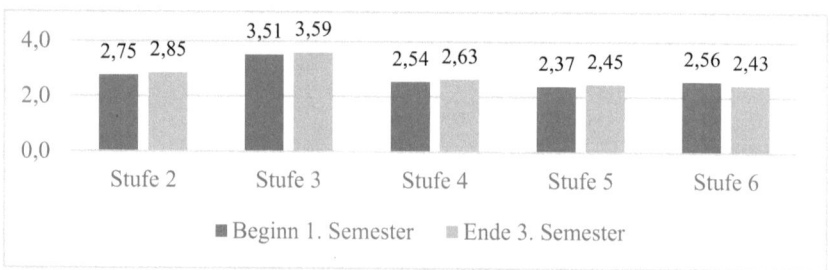

Abbildung 4: Moralentwicklung nach Stufenvergleich. Eigene Darstellung.

Abb. 4 illustriert die Relevanz eines Entscheidungsaspekts auf der jeweiligen Stufe von 2 bis 6. In Abb. 5 wird zusätzlich das dominierende Niveau (*moral-reasoning-level*) angegeben. Schon hier zeigt sich deskriptiv, dass kaum ein Unterschied zwischen den beiden Gruppen besteht. Zudem zeigen die Werte im Vergleich, dass eine Argumentation im betriebswirtschaftlichen Bereich bei den meisten Befragten von den unteren Stufen dominiert wird, also „Moralargumenten" auf dem prä-konventionellen und konventionellen Niveau folgt. Anhand von Abb. 5 könnte vermutet werden, dass eine Verschiebung weg von dem post-konventionellen, hin zum konventionellen Niveau im fortschreitenden Studienverlauf stattfindet – dieser Effekt scheint jedoch statistisch nicht signifikant ($t(222) = 1,154, p = 0,250$). Gleiche Ergebnisse werden auch beim Vergleich des *P-Scores* erzielt ($t(209) = 1,733, p = 0,085$): auch hier zeigt sich keine signifikante Veränderung der Moralargumentation. Außerdem muss berücksichtigt werden, dass es sich nur um einen pseudo-Längsschnitt handelt. Zumindest zeigt sich aber, dass keine Stimulation des kritischen Denkens in Richtung universeller Moral stattfindet. Vielmehr verfestigt sich das konventionelle Niveau, das ein Handeln innerhalb vorgegebener Regeln präferiert. Das Ausnutzen gesetzlicher Lücken dagegen (wie bspw. im Cum-Ex Skandal) wäre hiernach nicht weiter problematisch – wohingegen ein solches Verhalten auf der post-konventionellen Stufe aufgrund allgemeinerer Moralvorstellungen und nicht nur bestehender Gesetze evaluiert würde.

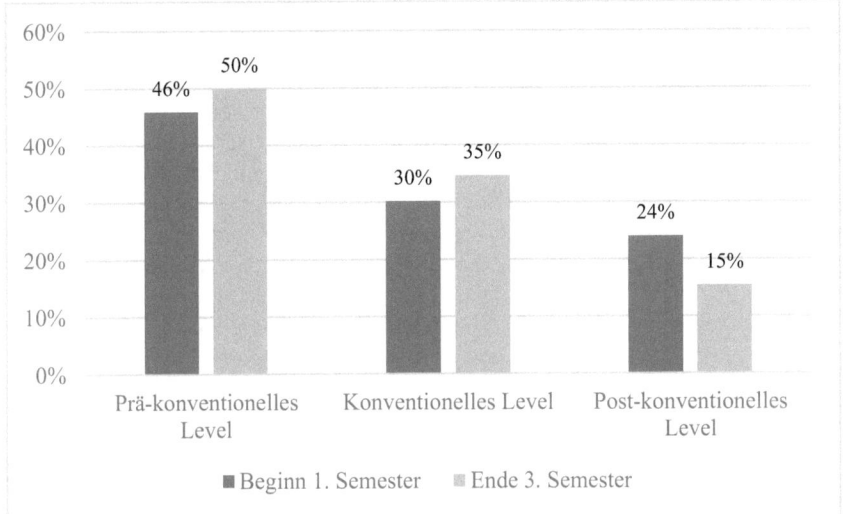

Abbildung 5: Moralentwicklung nach dominierendem Niveau. Eigene Darstellung.

Nur in Überlegungen im postkonventionellen Niveau nach Kohlberg werden die Bedürfnisse anderer mit einbezogen, was einem Stakeholder Ansatz zur Lösung von Problemen nahekommen würde. Die Prädisposition der Studierenden für (Social)Entrepreneurship sowie deren Moralvorstellungen wirken auch nach drei Semestern Ausbildung unverändert.

Andererseits verfestigt sich aber der Gedanke der sozialen Verantwortung der Unternehmen: bei der Frage ob Studierende mit Unternehmertum gesellschaftliche Verantwortung verbinden, zeigt sich bei der Gruppe aus dem 3. Semester ($M = 0,54, SD = 0,50$) im Vergleich zu der Gruppe des 1. Semesters ($M = 0,43, SD = 0,50$) eine signifikant höhere Zustimmung, $t(414) = -2,127, p = 0,033$.

Die Studierenden besuchen im 1. Semester an der untersuchten Universität eine Pflichtveranstaltung zu Entrepreneurship, bei der diese Idee des sozialen Unternehmertums vermittelt wird. Es ist interessant zu sehen, dass dieser Gedanke über die Semester hinweg weitergetragen wird. Wie kann diese moralische Grundhaltung der Studierenden durch das BWL- Studium bedient werden?

Kohlberg selbst hat es einmal so zusammengefasst: „Whether we like it or not schooling is a moral enterprise.".[35] Es stellt sich also viel weniger die Frage *ob* wir Studierenden Werte vermitteln, sondern vielmehr *welche*, was sich unter

---

[35] Kohlberg & Hersh, 1977, 53.

anderem in der Ausrichtung der Ausbildung zeigt. Bisher haben nur wenige Universitäten die Wirtschaftsethik-Ausbildung durch entsprechende Lehrstühle und Studienprogramme institutionalisiert. Dabei stellt sich die Frage, welchen Effekt solche Lehrangebote hätten und wie diese ausgestaltet sein können. McPhail (1999, 2001) sieht als Kern der Ausbildung im wirtschaftsethischen Bereich den Fokus auf „the other", d.h. das Verständnis zu entwickeln und zu fördern, die Bedürfnisse anderer zu verstehen und in Entscheidungsprozesse einzubeziehen. Hier wird die Ähnlichkeit zur deskriptiven Ethik Kohlbergs (postkonventionelles Niveau) und zur Idee von Porter und Kramer sichtbar, die diese Aspekte ebenso hervorheben. Auch Smith betont in seiner deskriptiven Ethik, dass der unparteiische Zuschauer seine Entscheidung auf Basis der Bedürfnisse aller Involvierten trifft – einschließlich seiner eigenen. Dass wirtschaftsethische Kurse durchaus geeignet sind, Studierende hin zu einer Evaluation auf dem postkonventionellen Niveau zu bewegen, zeigen diverse Studien.[36]

5   Ansätze hin zu einer Gestaltungswissenschaft

Um den Social und Responsible Entrepreneur zu fördern, sollte im BWL Studium auch stärker kooperatives Verhalten und Ethik thematisiert werden. Porter und Kramer (2011) warnen für die wirtschaftlichen Akteure in den USA, dass diese an Legitimität verlieren werden.

Wir haben gezeigt, dass es Gruppen unter den Studierenden gibt, die solche Angebote ansprechend finden sollten. Ein eindrückliches Beispiel stellt sicher auch die „Fridays for Future" Bewegung dar. Eine ganze Generation junger Menschen engagiert sich gegen Untätigkeit hinsichtlich des Klimawandels. Um sinnvolle Lösungsansätze zu entwickeln, fehlt ihnen jedoch an breiter Front die Expertise, fachlich wie auch methodisch. Die universitäre Ausrichtung in der BWL könnte diesen jungen Menschen ein entsprechendes Angebot liefern: wirtschaftswissenschaftliche Ansätze zum nachhaltigen Umgang mit knappen Ressourcen, Shared Value als Leitziel in der Produktentwicklung, wirtschaftsethische Überlegungen bei der Betrachtung von Lieferketten und betriebswirtschaftlichen Fragestellungen, die über „Fair Trade" Aspekte hinausgehen. Die allseits bekannten Schlagwörter wie „green economy" oder „sustainability" spiegeln gerade diesen Umschwung wider – weg von einem Shareholder Ansatz, hin zu innovativen Lösungen, die Stakeholder einbeziehen können. Dagegen scheint der derzeitige Fokus ein solches kritisches Denken wenig zu fördern, wenn bestehende Regelungen (oder das „Ausnutzen" des Fehlens solcher) selten hinterfragt werden und

---

[36] Vgl. bspw. Dellaportas et al. 2005.

auch eine Ermunterung schon zu Beginn des Studiums eher selten stattzufinden scheint (siehe Ergebnisse Kapitel 4).

Unsere Aufgabe, die Zukunft mitzugestalten – uns als „Gestaltungswissenschaft" zu emanzipieren – liegt in unserem Lehr- und Forschungsangebot, durch das wir (potentiellen) Social und Responsible Entrepreneuren die Werkzeuge für eine nachhaltige Wertschöpfung an die Hand geben können. Hierfür wird es notwendig sein, dass wir uns von der Chicagoer Idee des Unternehmers lösen und stattdessen den „ehrbaren Kaufmann" wiederentdecken und weiterdenken.

Literatur

Ackoff, R. L. (1978). The Art of Problem Solving. New York: Wiley.

Amann, S.; Brauck, M.; Hage, S.; Klawitter, N. & Pauly, C. (2017). Die bittere Wahrheit über unseren Kaffee. Online unter. https://www.spiegel.de/spiegel/kaffee-die-bittere-wahrheit-ueber-unser-lieblingsgetraenk-a-1168626.html.

Austin, J.; Stevenson, H. & Wei-Skillern, J. (2006). Social and commercial entrepreneurship: same, different, or both? *Entrepreneurship Theory and Practice, 30*(1), 1–22.

Bamberg, G. & Coenenberg, A. G. (1974). Betriebswirtschaftliche Entscheidungslehre. München: Vahlen.

Bampton, R. & Maclagan, P. (2005). Why teach ethics to accounting students? A response to the sceptics. *Business Ethics: A European Review, 14*(3), 290-300.

Bentham, J. (1781). An Introduction to the Principles of Morals and Legislation. McMaster University Archive for the History of Economic Thought.

Bognanni, M. (2019). Kronzeugen im Cum-Ex Skandal: Gier frisst Hirn. Online unter: https://www.tagesschau.de/wirtschaft/cum-ex-skandal-101.html.

Brandenburger, A. M. & Stuart Jr, H. W. (1996). Value-based business strategy. *Journal of Economics & Management Strategy, 5*(1), 5-24.

Bundeskriminalamt (2019). Bundeslagebild 2018: Wirtschaftskriminalität. Wiesbaden: Bundeskriminalamt.

Chwolka, A. & Oelrich, S. (2020). Whistleblowing als Mittel zur Prävention und Detektion von Wirtschaftskriminalität in Deutschland - Zwischen Helden- und Denunziantentum. *Betriebswirtschaftliche Forschung und Praxis* (BFuP). Erscheint in Ausgabe 04/2020.

Connors, S.; Anderson-MacDonald, S. & Thomson, M. (2017). Overcoming the "Window Dressing" Effect: Mitigating the Negative Effects of Inherent Skepticism Towards Social Responsibility. *Journal of Business Ethics, 145*, 599-621.

Covey, S. (1989). The 7 Habits of Highly Effective People. Free Press. New York.

Christensen, A. L.; Cote, J. & Latham, C. K. (2016). Insights Regarding the Applicability of the Defining Issues Test to Advance Ethics Research with Accounting Students: A Meta-analytic Review. *Journal of Business Ethics, 133*(1), 141-163.

Deutscher Social Entrepreneurship Monitor (DSEM) (2018). Deutscher Social Entrepreneurship Monitor 2018. Social Entrepreneurship Netzwerk Deutschland e.V. Berlin.

Dellaportas, S. (2006). Making a Difference with a Discrete Course on Accounting Ethics. *Journal of Business Ethics, 65*, 391-404.

Dixit, A.K. & Nalebuff, B.J. (1991). *Thinking Strategically: The Competitive Edge In Business, Politics, And Everyday Life*. New York & London: W.W. Norton & Co.

Drucker, P. F. (1985). *Entrepreneurship and innovation: Practice and principles*. New York: Harper Business.

Gutenberg, E. (1928). *Die Unternehmung als Gegenstand betriebswirtschaftlicher Theorie*. Berlin (heute: Gabler. Wiesbaden): Spaeth & Linde.

Friedman, M. (1962). *Capitalism and Freedom*. Chicago: University of Chicago Press.

Friedman, M. (1970). The Social Responsibility of Business is to Increase its Profits. *The New York Times Magazine*.

Hahn, R. & Lülfs, R. (2014). Legitimizing Negative Aspects in GRI-Oriented Sustainability Reporting: A Qualitative Analysis of Corporate Disclosure Strategies. *Journal of Business Ethics, 123*, 401-420.

Industrie- und Handelskammer (IHK) Nürnberg für Mittelfranken (2015). *Der Ehrbare Kaufmann*. Nürnberg: IHK.

Jensen, M. C. & Meckling, W. H. (1976). Theory of the Firm: Managerial Behavior, Agency Costs and Ownership structure. *Journal of Financial Economics, 3*, 305-360.

Keeney, R. L. (1992). *Value focused thinking. A path to creative decisionmaking*. Cambridge: Harvard University Press.

Kirzner, I. M. (1997). Entrepreneurial discovery and the competitive market process: An Austrian approach. *Journal of economic Literature, 35*(1), 60-85.

Kohlberg, L. (1974). Education, Moral Development and Faith. *Journal of Moral Education, 4*(1), 5-16.

Kohlberg, L. & Hersh, R. H. (1977). Moral development: A review of the theory. *Theory Into Practice, 16*(2), 53-59.

Küpper, H.-U. (1992). Unternehmensethik – ein Gegenstand betriebswirtschaftlicher Forschung und Lehre? *Betriebswirtschaftliche Forschung und Praxis, 6*, 498-518.

Marwell, G. & Ames, R. E. (1981): Economists free ride, does anyone else? Experiments on the provision of public goods. *Journal of Public Economics, 15*(3), 295–310.

McClelland, D. C. (1961). The Achieving Society. New York: The Free Press.

McPhail, K. J. (1999). The Threat of Ethical Accountants: An Application of Foucault's Concept of Ethics to Accounting Education and Some Thoughts on Ethically Educating for the Other. *Critical Perspectives on Accounting 10*, 833–866.

McPhail, K. J. (2001). The Other Objective of Ethics Education: Re-humanising the Accounting Profession – A Study of Ethics Education in Law, Engineering, Medicine and Accountancy. *Journal of Business Ethics, 34*, 279-298.

Mill, J. S. (1861). Utilitarianism.

Olenga Tete, P.; Wunsch, M. & Menke, C. (2019): *Deutscher Social Entrepreneurship Monitor 2018*, Social Entrepreneurship Netzwerk e.V. (SEND).

Ponemon, L. A. (1993). Can Ethics be Taught in Accounting? *Journal of Accounting Education, 11*, 185-209.

Porter, M. E. & Kramer, M. R. (2006). The Link Between Competitive Advantage and Corporate Social Responsibility. *Harvard Business Review, 84*(12), 78-92.

Porter, M. E. & Kramer, M. R. (2011). The Big Idea: Creating Shared Value. How to reinvent capitalism—and unleash a wave of innovation and growth. *Harvard Business Review, 89*(1-2).

Raith, M. G. & Starke, C. (2017). Negotiating the organizational effectiveness of social ventures among multiple stakeholders. *VOLUNTAS: International Journal of Voluntary and Nonprofit Organizations*, 28(4), 1473-1499.

Rest, J. (1979). Development in judging moral issues. Minneapolis, MN: University of Minnesota Press.

Saaty, T. L. (1980) The Analytic Hierarchy Process. New York: McGraw-Hill.

Scharpe, K. & Wunsch, M. (2020): *Deutscher Social Entrepreneurship Monitor 2019*, Social Entrepreneurship Netzwerk e.V. (SEND).

Schneider, D. (2012). Prägende Persönlichkeiten in der Gründungsphase des VHB 1921-1933. In: Verband der Hochschullehrer für Betriebswirtschaft e.V. (Hrsg.) Der Verband der Hochschullehrer für Betriebswirtschaft. Geschichte des VHB und Geschichten zum VHB, 38-44.

Shane, S. & Venkataraman, S. (2000). The promise of entrepreneurship as a field of research. *Academy of Management Review*, 25(1), 217-226.

Smith, A. (1759). The Theory of Moral Sentiments. Ausgabe: Dover Philosophical Classics (2006). Mineola, NY: Dover Publications.

Weimann, J. & Brosig-Koch, J. (2019). Einführung in die experimentelle Wirtschaftsforschung. Springer Gabler. Berlin.

Welton, R. E.; Lagrone, R. & Davis, J. R. (1994). Promoting the moral development of accounting graduate students: an instructional design and assessment. *Accounting Education, 3*(1), 35–50.

Welton, R. E. & Guffey, D. M. (2009). Transitory or Persistent? The Effects of Classroom Ethics Interventions: A Longitudinal Study. *Accounting Education: an international Journal, 18*(3), 273-289.

Williamson, O.E. (1973). Markets and hierarchies: some elementary considerations. *The American economic review, 63*(2), 316-325.

The Responsible Innovation - Entrepreneurship Nexus

Karsten Bolz & Christine Volkmann

Abstract

This article connects the concept of responsible innovation to entrepreneurship research. To unite the two domains, we illustrate responsible innovation as a composition of three aspects - designing innovation, normative ends and collaborative reflection - and connect these with entrepreneurship research. We furthermore outline a theoretical framework of how to integrate normative ends and collaborative reflection into the entrepreneurial process which we understand as the design process transforming opportunity into innovation. The article emphasizes the potential of collaboration to take normative aspects into account making the entrepreneurial process more inclusive and outcome more sustainable and societal desirable by moderating the process. Due to its epistemological interest, the article also contributes to the discussion on the operationalization of responsible innovation and its relation to the concept of sustainable development.

Content

© Springer Fachmedien Wiesbaden GmbH, ein Teil von Springer Nature 2020
H. Pechlaner und S. Speer (Hrsg.), *Responsible Entrepreneurship*, Entrepreneurial
Management und Standortentwicklung, https://doi.org/10.1007/978-3-658-31616-7_5

1   Introduction

The discourse on responsible innovation (RI) evolved along the development of new technologies. In the past, technological progress was primarily seen as a prosperity bringing process; this perception has changed in recent years. Nowadays, innovations are questioned regarding their impacts on society and the environment and their contribution to a sustainable development (e.g., the introduction and release of genetically modified crops in Europe). Modern society faces various societal and environmental challenges (e.g., grand challenges defined by the European Commission[i]) and the question arises of how to responsibly stimulate such technological development. The concept of RI aims to contribute to this issue by questioning the current understanding of innovation processes and aligning them with societal expectations, needs and concerns.

RI was picked up scholarly by practitioners and policy interests since the last two decades[1], especially during the debate on nanotechnology.[2] This led to the phrase of 'Responsible Research and Innovation' (RRI)[ii] which became a significant topic within the EU Horizon 2020 research and innovation program with numerous projects researching the concept (e.g., Res-AGorA, SYNENERGENE, PRISMA, Responsible Industry). This development led to numerous activities to foster research in the field, e.g. the foundation of the Virtual Institute for Responsible Innovation in 2013[3] and the Journal of Responsible Innovation in 2014.[4]

Nevertheless, the field is still characterized by an absence of definitional consensus and its contestability[5], which is a chance for the concept; especially regarding the aim of this article. While the focus of activities in the field is on the political and socio-ethical dimension of academic research and development processes[6], the role of entrepreneurial organizations as agents of innovation has been widely neglected. The contestability provides the necessary openness to connect RI with entrepreneurship research, which is of high relevance[7], as – in the understanding of Schumpeter (1934) and Drucker (1985) – it is entrepreneurs who introduce products and services into markets, making them available to society and thus triggering their impacts on society and the environment. It is often the commercialization stage where concerns about risks and benefits of innovations

---

[1] Grunwald, 2011; Guston, 2004; Hellström, 2003; Owen et al., 2012; Stilgoe et al., 2013

[2] Morris et al., 2011

[3] VIRI Network, 2017

[4] Guston et al., 2014

[5] Blok & Lemmens, 2015; Schomberg, 2013; Stilgoe et al., 2013

[6] Blok & Lemmens, 2015

[7] see e.g. Bolz, 2017

arise.[8] Furthermore, through innovating and the creation of wealth entrepreneurs take on social responsibility in a wider sense.[9] The Schumpeterian concept of creative destruction supports this argument as entrepreneurs destruct societal structures but at the same time create new ones. These arguments indicate a high relevance of entrepreneurship research for the concept of RI as entrepreneurship triggers impacts of innovations on society and contains a social responsibility dimension per se. Nevertheless, RI has been widely neglected in entrepreneurship literature and there is only little research on the operationalization of RI in a business context.[10] Besides the importance of operationalizing RI to connect the field with entrepreneurship research, there is also a need for entrepreneurial organizations to align their activities with societal expectations, needs and concerns. Societal and environmental issues increasingly move into the focus of business and economics research[11] and research on their solutions from a business perspective is experiencing burgeoning interest.

Against this background, this work is first effort to connect RI and entrepreneurship research on a conceptual level and to develop an overarching framework uniting both concepts. Therefore, we explore different interpretations of RI, outline our own conceptualization of RI and connect it with entrepreneurship research. After giving an overview of the RI literature, we examine the notion of entrepreneurship in the light of the RI scheme which we divide into three aspects: designing innovation, normative ends and collaborative reflection. To unite the fields of RI and entrepreneurship, we theoretically connect the two domains and conceptualize a framework of how RI can be integrated into the entrepreneurial process to promote a more sustainable and inclusive exploitation of opportunities.

2   The RI Concept

The contestable nature of RI is represented by its various interpretations. One of the most influential interpretations is given by Schomberg (2013). His translation of RI is anchored to European policy processes and in particular to the 'Treaty on European Union'. He defines RI as "a transparent, interactive process by which societal actors and innovators become mutually responsive to each other with a view to the (ethical) acceptability, sustainability and societal desirability of the

---

[8] Sutcliffe, 2011

[9] Baumol, 2016; Peterson & Jun, 2009; Volkmann et al., 2010

[10] see e.g., Asante et al., 2014; Blok et al., 2015; Bolz & König, 2018

[11] Mackey & Sisodia, 2014; Norman, 2008; Porter & Kramer, 2011

innovation process and its marketable products (in order to allow a proper em-
bedding of scientific and technological advances in our society)"[12]. Another sem-
inal work on RI is an article from Stilgoe et al. (2013). Taking a broader approach
on RI by using Schomberg's definition they argue that RI "means taking care of
the future through collective stewardship of science and innovation in the present"[13]. They develop a framework by defining anticipation (identification of potential intended or unintended impacts of innovations), reflexivity (understand the
role of innovators in society and reflect upon their activities), inclusion (including
a wide variety of stakeholders in innovation process) and responsiveness (ability
of an innovator to adapt or change in response to stakeholder and public values
and changing circumstances) as the four dimensions of RI. A third important interpretation of RI is given by the European Commission. In their framework it is
stated that RI "[…] means that societal actors work together during the whole
research and innovation process in order to better align both the process and its
outcomes, with the values, needs and expectations of European society"[14].

     This overview of the most important interpretations of RI illustrates its con-
testable character. Nevertheless, one can identify commonalities across these interpretations. One common aspect is that all refer to RI as an intrinsic part of the
design process of innovation and not as an external regulatory instrument. Schomberg concludes that "[i]nstead of a 'hurdle', RRI should become a research and
innovation 'design' strategy which drives innovation and gives some 'steer' towards achieving societal desirable goals"[15]. For broader overviews of the RI literature we refer to Ribeiro et al. (2017) and Pellé (2016).

     From a dimensional perspective one can identify three common dimensions
of RI - process, normativity and collaboration[16] - which are represented in all
definitions given above and can also be found in the RI scheme we outline in this
article. However, we want to disengage from the definitional discourse and take
the broader debate on RI into account. As we aim for a universal conceptualization of the connection of RI and entrepreneurship, we springboard from our broad
interpretation of RI. We understand it as a field in which various actors engage in
a collaborative process to reflect on normative ends of and alternative paths towards innovation to inform its design process. Hence, we divide the concept into
three main aspects – designing innovation, collaborative reflection, normative
ends (see figure 1).

---

[12] Schomberg, 2013: 63

[13] Stilgoe et al., 2013: 1570

[14] European Commission, 2014: 1

[15] Schomberg, 2013: 72

[16] Bolz & König, 2018

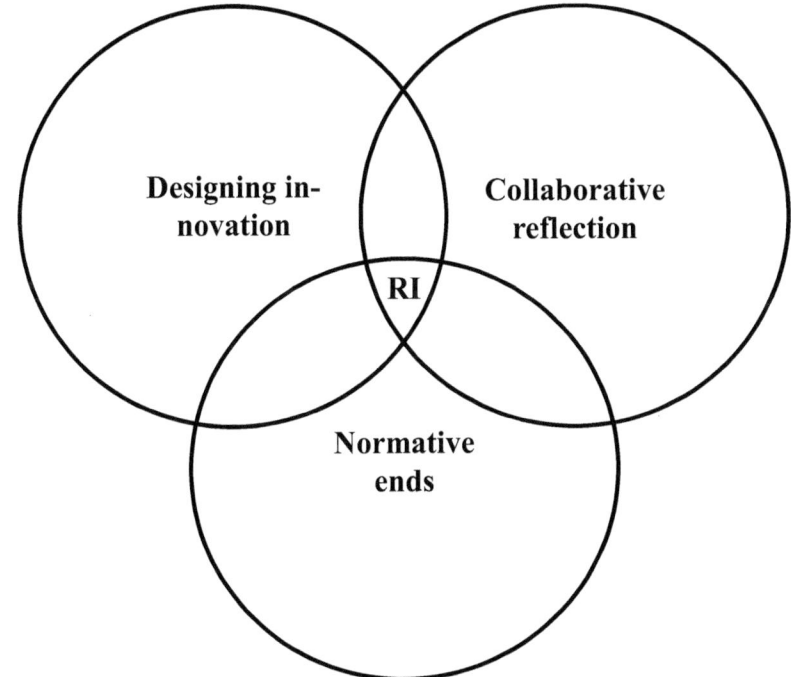

Figure 1: The RI Scheme.

3   Relations of RI and Entrepreneurship

To unite RI and entrepreneurship we build up on the idea understanding entrepreneurship as an agent of innovation. Although pioneers of economic theory recognized the relevance of and the nexus between technological progress and economic growth, a more intensive economic examination of innovation theory did not take place until the deliberations of Schumpeter (1934). He identified innovation as the strategic stimulus for economic development put into practice by entrepreneurs realizing new factor combinations.[17] Such connection between entrepreneurship and innovation is also emphasized by Drucker, who describes innovation as "the specific instrument of entrepreneurship [...] that endows resources with a new capacity to create wealth"[18]. Hence, entrepreneurship is an agent of innovation and, as a result, generates wealth and influences our everyday life.

---

[17] Schumpeter, 1934; 1983

[18] Drucker, 1985: 27

Based on our understanding of RI (see RI scheme in section 2) we discuss the three aspects – designing innovation, normative ends and collaborative reflection – separately in the light of entrepreneurship. Although all three aspects are strongly connected, we use this approach for accessibility purposes. Later, while developing our framework, we illustratively reconnect the aspects to draw the 'big picture'.

3.1 Designing Innovation

As we understand entrepreneurship as an agent of innovation – whether it takes place when starting a new organization or within an existing organization[19] – it is the entrepreneurial process that determines the design of innovation.

Different approaches portray entrepreneurial processes. Some describe it as creation of new organizations focusing on activities like acquiring capital and setting organizational structures[20]. However, it can also be understood in a broader sense. With the premise that entrepreneurship is primarily not about starting new enterprises or organizations but, ultimately, about exploiting opportunities to create goods and services, Shane and Venkataraman (2000) state that "the field involves the study of sources of opportunities; the processes of discovery, evaluation, and exploitation of opportunities; and the set of individuals who discover, evaluate, and exploit them"[21]. In a similar way Johnson (2001) states that "entrepreneurship, in its narrowest sense, involves capturing ideas, converting them into products and, or services and then building a venture to take the product to market"[22]. Both perspectives can be linked to ideas of Herbert Simon (1959, 1993, 1996). He describes design as exploring new alternatives that involves "a problem-solving process that seeks to discover, invent, design or assemble new products or courses of action"[23]. Furthermore, he asserts that such exploration encompasses "the entire decision-making process, starting with the identification of problems, continuing with the design of alternative courses of action, and leading ultimately to effective implementation"[24]. A concept that implements Simon's considerations is design thinking. It is structured into three so called spaces: "[1] 'inspiration,' for the circumstances (be they a problem, an opportunity, or both) that motivate the search for solutions; [2] 'ideation,' for the process of generating,

---

[19] Knight, 1987; Rule & Irwin, 1988

[20] e.g., Freear & Wetzel, 1990; Hellmann & Puri, 2002

[21] Shane & Venkataraman, 2000: 218

[22] Johnson, 2001: 138

[23] Simon, 1993: 137

[24] Simon, 1993: 141

developing, and testing ideas that may lead to solutions; and [3] 'implementation,' for the charting of a path to market"[25]. Design thinking reflects the considerations of Shane and Venkataraman and Johnson on entrepreneurship as well as Simon's ideas on design as a process. With its human-centered approach design thinking takes considerations on human behavior, needs, and preferences into account which can lead to societal desirable solutions[26] and thus also represents ideas of RI. Hence design thinking is a useful springboard for uniting RI and entrepreneurship.

The designing innovation aspect of RI reflects the transformation of opportunity into innovation through entrepreneurial activities that involves searching for ideas and discovering opportunities, the exploration for alternatives and the implementation and market introduction of products and services.

3.2 Normative Ends

Addressing normative ends in business settings inevitably leads to the discussion on sustainability in relation to organizational activities[27], but especially on corporate social responsibility (CSR)[28]. However, CSR is often implemented with adherent means supplementing and not reflecting on core business activities – in contrast to RI. Hence, we start from a more general normative approach: the ethics of responsibility by Max Weber[29]. Weber emphasizes the importance of responsibility for consequences of actions. This focus plays an important role in RI and entrepreneurship as impacts of innovations on society and the environment are, inter alia, consequences of entrepreneurial actions transforming opportunities into innovations. Pandza and Ellwood (2013) capture this ethics imperative stating that "the human capacity to innovate largely surpasses the capability for innovation that has sustainable outcomes for society. Concerns about intended and unintended impacts of new technologies explain growing calls for responsible innovation"[30]. Also, Schomberg pays much attention to "the right impacts and outcomes"[31] of innovation processes. This is a universal feature of RI and shows the

---

[25] Brown, 2008: 4

[26] Brown & Wyatt, 2010

[27] Wikström, 2010

[28] for an overview see Crane et al., 2017; Lindgreen & Swaen, 2010; Luke, 2013; Welford, 2005

[29] Weber, 1919; Weber & Runciman, 1995

[30] Pandza & Ellwood, 2013: 1112

[31] Schomberg, 2013: 56

importance of anticipating consequences. Regarding normative ends of entrepreneurship, this means that not only commercial sustainability plays a role but especially societal impacts and desirability.

Normative, context- and culture-dependent ends make universal assertions difficult. This is also reflected in the RI literature. Stilgoe et al. (2013) argue that "in different areas of innovation, and in different cultural contexts, different values will be more or less pertinent, and they may be conflicted"[32]. In a similar way, Grunwald states: "What 'responsible' in a specific context means and what distinguishes 'responsible' from 'irresponsible' or less responsible innovation is difficult to identify. The distinction will strongly depend on values, rules, customs but also on the knowledge available and its validity, and will vary according to different context and actor conditions"[33]. In both articles authors are reticent to define normative ends of RI due to their context-dependency. Using the definition of opportunity as a "future situation which is deemed desirable and feasible"[34] and Simons understanding of design: "everyone designs who devises courses of actions aimed at changing existing situations into preferred ones"[35], one might argue that, from a Weberian perspective, consequences of entrepreneurial action should lead to future situations desirable for society. However, it stays unclear what such desirable future situations are. Schomberg (2013) refers to the Treaty on the European Union as normative reference point for guiding innovation as such has been democratically agreed on. Hence, collaborative reflection not solely helps finding alternative paths towards innovation but also to negotiate its normative ends. A value set that reflects normative ends and has been democratically agreed on caught increasing attention by researchers, practitioners and policy makers since its enactment in 2015: The UN Sustainable Development Goals (SDGs) - a set of 17 linked reference goals[36]. In the following we use the SDGs or more precisely its grounding concept sustainable development[37] to explore normative ends in entrepreneurship research[38].

---

[32] Stilgoe et al., 2013: 1577

[33] Grunwald, 2011: 17

[34] Stevenson & Jarillo, 1990: 23

[35] Simon, 1996: 55

[36] Le Blanc, 2015

[37] Brundtland, 1987

[38] see also Bolz & König, 2018

The most prominent concept in this context is sustainable entrepreneurship[39]. However, also social entrepreneurship[40] deals with normative ends such as defined by the SDGs. The boundary between the two is blurred. Schaltegger and Wagner (2011) put high priority on environmental and social benefits as business goals for both concepts. From the dimensional perspective of the 'triple bottom line'[41], social entrepreneurship primarily focuses on the social dimension whereas sustainable entrepreneurship is a concept considering all three dimensions of social, environmental and economic concerns. Social entrepreneurship could thus be seen as a subcategory of sustainable entrepreneurship. Compared to the overall amount of literature dealing with the concept of entrepreneurship, there is only little literature dealing with the contribution of entrepreneurship to a sustainable society through innovation[42]. Nevertheless, such approaches become increasingly important in times when sustainable development and the SDGs are catching increasing attention and require companies to rethink and adapt their business models.

Although in entrepreneurship research concepts with strong normative perspectives exist, we argue that the connection of RI and entrepreneurship is worth being explored as RI has an additional focus on collaborative reflection on normative ends of activities and outcomes of processes which design innovation. We argue that both domains – entrepreneurship and RI – can mutually learn from each other. Entrepreneurship literature can impart how to exploit opportunities; in the case of sustainable entrepreneurship, in a manner that follows the principles of sustainable development. RI on the other side introduces collaborative reflection as additional core aspect to govern this process by involving various actors.

3.3   Collaborative Reflection

Collaboration is essential meeting sustainability goals, in particular in times of globalization when governments fail dealing effectively with sustainability due to the geographical range and the timeframe of such issues[iii].[43]

Collaboration can be seen as a new kind of coordination in governing entrepreneurial modes of exploitation. In the light of entrepreneurship, it means to collaborate with other actors within the ecosystem[iv] such as stakeholders from the

---

[39] Dean & McMullen, 2007; Hall et al., 2010; Poldner et al., 2016; Schaltegger & Wagner, 2011

[40] see Brinkerhoff, 2000; Mair & Martí, 2006; Ney et al., 2014; Peredo & McLean, 2006; Volkmann et al., 2012

[41] Elkington, 1997

[42] e.g., Cohen, 2006; Cohen & Winn, 2007; Larson, 2000; Schaltegger et al., 2016; Schaltegger & Wagner, 2011

[43] Senge et al., 2007

domains of policy, finance, culture, supports, human capital, and markets[44]. Freeman defines stakeholders in a broad sense as "any group or individual that can
affect or is affected by the achievement of the organization's objectives"[45]. This
definition emphasizes the multidirectional interdependencies between entrepreneurial organizations and their ecosystem. Stakeholders to collaborate and engage
with are for example customers, business partners, financial institutions, incuba-
tors and accelerators, higher educational institutions, governmental organizations,
non-governmental organizations, local communities, or broader society[46]. Such
active engagement can be defined as "practices the organization undertakes to
involve stakeholders in a positive manner in organizational activities"[47]. When
starting a new venture – regardless of whether by building a start-up or within an
existing organization – collaboration with stakeholders is crucial, for instance,
there is the need to have access to financial or human capital[48]. In this context,
some relationships are more obvious than others; for example, the relationship to
investors is more obvious[49] than that to society[50]. Regarding the importance of
such broad ecosystem relations Schaltegger and Wagner (2011) state that "[s]take-
holder demands go beyond narrow economic interests of shareholders and are the
ultimate sources of entrepreneurial opportunities for sustainability innovation
[...], discovery and exploitation of which is at the core of sustainable entrepreneurship [...]"[51]. They identify the integration of stakeholders as a crucial capability for sustainable entrepreneurship. From a RI perspective one might even argue that the integration of various stakeholders, collaborative reflection on alternative paths to innovation and their impacts are key to enable entrepreneurial activities leading to desirable and sustainable innovations. Regarding shaping technology and innovation towards desirable futures, Grunwald (2011, 2014) advo-
cates for such reflection as the signature feature of RI. Also Stilgoe et al. (2013)
describe such reflexivity as essential for RI and integrate it into their RI framework. They state that reflexivity "means holding a mirror up to one's own activities, commitments and assumptions, being aware of the limits of knowledge and
being mindful that a particular framing of an issue may not be universally held"[52].

---

[44] Isenberg, 2011

[45] Freeman, 1984: 46

[46] e.g., Cohen, 2006; den Hond et al., 2012; Isenberg, 2011; Neck et al., 2004

[47] Greenwood, 2007: 315

[48] Cooper et al., 1994; Kim et al., 2006

[49] Arthurs & Busenitz, 2003; Shane & Cable, 2002

[50] Steurer et al., 2005; Steurer, 2006

[51] Schaltegger & Wagner, 2011: 225

[52] Stilgoe et al., 2013: 1571

Such reflexivity is also part of the definition of collaboration itself: "A process through which parties who see different aspects of a problem can constructively explore their differences and search for solutions that go beyond their own limited vision of what is possible"[53]. Thus, collaboration is about addressing shared problems, achieving shared goals[54] and mutual learning within the network of actors[55].

In the light of RI, we understand collaborative reflection as the effort of a variety of actors to jointly explore alternative paths towards innovation and their consequences and impacts for society and the environment as well as the reflection on the normative ends that moderate the design process of innovation and its outcomes.

To illustrate how the RI scheme – consisting of designing innovation, normative ends and collaborative reflection – helps identifying opportunities or problems, alternative paths towards innovation and their consequences and impacts for society and the environment, we outline a framework which unites the fields of RI and entrepreneurship in the following section.

4   The RI-Entrepreneurship Framework

Our RI-Entrepreneurship framework describes how the entrepreneurial process can be moderated through collaborative reflection to reach the normative ends of RI. With this objective the framework exemplifies how to bring various stakeholders together to jointly reflect on alternative options and ways towards a desirable future state. For entrepreneurial organizations this involves collaborating with a set of stakeholders during the entrepreneurial process to stimulate a transformative development with a "win-together approach"[56] orchestrating various interests and expectations. Thus, entrepreneurial organizations are not just agents of innovation but also hold coordinating agency.

4.1   Stakeholders

There are various stakeholders active in different ecosystem domains which – according to RI – should be involved during the design of innovation making it societal robust. However, stakeholders may have different interests that need to be composed during the entrepreneurial process to reach RI goals. Therefore, organizations need to consider the stakeholders' social identities; expectations,

---

[53] Gray, 1989: 5
[54] Selsky, 1991
[55] Beeby & Booth, 2000; Bergh, 2008; Gulati, 1999; Powell et al., 1996
[56] van Marrewijk & Were, 2003: 112

needs, and interest connected with these identities as well as their relation to the organization.[57]. Also, not only the constellation of stakeholders but also their expectations, needs or interests may change or be redefined during the process of collaboration[58]. One main challenge regarding the engagement with stakeholders is to allow broad reflection on alternative paths and impacts to align products and services with societal goals and, at the same time, to allow for a successful entrepreneurial organization. The vital prerequisite is a high willingness of each stakeholder to build a network promoting RI goals; a network that contributes to the reflection on normative ends to inform the design of innovation. Senge et al. (2007) outline three interconnected types of work necessary for successful collaboration: conceptual, relational and action-driven work. Conceptual work comprises a systemic perspective. Actors need to commit to a shared vision within which they pursue their individual goals but consider the larger perspective and the goals of other actors. In addition, "the network must be able to build a conceptual infrastructure that supports the systemic perspective"[59]. For this relational work it is important to promote "trust, mutuality and joint learning"[60], for instance by creating spaces for mutual exchange and learning. According to Senge et al., this exchange enables actors to explore differences, agree on rules and handle conflicts. This conceptual and relational work provides for collaborative, action-driven work that allows consensus-based decision-making.

Hence, successful collaboration is key to promote sustainable and societal desirable innovation as a common goal. In the following, we exemplify how such collaboration can be operationalized and how alternative paths towards innovation and its normative ends can be taken into account.

4.2   The Process

In general, we understand the entrepreneurial process as the design process in which opportunity is transformed into innovation. This section describes how this process can be triggered towards innovation that is societal desirable. The base of our framework is the trinomial design thinking process consisting of the inspiration, ideation and implementation phases (see Figure 2). As it is hard to clearly distinct the phases (where does one end and the other begin?) they are illustrated as overlapping entities.

---

[57] Crane & Ruebottom, 2011; den Hond & Bakker, 2007
[58] Wood & Gray, 1991
[59] Manring, 2007: 330
[60] Senge et al., 2007: 47

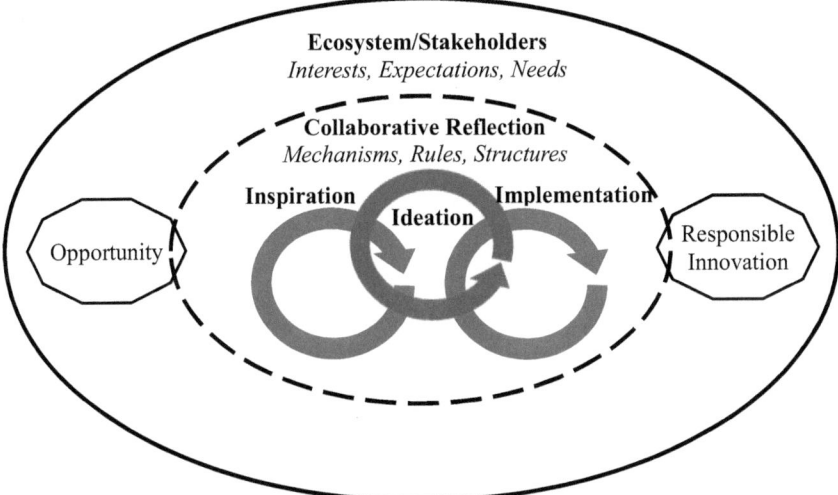

Figure 2: The RI – Entrepreneurship Framework.

The inspiration phase is described as the "circumstances […] that motivate the search for solutions"[61]. From a RI perspective this means that the inspiration phase is mainly influenced by the search for solutions to societal and environmental challenges highlighting the purpose of new products and services. Against this background, Owen et al. (2013) illustrate various purpose related aspects of innovation by asking: "Why do it? Who might benefit and how? Will such benefits be equitable? Will it confer burdens to some or many? In whose interests is it being undertaken and what are the motivations of those involved? Do we (as a society) want it?"[62]. These questions emphasize the society-centered and impact-oriented perspective of RI.

To follow such a perspective throughout the entrepreneurial process, the acquisition, provision and use of resources is key. Especially during the inspiration phase information is the most important resource to be gained and combined in an effective way. It is central to search for ideas how to exploit opportunities within a society-centered scope. Collaboration can play a crucial role to acquire such information. Stakeholders can help widening the scope and exploring opportunities, e.g., by providing information, knowledge or access to infrastructure or societal groups. Certain methods support the common exploration of societal

---

[61] Brown, 2008: 4

[62] Owen et al., 2013: 34

needs or problems and the search for society-centered solutions[63]. Taking societal and environmental considerations into account and including a society-centered view while searching for information to identify opportunities, presumably leads to more inclusive, sustainable and responsible solutions. Stakeholders can be seen as one source of new ideas during the inspiration phase by providing key information.

Starting from such a society-centered and purpose-driven search for ideas the ideation phase deals with outlining concepts to realize solutions for identified opportunities. This phase is defined as "the process of generating, developing, and testing ideas that may lead to solutions"[64]. In the ideation phase entrepreneurial activities should include testing such solutions against their impacts at a societal level. A holistic, society-centered perspective should target wide range impacts of new services and products. After needs or problems are identified, stakeholders can help to identify ways to serve or solve them[65]. Collaborative reflection can support divergent thinking to generate and evaluate options during the ideation phase regarding their feasibility and desirability as well as to identify impacts of possible solutions. Collaborative approaches such as industrial ecology[v] and cradle-to-cradle[vi] help to find ways for intelligent designs of products or services and their production processes which provide major environmental, societal and economic benefits [66]. This is also true for the implementation of possible solutions. While "charting of a path to market"[67] impacts of innovations need to be taken into account but more importantly the impacts of the processes which enable new products and services, such as sourcing, production and disposal need to be considered[68].

The RI-Entrepreneurship framework shows how the three-part RI scheme (section 3) can become intrinsic to entrepreneurship. During the process of designing innovation the entrepreneurial organization and its stakeholders collaboratively reflect on alternative paths towards innovation, their impacts and the normative ends of the process, its products, and services. This perspective is closely linked to the sustainable development paradigm and the SDGs and allows for inter- and intra-generational equality[69].

---

[63] Brown, 2008; Brown & Wyatt, 2010

[64] Brown, 2008: 4

[65] Chesbrough, 2003; Hippel, 2005

[66] Esty & Porter, 1998; Graedel & Allenby, 1995; McDonough & Braungart, 2002

[67] Brown, 2008: 4

[68] Vermeulen & Ras, 2006; Vermeulen & Seuring, 2009

[69] Baumgartner & Ebner, 2010; Pinelli & Maiolini, 2017; Wheeler et al., 2017

4.3 The RI-entrepreneurship nexus in practice

In practice, such theoretical approach might be seen in contrast to economic profitability which is vital for long-term success of entrepreneurial endeavors, e.g. due to high complexity, potential need for coordination or shift of focus away from pure economic goals. However, we would like to present quotes from interviews in the field of advanced biotechnology which indicate the contrary. For a research project in the field of RI semi-structured interviews were conducted with interviewees located in three different countries. At the time, the interviewees were holding key positions (CEOs, founders and top-level managers) at different SMEs or start-ups active in the field of advanced biotechnology. The following quotes[vii] illustrate the practical relevance of overcoming the dichotomy of responsibility versus economic viability and uniting responsible innovation and entrepreneurship:

Quote 1 - "I think that dichotomy is dead. [...] Companies that are not responsible are now at high risk of market failure."

Quote 2 - "No, I think it's the opposite. I think the only way to be successful is to be responsible."

Quote 3 - "Being responsible is more important than being economically viable – without question. And I can tell you the simple reason: That it's not economical to be irresponsible in the end. It might with a short-term view, but in the long-term [...] it's not economically viable."

Quote 4 - "We made some strategic decisions in the development of [our company] to take responsible innovation into account and try to launch an open biotech business that is very open about its science, the process, the projects and the vision. [...] There are a couple of things behind responsible innovation. It is both the democratization of the technology and being open about what the technology is behind processes or products. We talk a lot about our [...] platform and how we assemble the synthetic consortium of natural bacteria. We try to address both the ethical and social concerns that go with new technologies and its application to new areas which is food in our case"

The first three quotes clearly state the relevance of responsibility for economic success in the long term but do not allow for insight on the operationalization of such responsibility; whereas quote number four gives a glimpse on the role of openness and stakeholder engagement for the implementation of responsible innovation. This also reflects the status quo of research on RI in entrepreneurship: It is clear that there is a high relevance and need for the implementation of RI in entrepreneurial organizations but the knowledge base for operationalization strategies in practice needs enhancement and offers highly relevant potential for future research.

5   Discussion & Conclusion

This article theoretically connects two domains - RI and entrepreneurship. It provides a framework to integrate RI into the entrepreneurial process in order to promote a more sustainable and inclusive exploitation of opportunities. We introduced the concept of responsible entrepreneurship which we understand as the transformation of opportunities into innovation through entrepreneurial action moderated by collaborative reflection on normative ends of the process and its outcomes. The article is a first step building a theoretical basis for empirical studies which focus on stakeholder engagement as an instrument for collaborative reflection to promote the holistic goals of RI by examining ways realizing such an involvement in practice and its influence on the mode of exploitation.

In this context, the identification of drivers and barriers for collaborating plays an important role. Several barriers could hinder applying the framework; e.g., a lack of resources, especially for start-ups or early-stage ventures which often focus on economic survival, or the required openness to stakeholders that could lead to information asymmetries depletion and competitive advantage loss[70]. Nevertheless, there are also be drivers promoting such endeavor. The past has shown that especially products using emerging technologies society is not familiar with were not accepted und thus did not lead to satisfactory returns (e.g., genetically modified organisms in the food sector[71]). The integration of various stakeholders could lead to a better alignment of products and services with societal goals and expectations. However, not just organizations dealing with emerging technologies could benefit from the framework. Integrating RI principles into entrepreneurial processes allows for better understanding of needs and concerns of society which could reduce uncertainty connected with the search for and exploitation of opportunities. This aspect of uncertainty is essential for future research at the intersection of innovation, entrepreneurship, and stakeholder theory. It is important to understand how uncertainty regarding impacts of entrepreneurial activities can be minimized to allow for more sustainable and desirable innovations. With respect to RI, Grunwald (2011) points out that responsibility "associates ethical questions regarding the justifiability of decisions in and on science and technology with the actions and decisions of concrete persons and groups and

---

[70] Blok et al., 2015

[71] Gaskell, 2010

resulting accountabilities, and it is faced with the challenges posed by uncertain knowledge of the consequences of those decisions"[72]. We would argue that through implementing our framework the decrease of uncertainty during the entrepreneurial process can be supported through information exchange. Hall et al. (2014) support such perspective stating that "[s]tudies on innovation have emphasized that the key role of any technology strategy is to overcome uncertainty. Organizations should thus actively seek out knowledge from various stakeholders as early as possible in the development cycle, when such feedback is most able to shape the technology for more effective diffusion"[73]. This supports the argument to involve various actors throughout the entrepreneurial process. For future research, the role of such actors regarding the decrease of uncertainty is a promising research alley.

Due to the nature of this article - a first examination of the RI-Entrepreneurship nexus - there are some limitations. The definition of stakeholder engagement implies that it is already part of a wide variety of organizational activities (e.g. supply chain management, HRM, customer service, public relations, etc.). Moreover, the definition of stakeholders shows that entrepreneurial organizations are confronted with various claims and demands; challenges not addressed by us. Furthermore, effective collaboration of parties includes requirements that are not dealt with in detail in this article. Hence, collaboration as a new kind of coordination to govern the entrepreneurial mode of exploitation for sustainable and societal desirable innovation is another field for future research.

In addition to future research avenues closely connected to the framework, further research potential can be identified, especially on the individual level and the effectuation approach to entrepreneurship. Including individual action and the logic behind can help better understand the decision-making process that shapes the transformation towards innovation as well as the role of personal responsibility during this process. This provides another spectrum of research to examine the nexus of RI and entrepreneurship.

Critics might argue that concepts integrating stakeholders into entrepreneurial processes already exist - summarized under the notion of open innovation[74] and thus the contribution of our framework is limited. It is true that an analogy to open innovation can be drawn. Both concepts primarily refer to the way of how innovations are generated rather than making assertions on the properties of innovation itself. They strongly depend on the internalization of external knowledge. Nevertheless, we argue that our conceptual approach emphasizes an

---

[72] Grunwald, 2011: 10

[73] Hall et al., 2014: 99

[74] Chesbrough, 2003; Hippel, 2005

additional important aspect of collaboration. In comparison to open innovation the information flow is wider. Open innovation is mainly interested in knowledge on technological and commercial aspects to be internalized. RI in contrast also focuses on knowledge about societal aspects of innovation. It is not exclusively about making products or services more profitable and useful but especially about the broader influence of innovations on society. RI considers aspects crucial against the background of the sustainable development paradigm and the SDGs.

References

Arthurs, Jonathan D.; Busenitz, Lowell W. (2003): The Boundaries and Limitations of Agency Theory and Stewardship Theory in the Venture Capitalist/Entrepreneur Relationship*. In *Ent. Theory & Pract* 28 (2), pp. 145–162. DOI: 10.1046/j.1540-6520.2003.00036.x.

Asante, Keren; Owen, Richard; Williamson, Glenn (2014): Governance of new product development and perceptions of responsible innovation in the financial sector. Insights from an ethnographic case study. In *Journal of Responsible Innovation* 1 (1), pp. 9–30. DOI: 10.1080/23299460.2014.882552.

Baumgartner, Rupert J.; Ebner, Daniela (2010): Corporate sustainability strategies. Sustainability profiles and maturity levels. In *Sust. Dev.* 18 (2), pp. 76–89. DOI: 10.1002/sd.447.

Baumol, William J. (2016): On the Appropriate Social Responsibilities of Successful Entrepreneurs. In *Business & Society* 55 (1), pp. 14–22. DOI: 10.1177/0007650314523087.

Beeby, Mick; Booth, Charles (2000): Networks and inter-organizational learning. A critical review. In *The Learning Organization* 7 (2), pp. 75–88. DOI: 10.1108/09696470010316260.

Bergh, Pontus (2008): Swedish inter-organisational learning network. Outcomes in three dimensions. In *IJBG* 2 (1), p. 56. DOI: 10.1504/IJBG.2008.016134.

Blok, V.; Hoffmans, L.; Wubben, E.F.M. (2015): Stakeholder engagement for responsible innovation in the private sector. Critical issues and management practices. In *Journal on Chain and Network Science* 15 (2), pp. 147–164. DOI: 10.3920/JCNS2015.x003.

Blok, Vincent; Lemmens, Pieter (2015): The Emerging Concept of Responsible Innovation. Three Reasons Why It Is Questionable and Calls for a Radical Transformation of the Concept of Innovation. In Bert-Jaap Koops, Ilse Oosterlaken, Henny Romijn, Tsjalling Swierstra, van den Hoven, Jeroen (Eds.): Responsible Innovation 2. Concepts, Approaches, and Applications. Cham: Springer, pp. 19–35.

Bolz, Karsten (2017): Who should be the principal of innovation? In *Journal of Responsible Innovation* 4 (1), pp. 78–81. DOI: 10.1080/23299460.2017.1320645.

Bolz, Karsten; König, Harald (2018): Can responsible innovation be a moderator of entrepreneurship? Learnings from the debate on advanced biotechnology. In *International Journal of Business and Globalisation* 21 (3), pp. 308–326.

Brinkerhoff, Peter (2000): Social Entrepreneurship. The Art of Mission-Based Venture Development. New York: John Wiley & Sons, Inc.

Brown, Tim (2008): Design Thinking. In *Harvard Business Review* June, pp. 1–10.

Brown, Tim; Wyatt, Jocelyn (2010): Design Thinking for Social Innovation. In *Stanford Social Innovation Review* 8 (1), pp. 31–35.

Brundtland, G. H. (1987): Our common future. [report of the] World Commission on Environment and Development. Oxford: O.U.P.

Chesbrough, Henry William (2003): Open innovation. The new imperative for creating and profiting from technology. Boston, Mass.: Harvard Business School Press.

Cohen, Boyd (2006): Sustainable valley entrepreneurial ecosystems. In *Bus. Strat. Env.* 15 (1), pp. 1–14. DOI: 10.1002/bse.428.

Cohen, Boyd; Winn, Monika I. (2007): Market imperfections, opportunity and sustainable entrepreneurship. In *Journal of business venturing* 22 (1), pp. 29–49. DOI: 10.1016/j.jbusvent.2004.12.001.

Cooper, Arnold C.; Gimeno-Gascon, F.Javier; Woo, Carolyn Y. (1994): Initial human and financial capital as predictors of new venture performance. In *Journal of business venturing* 9 (5), pp. 371–395. DOI: 10.1016/0883-9026(94)90013-2.

Crane, Andrew; Henriques, Irene; Husted, Bryan W.; Matten, Dirk (2017): Measuring Corporate Social Responsibility and Impact. Enhancing Quantitative Research Design and Methods in Business and Society Research. In *Business & Society* 56 (6), pp. 787–795. DOI: 10.1177/0007650317713267.

Crane, Andrew; Ruebottom, Trish (2011): Stakeholder Theory and Social Identity. Rethinking Stakeholder Identification. In *J Bus Ethics* 102 (S1), pp. 77–87. DOI: 10.1007/s10551-011-1191-4.

Dean, Thomas J.; McMullen, Jeffery S. (2007): Toward a theory of sustainable entrepreneurship. Reducing environmental degradation through entrepreneurial action. In *Journal of business venturing* 22 (1), pp. 50–76.

den Hond, F.; Bakker, F. G. A. de (2007): Ideologically motivated activism. How activist groups influence corporate social change. In *Academy of Management Review* 32 (3), pp. 901–924. DOI: 10.5465/AMR.2007.25275682.

den Hond, Frank; Bakker, Frank G. A. de; Doh, Jonathan (2012): What Prompts Companies to Collaboration With NGOs? Recent Evidence From the Netherlands. In *Business & Society* 54 (2), pp. 187–228. DOI: 10.1177/0007650312439549.

Drucker, Peter (1985): Innovation and Entrepreneurship. Practice and Principles. Boston, Mass.: Butterworth Heinemann.

Elkington, John (1997): Cannibals with forks. The triple bottom line of 21st century business. Oxford: Capstone.

Esty, Daniel C.; Porter, Michael E. (1998): Industrial Ecology and Competitiveness. In *Journal of Industrial Ecology* 2 (1), pp. 35–43. DOI: 10.1162/jiec.1998.2.1.35.

European Commission (2014): Responsible Research and Innovation. Europe's ability to respond to societal challenges.

Freear, John; Wetzel, William E. (1990): Who bankrolls high-tech entrepreneurs? In *Journal of business venturing* 5 (2), pp. 77–89. DOI: 10.1016/0883-9026(90)90001-A.

Freeman, R. Edward (1984): Strategic management. A stakeholder approach. Boston, MA: Pitman.

Gaskell, George (2010): Europeans and Biotechnology in 2010. Winds of change?: A report to the European Commission's Directorate-General for Research. Brussels: European Commission (EUR, 24537 EN).

Graedel, Thomas E.; Allenby, Braden R. (1995): Industrial ecology. Englewood Cliffs, NJ: Prentice Hall.

Gray, Barbara L. (1989): Collaborating. Finding Common Ground for Multiparty Problems. 1.ed. San Francisco, Calif.: Jossey-Bass.

Greenwood, Michelle (2007): Stakeholder Engagement: Beyond the Myth of Corporate Responsibility. In *Journal of Business Ethics* 74 (4), pp. 315–327. DOI: 10.1007/s10551-007-9509-y.

Grunwald, Armin (2011): Responsible Innovation: Bringing together Technology Assessment, Applied Ethics, and STS research. In *Enterprise and Work Innovation Studies* (7), pp. 9–31.

Grunwald, Armin (2014): Technology Assessment for Responsible Innovation. In J. van den Hoven, N. Doorn, T. Swierstra, B.-J. Koops, H. Romijn (Eds.): Responsible Innovation 1. Innovative Solutions for Global Issues: Springer Netherlands, pp. 15–31.

Gulati, Ranjay (1999): Network location and learning. The influence of network resources and firm capabilities on alliance formation. In *Strat. Mgmt. J.* 20 (5), pp. 397–420. DOI: 10.1002/(SICI)1097-0266(199905)20:5<397::AID-SMJ35>3.0.CO;2-K.

Guston, David H. (2004): Responsible innovation in the commercialised university. In Donald G. Stein (Ed.): Buying in or selling out? The commercialization of the American research university. New Brunswick, N.J: Rutgers University Press, pp. 161–174.

Guston, David H.; Fisher, Erik; Grunwald, Armin; Owen, Richard; Swierstra, Tsjalling; van der Burg, Simone (2014): Responsible innovation. Motivations for a new journal. In *Journal of Responsible Innovation* 1 (1), pp. 1–8. DOI: 10.1080/23299460.2014.885175.

Hall, Jeremy; Bachor, Vernon; Matos, Stelvia (2014): Developing and diffusing new technologies. Strategies for legitimization. In *California Management Review* 56 (3), pp. 98–117.

Hall, Jeremy K.; Daneke, Gregory A.; Lenox, Michael J. (2010): Sustainable development and entrepreneurship. Past contributions and future directions. In *Journal of business venturing* 25 (5), pp. 439–448.

Hellmann, Thomas; Puri, Manju (2002): Venture Capital and the Professionalization of Start-Up Firms. Empirical Evidence. In *The Journal of Finance* 57 (1), pp. 169–197. DOI: 10.1111/1540-6261.00419.

Hellström, Tomas (2003): Systemic innovation and risk. Technology assessment and the challenge of responsible innovation. In *Technology in Society* 25 (3), pp. 369–384. DOI: 10.1016/S0160-791X(03)00041-1.

Hippel, Eric von (2005): Democratizing innovation. Cambridge, Mass.: MIT Press.

Isenberg, Daniel (2011): The Entrepreneurship Ecosystem Strategy as a New Paradigm for Economic Policy. Principles for Cultivating Entrepreneurship. Babson College. Babson Park, Mass. (Babson Entrepreneurship Ecosystem Project).

Johnson, David (2001): What is Innovation and Entrepreneurship? Lessons for larger Organisations. In *Industrial and Commercial Training* 33 (4), pp. 135–140.

Kim, Phillip H.; Aldrich, Howard E.; Keister, Lisa A. (2006): Access (Not) Denied. The Impact of Financial, Human, and Cultural Capital on Entrepreneurial Entry in the United States. In *Small Bus Econ* 27 (1), pp. 5–22. DOI: 10.1007/s11187-006-0007-x.

Knight, R. M. (1987): Corporate Innovation and Entrepreneurship: A Canadian Study. In *Journal of Product Innovation Management* 4 (4), pp. 284–297.

Larson, Andrea L. (2000): Sustainable innovation through an entrepreneurship lens. In *Bus. Strat. Env.* 9 (5), pp. 304–317. DOI: 10.1002/1099-0836(200009/10)9:5<304::AID-BSE255>3.0.CO;2-O.

Le Blanc, David (2015): Towards Integration at Last? The Sustainable Development Goals as a Network of Targets. In *Sust. Dev.* 23 (3), pp. 176–187. DOI: 10.1002/sd.1582.

Lindgreen, Adam; Swaen, Valérie (2010): Corporate Social Responsibility. In *International Journal of Management Reviews* 12 (1), pp. 1–7. DOI: 10.1111/j.1468-2370.2009.00277.x.

Luke, Timothy W. (2013): Corporate Social Responsibility. An Uneasy Merger of Sustainability and Development. In *Sust. Dev.* 21 (2), pp. 83–91. DOI: 10.1002/sd.1558.

Mackey, John; Sisodia, Rajendra (2014): Conscious capitalism. Liberating the heroic spirit of business. Boston, Massachusetts: Harvard Business Review Press.

Mair, Johanna; Martí, Ignasi (2006): Social entrepreneurship research: A source of explanation, prediction, and delight. In *Journal of World Business* 41 (1), pp. 36–44. DOI: 10.1016/j.jwb.2005.09.002.

Manring, S. L. (2007): Creating and Managing Interorganizational Learning Networks To Achieve Sustainable Ecosystem Management. In *Organization & Environment* 20 (3), pp. 325–346. DOI: 10.1177/1086026607305738.

McDonough, William; Braungart, Michael (2002): Cradle to cradle. Remaking the way we make things. 1. ed. New York, NY: North Point Press.

Moore, James F. (1993): Predators and prey. A new ecology of competition. In *Harvard Business Review* 71 (3), pp. 75–86.

Morris, Jeff; Willis, Jim; Martinis, Domenico de; Hansen, Bjorn; Laursen, Henrik; Sintes, Juan Riego et al. (2011): Science policy considerations for responsible nanotechnology decisions. In *Nature nanotechnology* 6 (2), pp. 73–77. DOI: 10.1038/nnano.2010.191.

Neck, Heidi M.; Meyer, G. Dale; Cohen, Boyd; Corbett, Andrew C. (2004): An Entrepreneurial System View of New Venture Creation. In *J Small Business Management* 42 (2), pp. 190–208. DOI: 10.1111/j.1540-627X.2004.00105.x.

Ney, Steven; Beckmann, Markus; Graebnitz, Dorit; Mirkovic, Ratislava (2014): Social entrepreneurs and social change. Tracing impacts of social entrepreneurship through ideas, structures and practices. In *International journal of entrepreneurial venturing* 6 (1), pp. 51–68.

Norman, Jesse (2008): Compassionate economics. The social foundations of economic prosperity. London: Policy Exchange.

Owen, R.; Macnaghten, P.; Stilgoe, J. (2012): Responsible research and innovation. From science in society to science for society, with society. In *Science and Public Policy* 39 (6), pp. 751–760. DOI: 10.1093/scipol/scs093.

Owen, Richard; Stilgoe, Jack; Macnaghten, Phil; Gorman, Mike; Fisher, Erik; Guston, Dave (2013): A framework for responsible innovation. In Richard Owen, J. R. Bessant, Maggy Heintz (Eds.): Responsible Innovation. Managing the responsible emergence of science and innovation in society. First edition. Chichester: Wiley, pp. 27–50.

Pandza, Krsto; Ellwood, Paul (2013): Strategic and ethical foundations for responsible innovation. In *Research Policy* 42 (5), pp. 1112–1125. DOI: 10.1016/j.respol.2013.02.007.

Pellé, Sophie (2016): Process, outcomes, virtues. The normative strategies of responsible research and innovation and the challenge of moral pluralism. In *Journal of Responsible Innovation* 3 (3), pp. 233–254. DOI: 10.1080/23299460.2016.1258945.

Peredo, Ana María; McLean, Murdith (2006): Social entrepreneurship: A critical review of the concept. In *Journal of World Business* 41 (1), pp. 56–65. DOI: 10.1016/j.jwb.2005.10.007.

Peterson, Robin T.; Jun, Minjoon (2009): Perceptions on Social Responsibility. The entrepreneurial vision. In *Business & Society* 48 (3), pp. 385–405. DOI: 10.1177/0007650307305758.

Pinelli, Michele; Maiolini, Riccardo (2017): Strategies for Sustainable Development. Organizational Motivations, Stakeholders' Expectations and Sustainability Agendas. In *Sust. Dev.* 25 (4), pp. 288–298. DOI: 10.1002/sd.1653.

Poldner, Kim; Shrivastava, Paul; Branzei, Oana (2016): Embodied Multi-Discursivity. An Aesthetic Process Approach to Sustainable Entrepreneurship. In *Business & Society* 56 (2), pp. 214–252. DOI: 10.1177/0007650315576149.

Porter, Michael E.; Kramer, Mark R. (2011): Creating Shared Value. In *Harvard Business Review* January-February, pp. 1–17.

Powell, Walter W.; Koput, Kenneth W.; Smith-Doerr, Laurel (1996): Interorganizational Collaboration and the Locus of Innovation. Networks of Learning in Biotechnology. In *Administrative Science Quarterly* 41 (1), p. 116. DOI: 10.2307/2393988.

Ribeiro, Barbara E.; Smith, Robert D. J.; Millar, Kate (2017): A Mobilising Concept? Unpacking Academic Representations of Responsible Research and Innovation. In *Science and engineering ethics* 23 (1), pp. 81–103. DOI: 10.1007/s11948-016-9761-6.

Rule, Erik G.; Irwin, Donald W. (1988): Fostering Intrapreneurship: The New Competitive Edge. In *Journal of Business Strategy* 9 (3), pp. 44–47. DOI: 10.1108/eb039227.

Schaltegger, S.; Lüdeke-Freund, F.; Hansen, E. G. (2016): Business Models for Sustainability. A Co-Evolutionary Analysis of Sustainable Entrepreneurship, Innovation, and Transformation. In *Organization & Environment* 29 (1), pp. 3–10.

Schaltegger, Stefan; Wagner, Marcus (2011): Sustainable Entrepreneurship and Sustainability Innovation. Categories and Interactions. In *Business Strategy and the Environment* 20 (4), pp. 222–237. DOI: 10.1002/bse.682.

Schomberg, René von (2013): A Vision of Responsible Research and Innovation. In Richard Owen, J. R. Bessant, Maggy Heintz (Eds.): Responsible Innovation. Managing the responsible emergence of science and innovation in society. First edition. Chichester: Wiley, pp. 51–74.

Schumpeter, Joseph A. (1934): Theorie der wirtschaftlichen Entwicklung. Eine Untersuchung über Unternehmergewinn, Kapital, Kredit, Zins und den Konjunkturzyklus. 4th ed. München: Duncker & Humblot.

Schumpeter, Joseph A. (1983): The theory of economic development. An inquiry into profits, capital, credit, interest, and the business cycle. New Brunswick, N.J.: Transaction Books (Social science classics series).

Selsky, J. W. (1991): Lessons in Community Development: An Activist Approach to Stimulating Interorganizational Collaboration. In *The Journal of Applied Behavioral Science* 27 (1), pp. 91–115. DOI: 10.1177/0021886391271005.

Senge, Peter; Lichtenstein, Benyamin; Kaeufer, Katrin; Bradbury, Hilary; Carroll, John (2007): Collaborating for systemic change. In *MIT Sloan Management Review* 48 (2), pp. 43–53.

Shane, S.; Venkataraman, S. (2000): The promise of entrepreneurship as a field of research. In *Academy of Management Review* 25 (1), pp. 217–226. DOI: 10.5465/AMR.2000.2791611.

Shane, Scott; Cable, Daniel (2002): Network Ties, Reputation, and the Financing of New Ventures. In *Management Science* 48 (3), pp. 364–381. DOI: 10.1287/mnsc.48.3.364.7731.

Simon, Herbert A. (1959): Theories of decision making in economics and behavioural science. In *The American Economic Review* 49 (3), pp. 253–283.

Simon, Herbert A. (1993): Strategy and organizational evolution. In *Strat. Mgmt. J.* 14 (S2), pp. 131–142. DOI: 10.1002/smj.4250141011.

Simon, Herbert A. (1996): The sciences of the artificial. 3. ed. Cambridge, Mass.: MIT Press.

Steurer, Reinhard (2006): Mapping stakeholder theory anew. From the 'stakeholder theory of the firm' to three perspectives on business-society relations. In *Bus. Strat. Env.* 15 (1), pp. 55–69. DOI: 10.1002/bse.467.

Steurer, Reinhard; Langer, Markus E.; Konrad, Astrid; Martinuzzi, André (2005): Corporations, Stakeholders and Sustainable Development I. A Theoretical Exploration of Business–Society Relations. In *J Bus Ethics* 61 (3), pp. 263–281. DOI: 10.1007/s10551-005-7054-0.

Stevenson, H. H.; Jarillo, J. C. (1990): A Paradigm of Entrepreneurship: Entrepreneurial Management. In *Strategic Management Journal* 11 (Special Issue: Corporate Entrepreneurship), pp. 17–27.

Stilgoe, Jack; Owen, Richard; Macnaghten, Phil (2013): Developing a framework for responsible innovation. In *Research Policy* 42 (9), pp. 1568–1580. DOI: 10.1016/j.respol.2013.05.008.

Sutcliffe, Hilary (2011): A report on Responsible Research & Innovation. Available online at https://ec.europa.eu/research/science-society/document_library/pdf_06/rri-report-hilary-sutcliffe_en.pdf, updated on 2011, checked on 3/30/2016.

van Marrewijk, Marcel; Werre, Marco (2003): Multiple Levels of Corporate Sustainability. In *Journal of Business Ethics* 44 (2), pp. 107–119.

Vermeulen, Walter J. V.; Ras, P. J. (2006): The challenge of greening global product chains. Meeting both ends. In *Sust. Dev.* 14 (4), pp. 245–256. DOI: 10.1002/sd.270.

Vermeulen, Walter J. V.; Seuring, Stefan (2009): Sustainability through the market - the impacts of sustainable supply chain management. Introduction. In *Sust. Dev.* 17 (5), pp. 269–273. DOI: 10.1002/sd.422.

VIRI Network (2017). Available online at https://www.virinetwork.org/, checked on 6/9/2017.

Volkmann, Christine K.; Tokarski, Kim Oliver; Ernst, Kati (2012): Social entrepreneurship and social business. An introduction and discussion with case studies. Wiesbaden: Springer Gabler.

Volkmann, Christine K.; Tokarski, Kim Oliver; Grünhagen, Marc (2010): Entrepreneurship in a European perspective. Concepts for the creation and growth of new ventures. Wiesbaden: Gabler.

Weber, Max (1919): Politik als Beruf. München: Duncker & Humblot (Geistige Arbeit als Beruf, vier Vorträge vor dem Freistudentischen Bund / Max Weber ; Vortrag 2).

Weber, Max; Runciman, W. G. (Eds.) (1995): Max Weber. Selections in Translation. Reprinted. Cambridge: Cambridge Univ. Press.

Welford, Richard (2005): Corporate Social Responsibility in Europe, North America and Asia. In *The Journal of Corporate Citizenship* 17 (Spring 2005), pp. 33–52.

Wheeler, David; Colbert, Barry; Freeman, R. Edward (2017): Focusing on Value. Reconciling Corporate Social Responsibility, Sustainability and a Stakeholder Approach in a Network World. In *Journal of General Management* 28 (3), pp. 1–28. DOI: 10.1177/030630700302800301.

Wikström, Per-Arne (2010): Sustainability and organizational activities - three approaches. In *Sust. Dev.* 18 (2), pp. 99–107. DOI: 10.1002/sd.449.

Wood, D. J.; Gray, Barbara (1991): Toward a Comprehensive Theory of Collaboration. In *The Journal of Applied Behavioral Science* 27 (2), pp. 139–162. DOI: 10.1177/0021886391272001.

End Notes

[i] Challenges defined by the European Commission: Health, demographic change and wellbeing; Food security, sustainable agriculture, marine and maritime research, and the bioeconomy; Secure, clean and efficient energy; Smart, green and integrated transport; Climate action, resource efficiency and raw materials; Inclusive, innovative and secure societies.

[ii] In literature, responsible innovation (RI) and responsible research and innovation (RRI) are used as synonyms.

[iii] Senge et al. (2007) furthermore name the fragmentation of democratic societies as a reason for the ineffectiveness of governments regarding sustainability issues.

[iv] The term ecosystem was introduced into the business context by James Moore (1993) as an analogy to the biological ecosystem, setting organizations into a wider context – the business ecosystem.

[v] Industrial ecology approaches issues of sustainability by examining problems from multiple perspectives, such as sociology, the environment, economy and technology.

[vi] Cradle-to-cradle is a biomimetic approach to the design of products and systems. It models human industry on nature's processes viewing materials as nutrients circulating in healthy, safe metabolisms.

[vii] The quotes were edited to enhance clarity and readability, and to ensure anonymity, while fully maintaining the meaning and tone of the quotes.

Crowdfunding for Responsible Entrepreneurship

Isabell Tenner & Jacob Hörisch

Abstract

This chapter introduces the key ideas and mechanisms of crowdfunding. On this basis, it highlights how crowdfunding can serve financing and marketing responsible entrepreneurship, paying particular attention to success factors responsible entrepreneurs should consider when conducting a crowdfunding campaign. For illustration, the case of *fairafric*, a fair-trade and organic chocolate producer that successfully made use of crowdfunding multiple times, is introduced. Building on this case and the empirical literature at the intersection between crowdfunding and responsible entrepreneurship, propositions are formulated. These highlight the growing importance of crowdfunding for responsible entrepreneurs, the increasing professionalization of crowdfunding as well as obstacles for the future development of the phenomenon.

Content

© Springer Fachmedien Wiesbaden GmbH, ein Teil von Springer Nature 2020
H. Pechlaner und S. Speer (Hrsg.), *Responsible Entrepreneurship*, Entrepreneurial
Management und Standortentwicklung, https://doi.org/10.1007/978-3-658-31616-7_6

1   Introduction

Crowdfunding is a relatively new phenomenon, which evolved parallel to the internet revolution at the turn of the century and experienced an immense increase in popularity ever since.[1] Crowdfunding is defined as "the efforts by entrepreneurial individuals and groups – cultural, social, and for-profit – to fund their ventures by drawing on relatively small contributions from a relatively large number of individuals using the internet, without standard financial intermediaries".[2] The global market volume of crowdfunding is estimated to be 90 billion USD in 2020.[3] In Germany, a total crowdfunding volume of 145.2 million EUR was raised for 4,444 crowdfunding projects in 2016.[4] According to the Crowdfunding Barometer 2017, 11.7% of the German population has participated in crowdfunding before, while 35.4% have a good understanding of the crowdfunding mechanism. Crowdfunding also enjoyed attention in recent academic literature. Since 2011, a steady increase in published articles on crowdfunding can be observed.[5] Nevertheless, the scientific research field on crowdfunding is still very limited. In order to gain a better understanding of the crowdfunding phenomenon, this book chapter provides a brief overview of the crowdfunding literature by putting particular focus on the relevance of crowdfunding for responsible entrepreneurship. To start with, chapter one introduces key actors in the crowdfunding process as well as different types and functions of crowdfunding. Chapter two analyses the potential of crowdfunding for financing and marketing responsible entrepreneurs by paying special attention to success factors in different phases of a crowdfunding campaign. The elaborated, literature-based insights are substantiated by the best practice example of *fairafric*, a fair-trade and organic chocolate producer which conducted several successful crowdfunding campaigns. Last, propositions on crowdfunding for responsible entrepreneurship are formulated in chapter three.

Different actors are involved in the crowdfunding process (see figure 1)[6]. In the first step, an entrepreneur or entrepreneurial team publishes an open call to financially support the respective project on an internet-based crowdfunding platform. The platform acts as an intermediary between the entrepreneur and the supporters backing the project. Within a pre-defined funding period, the crowdfunding project aims to attract as many supporters as possible in order to reach or even

---

[1] Baumgardner et al., 2017

[2] Mollick, 2014, p. 2

[3] Messeni Petruzelli et al., 2019

[4] Klein & Pinkert, 2016

[5] Jovanovic, 2018

[6] Böckel et al., 2020

exceed its funding target. The majority of crowdfunding platforms follow an all-or-nothing approach. According to this principle, initiators of crowdfunding projects define a minimum funding target, which has to be reached or exceeded in order to receive the funded amount after the crowdfunding campaign is completed.[7] In case the funding target is missed, the collected amount will be returned to the supporters. Alternatively to the all-or-nothing approach, the initiator can keep the funded amount on platforms following a keep-it-all principle, even though the minimum funding target was not met.[8] After a successful funding period, the raised amount is transmitted from the platform to the project initiator for the purpose of realising the project. At this point, promised rewards are delivered to the project supporters.

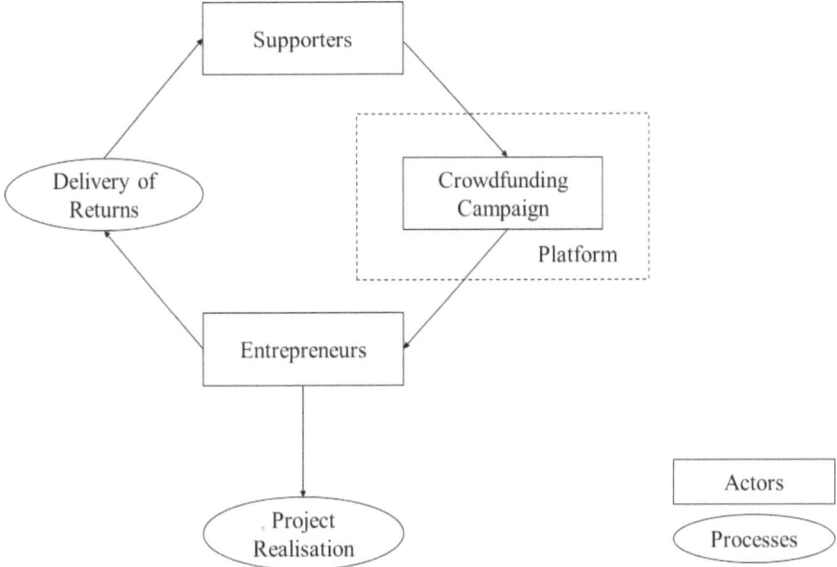

Figure 1: Actors and Processes in Crowdfunding (own illustration).

A distinction is made between four different types of crowdfunding with reference to the type of return supporters receive for their investment[9]. In donation-

---

[7] Cumming et al., 2014

[8] Cumming et al., 2014

[9] Böckel et al., 2020

based crowdfunding, supporters of crowdfunding projects do not receive any return. This type of crowdfunding is mostly used to fund non-profit organisations,
initiatives and public goods. Supporters of reward-based crowdfunding campaigns receive a non-financial incentive for their investment, typically in form of
the product or service to be funded. Equity and debt crowdfunding are investment-based mechanisms in which monetary returns are paid to the supporters of
the project. Equity crowdfunding projects offer profit shares, similar to company
shares in the stock market, whereas debt crowdfunding is a form of loan financing
based on previously defined interest rates. Hybrid forms combining different
types of crowdfunding are common.[10] Investment-based platforms, for example,
tend to integrate material rewards for smaller investments, such as merchandise
items or thank-you cards.

Figure 2 displays the share of the global market volume of different types of
crowdfunding. It highlights that debt crowdfunding holds the highest market
share with 76%. In comparison, donation-based, reward-based and equity crowdfunding incorporate less than a quarter of the global crowdfunding market volume.[11]

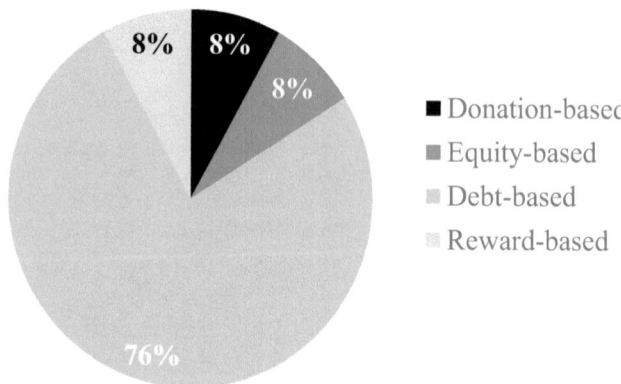

Figure 2: Share of Market Volume of Different Types of Crowdfunding[12]

One of the most successful international crowdfunding platforms is Kickstarter with over 176,000 funded projects and more than 4.5 billion USD raised

---

[10] European Commission, 2016

[11] Massolution, 2015

[12] based on Massolution, 2015

as of January 2020.[13] The market leader in Germany is Startnext with a share of 91.6% of the German crowdfunding market volume.[14] Kickstarter and Startnext are both hybrid platforms focussing on donation-based and reward-based crowdfunding types.

Apart from the type of return, crowdfunding platforms also differ with regard to further characteristics. While some platforms are thematically open, others focus on a specific industry, such as art, real estate, green energy or social projects. For these platforms, project ideas are only accepted in case they fit to the selection criteria of the platform. Furthermore, different geographical scopes of the platforms exist, as some act on inter- and transnational level (e.g. KIVA, Indiegogo, Kickstarter) while others focus on national (e.g. Startnext) or regional projects (such as the Northern German platform Nordstarter, which is specialised on the region of Hamburg). In this respect, platforms vary in their visibility, prominence as well as the size and composition of the community using the platform. Furthermore, while some platforms are free to use for project initiators, others charge a certain amount of commission and transaction costs, in case the project is successfully funded. A third possibility is making a voluntary donation for the platform.

The academic literature distinguishes between different functions of crowdfunding for entrepreneurial ventures. The acquisition of financial resources represents the most prominent value of crowdfunding for entrepreneurs.[15] The financing function can serve both, young start-ups that aim at the realisation of news ideas as well as the growth of more established businesses.[16] Likewise, conducting a crowdfunding campaign also acts as a marketing tool for ventures, due to a higher visibility of the project during the funding process and consequently an increasing public interest in traditional and social media.[17]Thus, conducting a crowdfunding campaign is an opportunity to establish a community and raise awareness for the idea to be funded. Moreover, crowdfunding is commonly regarded as a market test, since supporters are often rewarded with the product to be funded. In this way, entrepreneurs get an impression of the public's interest in the specific product or service a venture offers. The feedback of first users is

---

[13] Kickstarter, 2020

[14] Klein & Pinkert, 2016

[15] Schwienbacher & Larralde, 2012; Mollick, 2014

[16] Lehner, 2013

[17] Burtch et al., 2013; Dorfleitner et al., 2014; Mollick, 2014

highly valuable in order to receive suggestions for improvement and, thus, address customer requests more efficiently.[18] Finally, crowdfunding fulfils a legitimising function as the crowd is expected to democratically mirror the social acceptance of the crowdfunding project.[19]

2 Crowdfunding for Responsible Entrepreneurship

Responsible entrepreneurship offers a wide understanding of businesses, especially small and medium-sized enterprises (SMEs) and family businesses, which follow an ethical responsibility for society and nature. In this respect, responsible entrepreneurs, as part of the global society, show a high interest for the world that we as humans share by recognising and acting against environmental abuses and social inequalities. In line with Tiba and colleagues, responsible entrepreneurship is used as an umbrella term for various entrepreneurial types, such as social, environmental and sustainable entrepreneurship,[20] which aim at creating social and environmental benefits by addressing market failures as opportunities.[21] Nevertheless, responsible entrepreneurs often fail in receiving funds from banks, credit institutes or other financial investors because they are frequently regarded as unproductive and fraught with risk.[22] In public as well as scientific debates, crowdfunding is expected to close the funding gap for such entrepreneurs.[23] Therefore, crowdfunding holds an immense potential to successfully contribute to the entrepreneurial solution of social and environmental problems. Historically, it has been expected that primarily entrepreneurs consider crowdfunding, who do not receive funding from conventional investors or banks.[24] Increasingly, however, responsible entrepreneurs deliberately decide to use this funding mechanism. Besides the marketing function, one reasons for responsible entrepreneurs choosing crowdfunding as a source of financing is that the crowd is frequently found to favour socially and environmentally beneficial projects. A major reason for assuming such high potential of crowdfunding financing responsible entrepreneurship is that a public benefit is promised, which is by some authors even regarded to be more important than the individuals benefits in crowdfunding.[25] Especially start-

---

[18] Belleflamme et al., 2014; Lam & Law, 2016

[19] Lehner, 2013; Lehner & Nicholls, 2014; Vasileiadou et al., 2016

[20] Tiba et al., 2019

[21] Thompson et al., 2011

[22] Ghisetti et al., 2017

[23] Hemer, 2011; Bartenberger & Leitner, 2013; Lam & Law, 2016; Böckel et al., 2020

[24] Lambert & Schwienbacher, 2010

[25] Lam & Law, 2016

ups and small- and medium-sized enterprises seem to benefit from crowdfunding as an alternative financing mechanism.[26] A number of studies already addressed the relevance of crowdfunding for responsible entrepreneurs.[27] Overall, empirical findings suggest that environmentally and socially oriented projects in reward-based crowdfunding tend to have a higher funding success[28] while attracting a higher number of supporters in equity crowdfunding.[29] Still, besides examples, which show that projects of responsible entrepreneurship can be successfully financed via crowdfunding, counterexamples which failed to be crowdfunded successfully, highlight the need to examine which factors to consider when aiming at financing responsible entrepreneurial activity via crowdfunding.[30]

2.1 Success Factors

A number of factors have been identified by existing scientific literature that increase the probability of crowdfunding projects to be successful. Most of these factors can be applied for crowdfunding projects in general and are not only valid for responsible entrepreneurs. Academic studies, for example, examined the influence of non-profit and for-profit orientations on the funding success. Evidence suggests that crowdfunding projects following a non-profit orientation have a higher chance of receiving funds due to a high interest in supporting organisations committed to public welfare.[31] However, the total funding amounts for non-profit crowdfunding campaigns are lower in comparison to for-profit campaigns.[32] Another important success factor is the level of the pre-defined funding target, since projects with a lower funding target are more likely to reach their target faster[33] and more frequently[34] compared to projects with a higher funding target. Consequently, responsible entrepreneurs are well advised to realistically assess the financial needs they face and to not have unrealistically high expectations towards the crowd. As an additional success factor, supporters of crowdfunding projects

---

[26] Dorfleitner et al., 2014

[27] e.g. Calic & Mosakowski, 2016; Hörisch, 2015, 2018, 2019; Messeni Petruzzelli et al. 2019, Testa et al., 2019 Vismara, 2019; Wehnert et al., 2018

[28] Calic & Mosakowski, 2016

[29] Vismara, 2019

[30] Hörisch, 2018

[31] Belleflamme et al., 2013; Pitschner & Pitschner-Finn, 2014; Hörisch, 2015

[32] Pitschner & Pitschner-Finn, 2014

[33] Ly & Mason, 2012

[34] Mollick, 2014; Hörisch, 2015

demand a high professionalism of the presented project on the platform page. Elements of professionalism include the existence of a project video, as well as the absence of spelling errors.[35] Furthermore, supporters are attracted by using a language arousing positive emotions among potential supporters.[36] In terms of the composition of the entrepreneurial team, past studies on gender diversity have concluded that crowdfunding projects initiated by women are more successful than those started by men.[37] In addition, the social network size of the project initiator as well as the size of the project team exert a positive influence on crowdfunding success.[38] Responsible entrepreneurs who intend to finance their activity via crowdfunding are therefore advised to make intensive use of social media marketing. Likewise, the endorsement by third parties (e.g. by online-blogs or traditional media) is likely to increase funding success. Calic and Mosakowski find that particularly environmentally-oriented projects are likely to benefit from such endorsements.[39] A similar effect was found regarding the frequency of updates provided to the crowd during the funding phase.[40] Additionally, the effect of different narratives in the project description (e.g. information on risks, business success and personal anecdotes) was identified as success factor for crowdfunding campaigns.[41] Finally yet importantly, the specific returns for supporters influence the funding success. For the context of donation and reward-based crowdfunding, Hörisch indicates that projects, which do not have material rewards as outcomes, face more difficulties in achieving their crowdfunding targets. This in turn can pose a particular difficulty to responsible entrepreneurs exclusively focussing on the delivery of public goods.[42]

Based on the success factors identified above, initiators of crowdfunding projects should be provided with substantial skills and characteristics in order to successfully finance responsible entrepreneurship using crowdfunding. For instance, the entrepreneur will be confronted with substantial time demands before, during and after the actual funding period. In this respect, initiators should be willing and capable to invest considerable amounts of time to prepare and carry out a crowdfunding campaign. Basically, it can be distinguished between four phases of conducting a successful crowdfunding campaign (see figure 3). Within

---

[35] Mollick, 2014; Dorfleitner et al., 2016; Bi et al., 2017

[36] Dorfleitner et al., 2016

[37] Greenberg & Mollick, 2017; Johnson et al., 2018

[38] Mollick, 2014; Zheng et al., 2014; Hörisch, 2015

[39] Calic & Mosakowski, 2016

[40] Mollick, 2014

[41] Allison et al., 2013; Allison et al., 2015; Dorfleitner & Oswald, 2016

[42] Hörisch, 2015

the first phase, the preparation phase, the target group and content of the project need to be clarified. Afterwards, initiators are recommended to assess the best possible crowdfunding type and return for their supporters in advance of making a platform decision. Each of the crowdfunding types (donation-based, reward-based, debt and equity crowdfunding) has its strengths and weaknesses and does not fit for every project type. Therefore, entrepreneurs are confronted with several challenges in this decision-making process. Regional projects, non-profit-organisations, projects that aim at comparably small sums and those that are thematically located in the cultural and creative scene are better placed in donation- and reward-based crowdfunding. Latter is especially interesting for businesses that search for feedback from the crowd concerning a new product or service in form of a market test. In donation- and reward-based crowdfunding, the feeling of a warm glow is a major motivator among supporters.[43] Therefore, project initiators face the challenge of creating an emotional bond and community feeling among their supporters. In turn, earlier research also indicates that particularly for projects, which do not create material rewards, investment-based crowdfunding (debt or equity crowdfunding) can be promising options. Equity crowdfunding offers potentials for the early financing of start-ups and innovation projects of SMEs. Nevertheless, entrepreneurs are obliged to regularly report information to their investors in equity crowdfunding. In comparison to donation-based and reward-based crowdfunding, project initiators in investment-based crowdfunding are often required to develop a convincing business plan. When a decision has been made for a suitable mechanism, the platform choice needs to be well considered, as various different platform types exist and research shows different success rates for responsible projects at different crowdfunding platforms.[44]

Furthermore, the preparation phase also includes an accurate calculation of financial needs and the definition of realistic funding targets and funding duration. Producing an appealing video for the project site also needs to be done before the actual funding phase. An important skill in this respect is the ability of storytelling. Evoking emotions by using a good narrative is an essential tool in order to receive a high number of supporters, especially for responsible entrepreneurs.[45] The second phase, the communication phase, requires huge effort to establish a community and raise awareness for the upcoming crowdfunding project. Different channels can be addressed, most importantly social media networks. For the acquisition of supporters prior to the funding phase, the initiator has to show a considerable social media affinity. The use of further communication channels is

---

[43] Allison et al. 2013; Gleasure & Feller, 2016

[44] Hörisch, 2018

[45] Allison et al., 2013; Dorfleitner et al., 2016

recommendable, such as friends and acquaintances, traditional media and public events. In the actual funding (or realisation) phase, social media activity is comparably important. Regular updates are required on the projects site as well as in various social media channels. Additionally, initiators need to address questions and feedback from the crowd in order to remove any uncertainties and make the campaign and the subsequent use of financial means as transparent as possible. After completing the crowdfunding campaign, the post-funding phase begins, independent of whether the funding target has been reached. In case the crowdfunding campaign was successful, promised rewards are to be distributed to the crowd. The project initiators are well advised to communicate successes and failures openly. In addition, intended propositions are realised and financial means are used according to the propositions that were made on the project site.

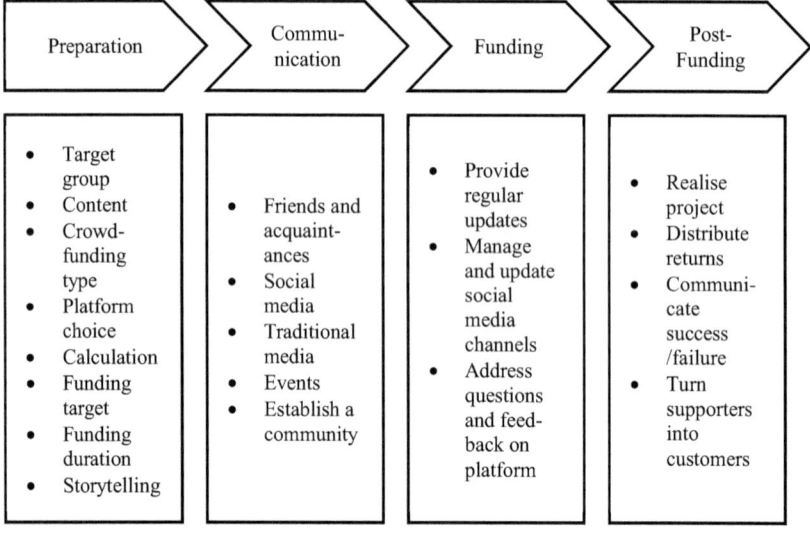

Figure 3: Phases of Conducting a Successful Crowdfunding Campaign[46].

Particularly the post-funding phase has received only scant attention in prior research on responsible entrepreneurship.[47] However, this phase is of crucial importance with regard to many aspects of crowdfunding. For example, if a crowdfunding campaign primarily served marketing purposes, the entrepreneurs need to make sure to turn supporters of the crowdfunding project into regular customers

---

[46] Content based on Pirringer, 2016

[47] Jovanovic, 2018

and to make use of the increased attention in social media during the crowdfunding phase. Also, for the context of responsible entrepreneurs, who aim at solving environmental or social inequalities, this phase is of particular importance. Currently, only little regulation exists which enforces the entrepreneurs to use the money for the social or environmental purposes that they marketed during the actual crowdfunding campaign. Existing research highlights that while most entrepreneurs indeed deliver the promised returns, delivery is frequently delayed.[48] Relatedly, for the specific context of entrepreneurship in the realm of combating climate change, it was found that the disclosure on the actual environmental benefits created with the money raised via crowdfunding is frequently deficient. For the future development of crowdfunding as a means to finance and advertise responsible entrepreneurial projects, meeting the expectations of the crowd in the post-funding phase will be of utmost importance.

2.2   Best Practice Example: Fairafric

The potential of crowdfunding to finance responsible entrepreneurship has attracted a growing number of ventures, which decided to use crowdfunding as a means for financing and marketing. A particularly successful example is the case of *fairafric*.[49] *Fairafric* is a fair-trade and organic chocolate producer, which realises nearly the entire value creation-process in Ghana, Africa. It aims for the reduction of inequalities and the improvement of social standards among the African population by increasing employment rates, salaries and access to education and health care. Its positive contribution to the African society makes it a showcase for responsible entrepreneurship.

Fairafric was founded in 2016 by Hendrik Reimers and is located in Munich. Since the launch of the venture, several crowdfunding campaigns have enabled and facilitated its growth and success. Altogether, the start-up has undergone five successful crowdfunding campaigns and is currently in the fund-raising process of the sixth one (as of March 2020). In total, over 370,000 EUR has been received so far by past crowdfunding projects, excluding the current campaign, which aims at funding 1.5 to 2.0 million USD.[50]

In its campaigns, *fairafric* made use of different types of crowdfunding. Three campaigns have been started on the international donation- and reward-

---

[48] Mollick, 2014

[49] Besides the documented sources, the following case study is based on a semi-structured interview with Julia Gause, Sales Manager at *fairafric*.

[50] Fairafric, 2020b

based platform Kickstarter. The first campaign[51] was conducted in 2016 and aimed at funding 15,000 EUR. Drawing on 843 supporters, in total a funding amount of 29,516 EUR could be realised. The second campaign[52] on Kickstarter followed a year later in 2017 with 1,152 supporters and a funding amount of 49,222 EUR, while the third campaign[53] was conducted in 2018 with 61,638 EUR funded by 1,130 supporters. In each campaign, *fairafric* communicated a specific purpose for which the financial resources were required. While the first funding was used as seed money to get the production started, the second campaign collected funds in order to finance the organic certification of its products. In the third Kickstarter campaign, the crowd enabled climate neutrality of the start-up and the launch of the *fairafric* foundation. Because Kickstarter is an internationally recognised platform, the geographical scope among the supporters was fairly wide.

Besides three reward-based crowdfunding projects on Kickstarter, *fairafric* has also conducted two campaigns on the British equity crowdfunding platform Seedrs. The first campaign on Seedrs[54] was launched in 2017 (closed in 2018) and reached around 138,000 EUR funded by a total of 264 investors. The second campaign[55] using equity crowdfunding (closed in 2019) collected a funding amount of approximately 1,243,000 EUR from 165 investors. Of this amount, 93,000 EUR was raised by the crowd whereas 1,150,000 EUR derived from two large capital investors. Since Seedrs is a British crowdfunding platform, the two campaigns mainly addressed supporters within Europe. While the previously introduced reward-based crowdfunding campaigns on Kickstarter functioned as financing instrument, marketing tool and market test similarly, the use of equity crowdfunding on Seedrs merely aimed at the acquisition of financial resources, as investors are not necessarily interested in receiving the product per se. In comparison, by offering rewards in form of products, supporters provide valuable feedback to a company. *Fairafric* is, for example, able to assess, which new type of chocolate flavour sparks the interest of the crowd. Furthermore, *fairafric* aimed at mobilising the crowd and raising public awareness for its unique business idea. The difference in scopes between its reward-based and investment-based crowdfunding campaigns is indicative for the more general characteristics of these types of crowdfunding. In donation and reward-based crowdfunding, the overall funding amount as well as the amount funded per supporter are usually smaller than

---

[51] Kickstarter, 2018b

[52] Kickstarter, 2018a

[53] Kickstarter, 2019

[54] Seedrs, 2020a

[55] Seedrs, 2020b

in investment-based crowdfunding, while the number of supporters tends to be higher.

During its crowdfunding campaigns, *fairafric* attached special importance to a number of success factors, which have also been identified by past academic literature. An important learning effect has been achieved with regard to the project video. The level of professionalism in the videos has increased over time. Compared to the first project video, which was filmed with a mobile phone, more recent videos are supported by an employee who has expertise and equipment for professional filmmaking, such as a drone for showing the production site from an aerial perspective. Within its project videos, *fairafric* proves its competence in storytelling and evoking emotions of potential supporters. Moreover, all crowdfunding campaigns were intensively communicated and advertised on *fairafric*'s social media sites (such as Facebook and Instagram) and the regular newsletter in order to grow its community and find new supporters. Especially 'early-bird' teasers on Facebook turned out to be an important tool to develop a dynamic in collecting funds right from the start of the campaign. Furthermore, regular updates have been posted on the platforms. In this respect, an advantage of conducting several campaigns on the same platform is that investors of earlier campaigns can be informed about the new campaign by using the update function.

In its early years, *fairafric* was confronted with hesitation among banks and conventional investors and turned to crowdfunding as a consequence, due to a lack of available alternatives. Recently, however, *fairafric* started a cooperation with two shareholders, who provide support in terms of expertise and financial resources. Its current crowdfunding activities can thus no longer be understood as a last resort[56], because conventional investors are no longer reluctant to invest in *fairafric*. *Fairafric* plans to establish a new solar-powered, state of the art chocolate factory in rural Ghana in the near future. For its realisation, approximately 5.0 million USD are needed. While one part of it will be financed by shareholders, equity and bank loans, another major part will be received from the crowd. The choice fell on (subordinated) debt crowdfunding with a funding goal of up to 2.0 million USD. Such an ambitious funding target can hardly be collected by using reward-based crowdfunding. In contrast to earlier conducted crowdfunding campaigns, no crowdfunding platform is involved in the current fundraising project. Due to its large community, *fairafric* decided to run its own campaign directly on its homepage.[57] As a consequence, legal requirements restrict direct advertisements in social media, which usually play an important role to gain supporters. However, the campaign's success cannot be denied, since an amount of almost

---

[56] cf. Walthoff-Borm et al., 2018

[57] Fairafric, 2020a

1.5 million EUR has already been received (as of March 2020). Moreover, prominent support was received from the president of Ghana, Nana Addo Dankwa Akufo-Addo, and the German Chancellor Angela Merkel, representing two important third-party endorsements. The campaign mainly addresses investors in German speaking countries (Germany, Austria, and Switzerland). When the fundraising period ends, an annual interest rate of 5% within nine years will be paid to the investors.

In spite of the current debt crowdfunding campaign, *fairafric* remains faithful to its roots in reward-based crowdfunding and is already planning another crowdfunding campaign on Kickstarter. The goal is to conduct a market test for new product ideas like chocolate-coated fruits, nuts and coffee. Since products are offered as rewards, this campaign will help to assess which product idea raises the highest interest among the crowd. In addition, collected funds are used in order to pre-finance ingredients and production costs.

Fairafric has been chosen as a best practice example because the start-up was continuously accompanied by the crowd thanks to a number of different crowdfunding campaigns. The crowd holds a considerable impact of where the start-up stands today and in which direction it will develop in future. It further shows that supporters in crowdfunding are willing to support entrepreneurs taking responsibility to reduce social and environmental injustice in the world.

3 Outlook and Propositions

Based on the overview provided in this chapter, propositions on crowdfunding for responsible entrepreneurship can be formulated. First, various empirical studies document that crowdfunding can indeed serve as an additional source of financing for responsible entrepreneurship.[58] The outstanding crowdfunding success of *fairafric* emphasizes this potential. This insight is particularly relevant, as the importance of crowdfunding in financing ventures is growing. Based on a prediction by the World Bank, it is expected that crowdfunding will be the most important form of financing new ventures from 2020 on.[59] Combining these two developments of a general growth of crowdfunding and the insight that crowdfunding favours responsible entrepreneurship, a first proposition on crowdfunding for responsible entrepreneurship can be formulated:

---

[58] Allison et al., 2013, 2015; Calic & Mosakowski, 2016, Vismara, 2019

[59] Messeni Petruzelli et al., 2019

Proposition 1: The importance of crowdfunding in financing responsible entrepreneurial activity is growing.

Besides the quantitative growth of the global crowdfunding volume, qualitative changes occur, which can be summarized as a growing professionalization of the crowdfunding market. This shift towards higher levels of professionalization is not only reflected in cases such as the crowdfunding history of *fairafric*. It is also indicated by increasing attention crowdfunding receives by regulation and by a general shift towards investment-based crowdfunding. The latter comes along with growing funding amounts per funder. Therefore, a second proposition is as follows:

Proposition 2: Crowdfunding for responsible entrepreneurial activities experiences a growing professionalization.

With regard to the funding of responsible entrepreneurial activity via crowdfunding, one of the crucial aspects for the future development of crowdfunding will be whether responsible crowdfunding projects deliver the public benefits that they have advertised during the actual crowdfunding campaign. One factor influencing this development will doubtlessly be the regulation of the crowdfunding market, which currently focuses on the delivery of private benefits of funders, but not on the delivery of public benefits, which are characteristics of responsible entrepreneurship. Research on crowdfunding for responsible entrepreneurship is therefore advised to increasingly investigate the post-funding phase of crowdfunding.

Proposition 3: The future development of crowdfunding as a means to finance responsible entrepreneurial activity depends on the ability of crowdfunding campaigns to deliver the private and public benefits advertised during the campaigns as well as on related regulatory activity.

Future research should try to verify these propositions empirically and should focus on the aspects of crowdfunding, which have received only scant attention so far, such as the marketing function or the motivations of supporters in crowdfunding.

References

Allison, T. H., Davis, B. C., Short, J. C., & Webb, J. W. (2015). Crowdfunding in a Prosocial Microlending Environment: Examining the Role of Intrinsic Versus Extrinsic Cues. Entrepreneurship Theory and Practice, 39(1), 53–73. https://doi.org/10.1111/etap.12108

Allison, T. H., McKenny, A. F., & Short, J. C. (2013). The effect of entrepreneurial rhetoric on microlending investment: An examination of the warm-glow effect. Journal of Business Venturing, 28(6), 690–707. https://doi.org/10.1016/j.jbusvent.2013.01.003

Bartenberger, M., & Leitner, P. (Eds.) (2013). Crowdsourcing and crowdfunding: Approaches to foster social innovation.

Baumgardner, T., Neufeld, C., Huang, P. C.-T., Sondhi, T., Carlos, F., & Talha, M. A. (2017). Crowdfunding as a Fast-Expanding Market for the Creation of Capital and Shared Value. Thunderbird International Business Review, 59(1), 115–126. https://doi.org/10.1002/tie.21766

Belleflamme, P., Lambert, T., & Schwienbacher, A. (2014). Crowdfunding: Tapping the right crowd. Journal of Business Venturing, 29, 585–609. Retrieved from http://www.scopus.com/inward/record.url?eid=2-s2.0-84884581662&partnerID=40&md5=630adcfe0e88f62bdf258cb4e7ed9fc7

Belleflamme, P., Lambert, T., & Schwienbacher, A. (2013). Individual crowdfunding practices. Venture Capital, 15(4), 313–333. https://doi.org/10.1080/13691066.2013.785151

Bi, S., Liu, Z., & Usman, K. (2017). The influence of online information on investing decisions of reward-based crowdfunding. Journal of Business Research, 71, 10–18. https://doi.org/10.1016/j.jbusres.2016.10.001

Böckel, A., Hörisch, J., & Tenner, I. (2020). A systematic literature review of crowdfunding and sustainability: Highlighting what really matters. Management Review Quarterly, Forthcoming.

Burtch, G., Ghose, A., & Wattal, S. (2013). An Empirical Examination of the Antecedents and Consequences of Contribution Patterns in Crowd-Funded Markets. Information Systems Research, 24(3), 499–519. https://doi.org/10.1287/isre.1120.0468

Calic, G., & Mosakowski, E. (2016). Kicking Off Social Entrepreneurship: How A Sustainability Orientation Influences Crowdfunding Success. Journal of Management Studies, 53(5), 738–767. https://doi.org/10.1111/joms.12201

Cumming, D. J., Leboeuf, G., & Schwienbacher, A. (2014). Crowdfunding Models: Keep-it-All vs. All-or-Nothing. SSRN Electronic Journal. Advance online publication. https://doi.org/10.2139/ssrn.2447567

Dorfleitner, G., Kapitz, J., & Wimmer, M. (2014). Crowdinvesting als Finanzierungsalternative für kleine und mittlere Unternehmen. Die Betriebswirtschaft, 283–303.

Dorfleitner, G., & Oswald, E.-M. (2016). Repayment behavior in peer-to-peer microfinancing: Empirical evidence from Kiva. Review of Financial Economics, 30, 45–59. https://doi.org/10.1016/j.rfe.2016.05.005

Dorfleitner, G., Priberny, C., Schuster, S., Stoiber, J., Weber, M., Castro, I. de, & Kammler, J. (2016). Description-text related soft information in peer-to-peer lending – Evidence from two leading European platforms. Journal of Banking & Finance, 64, 169–187. https://doi.org/10.1016/j.jbankfin.2015.11.009

European Commission (2016). Crowdfunding in the EU Capital Markets Union: Comission Staff Working Document. Retrieved from https://ec.europa.eu/info/system/files/crowdfunding-report-03052016_en.pdf

Fairafric (2020a). fairafric Bond: invest in the chocolate revolution! Retrieved from https://fairafric.com/bond

Fairafric (2020b). Investoren. Retrieved from https://fairafric.com/de/investoren

Ghisetti, C., Mancinelli, S., Mazzanti, M., & Zoli, M. (2017). Financial barriers and environmental innovations: evidence from EU manufacturing firms. Climate Policy, 17(sup1), S131-S147. https://doi.org/10.1080/14693062.2016.1242057

Gleasure, R., & Feller, J. (2016). Does Heart or Head Rule Donor Behaviors in Charitable Crowdfunding Markets? International Journal of Electronic Commerce, 20(4), 499–524. https://doi.org/10.1080/10864415.2016.1171975

Greenberg, J., & Mollick, E. (2017). Activist Choice Homophily and the Crowdfunding of Female Founders. Administrative Science Quarterly, 62(2), 341–374. https://doi.org/10.1177/0001839216678847

Hemer, J. (2011). A Snapshot on Crowdfunding. Retrieved from http://www.isi.fraunhofer.de/isi-wAssets/docs/p/de/arbpap_unternehmen_region/ap_r2_2011.pdf

Hörisch, J. (2015). Crowdfunding for environmental ventures: an empirical analysis of the influence of environmental orientation on the success of crowdfunding initiatives. Journal of Cleaner Production, 107, 636–645. https://doi.org/10.1016/j.jclepro.2015.05.046

Hörisch, J. (2018). Think Big or Small is Beautiful. An empirical analysis of characteristics and determinants of success of sustainable crowdfunding projects. International Journal of Entrepreneurial Venturing, 10(1), 1. https://doi.org/10.1504/IJEV.2018.10008386

Hörisch, J. (2019). Take the money and run? Implementation and disclosure of environmentally-oriented crowdfunding projects. Journal of Cleaner Production, 223, 127–135. https://doi.org/10.1016/j.jclepro.2019.03.100

Johnson, M. A., Stevenson, R. M., & Letwin, C. R. (2018). A woman's place is in the... startup! Crowdfunder judgments, implicit bias, and the stereotype content model. Journal of Business Venturing. Advance online publication. https://doi.org/10.1016/j.jbusvent.2018.04.003

Jovanovic, T. (2018). Crowdfunding: What Do We Know so Far? International Journal of Innovation and Technology Management, 15, 1950009. https://doi.org/10.1142/S0219877019500093

Kickstarter (2018a). Chocolate Fully Made in Africa Goes Organic. Retrieved from https://www.kickstarter.com/projects/fairafric/chocolate-fully-made-in-africa-goes-organic

Kickstarter (2018b). Fairest Chocolate - Made in Africa - Maximum Impact. Retrieved from https://www.kickstarter.com/projects/fairafric/fairest-chocolate-made-in-africa-maximum-impact

Kickstarter (2019). The Made in Africa Chocolate - Making our Farmers Co-Owners. Retrieved from https://www.kickstarter.com/projects/fairafric/fairafric-becomes-even-better-fairer-and-greener

Kickstarter (2020). Kickstarter in Zahlen. Retrieved from https://www.kickstarter.com/help/stats?ref=global-footer

Klein, R., & Pinkert, T. (2016). Crowdfinanzierung in Deutschland. Retrieved from https://www.fuer-gruender.de/fileadmin/mediapool/Publikation/Crowdfinanzierung_2016-Fuer-Gruender.de-Dentons.pdf

Lam, P. T.I., & Law, A. O.K. (2016). Crowdfunding for renewable and sustainable energy projects: An exploratory case study approach. Renewable and Sustainable Energy Reviews, 60, 11–20. https://doi.org/10.1016/j.rser.2016.01.046

Lambert, T., & Schwienbacher, A. (2010). An Empirical Analysis of Crowdfunding. Louvain.

Lehner, O. M. (2013). Crowdfunding social ventures: a model and research agenda. Venture Capital, 15(4), 289–311. https://doi.org/10.1080/13691066.2013.782624

Lehner, O. M., & Nicholls, A. (2014). Social finance and crowdfunding for social enterprises: a public–private case study providing legitimacy and leverage. Venture Capital, 16(3), 271–286. https://doi.org/10.1080/13691066.2014.925305

Ly, P., & Mason, G. (2012). Competition Between Microfinance NGOs: Evidence from Kiva. World Development, 40(3), 643–655. https://doi.org/10.1016/j.worlddev.2011.09.009

Massolution (2015). 2015CF: The Crowdfunding Industry Report. Retrieved from http://re-ports.crowdsourcing.org/index.php?route=product/product&product_id=54

Messeni Petruzzelli, A., Natalicchio, A., Panniello, U., & Roma, P. (2019). Understanding the crowd-funding phenomenon and its implications for sustainability. Technological Forecasting and So-cial Change. Advance online publication. https://doi.org/10.1016/j.techfore.2018.10.002

Mollick, E. (2014). The dynamics of crowdfunding: An exploratory study. Journal of Business Ven-turing, 29(1), 1–16. https://doi.org/10.1016/j.jbusvent.2013.06.005

Pirringer, B. (2016). Crowdfunding & Crowdinvesting: Ein Leitfaden für alternative Projektfinanzie-rung mit besonderer Betrachtung regionaler Projekte. Scheibbs, Österreich.

Pitschner, S., & Pitschner-Finn, S. (2014). Non-profit differentials in crowd-based financing: Evi-dence from 50,000 campaigns. Economics Letters, 123(3), 391–394. Retrieved from http://www.scopus.com/inward/record.url?eid=2-s2.0-84899505860&part-nerID=40&md5=63970f1ed54edfa1f499c0a02c5e7603

Schwienbacher, A., & Larralde, B. (2012). Crowdfunding of Entrepreneurial Ventures. In D. Cum-ming (Ed.), The Oxford handbook of entrepreneurial finance (pp. 369–391). New York: Oxford University Press.

Seedrs (2020a). fairafric. Retrieved from https://www.seedrs.com/fairafric

Seedrs (2020b). fairafric. Retrieved from https://www.seedrs.com/fairafric1

Testa, S., Nielsen, K. R., Bogers, M., & Cincotti, S. (2019). The role of crowdfunding in moving towards a sustainable society. Technological Forecasting and Social Change, 141, 66–73. https://doi.org/10.1016/j.techfore.2018.12.011

Thompson, N., Kiefer, K., & York, J.G. (2011). Distinctions not dichotomies: Exploring social, sus-tainable, and environmental entrepreneurship. In G. T. Lumpkin & J. A. Katz (Eds.), Advances in entrepreneurship, firm emergence and growth: Vol. 13. Social and sustainable entrepreneur-ship (1st ed., pp. 201–229). Bingley, United Kingdom: Emerald.

Tiba, S., van Rijnsoever, F. J., & Hekkert, M. P. (2019). Firms with benefits: A systematic review of responsible entrepreneurship and corporate social responsibility literature. Corporate Social Re-sponsibility and Environmental Management, 26(2), 265–284. https://doi.org/10.1002/csr.1682

Vasileiadou, E., Huijben, J.C.C.M., & Raven, R.P.J.M. (2016). Three is a crowd? Exploring the po-tential of crowdfunding for renewable energy in the Netherlands. Journal of Cleaner Production, 128, 142–155. https://doi.org/10.1016/j.jclepro.2015.06.028

Vismara, S. (2019). Sustainability in equity crowdfunding. Technological Forecasting and Social Change. Advance online publication. https://doi.org/10.1016/j.techfore.2018.07.014

Walthoff-Borm, X., Schwienbacher, A., & Vanacker, T. (2018). Equity crowdfunding: First resort or last resort? Journal of Business Venturing, 33(4), 513–533. https://doi.org/10.1016/j.jbusvent.2018.04.001

Wehnert, P., Baccarella, C. V., & Beckmann, M. (2018). In crowdfunding we trust? Investigating crowdfunding success as a signal for enhancing trust in sustainable product features. Techno-logical Forecasting and Social Change. Advance online publication. https://doi.org/10.1016/j.techfore.2018.06.036

Zheng, H., Li, D., Wu, J., & Xu, Y. (2014). The role of multidimensional social capital in crowdfund-ing: A comparative study in China and US. Information & Management, 51(4), 488–496. https://doi.org/10.1016/j.im.2014.03.003

Responsible Entrepreneurship – Katalysator für die Etablierung nachhaltiger Produktions- und Konsummuster

Sebastian Speer

Abstract

Ausgehend von der Feststellung, dass zwischen von Unternehmen eingeforderter Verantwortungsübernahme und verantwortungsbezogener Handlungsgpraxis eine Lücke klafft, ist es Ziel dieses Artikels, zu deren Schließung beizutragen. Dazu wird sich der Entrepreneuren zugeschriebenen Rolle als Katalysatoren bedient, um ein konzeptuelles Modell zu entwickeln, welches die Person des Unternehmers, dessen Verantwortungsbewusstsein, seine Werte und Überzeugungen sowie sein Handlungsumfeld als integrierte Wirkungseinheit bei der Etablierung von nachhaltigen Konsum- und Produktionsmustern begreift. Ausgehend von den theoretischen Überlegungen werden Erfolgsfaktoren für die Praxis abgeleitet.

Inhalt

© Springer Fachmedien Wiesbaden GmbH, ein Teil von Springer Nature 2020
H. Pechlaner und S. Speer (Hrsg.), *Responsible Entrepreneurship*, Entrepreneurial Management und Standortentwicklung, https://doi.org/10.1007/978-3-658-31616-7_7

1   Verantwortung zwischen Forderung und Praxis

„Governments, relevant international organizations, the private sector and all major groups should play an active role in changing unsustainable consumption and
production patterns."[1] Vor dem Hintergrund dieser von Seiten der Vereinten Na-
tionen bereits im Jahr 2002 formulierten Forderung an die Weltgemeinschaft wird
in zunehmendem Maße eine Verantwortungsübernahme insbesondere wirtschaftlich handelnder Akteure – und damit sind zu einem Großteil Unternehmen gemeint – in Hinblick auf sozialverträgliches, ökologisch sauberes und wirtschaftlich nachhaltiges Verhalten gesellschaftlich wie politisch eingefordert: sei es ver-
bal auf Veranstaltungen, Kongressen und Foren[2] oder schriftlich in Abschlussdo-
kumenten[3], Memoranden[4] oder Strategie- und Absichtserklärungen[5]. Als ein Ergebnis wird sichtbar, dass sich die Forderungen in Hinblick auf eine Transformation hin zu Nachhaltigkeit allgemein und nachhaltigen Konsum- und Produktionsmustern (*sustainable consumption and production* (SCP) *patterns*) im Besonderen mitunter in organisationalen Ausgestaltungen und thematischen Schwerpunktsetzungen politischer Institutionen manifestieren[6].

In Bezug auf Unternehmen, sich in Hinblick auf die Etablierung von SCP-
Mustern als Katalysatoren[7] oder *Agents of Change*[8] zu verhalten, scheint die Forderung zumindest in der Führungsstruktur großer deutscher Unternehmen allen-
falls nur langsam vorzudringen[9]. Auch eine Beschleunigung[10] der Einführung
bzw. Umsetzung von SCP geschieht nur schleppend – und wenn, dann – so
möchte man vor dem Hintergrund des Strategieschwenks in Richtung und erheb-
licher Investitionen in die Elektromobilität bei Volkswagen vermuten – aufgrund
von politischem und gesellschaftlichem Druck einerseits und der Einsicht, eigene

---

[1] UN, 2002: §14, aber auch fortfolgende §§.

[2] S. hierzu bspw. die Veranstaltung „Sustainable Development Impact Summit" des Weltwirtschafts-
forums (WEF, 2019).

[3] S. hierzu bspw. die Abschlussdokumente der Klimakonferenz in Kattowitz (COP 24) (UNFCCC,
2018).

[4] S. hierzu bspw. das Memorandum der Gesellschaft für Nachhaltigkeit (GfN) (GfN, 2017).

[5] S. hierzu bspw. die deutsche Nachhaltigkeitsstrategie der Bundesregierung (Bundesregierung, 2018).

[6] S. z.B. den Aufbau des Deutschen Umweltbundesamtes (UBA), dessen Fachbereich III sich dezidiert
mit nachhaltiger Produktion, nachhaltigen Produkten und der aus Ressourcenschonung ausge-
legten Kreislaufwirtschaft beschäftigt (UBA, 2019).

[7] Vgl. z.B. Singh, 2019

[8] Klein, 2014

[9] Vgl. Alvares de Souza Soares, 2020 unter Verweis auf eine bis dato unveröffentlichte Studie.

[10] Vgl. insb. UNWTO, 2016: 2 f.

Fehler korrigieren zu müssen, andererseits. Ein Handeln aus Eigenantrieb ist hingegen seltener zu erkennen, obwohl eine an Grundsätzen der Nachhaltigkeit ausgerichtete Unternehmensaktivität nicht nur Wert für heutige Stakeholder schafft, sondern zugleich die Möglichkeit eröffnet, dies ebenso für zukünftige Stakeholdergruppen zu tun[11] – und somit aus Unternehmenssicht langfristig wettbewerbsfähig[12] zu sein.

Da sich an Prinzipien der Nachhaltigkeit ausgerichtete Strategien dadurch auszeichnen, dass sie die Bedürfnisse von Gesellschaft und Unternehmen gegeneinander abzuwägen und in Einklang zu bringen verstehen[13], stellt nicht nur die Entwicklung solcher Strategien Unternehmen bisweilen vor Herausforderungen[14]; vor allem die Umsetzung hängt von einer Reihe kritischer Erfolgsfaktoren ab[15], die auf unterschiedlichen Ebenen des Unternehmens zu verorten sind und somit eines ganzheitlich auf Nachhaltigkeit ausgerichteten Ansatzes bedürfen. Insbesondere die zwei konkurrierenden Nachhaltigkeitsansätze des auf Einschränkung von Konsum ausgerichteten Verzichtsmodells einerseits und des auf Ressourceneinsparungen durch technologische Lösungen basierenden Fortschrittsmodells andererseits[16] lassen Unternehmen vor der Entscheidung stehen: Lohnt es sich in SCP und technologischen Fortschritt zu investieren (*Fortschrittsmodell*) oder rechnet sich das Investment möglicherweise aufgrund eines konsumentenseitig auftretenden Nicht-Konsums (*Verzichtsmodell*) erst gar nicht?

Auch wenn sowohl in der Wissenschaft[17] als auch in der Politik[18] der Verzicht als wenig praktikable und nur wenig Anreize für Nachahmung stiftende Alternative angesehen wird, ist davon auszugehen, dass zwischen politischer Forderung und unternehmerischer Praxis bislang oft eine Lücke klafft. Es stellt sich allerdings die Frage, inwieweit diese Diskrepanz auf die Tatsache zurückzuführen ist, dass es politischen Forderungen in Bezug auf Beschleunigung und Etablierung von SCP oft an Konkretisierungen mangelt. So stellte die UNWTO im Rahmen einer im Jahr 2016 mit Bezug auf den deutschen Tourismussektor angelegten Untersuchung den Nachhaltigkeitsbemühungen an der Schnittstelle zwischen kontrafaktischer Forderung und faktischer Praxis folgendes Zeugnis aus: „there

---

[11] Vgl. Dyllick & Hockerts, 2002

[12] Vgl. z.B. McWilliams & Siegel, 2011; Saeidi et al., 2015: 347 f.

[13] Vgl. Epstein & Roy, 2001: 586

[14] Vgl. Baumgartner, 2014

[15] Vgl. Engert & Baumgartner, 2016

[16] Vgl. Corsten & Roth, 2012

[17] Vgl. z.B. Fücks, 2019: 44 f.

[18] S. z.B. Interview mit Bundeswirtschaftsminister Altmeier in Bundesregierung, 2019: 8

are very few tourism-specific academic publications, and even fewer non-academic sources available, that include open discussions, science-based information, theoretical analyses, interpretations or guidelines that might clarify the practical implications of the terminology. This underscores the finding that appeal to 'accelerate SCP' patterns […] is currently mainly a political call rather than something actionable."[19]

Im Kontext dieses aufgezeigten Spannungsfeldes von gesellschaftlichem und politischem Anspruch einerseits und unternehmenspraktischer Realität andererseits, ist es Ziel dieses Artikels, ein Konzept für Etablierung nachhaltiger Produktions- und Konsummuster vorzustellen. Zu diesem Zweck wird in einem ersten Schritt das im Rahmen meines Dissertationsprojektes aus dem touristischen Anwendungsfeld heraus entwickelte Konzept eines in die Richtung der Etablierung von SCP zielenden, transformationsorientierten Katalyseschemas vorgestellt, um es in einem weiteren Schritt einem breiteren Anwendungsfeld zu öffnen. Auf diese Weise wird angestrebt, sich dem von Seiten der Weltgemeinschaft geforderten „move towards more sustainable patterns of consumption and production"[20] anzunähern und speziell Entrepreneure als Katalysatoren bzw. *Agents of Change* zu verstehen.

Dazu wird das entwickelte Konzept auf Basis der zugrundeliegenden Theorien im folgenden Abschnitt (Abschnitt 2) in seinen Grundzügen vorgestellt, bevor zentrale Ergebnisse der im Rahmen der Dissertation im touristischen Bereich durchgeführten Case Studies angeführt und Beispiele einer gleichzeitig attraktiven wie nachhaltigen (im Sinne des technologie- und innovationsorientierten *Fortschrittmodells* zu verstehenden) Angebotsgestaltung aufgezeigt werden (Abschnitt 3). Anschließend wird der engere Kontext der Dissertation verlassen und auf Basis der identifizierten Erfolgsfaktoren nachhaltigkeitsorientierter Angebote im Tourismus aufgezeigt, welche Anwendungs- und Übertragungsmöglichkeiten sich für andere Branchen ergeben (Abschnitt 4). Der Beitrag mündet in einem Fazit, welches das Potential von Entrepreneuren und Unternehmen im Kontext einer wirtschaftlichen sowie gesamtgesellschaftlichen Nachhaltigkeitstransformation hervorhebt und weiterentwickelt (Abschnitt 5).

2   Herleitung eines Katalysatorkonzepts

Wie ich bereits eingangs dargestellt habe, wird vor allem in politischen Rahmenwerken die Forderung nach einer katalytischen Rolle von Entrepreneuren im Rahmen der Verbreitung von SCP laut. Auf Grundlage dieses formulierten Anspruchs

---

[19] UNWTO, 2016: 3
[20] UN General Assembly, 2015: §28

bei gleichzeitigem Mangel einer Konkretisierung dessen, was eine katalytische Funktion ausmacht und wie sich katalytisches Handeln in der alltäglichen Praxis realisieren lässt[21], war es unter anderem Gegenstand meines Dissertationsprojektes, zunächst einen konzeptuellen Ansatz herzuleiten und diesen in einem weiteren Schritt in ein nachvollziehbares und praxistaugliches (da sich bei der Anwendung auf Fallstudien bewährtes) Modell zu überführen. Erklärter Anspruch war es, die Brücke von einem politisch-theoretischen Buzzword zu einem unternehmerisch-praktischen Handlungskonzept zu schlagen. Diese Herleitung wird im vorliegenden Abschnitt zusammenfassend nachgezeichnet.

Ausgangspunkt für die Konzeptentwicklung eines Katalysatormodells ist die politische Intention, mit der (beschleunigten) Verbreitung von SCP-Mustern einen Verhaltenswandel mit großer Reichweite zu erzielen, d.h. nachhaltige Produktion auf Unternehmensebene sowie nachhaltigen Konsum sowohl auf wirtschaftlicher Akteurs- als auch auf individueller Konsumentenseite wirksam zu etablieren. Einer solch umfassenden Veränderung von Verhalten kann man sich gut über das Konzept des sozialen Wandels, definiert als „die prozessuale Veränderung der Sozialstruktur einer Gesellschaft in ihren grundlegenden Institutionen, Kulturmustern, zugehörigen sozialen Handlungen und Bewusstseinsinhalten"[22], annähern. Wissenschaftliche Erklärungsansätze, wie sich sozialer Wandel konkret auf gesamtgesellschaftlicher (Makro-)Ebene nicht nur konstituieren kann, sondern auch beschleunigen lässt, finden sich beispielsweise im Konzept der *Tipping Points*, sogenannter Kipppunkte oder Schwellwerte, ab denen ein bestimmter Entwicklungsprozess überproportional an Geschwindigkeit gewinnt, wieder[23]. So lässt sich zeigen, dass es häufig nur geringfügiger Veränderungen bedarf, um nicht wahrnehmbare Schwellwerte zu überschreiten, die in einer überproportionalen Beschleunigung von Veränderungsprozessen resultieren. Zusätzlich trägt das durch Geels entwickelte Modell der Mehrebenenperspektive (*multi-level perspective*; MLP) dazu bei, den Prozess der Entstehung und Etablierung sich ändernder Verhaltensmuster, sogenannter sozialer Innovationen, nachzuvollziehen. Dies gelingt vor allem dadurch, dass eine Vielzahl von Faktoren, die gesellschaftliche Entwicklungen determinierenden, integriert betrachtet und zentrale Wechselwirkungen im gesellschaftlichen Kontext aufgezeigt werden[24]. Die Essenz der Theorien sozialen Wandels ist, dass Veränderungen auf gesamtgesellschaftlicher Makroebene häufig in Nischen durch das Verhalten Einzelner (d.h. auf Mikroebene) entstehen, Unterstützung von übergeordneter Ebene erhalten und somit in

---

[21] Vgl. UNWTO, 2016: 3

[22] Zapf, 2018: 499

[23] Vgl. Gladwell, 2000; Brohmann & David, 2015

[24] Vgl. Geels, 2002; 2006; 2011; Bauknecht et al., 2015

der Lage sind, mit existenten Mustern zu brechen und Neuerungen in sozio-technischen Regimen bis hin zur Gesellschaft zu etablieren.

Ausgehend von dem vornehmlich politisch geprägten Postulat, dass Entrepreneure, also einzelne Personen, als Katalysatoren oder *Change Agents* fungieren sollen, sind diese Akteure auf der Mikroebene des Handels zu verorten. Die von Entrepreneuren gegründeten (und etablierten) Unternehmen sind als organisationale Marktakteure auf der Mesoebene zwischen individueller Mirko- und gesamtgesellschaftlicher Makroebene zu verstehen. Somit bildet das Unternehmen das Bindeglied zwischen Entrepreneur und Gesellschaft: Durch die Geschäftstätigkeit des Unternehmers ist es folglich möglich, Einfluss auf das gesellschaftliche Umfeld zu nehmen – wie es beispielsweise Vertreter des *Social Entrepreneurship* in besonderer Weise anstreben[25]; andererseits tragen gesellschaftliche Rahmenbedingungen maßgeblich dazu bei, Geschäftsmöglichkeiten zu erkennen und Kundenbedürfnisse zu identifizieren[26]. Auf diese Weise lässt sich erneut die Verbindung eines Entrepreneurs durch sein Unternehmen zur Gesellschaft unterstreichen.

Neben externen Rahmenbedingungen sind jedoch auch personenimmanente Faktoren von maßgeblicher Relevanz. So wird die Person des Unternehmers, die als Katalysator wirken soll, selbst durch eine innere Motivation, unternehmerisch tätig zu werden, angetrieben[27]. Daneben trägt ein jeweils individuelles Set aus persönlichen Charakterzügen[28] sowie ein System aus Werten und Normen[29] dazu bei, der Geschäftstätigkeit eine individuelle Prägung zu verleihen und sie in eine gewisse, vom Entrepreneur intendierte Richtung zu lenken. Als eine zentrale Konkretisierung des facettenreichen Wertesystems eines Unternehmers kann dessen Verantwortungsverständnis angesehen werden. In der Wissenschaft diskutierte Ansätze wie jene des *shared value* können in diesem Kontext als Erklärungsansätze dienen. Die Grundidee des Konzepts ist es, unternehmerische Interessen und Interessen der Gesellschaft nicht als konträr, sondern vielmehr als Ausgangspunkt der Unternehmensaktivität zu verstehen, um so auf Basis sozialer Bedürfnisse Märkte und Nachfrage zu kreieren.[30] An dieser Stelle lässt sich auf verschiedene Formen verantwortlichen Unternehmertums – wie beispielsweise die

---

[25] Vgl. Peredo & McLean, 2006; Thompson et al., 2011

[26] Vgl. Alvarez & Barney, 2007: S. 13 ff.; Holcombe, 1998: 46; Magretta, 2002

[27] Vgl. Morrison, 2000; Wennekers & Thurik, 1999

[28] Vgl. z.B. Ardichvili et al., 2003: S. 113 ff.; Carland et al., 1996

[29] Vgl. z.B. Rokeach, 1973; Brockhaus & Horwitz, 1986; Ostrom, 2000

[30] Vgl. Porter & Kramer, 2011

Ausprägungsarten des Social, Environmental, Community oder Sustainable Entrepreneurship[31] verweisen, die allesamt, wenngleich mit unterschiedlicher Schwerpunktsetzung, persönliche Normen und Vorstellungen in die konkrete Ausgestaltung ihrer Geschäftstätigkeiten einfließen lassen. Auf diese Weise tragen sie dazu bei, ihre eigenen Vorstellungen in der Gesellschaft zu verbreiten und durch ihr Handeln die Grundlage für Nachahmer zu bilden. Zugleich handeln Entrepreneure jedoch selten vollkommen autonom und isoliert von anderen Akteuren. Vielmehr sind sie auf Hilfe aus ihrem Umfeld in Form von persönlichen Kontakten, finanzieller Unterstützung, fachlicher Expertise und/oder fachlicher Beratung angewiesen[32]. Personen oder Institutionen, die eine solche Funktion einnehmen, beeinflussen unweigerlich die durch den Unternehmer eingeschlagene Tätigkeitsausrichtung in einer mehr oder weniger starken Weise. Der Entrepreneur, sein unmittelbares, ihn beeinflussendes Umfeld sowie seine Eigenschaften, Motivationen und Werte sind folglich als Wirkungsverbund anzusehen, der in Summe die konkrete Ausgestaltung und Realisierung der unternehmerischen Idee formt.

Aus der Zusammenführung der zuvor identifizierten und aus der wissenschaftlichen Theorie abgeleiteten Faktoren hat es sich vor dem Hintergrund, die katalytische Funktion verstehen zu wollen, im Folgenden gelohnt, den Blick auf die Ursprungsdisziplin des so oft erwähnten Konzepts „Katalysator" zu richten. In den Naturwissenschaften, insbesondere im Feld der (Bio-)Chemie ist ein Katalysator „ein Stoff, der einen Vorgang beschleunigt, ohne durch diesen Vorgang selbst wesentlich geändert oder verbraucht zu werden"[33]. Ausgehend von diesem Grundverständnis, welches bereits den im politischen und ökonomischen Kontext geforderten Zusammenhang eines als Katalysator wirkenden Akteurs auf der einen Seite und einer Beschleunigung bestimmter, gewünschter Verhaltensweisen auf der anderen Seite, deutlich macht, hat es sich darüber hinaus angeboten, sowohl den Aufbau als auch das Wirkungsschema des chemischen Katalysators auf den wirtschaftswissenschaftlichen Kontext zu übertragen. Die Begründung für ein solches Vorgehen war, dass die Forderung nach einer katalytischen Wirkung nicht nur intentional, sondern auch in Bezug auf grundsätzliche Verhaltensmuster auf den Katalysatorbegriff der Naturwissenschaften zurückzuführen sein muss, um korrekt verstanden und nicht als unnötig großen Spielraum für Interpretationen nach sich ziehendes Buzzword genutzt zu werden. Zum Zweck der konzep-

---

[31] Vgl. z.B. Thompson et al., 2011; Dean & McMullen, 2007; Dees & Anderson, 2006; Rønning et al., 2010; Hockerts & Wüstenhagen, 2010

[32] Vgl. z.B. Granovetter, 1973; 1985; Greve & Salaff, 2003; Spear, 2006; Thompson, 2004

[33] Ostwald (1894) zit. nach Mittasch, 1948: 107

tuellen Übertragung wurden allen drei Bestandteilen, die ein chemischer Katalysator (maximal) aufweisen kann[34], bereits zuvor identifizierte Konzepte aus dem
Bereich des Entrepreneurship zugeordnet:

- **Aktive Bestandteile** sind bei Katalysatoren diejenigen Komponenten,
  die eine bestimmte Reaktion, d.h. einen Transformationsprozess, überhaupt erst ermöglichen. Entrepreneure, ganz im Verständnis Schumpe-
  ters als Treiber wirtschaftlichen Fortschritts verstanden[35], nehmen die
  Rolle des aktiven Bestandteils ein, da sie durch das Erkennen einer Gelegenheit und das sich daran anschließende Handeln Fortschritt und Entwicklung überhaupt erst möglich machen – genauso, wie es von ihnen
  gefordert wird.

- **Hilfs- oder Trägerstoffe** helfen dem Katalysator dabei, seine maximal
  mögliche Leistung zu entfalten. Da gezeigt wurde, dass Entrepreneure
  nur selten vollständig autonom handeln und stattdessen häufig auf Hilfe
  zurückgreifen oder sich auf Unterstützung aus dem eigenen Umfeld verlassen können, werden solche Personen und Institutionen, der Unternehmerperson auf die ein oder andere Weise helfen, passenderweise mit
  Hilfsstoffen gleichgesetzt. Durch finanzielle Unterstützung, fachliche
  Expertise oder den Zugang zu Netzwerken tragen sie dazu bei, die Schaffenskraft des Entrepreneurs deutlich zu steigern und das Ergebnis des
  durch ihn angestoßenen Prozesses zu verbessern.

- **Promotoren** haben schließlich eine kanalisierende Wirkung, indem sie
  sowohl auf den aktiven Bestandteil als auch auf die Hilfs- oder Trägerstoffe in der Weise einwirken, dass erwünschte Effekte verstärkt oder
  unerwünschte Effekte reduziert bzw. ganz verhindert werden. Diese
  Funktion wurde auf die Werte, Normen und Motivationen des Entrepreneurs übertragen. Sie tragen nämlich dazu bei, die Schaffenskraft des
  Unternehmers in eine gewünschte, oft genau definierte Richtung zu lenken, um ein gesetztes Ziel zu erreichen.

- Der **Prozess** des unternehmerischen Handelns mit dem Entrepreneur als
  zentralen Akteur ist schließlich mit dem Ablauf des chemischen Prozesses der Katalyse gleichzusetzen: Ebenso wie eine chemische Reaktion,
  d.h. eine Transformation, durch die Teilnahme eines Katalysators erleichtert und beschleunigt werden kann, so ist auch der Unternehmer im

---

[34] Vgl. Richardson, 1989; Trimm, 1978
[35] Vgl. Schumpeter, 1912: 132 ff.; 180

gesamtgesellschaftlichen Transformationsprozess als maßgeblicher Akteur anzusehen, der den Wandel – z.B. hin zur Etablierung nachhaltiger Konsum- und Produktionsmuster – lenken und beschleunigen soll.

Die Übertragung aller drei Katalysatorbestandteile sowie des gesamten Katalyseprozesses, die aus den zuvor vorgestellten Theorien hergeleitet und anschließend auf die naturwissenschaftliche Vorlage angewandt wurde, wurde abschließend in das in Abbildung 1 dargestellte, schematische Katalyseschema überführt.

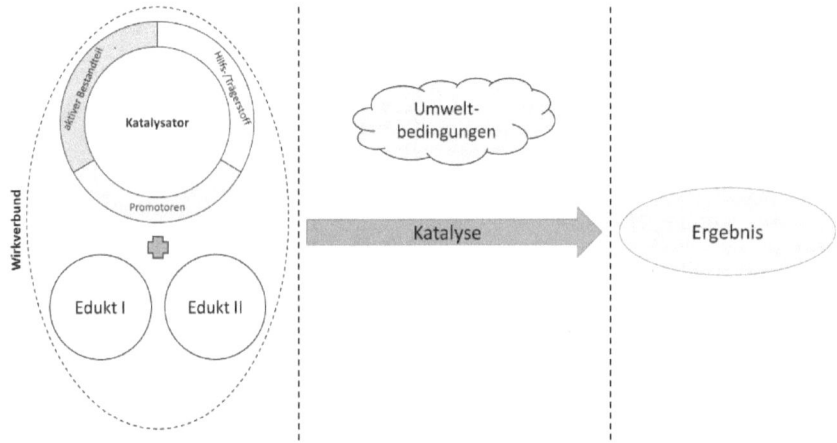

Abbildung 1: Konzeptuell entwickeltes Katalyseschema mit Katalysator, Katalyseprozess und Ergebnis. Quelle: eigene Darstellung.

Im Zuge der von mir im Rahmen der Dissertation durchgeführten Analyse wurde das zunächst nur aus der Theorie heraus entwickelte und von einer Fachdisziplin in eine andere übersetzte Schema in einem zweiten Schritt auf seine Eignung hin überprüft. Dies wurde anhand von fünf ausgewählten Fallstudien getan, die allesamt im touristischen Kontext in Deutschland zu verorten sind, aber unterschiedliche geographische und politische Hintergründe aufweisen. Darüber hinaus repräsentieren die *Case Studies* verschiedene Stufen der touristischen Wertekette[36]. Wichtiges Auswahlkriterium war, dass alle Fallstudien in ihrem jeweiligen Aktivitätsbereich Ansätze entwickelt haben, nachhaltigen Konsum und nachhaltige Produktion nicht nur zu etablieren, sondern auch als Multiplikator – und somit im Verständnis der Arbeit als Beschleuniger oder als Katalysator – zu

---

[36] Bieger, 2002: 59, basierend auf Porter, 2004 (1985): 37

wirken. Mithilfe der qualitativen Inhaltsanalyse nach Mayring[37] in ihrer struktu-
rierten Form konnte aus Interviews mit den jeweils hinter den Fallstudien stehenden Unternehmern ein Anpassungsbedarf des theoretisch hergeleiteten Modells
abgeleitet werden. Mithilfe der deduktiv gebildeten Hauptkategorien wurden die
zentralen Modellelemente leicht modifiziert, während die induktiv gebildeten Unterkategorien das konzeptuelle Schema konkretisierten (s. Tabelle 1).

Nr.	Hauptkategorie	Bst.	Unterkategorie
01	Quelle der Idee	a	Nachahmung einer bestehenden Idee
		b	selbst entwickelte Idee
		c	durch Dritte herangetragene Idee
02	Art der Idee	a	Konzeptanwendung
		b	Gründung eines neuen Unternehmens
		c	neue Fokus- / Schwerpunktsetzung
		d	Erweiterung des bestehenden Angebots
03	Fokus der Idee	a	Qualität(-sverbesserung)
		b	Inhaltsvermittlung
		c	bewusstes Essen und Trinken
		d	Tourismusentwicklung
		e	Regionalentwicklung
		f	Mobilität
		g	gesellschaftlicher Mehrwert / Thema mit gesellschaftlicher Relevanz
04	Begründung des Ideenbedarfs / -zwecks / -ziels	a	Lösung e. bestehenden Problems / Mangels
		b	Profilschärfung
05	Potentiale und Vorteile	a	Weiterentwicklungen d. ursprünglichen Idee
		b	Skalierung der Idee
		c	Argumentationshilfe / Handlungsleitfaden
		d	breites Konzept, unter das viel subsummiert werden kann
06	Besonderheiten der Idee / Initiative	a	Vorreiterrolle
		b	langfristiger Wettbewerbsvorteil

[37] Vgl. Mayring, 1991; 1994

		c	Selbstbeschränkung
		d	Einfachheit
		e	Sehen von Gewinnen als Mittel zum Zweck
		f	Interaktion
07	Argumentationsfokus	a	sozial
		b	ökologisch
		c	ökonomisch
08	Verständnis von Nachhaltigkeit	a	Nachhaltigkeit als erreichbares Ziel
		b	Nachhaltigkeit als andauernder Prozess
		c	(Lebens-)Qualität
		d	Natur- und Umweltschutz
09	Zentrale Erfahrungen und Erinnerungen	a	berufliche Erfahrungen
		b	Herkunft aus der Region
		c	Kindheitserfahrungen
10	Selbstverständnis der Person	a	Motivator
		b	Initiator / Vorreiter
		c	Entwickler / Inkubator
		d	Moderator / Übersetzer / Brückenbauer
		e	Vorbild / Botschafter
11	Verantwortungsverständnis des Entrepreneurs	a	Kümmern um lokale Bevölkerung
		b	man muss nicht für alles verantwortlich sein
		c	seinen Beitrag zur Erreichung eines übergeordneten Ziels leisten
12	Motive und Motivationen des Entrepreneurs	a	Bewusstseinsbildung
		b	Schaffung eines attraktiven Lebensraums
		c	zeigen wollen, dass die Idee erfolgreich realisierbar und tragfähig ist
		d	andere in verantwortungsvollem Handeln unterstützen
		e	Selbstverwirklichung
		f	Förderung von Gemeinschaft
13		a	Partizipationsfähigkeit und Erlebnisse ermöglichen

	Einstellung des Entrepreneurs zu und Verständnis von Innovation	b	kritisches Hinterfragen
		c	Ideen und Inspirationen darf man sich woanders holen
		d	Innovation darf in alle Richtungen gehen
		e	gute Ideen sollen sich weiterverbreiten
		f	positiv und förderungswert
		g	Neuerfindung zum Erhalt der Attraktivität
		h	*Themen mit Traditions- oder Zukunftsfokus (Residualkategorie)*
14	Einstellung des Entrepreneurs zur Nachahmung von SCP und Nachhaltigkeit allgemein und der eigenen Idee im Besonderen	a	1:1-Kopien werden nicht gutgeheißen
		b	wird bei Nachfrage unterstützt
		c	wird aktiv unterstützt
		d	wird gutgeheißen, ohne Aussage zur Unterstützung
15	Als wichtig erachtete Eigenschaften / Kenntnisse / Fähigkeiten des Entrepreneurs im Umsetzungsprozess	a	Wissen, wen es situationsabhängig anzusprechen gilt
		b	persönliche Überzeugung
		c	persönlicher Einsatz
		d	Positive Einstellung zum Scheitern
		e	Pragmatismus und Realismus
		f	Sehen von Kritik und Zweifel als Chance
16	Zentrale Unterstützer von Beginn an	a	touristische Akteure
		b	Politiker
		c	Wissenschaftler
		d	*andere Unterstützer (Residualkategorie)*
17	Als wichtig erachtete Personen, Institutionen und Funktionen im Umsetzungsprozess	a	Politik und Politiker
		b	Tourismus und Touristiker
		c	Wissenschaft und Wissenschaftler
		d	Verbände
		e	lokale Betriebe / Wirtschaft
		f	lokale Bevölkerung
		g	Plattformen der Präsentation
		h	Akteure d. öffentlichen Personennahverkehrs

		i	*andere Unterstützer (Residualkategorie)*
18	Als wichtig erachtete Eigenschaften / Kenntnisse / Fähigkeiten anderer Personen im Umsetzungsprozess	a	persönliche Überzeugung
		b	persönlicher Einsatz
		c	Schnittstellenfunktion
19	Als wichtig erachtete politische Rahmenbedingungen	a	kein politisches Rahmenkonzept
		b	Krisen & Veränderungen
		c	mangelhafte Zusammenarbeit
		d	Finanzierung
20	Als wichtig erachtete wirtschaftliche Rahmenbedingungen	a	Bedeutung bestimmter Branchen und Wirtschaftszweige
		b	Qualitätsstreben bestimmter Branchen und Wirtschaftszweige
		c	Preis-Leistungs-Verhältnis
21	Als wichtig erachtete standortbezogene Rahmenbedingungen	a	natürliche Ausstattung
		b	Lage
		c	ökologische Probleme
		d	Humankapital
		e	wissenschaftliche Institutionen
22	Als wichtig erachtete historische Rahmenbedingungen	a	(tourismus-)politische Entscheidungen
		b	Mangelhafte Kooperationsbereitschaft
		c	Geschichte des Standortes
23	Als wichtig erachtete touristische Rahmenbedingungen	a	destinationsspezifische Schwerpunkte und Projekte
		b	Struktur
		c	destinationsspezifische, touristische Probleme
		d	Potential
		e	Aufgeklärtheit des Gastes
		f	Trends und Entwicklungen
24	Als wichtig erachtete Faktoren im Umsetzungsprozess	a	Kommunikation
		b	persönliche Beziehungen
		c	Stakeholderpartizipation

		d	Idee mit breiter Akzeptanzbasis
		e	Erhalt von Unterstützung
		f	Aufgeschlossenheit relevanter Akteure
		g	Anreize schaffen
		h	Probleme erst lösen, wenn sie auftreten
25	Als wichtig erachtete Ereignisse im Umsetzungsprozess	a	Erreichen eines Schwellwertes
		b	Auszeichnung / Gewinn
		c	Aufnahme in Netzwerk
		d	zufällige, günstige Ereignisse
		e	Angesprochen werden
		f	Umsetzen relevanter Erfordernisse
26	Als wichtig erachtete Subprozesse im Umsetzungsprozess	a	Netzwerkauf- und -ausbau
		b	Einbezug des Umfeldes
		c	regelmäßiger Austausch
		d	Analyse des status quo
		e	kontinuierliche (wissenschaftliche) Unterstützung
		f	kontinuierliche Erleichterungen schaffen
27	Angestrebte Ergebnisse und Auswirkungen	a	Regionalentwicklung
		b	Authentizität
		c	Etablierung aktiver Steuerungsmechanismen
		d	Profilschärfung
		e	Sensibilisierung
28	Beurteilung des Erfolgs der Idee / der Umsetzung	a	Investitionen in die Region und wirtschaftlicher Erfolg
		b	steigende Übernachtungszahlen
		c	höhere, gleichmäßigere Auslastung
		d	Finden von Nachahmern / Mitstreitern / Nutzern
		e	Gewinnen von Aufmerksamkeit
		f	Nutzen von Umfragen / Studienergebnissen
		g	Imagebeeinflussung

	h	Aufbau von Vertrauen
	i	positives Feedback
	j	Identifikationsgrad und -stiftung
	k	Reichweite

Tabelle 1: Haupt- und Unterkategorien, welche die Elemente des Katalyse-schemas maßgeblich bestimmen. Quelle: eigene Darstellung, Nummerierung gegenüber dem Original angepasst.

Durch ein zweistufiges Analyseverfahren, welches aus einer detaillierten Fallstudienbetrachtung einerseits sowie einer vergleichenden Fallstudienanalyse andererseits bestand, wurde ein Ausgleich zwischen Generalisierung – wo möglich – und Spezialisierung – wo nötig – geschaffen. Am Ende des Forschungsprozesses konnten zwei zentrale Schlussfolgerungen formuliert werden:

(1) Durch das Erkennen von unternehmerischen Gelegenheiten setzen sich Entrepreneure Ziele, bestehende Probleme oder als verbesserungswürdig erachtete Gegebenheiten zu adressieren und Lösungen dafür zu entwickeln. Aufgrund dieses Angebotscharakters schaffen Entrepreneure einen i.d.R. gesellschaftlichen Mehrwert. In ihrem Vorhaben werden die unternehmerisch handelnden Personen meist von Akteuren aus ihrem (unmittelbaren) Umfeld auf unterschiedliche Weise unterstützt.

(2) Entrepreneure, die ihr Handeln an Nachhaltigkeits- und Verantwortungsmaßstäben ausrichten, setzen sich i.d.R. auch für die Verbreitung ihrer Idee ein. Sie möchten diese nicht für sich behalten, sondern treten als Botschafter ihrer Handlungsweise auf und bieten bisweilen sogar Unterstützung an, ihr Konzept weiterzutragen und in anderen Anwendungskontexten zu etablieren. Auf diese Weise gelingt es den so handelnden Unternehmern, nachhaltigkeitsorientierte Verhaltensmuster aktiv zu verbreiten und zu deren Nachahmung beizutragen.

Da nun die zentralen Erkenntnisse des Dissertationsprojektes bekannt sind, ist es allerdings von Interesse, welche Ansätze der Übertragbarkeit auf Anwendungsbereiche außerhalb des Tourismus existieren. Dafür bedarf es jedoch zunächst eines tieferen Verständnisses dessen, welche konkreten Handlungsmuster, Akteurskonstellationen und Resultate aus den untersuchten Fallstudien abzuleiten sind, bevor diese Erkenntnisse auf eine höhere Ebene gespiegelt werden können.

3 Erkenntnisse der untersuchten Fallstudien

Zunächst fanden sich die im Vorfeld identifizierten Modellkomponenten und Zusammenhänge (vgl. Abbildung 1) im Wesentlichen bestätigt. Dies bedeutet konkret, dass in jeder der untersuchten Fallstudien ein dreiteiliges Katalysatorkonzept, bestehend aus dem Entrepreneur als zentralem und aktivem Bestandteil, den Werten und Motivationen der Unternehmerperson als Promotoren sowie den unterstützende und beratende Funktionen einnehmenden Personen aus dem Umfeld des Unternehmers als Hilfs- oder Trägerstoffe identifiziert werden konnte. Wichtige Quellen für Unterstützung waren die Politik bzw. Politiker, wissenschaftliche Institutionen oder einzelne Wissenschaftler, öffentliche Akteure und touristische Stakeholder. Ebenso wie die konzeptuellen Komponenten, die in Summe jeweils einen wirksamen Katalysator formten, konnte auch die Transformationsfunktion der Entrepreneure nachgezeichnet werden – wenngleich abhängig vom jeweils individuell gesetzten Tätigkeitsschwerpunkt und dem spezifischen Handlungsumfeld. In der Konsequenz haben sich auch die beobachtbaren Erfolge initiativenabhängig auf unterschiedlichen Ebenen eingestellt. Auf diese Weise konnte zwar fallstudienspezifisch ein Wandel festgestellt werden, eine Vergleichbarkeit war allerdings nur in Grenzen gegeben. Nichtsdestotrotz lassen sich folgende zentrale Erkenntnisse ableiten:

Entrepreneure als Treiber, aber auf Unterstützung angewiesen: Zuerst lässt sich festhalten, dass die Entrepreneure selbst immer Treiber hinter dem als Resultat stehenden Wandels waren. Obgleich sie nicht in jedem Fall selbst die initiale Idee hatten, waren sie es jedoch, die für deren Umsetzung verantwortlich waren. Ebenso mussten die Unternehmerpersonen häufig auf externe Hilfe zurückgreifen bzw. waren auf Unterstützung durch Dritte angewiesen, ohne die sich der Erfolg nur deutlich langsamer – wenn überhaupt – eingestellt hätte. Wichtig in diesem Zusammenhang sind auch zentrale Eigenschaften der Entrepreneure, die vor allem in den Bereichen der Ausdauer und der persönlichen Überzeugung zu verorten sind, und dazu beigetragen haben, dass Unterstützung gewonnen werden konnte sowie zwischenzeitliche Rückschläge kein Aus für die Idee bedeuteten. Das Zusammenspiel der drei Katalysatorkomponenten war trotz fallstudienspezifischer Besonderheiten der zentrale Erfolgsfaktor der untersuchten Initiativen.

Alle umgesetzten Ideen können Erfolge vorweisen: Die Kombination aus Unternehmerperson, ihren Einstellungen und Werten sowie den die Idee unterstützenden Akteuren haben in allen Fallstudien dazu geführt, dass sich ein Erfolg eingestellt hat. Aufgrund vollkommen unterschiedlicher Ideen ist die Erfolgsmessung nur bedingt möglich und bedarf breiter und generischer Konzepte, um die besonderen Errungenschaften der untersuchten Initiativen herauszustellen. Als solche Erfolgsindikatoren können folgende Faktoren auf aggregierter Ebene fallstudienübergreifend identifiziert werden:

- **Nachahmung der Idee**: Zeichen dafür, dass eine Idee bzw. ein etabliertes Geschäftsmodell als erfolgreich angesehen werden kann, ist das Maß, zu dem es Nachahmer findet. Halten andere Unternehmer eine existente Idee für erfolgversprechend, können Sie auf den Gedanken kommen, einen Teil des wirtschaftlichen Erfolgs, d.h. des Gewinns, für sich zu sichern, indem sie mit demselben oder einem ähnlichen Geschäftsmodell am Markt auftreten. Insofern ist eine Geschäftsidee als umso erfolgreicher anzusehen, je mehr Nachahmer es auf sich vereint[38]. Hinzu kommt der wichtige Aspekt, dass sich alle – und hier sind besonders die privatwirtschaftlich geführten Unternehmen interessant – untersuchten Betriebe als Vorreiter und „Original" behaupten konnten

- **Interesse an der Idee aus anderen Branchen**: Neben der Nachahmung einer Idee, die häufig innerhalb derselben Branche stattfindet, kann auch Interesse aus anderen Branchen oder (Wirtschafts- und Wissenschafts-)Bereichen daran geäußert werden. In diesem Fall erscheinen grundsätzliche Handlungsmuster, Akteurskonstellationen, Angebote und offerierte Lösungen als so attraktiv, dass sie entweder als wert erachtet werden, auf andere Branchen übertragen zu werden oder aber seitens der Wissenschaft, der Medien, der Politik oder der Öffentlichkeit als derart innovativ angesehen werden, dass ihnen eine breite Aufmerksam zuteil wird.

- **Gewinnen von Kunden, Gästen, Partnern**: Ein weiterer zentraler Indikator, der den Erfolg einer Idee deutlich macht, ist der erhaltene Zuspruch, der sich in der Anzahl an Kunden, Nutzern, Gästen, aber auch Kooperations- und Netzwerkpartnern ausdrückt. Lässt die Anzahl an Kunden oder Besuchern unmittelbar auf die Attraktivität eines Angebots schließen, da ein Konsum ansonsten nicht stattfinden würde, lässt sich ein vergleichbarer Schluss auch für Partner ziehen: Zeigen sie Interesse an einer Initiative oder einem Geschäftsmodell, erhoffen sie sich Vorteile durch eine Unterstützung oder Teilnahme. Ihr Wunsch, selbst Teil des Erfolgs zu werden, spricht für die Attraktivität und das Erfolgspotential der ursprünglichen Idee.

Fokussierung auf das Fortschrittsmodell der Nachhaltigkeit: Die Angebote der untersuchten Initiativen zielten weniger auf das Nachhaltigkeitskonzept des Verzichts, als vielmehr auf das Konzept der technologischen Weiterentwicklung. Von wenigen Ausnahmen abgesehen, die sich ihrerseits wiederum nur auf Teilbereiche des Gesamtangebots beziehen, stand bei allen Entrepreneuren folglich die Entwicklung von Angeboten im Vordergrund, die sich an den Prinzipien der SCP orientieren. Insbesondere im Tourismus wird weder anbieter- noch konsumentenseitig Verzicht als realistische Lösung angesehen: Da die Kunden den Urlaub als die Zeit des Jahres ansehen, in der sie Abstand zum Alltag brauchen und sich auch

---

[38] Geisendorf (2009) betont zum Beispiel, dass "[i]mitation is a very profitable strategy, not only for the imitator but for the economy in general, because it shifts technological know-how of the whole society towards a higher level [...]" (S. 84) und hebt somit die Rolle von Imitation auf der einen und Innovation auf der anderen Seite heraus.

gerne einmal außergewöhnliche Dinge leisten möchten, steht solchen Verhaltens-
mustern die Idee des Verzichts diametral gegenüber. Gleichzeitig ist es auch für
Unternehmen im Markt leicht substituierbarer Urlaubsangebote schwierig, ein at-
traktives, den Gästewünschen entsprechendes Angebot zu kreieren, das auf Verzicht ausgelegt ist. Vielmehr ist die Lösung, Alternativen anzubieten, die nicht nur
„nachhaltig" sind, sondern auch im Auge des Konsumenten als attraktiv und als
für den Zweck des Urlaubs angemessen erscheinen. Hier gelten ressourcenschonende, müllvermeidende, sozial- und umweltverträgliche Konzepte, die auf tech-
nologiebasiertem Fortschritt und der Weiterentwicklung bestehender Angebote
fußen, als erfolgsversprechender.

In Summe lassen die Erkenntnisse der Fallstudienuntersuchung den Schluss
zu, dass zunächst touristische Entrepreneure unter bestimmten Bedingungen, unter Mitwirkung von externen Unterstützern sowie unter Verwendung eines auf
Fortschritt und Weiterentwicklung basierenden Gestaltungsansatzes der angebotenen Produkte und Dienstleistungen es schaffen, nicht nur Kunden zu gewinnen,
sondern auch eine Vorbildfunktion einzunehmen, zum Nachahmen zu animieren,
das Interesse von brancheninternen wie -externen Akteuren zu wecken und somit
auf unterschiedlichen (Konzeptions- und Handlungs-)Ebenen zur Verbreitung
von nachhaltigen Konsum- und Produktionsmustern beitragen. Nun stellt sich die
Fragen, inwieweit sich die im Bereich des Tourismus in Deutschland gewonnenen
Erkenntnisse auf andere Länder und Branchen übertragen lassen. Schließlich ist
der angestrebte Wandel hin zu SCP ein ebenso globales wie gesamtwirtschaftli-
ches Ziel. Die Darstellung entsprechender Übertragungsansätze ist Gegenstand
des nächsten Abschnitts.

4   Übertragungsansätze der Erfolgsfaktoren

Wie zuvor aufgezeigt wurde, kann der Tourismus als idealer und geeigneter Ausgangspunkt der geforderten Etablierung und Verbreitung nachhaltiger Produkti-
ons- und Konsummuster dienen, da „nachhaltige" und „verantwortliche" Angebote so attraktiv gestaltet sein müssen, dass sie von den Kunden als gleichwertig
zu „herkömmlichen" Angeboten angesehen werden. Die untersuchten Fallstudien
haben gezeigt, dass Attraktivität auf unterschiedliche erreicht werden kann und
somit leicht auch auf andere Kontexte angewendet werden kann. Zentrale Attrak-
tivitätsfaktoren für nachhaltigkeitsorientierte Angebote sind:

- Qualität: Die Qualität gilt neben dem Preis als ein zentrales Argument
im Kaufentscheidungsprozess und somit auch für die Konsumpräferen-
zen von Kunden[39]. Da der Tourismus als Serviceindustrie unter anderem

---

[39] Vgl. Thaler, 1983

durch die drei Charakteristika von Dienstleistungen, (1) die Intangibilität (es handelt sich nicht primär um ein physisches Produkt), (2) die Heterogenität (die Serviceerbringung kann von Dienstleister zu Dienstleister, von Tag zu Tag und im subjektiven Empfinden der Kunden variieren) und (3) die Untrennbarkeit – auch bekannt als *uno actu*-Prinzip, d.h. Produktion und Konsum fallen zeitlich und auch meist räumlich zusammen – geprägt ist[40], scheint der Qualitätsaspekt bisweilen nur als schwer objektiv messbar und von den individuellen Erwartungen und Ansprüchen der Konsumenten abhängig zu sein[41]. Durch Qualität konzeptualisierende Kriteriensets werden Anbietern unterschiedlicher Branchen jedoch Instrumente an die Hand gegeben, sich auf Qualität hin auszurichten, sofern dies der eigene Anspruch ist. Da hinter Qualitätskriterien zunehmend auch Aspekte der Herkunft, der Produktionsbedingungen, des ökologischen und sozialen Fußabdrucks[42] oder dergleichen als Indikatoren herangezogen werden, fließen verantwortungs- und nachhaltigkeitsbezogene Größen häufig in die Qualitätsmessung ein. Auf diese Weise lässt sich Qualität als Angebotsmerkmal definieren, über welches sich Anbieter – unabhängig von der Branche und dem Land der Aktivität – nicht nur gegenüber ihrem Wettbewerb differenzieren, sondern zugleich auch in Hinblick auf Nachhaltigkeit und verantwortungsvolles Handeln positionieren können.

- **Einzigartigkeit** oder **Besonderheit**: Die Einzigartigkeit des Angebots wird als eine von drei generischen Wettbewerbsstrategien gehandelt[43], da Einzigartigkeit eine mit einem Produkt oder mit einer Dienstleistung einhergehende Erfahrung ist, die durch kein Substitut geboten wird. Die Unverwechselbarkeit eines ganzen oder Besonderheiten innerhalb eines prinzipiell austauschbaren Angebotsbündels als Differenzierungsmerkmal hat sich in den Fallstudien als Kriterium für die Attraktivität und für den Erfolg vieler Angebote offenbart. Gleichzeitig bleiben sie nicht auf den Anwendungskontext des Tourismus beschränkt, sondern bieten sich auch für andere Branchen an. Besondere Angebote wirken anziehend und erzeugen darüber hinaus eine Aufmerksamkeit selbst bei solchen Personen, die (beispielsweise aufgrund eines hohen Preises) selbst keine Kunden werden (können). Zudem lässt sich Einzigartigkeit immer in

---

[40] Vgl. Parasuraman et al., 1985: 42; s. auch Freyer, 2015: 157 ff.

[41] Vgl. ebd.

[42] Vgl. z.B. die durch Kubitzki & Krschik-Bautz (2011) vorgenommene Unterscheidung in ideelle Qualität (bspw. regionale Produktion) und materielle Qualität (bspw. Bio-Anbau).

[43] Porter, 2004 (1980): 35 ff.

zeitlichen Horizonten, aber vor allem räumlichen Grenzen verorten und somit Anziehungskraft auf Konsumentengruppen mit Unterschieden in Bewegungsradius, Konsum- und Preispräferenzen entfalten. So wird es bereits vielen passionierten Bergsteigern genügen, den höchsten Berg der Alpen und nicht den Mount Everest als höchsten Berg der Welt zu besteigen.

- **Zusatznutzen**: Alle Fallstudien haben sich zudem durch jeweils spezifische Formen von Zusatznutzen ausgezeichnet. Diese können beispielsweise für ausgewählte Personengruppen (z.b. mobilitätseingeschränkte Gäste oder die Bevölkerung einer Destination) existieren, denen ein Mehrwert gegenüber vergleichbaren Basisangeboten geboten wird. Dieser Nutzen wirkt sich nicht nur auf die Attraktivität des Gesamtangebots aus, sondern gilt sodann auch als Indikator für die durch einen Entrepreneur wahrgenommene soziale Verantwortung. Der Zusatznutzen kann von Region zu Region, von Anspruchsgruppe zu Anspruchsgruppe und von Produkt zu Produkt unterschiedlich sein, da Produktmerkmale und durch den Zusatznutzen adressiertes (sozio-kulturelles und/oder natürliches) Umfeld idealerweise zu einer vom Konsumenten wahrgenommenen Leistungseinheit verschmelzen sollten.

- **Überraschungseffekt**: Überraschungseffekte sind schwer zu planen und – abhängig von Branche und Einsatzfeld – zu realisieren. Dennoch haben zwei der fünf untersuchten Fallstudien es geschafft vor allem durch den Einsatz von hochmodernen Technologien überraschende Erkenntnisse zutage treten zu lassen oder erstaunliche Konsequenzen an alltägliche und eingeschliffene Verhaltensmuster zu knüpfen. Auf diese Weise vermögen es derart gestaltete Effekte, Aufmerksamkeit zu erzeugen, sich im Bewusstsein zu verankern und als etwas Besonderes zugleich auch attraktiv zu wirken (s.o. Aspekt „Einzigartigkeit oder Besonderheit"). Die Art der Überraschungseffekte sind in der Regel von den an sie geknüpfte Kern-Produkte oder -Leistungen abhängig und werden maßgeblich durch sozio-kulturelle Faktoren (z.B. Tabus), Kenntnisse, Kreativität, finanzielle Ressourcen und die Verfügbarkeit von Technologien beeinflusst.

Die zuvor thematisierten Technologien bilden sogleich auch einen weiteren Erfolgsfaktor in der Angebotsgestaltung, der sich auf Produkte und Dienstleistungen außerhalb des Tourismus anwenden lässt. Die analysierten Fallstudien haben gezeigt, dass eigentlich energieintensive Angebote oder Ressourcen verbrauchende alltägliche Verhaltensweisen durch einen intelligenten Einsatz moderner Technologien energiesparend, CO_2-Ausstoß-reduzierend, umweltschonend und ressourcenschonend gestaltet werden können. Solche technologischen Highlights können dazu beitragen, nicht nur Überraschungseffekte und Alleinstellungsmerkmale (vgl. oben) zu kreieren, sondern auch zahlreichen anderen Angeboten als Inspiration zu dienen, Technologie im Sinne der Verbreitung nachhaltiger Konsum- und Produktionsmuster einzusetzen. Je nach Angebot und natürlichem Umfeld (z.B. Küstenlage, Breiten mit hoher Sonneneinstrahlung, o.ä.) lassen sich für eine Vielzahl von Angeboten passgenaue technologische Lösungen finden, die zu einer nachhaltigeren Gestaltung beizutragen vermögen – sie müssen nur entdeckt und entweder kreativ in das bestehende Produkt bzw. die existente Dienstleistung eingebunden oder ein Angebot um die entsprechende Technologie herum entworfen werden.

Weiter oben wurde bereits auf den Aspekt des Zusatznutzens als Attraktivitätsfaktor in der Angebotsgestaltung eingegangen. Dieser Gedanke wird nun zusätzlich in die Richtung weiterentwickelt, dass Zusatznutzen auf vielfältige Weise Akzeptanz für neue bzw. veränderte Verhaltensweisen oder Angebote schaffen kann. Positive Nebeneffekte auf die lokale Bevölkerung, das Image einer Region, die Lebensqualität vor Ort oder die regionale Wirtschaft lassen – so war es zumindest in den betrachteten *Case Studies* der Fall – die Akzeptanz der Angebote bzw. der mit deren Konsum verbundenen Tourismusaktivität seitens der von den positiven Auswirkungen betroffenen Stakeholdergruppen zunehmen. Die Verbreitung nachhaltiger Konsum- und Produktionsmuster kann folglich schon dadurch vorangetrieben werden, indem auf sozialer, ökologischer oder ökonomischer Ebene Zusatzeffekte nicht für die Konsumenten der Angebote selbst, sondern für die lokal ansässige Bevölkerung, an der Erstellung der Produkte oder Services beteiligte Akteure oder andere Personengruppen geschaffen werden. Deren Ausgestaltung hängt wiederum stark von der Produktionsstruktur des jeweiligen Angebots, dessen lokaler und gesellschaftlicher Verortung sowie den übrigen Rahmenbedingungen ab.

Spricht man allerdings von der Verbreitung von nachhaltigkeitsorientierten Verhaltensweisen und der Übertragung erfolgreicher Ideen auf andere Kontexte, ist es im Sinne der Vermeidung von bloßen *me-too*-Angeboten[44] wichtig, auf die Authentizität der Angebote zu achten. Wenngleich Authentizität vor allem im Tourismus eine besondere Bedeutung einnimmt[45], ist sie auch im Bereich von regional hergestellten und ortstypischen Produkten als bedeutsamer Nachfragefaktor anzusehen[46]. Gute Ideen sollten sich folglich stets gut in den Angebotskontext, die sozialen Strukturen und regionalen Umstände einbetten und nicht blind kopiert werden. Beim Aspekt des Nachahmens guter Ideen und vielversprechender

---

[44] Vgl. UNWTO, 2016: 2

[45] Vgl. Zehrer, 2010

[46] Vgl. z.B. Zukin, 2008; Autio et al., 2013

Angebote verbleibend, hat sich in den untersuchten Fallstudien gezeigt, dass verantwortlich handelnde Entrepreneure Nachahmung als Honorierung empfinden,
da ihre Konzepte als gut empfunden werden und sich zudem durch die Verbreitung der Idee die Gelegenheit ergibt, auch andere Kontexte von den positiven
Auswirkungen des Angebots profitieren zu lassen. Wenngleich es nach ökonomischer Lehre für Anbieter eher attraktiv sein sollte, aufgrund eines einzigartigen
Angebots eine Art Monopolstellung zu erlangen, welche den Spielraum in der
Preissetzung deutlich erhöht, bietet Nachahmung durch Wettbewerber die Gelegenheit, sich aufgrund der Herausforderungen stets weiterzuentwickeln und besser zu werden[47]. Ein solches Verhalten kann sich wiederum positiv auf die Entwicklung immer neuer nachhaltiger Angebote auswirken und ist somit ganz im
Sinne der Verbreitung von SCP zu verstehen.

Aus dem Verständnis heraus, den jeweiligen Entrepreneur-spezifischen Kontext in die konkrete Angebotsgestaltung einzubeziehen sowie durch einen kreati-
ven Einsatz moderner, ressourcensparender und umweltschonender Technologien
oder das Ergänzen des Kernprodukts um positive soziale oder wirtschaftliche Nebeneffekte lässt sich die Argumentation ebenso auf den theoretischen Wissen-
schaftsbereich ausweiten. Hier können insbesondere Diskussionen rund um den
Circular Economy-Ansatz, die Spieltheorie und den Libertären Paternalismus als
Ausgangspunkt dienen. Die Idee der *Circular Economy* beschäftigt sich auf unterschiedlichen Ebenen mit der Reduzierung von Ressourcenverbrauch und der
gezielten Verwendung von Abfallprodukten eines Herstellungsprozesses als In-
putfaktoren anderer Produktionsprozesse mit dem Ziel, Kreisläufe der Ressour-
cennutzung zu bilden[48]. Auf diese Weise bieten die Grundlagen die *Circular Economy*, die bislang insbesondere auf Produktionsprozesse ausgelegt ist, das Potential, einen unternehmensseitig gesteuerten, technologieunterstützten Beitrag zur
Verbreitung von SCP leisten zu können. Geht es darum zu untersuchen, ob Ver-
zichts- oder Fortschrittsansätze sowohl aus Konsumenten- als auch aus Unternehmenssicht eine präferierte Lösung sein können[49], erscheint ein spieltheoretischer
Ansatz als geeignet, da durch ihn zwei voneinander unabhängige, aber in ihrem
Handeln doch aufeinander angewiesene Akteursgruppen untersucht werden können, die darüber hinaus möglicherweise unterschiedliche Handlungsstrategien
verfolgen. Mithilfe einer solchen Untersuchung ließen sich Potentiale von Ver-
zichts- und Fortschrittsansätzen bei der Etablierung von SCP insbesondere von
der Warte einer unabhängigen Strategiewahl von Anbietern und Konsumenten bewerten. Zuletzt kann die Idee des Libertären Paternalismus und dessen zentrales

---

[47] Vgl. Geisendorf, 2009; Najda-Janoszka, 2014

[48] Vgl. Pearce & Turner, 1990; Kirchherr et al., 2017; Korhonen et al., 2018

[49] Vgl. Lozano, 2007; 2011

Konzept des *Nudging* die Diskussion um eine erfolgreiche Etablierung und schnellere Verbreitung von nachhaltigen Konsum- und Produktionsmustern bereichern. Während es einerseits als gerechtfertigtes Mittel der subversiven Steuerung menschlichen Verhaltens – d.h. sowohl von Entrepreneuren wie auch von Kunden – in eine gewünschte Richtung angesehen wird, sind andererseits aber zentrale Kritikpunkte wie die Autorisierung, die Wahl der „richtigen", d.h. anzustrebenden Ziele und genutzten Methoden, sowie Eingriffe in die Willensfreiheit des Handelns zu berücksichtigen[50]. Diese drei zuvor genannten Ansätze stellen exemplarisch dar, wie sich konkrete Probleme und praktische Lösungsansätze nicht nur wissenschaftlich fundieren, sondern sogar in neue Richtungen mit bislang unbekannten Resultaten und daraus abzuleitenden Implikationen weiterentwickeln lassen.

5   Fazit und Ausblick

Den Ausgangspunkt dieses Beitrags stellte die Erkenntnis dar, dass zwischen dem vor allem politisch geäußerten Appell nach einer beschleunigten Etablierung nachhaltiger Konsum- und Produktionsmuster und deren praktischer Umsetzung häufig eine große Lücke klafft. Im weiteren Verlauf wurde auf das im Rahmen meiner Dissertation entwickelte Katalyseschema Bezug genommen, welches Entrepreneure, deren Handlungsmotive, Charakteristika und Wertvorstellungen sowie die sie beratenden und unterstützenden Akteure als Katalysatorkomplex begreift, der es vermag, eine Transformationen in Richtung einer Etablierung nachhaltiger Konsum- und Produktionsmuster zu ermöglichen und deren Verbreitung zu beschleunigen. Auf Basis der im Zuge der Dissertation untersuchten Fallstudien konnten zentrale Erfolgsfaktoren isoliert werden, die als geeignet dafür angesehen werden, auf andere Anwendungskontexte und Akteurskonstellationen übertragen zu werden. Als Ausgangspunkt kann ein Abgleich mit den in Tabelle 1 dargestellten Haupt- und Unterkategorien dienen. Diese als komplementär anzusehenden Hauptkategorien mit ihren alternativen Ausprägungsformen (Unterkategorien) können zur Selbstevaluation einer Idee oder Initiative herangezogen werden – und damit über den Bereich des Tourismus hinaus Anwendung finden. Darüber hinaus lassen sich insbesondere die Verbindung von attraktiven Produkt- bzw. Servicedesigns einerseits und der Einsatz ressourcensparender und umweltschonender Technologien andererseits als erfolgsversprechende, da Nachfrage generierende und zugleich ökologisch verträgliche Kombination ansehen. Vermag es ein Unternehmer zudem auf kreative Weise einen Zusatznutzen für sein

---

[50] Mitchell, 2005

unmittelbares Umfeld zu schaffen, kann er so nicht nur seine persönliche Akzeptanz, sondern auch die Akzeptanz von Gästen, Kunden und Konsumenten seines Angebots (vor Ort) durch die lokale Bevölkerung erhöhen. Die Aufgabe des Entrepreneurs im Rahmen einer auf die Etablierung von SCP ausgerichteten Geschäftsmodells geht folglich über das reine Erkennen und Ausnutzen einer unternehmerischen Gelegenheit hinaus und erfordert eine gleichsam (in Hinblick auf die Angebotsgestaltung, den Einsatz von Technologien und das Schaffen von Zusatznutzen) kreative wie (alle im Rahmen des Katalysatorkomplexes und auch Stakeholdergruppen) moderierende und orchestrierende Funktion. Gelingt es einem Unternehmer dieser Rolle gerecht zu werden – und verstehen sie es in diesem Zusammenhang, sich die richtige Unterstützung seitens Politik und anderer relevanter Akteure zu sichern –, können Entrepreneure nicht nur als Katalysatoren für die Etablierung nachhaltiger Konsum- und Produktionsmuster angesehen werden, sondern können darüber hinaus eine aktive, zukunftsgestaltende und somit im vollumfänglichen Sinn verantwortungsvolle Funktion einnehmen.

An dieser Stelle kann nun der Bedarf nach zukünftigem Forschungsbedarf formuliert werden. Stellt das entwickelte Katalyseschema einen nachvollziehbaren, konzeptuellen Rahmen dar, sei besonders auf dessen Limitationen hingewiesen. Die Übertragung des naturwissenschaftlichen Konzepts des Katalysators, der in Verbindung mit Reaktanden gezielt eingesetzt wird, um ein intendiertes und vorhersagbares Ergebnis zu erzielen, stößt in seiner übertragenen Form in den Sozial- und Wirtschaftswissenschaften an seine Grenzen. Reaktanden und Katalysator sind hier keine chemischen Stoffe, die planbar miteinander reagieren, sondern personale, organisationale oder institutionelle Akteure, die miteinander interagieren. Daraus ergibt sich zwangsläufig, dass ein interdependentes Handeln in Netzwerkstrukturen weder jedes Mal identisch abläuft noch zu vorhersagbaren Ergebnissen führt. Zwar gibt es bestimmte Akteurskonstellationen, die gewisse Ziele und erwünschte Zustände leichter erreichen lassen, eine zwingende Kausalität existiert allerdings nicht. Weitere Forschungen in diesem Bereich können dazu beitragen, das entwickelte Konzept zu schärfen und, wo nötig, anzupassen.

Literatur

Alvares de Souza Soares, P. (2020): Nachhaltigkeit - Chemiekonzerne verkaufen sich am besten. In: Manager Magazin online vom 20.01.2020. Online unter: https://www.manager-magazin.de/unternehmen/artikel/nachhaltigkeit-studie-hering-schuppener-zu-dax-konzernkommunikation-a-1304195.html [letzter Zugriff: 24.01.2020].

Alvarez, S. A. & Barney, J. B. (2007): Discovery and creation: Alternative theories of entrepreneurial action. In: Strategic Entrepreneurship Journal, 1(1), 11-26.

Ardichvili, A.; Cardozo, R. & Ray, S. (2003): A theory of entrepreneurial opportunity identification and development. In: Journal of Business Venturing, 18(1), 105-123.

Autio, M.; Collins, R.; Wahlen, S. & Anttila, M. (2013): Consuming nostalgia? The appreciation of authenticity in local food production. In: International Journal of Consumer Studies, 37(5), 564-568.

Bauknecht, D.; Brohmann, B. & Grießhammer, R. (2015): Transformationsstrategien und Models of Change für nachhaltigen gesellschaftlichen Wandel: Gesellschaftlicher Wandel als Mehrebenenansatz. Texte 66/2015. Dessau-Roßlau: Umweltbundesamt.

Baumgartner, R. J. (2014): Managing Corporate Sustainability and CSR: A Conceptual Framework Combining Values, Strategies and Instruments Contributing to Sustainable Development. In: Corporate Social Responsibility and Environmental Management, 21(5), 258-271.

Bieger, T. (2002): Management von Destinationen. München: Oldenbourg (5. Aufl.).

Brockhaus, R. H. & Horwitz, P. S. (1986): The psychology of the entrepreneur. In: Krueger, N. F. (Hrsg.): Entrepreneurship: Critical perspectives on business and management, Band 2. London & New York: Routledge, 260-279.

Brohmann, B. & David, M. (2015): Transformationsstrategien und Models of Change für nachhaltigen gesellschaftlichen Wandel: Tipping Point Konzeptionen im Kontext eines nachhaltigen gesellschaftlichen Wandels. Texte 67/2015. Dessau-Roßlau: Umweltbundesamt.

Bundesregierung (2018): Deutsche Nachhaltigkeitsstrategie. Aktualisierung 2018. Online unter: https://www.bundesregierung.de/resource/blob/975274/1546450/65089964ed4a2ab07ca8a4919e09e0af/2018-11-07-aktualisierung-dns-2018-data.pdf?download=1 [letzter Zugriff: 02.01.2020].

Bundesregierung (2019): Das Gespräch. "Verzichtsdebatten überzeugen die Menschen nicht". In: Schwarzrotgold. Das Magazin der Bundesregierung, 4, 7-9.

Carland, J. C.; Carland, J. W. & Stewart, W. H. (1996): Seeing what's not there: The enigma of entrepreneurship. In: Journal of Small Business Strategy, 7(1), 1-20.

Corsten, H. & Roth, S. (2012): Nachhaltigkeit als integriertes Konzept. In: Corsten, H. & Roth, S. (Hrsg.): Nachhaltigkeit. Unternehmerisches Handeln in globaler Verantwortung. Wiesbaden: Springer Gabler, 1-13.

Dean, T. J. & McMullen, J. S. (2007): Toward a theory of sustainable entrepreneurship: Reducing environmental degradation through entrepreneurial action. In: Journal of Business Venturing, 22(1), 50-76.

Dees, J. G. & Anderson, B. B. (2006): Framing a theory of Social Entrepreneurship: Building on two schools of practice and thought. In: ARNOVA Occasional Paper Series, 1(3), 39-66.

Dyllick, T. & Hockerts, K. (2002): Beyond the business case for corporate sustainability. In: Business Strategy and the Environment, 11(2), 130-141.

Engert, S. & Baumgartner, R. J. (2016): Corporate sustainability strategy e bridging the gap between formulation and implementation. In: Journal of Cleaner Production, 113, 822-834.

Epstein, M. J. & Roy, M.-J. (2001): Sustainability in Action: Identifying and Measuring the Key Performance Drivers. In: Long Range Planning, 34(5), 585-604.

Freyer, W. (2015): Tourismus. Einführung in die Fremdenverkehrsökonomie. Berlin u.a.: Walter de Gruyter Oldenbourg (11. Aufl.).

Fücks, R. (2019): Wachstum statt Verzicht. Investitionen statt Verbote. In: WirtschaftsWoche 39 vom 20.09.2019, 44-45.

Geels, F. W. (2002): Technological transitions as evolutionary reconfiguration processes: A multilevel perspective and a case-study. In: Research Policy, 31(8-9), 1257-1274.

Geels, F. W. (2006): Multi-level perspective on system innovation: Relevance for industrial transformation. In: Olshoorne, X. & Wieczorek, A. J. (Hrsg.): Understanding industrial transformation: Views from different disciplines. Dordrecht: Springer Netherlands, 163-186.

Geels, F. W. (2011): The multi-level perspective on sustainability transitions: Responses to seven criticisms. In: Environmental Innovation and Societal Transitions, 1(1), 24-40.

Geisendorf, S. (2009): The Influence of Innovation and Imitation on Economic Performance. In: Economic Issues Journal Articles, 14(1), 65-94.

GfN (2017): Memorandum 2017. Unsere Verantwortung für eine zukunftsfähige Gesellschaft. Online unter: https://www.gfn-online.de/memorandum-2017 [letzter Zugriff: 02.01.2020].

Gladwell, M. (2000): The tipping point. How little things can make a great difference. New York: Back Bay Books / Little, Brown and Company.

Granovetter, M. S. (1973): The strength of weak ties. In: American Journal of Sociology, 78(6), 1360-1380.

Granovetter, M. S. (1985): Economic action and social structure: The problem of embeddedness. In: American Journal of Sociology, 91(3), 481-510.

Greve, A. & Salaff, J. W. (2003): Social networks and entrepreneurship. In: Entrepreneurship Theory and Practice, Vol. 28, No. 1, S. 1-22.

Hockerts, K. & Wüstenhagen, R. (2010): Greening Goliaths versus emerging Davids – Theorizing about the role of incumbents and new entrants in sustainable entrepreneurship. In: Journal of Business Venturing, 25(5), 481-492.

Holcombe, R. G. (1998): Entrepreneurship and economic growth. In: The Quarterly Journal of Austrian Economics, 1(2), 45-62.

Kirchherr, J.; Reike, D. & Hekkert, M. (2017): Conceptualizing the circular economy: An analysis of 114 definitions. In: Resources, Conservation and Recycling, 127, 221-232.

Klein, P. (2014): Corporates as agents of social change: the academic view. In: The Guardian vom 15. Januar 2014. Online unter: https://www.theguardian.com/sustainable-business/corporates-agents-social-change-academic-view [letzter Zugriff: 02.01.2020].

Korhonen, J.; Honkasalo, A. & Seppälä, J. (2018): Circular Economy: The Concept and its Limitations. In: Ecological Economics, 143, 37-46.

Kubitzki, S. & Krischik-Bautz, S. (2011): Weiß der Verbraucher wirklich, welche Qualität er kauft? Eine Studie zur Qualitätserwartung an Gütezeichen. In: Agrarökonomische Diskussionsbeiträge, 92. Gießen: Institut für Agrarpolitik und Marktforschung, ZDB-ID 1046214-4.

Lozano, R. (2007): Collaboration as a pathway for sustainability. In: Sustainable Development, 15(6), 370-381.

Lozano, R. (2011): Addressing Stakeholders and Better Contributing to Sustainability through Game Theory. In: The Journal of Corporate Citizenship, 45(43), 45-62.

Magretta, J. (2002): Why business models matter. In: Harvard Business Review, 80(5), 86-92.

Mayring, P. (1991): Qualitative Inhaltsanalyse. In: Flick, U.; Kardorff, E. v.; Keupp, H.; Rosenstiel, L. v. & Wolff, S. (Hrsg.): Handbuch qualitative Forschung. Grundlagen, Konzepte, Methoden und Anwendungen. München: Beitz Psychologie Verlag Union, 209-213.

Mayring, P. (1994): Qualitative Inhaltsanalyse. In: Boehm, A.; Mengel, A. & Muhr, T. (Hrsg.): Texte verstehen. Konzepte, Methoden, Werkzeuge. Konstanz: UVK Universitätsverlag Konstanz, 159-175.

McWilliams, A. & Siegel, D. S. (2011): Creating and capturing value: Strategic corporate Social Responsibility, resource-based theory, and sustainable competitive advantage. In: Journal of Management, 37(5), 1480-1495.

Mitchell, G. (2005): Review Essay. Libertatrian paternalism is an oxymoron. In: Northwestern University Law Review, 99(3), 1245-1277.

Mittasch, A. (1948): Von der Chemie zur Philosophie. Ausgewählte Schriften und Vorträge. Ulm: J. Ebner-Verlag.

Morrison, A. (2000): Entrepreneurship: what triggers it? In: International Journal of Entrepreneurial Behaviour & Research, 6(2), 59-71.

Najda-Janoszka, M. (2014): Towards balancing innovation and imitation practices in the value creation process. In: Jaki, A. & Rojek, T. (Hrsg.): Managing organizations in changing environment. Models – Concepts – Mechanisms. Krakau: Foundation of Cracow Academy of Economics, 383-393.

Ostrom, E. (2000): Social capital: a fad or a fundamental concept? In: Dasgupta, P. & Serageldin, I. (Hrsg.): Social Capital. A Multifaceted Perspective. Washington D.C.: World Bank, 172-214.

Parasuraman, A.; Zeithaml, V. A. & Berry, L. L. (1985): A Conceptual Model of Service Quality and Its Implications for Future Research. In: The Journal of Marketing, 49(4), 41-50.

Pearce, D. W. & Turner, R. K. (1990): Economics of natural resources and the environment. Harlow, UK: Pearson.

Peredo, A. M. & McLean, M. (2006): Social entrepreneurship: A critical review of the concept. In: Journal of World Business, 41(1), 56-65.

Porter, M. E. (2004 [1980]): Competitive Strategy. Techniques for Analyzing Industries and Competitors. New York: Free Press.

Porter, M. E. (2004 [1985]): Competitive advantage. Creating and sustaining superior performance. New York: Free Press.

Porter, M. E. & Kramer, M. R. (2011): Creating shared value. How to reinvent capitalism – and unleash a wave of innovation and growth. In: Harvard Business Review, 89(1/2), 62-77.

Richardson, J. T. (1989): Principles of catalyst development. New York: Springer.

Rokeach, M. (1973): The nature of human values. New York: Free Press.

Rønning, L.; Ljunggren, E. & Wiklund, J.n (2010): The community entrepreneur as a facilitator of local economic development. In: Kalrsson, C.; Johansson, B. & Stough, R. R. (Hrsg.): Entrepreneurship and regional development – Local processes and global patterns. Cheltenham & Northampton, UK: Edward Elgar, 195-237.

Saeidi, S. P.; Sofian, S.; Saeidi, P.; Saeidi, Sa. P. & Saaeidi, S. A. (2015): How does corporate social responsibility contribute to firm financial performance? The mediating role of competitive advantage, reputation, and customer satisfaction. In: Journal of Business Research, 68(2), 341-350.

Schumpeter, J. A. (1912): Theorie der wirtschaftlichen Entwicklung. Leipzig: Duncker & Humblot.

Singh, S. (2019): Here are three ways the private sector can act as a sustainability catalyst for Globalization 4.0. Online unter: https://www.weforum.org/agenda/2019/01/3-ways-the-private-sector-can-act-as-a-sustainability-catalyst-for-globalization-4-0/ [letzter Zugriff: 02.01.2020].

Spear, R. (2006): Social entrepreneurship: a different model? In: International Journal of Social Economics, 33(5/6), 399-410.

Thaler, R. (1983): Transaction Utility Theory. In: Advances in Consumer Research, 10, 229-232.

Thompson, J. L. (2004): The facets of the entrepreneur: Identifying entrepreneurial potential. In: Management Decision, 42(2), 243-258.

Thompson, N.; Kiefer, K. & York, J. G. (2011): Distinctions not dichotomies: Exploring social, sustainable, and environmental entrepreneurship. In: Lumpkin, G. T. & Katz J. A. (Hrsg.): Social and sustainable entrepreneurship. Advances in entrepreneurship, firm emergence and growth, 13, 201-229.

Trimm, D. L. (1978): The design of catalysts. In: Pure and Applied Chemistry, 50(9-10), 1147-1168.

Umweltbundesamt (UBA) (2019): Fachbereich III vom 10.10.2019. Online unter: https://www.umweltbundesamt.de/das-uba/wer-wir-sind/organisation/fachbereich-iii   [letzter   Zugriff: 30.12.2019].

United Nations (UN) (2002): Plan of Implementation of the World Summit on Sustainable Development.   Online   unter: https://www.un.org/esa/sustdev/documents/WSSD_POI_PD/English/WSSD_PlanImpl.pdf [letzter Zugriff: 30.12.2019].

UN General Assembly (2015): Transforming our world: the 2030 Agenda for Sustainable Development. U.N. GA, 70th session, U.N. Doc. A/RES/70/1 (21. Oktober 2015).

UNFCCC (2018): Katowice Climate Change Conference – December 2018. 02-14 Dezember 2018, Kattowitz, Polen. Abschlussdokumente online unter: https://unfccc.int/process-and-meetings/conferences/katowice-climate-change-conference-december-2018/katowice-climate-change-conference-december-2018 [letzter Zugriff: 02.01.2020].

UNWTO (2016): Innovative catalysts boosting sustainability in the tourism sector. Based on cases and   initiatives   from   Germany.   Online   unter: http://www.bmub.bund.de/fileadmin/Daten_BMU/Pools/Forschungsdatenbank/fkz_um15_16_195_nachhaltigkeit_tourismusbranche_bf.pdf [letzter Zugriff: 30.12.2019].

WEF (2019): Sustainable Development Impact Summit. 23-24 September 2019, New York, USA. Beiträge und Diskussionen online unter: https://www.weforum.org/events/sustainable-development-impact-summit-2019# [letzter Zugriff: 02.01.2020].

Wennekers, S. & Thurik, A. R. (1999): Linking entrepreneurship and economic growth. Small Business Economics, 13(1), 27-55.

Zapf, W. (2018): Wandel, sozialer. In: Kopp, J. & Steinbach, A. (Hrsg.): Grundbegriffe der Soziologie. Wiesbaden: Springer VS, 499-505.

Zehrer, A. (2010): Authentizität – Inszenierung. Die subjektive Wahrnehmung des touristischen Produkts. In: Egger, R. & Herdin, T. (Hrsg.): Tourismus im Spannungsfeld von Polaritäten. Wien, Berlin: LIT-Verlag, 259-273.

Zukin, S. (2008): Consuming Authenticity. From outposts of difference to means of exclusion. In: Cultural Studies, 22(5), 724-748.

Resilienz als Merkmal verantwortlicher Unternehmensführung

Martin Fontanari & Theresa Reiche

Abstract

Verantwortliche Unternehmensführung zeichnet sich vor allem in Phasen disruptiver Störungen oder systemischer Krisen aus und erfährt über den Begriff der resilienten Ausrichtung von Unternehmen eine neue Bedeutung im Kontext der Nachhaltigkeitsorientierung. Es existieren nur wenige ganzheitliche Erklärungsansätze und Modelle der organisatorischen Resilienz; diese werden kurz erläutert und der Forschungsbedarf aufgezeigt. Zwei empirische Untersuchen verdeutlichen die Relevanz der Notwendigkeit einer stärkeren resilienten Ausrichtung von Unternehmen. Experten verweisen auf eine teilweise bereits vorhandene partielle Resilienz in Unternehmen. Die gewonnenen Erkenntnisse münden in ein ganzheitliches Modell der unternehmerischen Resilienzgestaltung bzw. -ausrichtung.

Inhalt

© Springer Fachmedien Wiesbaden GmbH, ein Teil von Springer Nature 2020
H. Pechlaner und S. Speer (Hrsg.), *Responsible Entrepreneurship*, Entrepreneurial Management und Standortentwicklung, https://doi.org/10.1007/978-3-658-31616-7_8

1   Einführung: Verantwortliche Unternehmensführung im Kontext systemischer Krisen

Die Weltwirtschaft entwickelt sich aufgrund der zunehmenden Technologisierung und Digitalisierung im Kontext der ökonomischen Globalisierung immer stärker in Richtung vernetzter Komplexität und damit einhergehenden organisatorischen und marktbezogenen Herausforderungen.[1] Nur wenige multinationale und transnationale Unternehmen führen heute bereits zu einer intensiven Vernetzung und Abhängigkeit der industriellen Liefer-, Produktions- und Vertriebsprozesse. Aktuell gibt es eine Fülle von globalen Risiken und möglichen Systemkrisen, die im Klimawandel, in Naturkatastrophen, in der Verlangsamung des globalen Wachstums, in wirtschaftlicher Ungleichheit, geopolitischen Spannungen, technologischen Entwicklungen, Terrorismus, zivilen Katastrophen, Wirtschaftskrisen, Staatsbankrotten, plötzlichen Nachfrageänderungen oder starren Gesetzesänderungen begründet liegen. Der Global Risk Report 2019 fragte sogar, ob die Welt nicht langsam und blind in eine Krise hineingerät.[2]

Systemkrisen und -risiken können zu schweren Störungen in Unternehmen führen oder zumindest die Organisation in Schwierigkeiten bringen; unvorbereitete Unternehmen geraten dadurch schnell in Schieflage, Insolvenzen und Konkurse. Die höhere Komplexität einer vernetzten, globalen Weltwirtschaft erfordert auch eine Erhöhung der Komplexität der Steuerung von Unternehmen.[3] Damit sich Unternehmen in dem sich schnell verändernden Umfeld mit immer stärker zunehmenden Krisen behaupten können, ist es von Bedeutung, dass diese auf systemisch bedinge Störfälle oder Kollapsfunktionen vorbereitet sind.

Wie kann nunmehr diese Sichtweise in der relevanten Diskussion zur unternehmerischen Verantwortung eingeordnet werden, die häufig mit dem Thema Corporate Social Responsibility gleichgesetzt wird? Corporate Social Responsibility steht für die unternehmerische und gesellschaftliche Verantwortung, die zu einem nachhaltigen Wirtschaften führen soll. Sie begrenzt sich dabei auf die Ausrichtung und (Aus-)Wirkung unternehmerischer Tätigkeit auf das unmittelbare Umfeld in Wirtschaft, Gesellschaft und Umwelt. Die damit einhergehende nachhaltige Ausrichtung von Unternehmen auf diese Bereiche steht für freiwillige Aktivitäten des Unternehmens für eine nachhaltige Entwicklung, die über umwelt- und ressourcenbewusstes Wirtschaften, die Wahrnehmung sozialer bzw. gesellschaftlicher Verantwortung und ökonomischer (z.B. Förderung qualitativ hochwertiger nachhaltiger Produkte und Dienstleistungen, Ausbildung qualifizierter

---

[1] vgl. Fontanari & Kredinger, 2017: 2-3; Jansen, 2012: 46; Turek, 2017: 264-365; Winston, 2014; World Economic Forum, 2019: 5
[2] vgl. World Economic Forum, 2019: 5
[3] vgl. Fontanari & Kredinger, 2017: 3

Facharbeiter, Stabilität der Wertschöpfung etc.) sowie gesetzlicher Vorgaben hinausgehen. Innerhalb der ökonomischen Dimension wird der langfristige Unternehmenserhalt oder die Unternehmenssicherung ausgewiesen[4]. Diese Dimension erfährt gerade in volatilen Märkten bei voranschreitender Digitalisierung eine besondere Bedeutung, vor allem dann, wenn disruptive Störungen absehbar sind. Damit sind aber noch längst nicht alle Rahmenbedingungen oder Einflussfaktoren genannt, die zu Systemkrisen führen können.

Die oft fehlende intensivere betriebliche und wissenschaftliche Auseinandersetzung mit der Thematik „unternehmerischer Verantwortung" im Kontext möglicher Systemkrisen kann zum einen damit begründet werden, dass die unternehmerische Tätigkeit im Rahmen vorhandener Marktmechanismen als „daily business" angesehen wird, wo es gilt, über die strategische Planung entsprechende markt- und unternehmensbezogene Zielsetzungen und Aktionen zu formulieren, Wettbewerbsvorteile auszubauen und damit Produktivität und Rentabilität zu erhöhen. Zum anderen erscheinen kataklastische Katastrophen, systemimmanente Verwerfungen oder ein über das mechanische Weltbild hinausgehendes Betrachten von langfristigen Zyklen und deren Eintrittswahrscheinlichkeiten zu weit weg von der unternehmerischen (Alltags-)Realität; insofern bietet sich dann auch keine grundlegende unternehmenskulturelle Auseinandersetzung an, müssen doch Ressourcen optimal für das Marktgeschehen eingesetzt werden.

Die Entwicklung von Resilienzfähigkeit und -fertigkeit ist demnach eine Antwort auf die Frage verantwortlicher Unternehmensführung, die als prioritäres bzw. übergeordnetes Ziel die Überlebensfähigkeit des Unternehmens in den Mittelpunkt der strategischen Ausrichtung stellt.[5] Das Konzept der Resilienz bezieht sich dabei auf den unternehmerischen Widerstand und organisationale Anpassungsfähigkeit, die Unternehmen derartigen systemimmanenten Krisenerscheinungen entgegensetzen können. Resilienz bedeutet, dass Unternehmen in der Lage sind, sich nach schweren externen, disruptiven Störungen zu behaupten und ihre produktive und soziale Verantwortung aufrecht erhalten zu können. Die aktuelle Covid-19-Pandemie verdeutlicht in ihren u.a. ökonomischen Auswirkungen, wie sehr sich durch die Quarantäne-Bestimmungen in unterschiedlichen Ländern die Versorgungslage auf Gesellschaft und Unternehmen dramatisch auswirkt, da die Unterbrechung länderüberschreitender Lieferketten zu temporären oder vollständigen Produktionsstopps führte.[6]

---

[4] Vgl. Weisensee & Baumann, 2014: 14
[5] vgl. Turek, 2017: 264-365
[6] vgl. Bidder, 2020

2   Der Begriff der Resilienz im unternehmerischen Zusammenhang

Eine Organisation ist ein multidimensionales soziales System, dessen Hauptauf-
gabe darin besteht, Entscheidungen in einer kontingenten und komplexen Welt
mit unendlichen Möglichkeiten zu treffen.[7] Globalisierung, Wettbewerb und neue
Formen der Technologie haben dazu geführt, dass die heutige Arbeit immer wan-
delbarer, unsicherer und marktgetriebener wird.[8] Unternehmen sind daher gefordert, großflächige Veränderungen durch z.b. Mergers & Acquisitions, Restruktu-
rierungen oder Downsizing umzusetzen, um in Zukunft überleben und gedeihen
zu können.[9] Aber nicht nur die Marktanforderungen sind anspruchsvoll, denn die
steigende Zahl von Umweltkatastrophen veranlasst Unternehmen, sowohl Anpas-
sungs- als auch Planungskompetenzen zu entwickeln. Die meisten Unternehmen
sind in der Tat in der Lage, diese Herausforderungen zu bewältigen. Unter Berücksichtigung des Resilienz-Begriffs sind diese Organisationen daher sogenannte resiliente Organisationen oder zeigen organisatorische Belastbarkeit.[10]

Vor rund 40 Jahren[11] fand der erste Transfer von der persönlichen Resilien-
zforschung zu ersten Ansätzen bezüglich einer organisatorischen Resilienz[12] oder
Unternehmensresilienz[13] statt. Die ersten Ansätze für die Economic Resilience
Research beziehen sich auf organisatorische Veränderungen und Marktveränderungen.[14] Sutcliffe und Vogus gehen davon aus, dass Resilienz Aufschluss darüber
gibt, wie Organisationen kontinuierlich wünschenswerte Ergebnisse inmitten von
Widrigkeiten, Belastungen und erheblichen Barrieren für Anpassung oder Entwicklung erzielen. Organisatorische Resilienz kann definiert werden als "die Fähigkeit eines Systems, den Belastungen der Umweltbelastung zu widerstehen, basierend auf der Kombination / Zusammensetzung der Systemteile, ihrer struktu-
rellen Verbindungen und der Art und Weise, wie Umweltveränderungen übertragen und im gesamten System verteilt werden".[15]

In den letzten Jahren hat der Resilienzfaktor an Bedeutung gewonnen. Wie
Bishop und Hydoski darlegen, wird Resilienzvermögen bereits von erfolgreichen
Unternehmen als Wettbewerbsvorteil angesehen.[16] Dabei kann die Resilienz als

---

[7] vgl. Hoffmann, 2017: 95
[8] vgl. Allvin et al., 2011
[9] vgl. Meuse et al., 2011
[10] vgl. Hoffmann, 2017: 2
[11] vgl. Denyer, 2017: 9
[12] vgl. Hoffmann, 2017: 76
[13] vgl. Buchtitel "Corporate Resilience" von Bishop & Hydoski, 2009
[14] vgl. Sutcliffe & Vogus, 2003: 94
[15] ebenda: 77
[16] vgl. Bishop & Hydoski, 2009: 31

eine der Schlüsselkompetenzen von langfristig überlebensfähigen Unternehmen des 21. Jahrhunderts angesehen werden.[17]

2.1 Resilienz aus der Sicht der unternehmerischen Verantwortung

In der Literatur gibt es verschiedene Ansätze, um die organisatorische Belastbarkeit von Unternehmen zu untersuchen.[18] Die Definition der International Standardization Organization (ISO), im Speziellen die ISO 22316,[19] beschreibt die organisatorische Belastbarkeit als die Fähigkeit eines Unternehmens, in einem sich verändernden Umfeld markt- oder umweltseitige unternehmensgefährdende Entwicklungen rechtzeitig zu erkennen, wahrzunehmen und sich darauf vorzubereiten. Eine weitere Definition beschreibt Resilienz als Überlebensfähigkeit[20] eines Unternehmens nach disruptiven Störungen und die Unternehmensstabilisierung nach einer Stressphase.

Becker et al. beschreiben Resilienz als die Fähigkeit, auf unvorhergesehene Ereignisse zu reagieren und dauerhafte Veränderungen zu managen.[21] Sutcliffe und Vogus sehen unternehmerische Resilienz in kritischen Phasen der Unternehmensentwicklungen gegeben, in der Unternehmen positive und proaktive Anpassungen unter herausfordernden Bedingungen vornehmen können.[22] Fontanari und Kredinger ordnen die Resilienzausrichtung von Unternehmen oder Regionen dahingehend ein, als dass diese „aus eigener, innerer Stärke mit regionalem Ressourcenzugang nachhaltig und ökonomisch ausbalanciert wirtschaften" (…) können; demnach entwickeln solche Unternehmen die Fähigkeit einer strategischen und operativen unternehmerischen Vorbereitung auf Störfälle und Krisenzeiten, und damit die Kompetenz, vor dem Eintritt eines massiven Störfalls organisatorisch vorbereitet zu sein und die Folgen von schweren Krisen abzumildern oder abzuschwächen.[23]

2.2 Resilienz als Steigerung der Nachhaltigkeitsausrichtung von Unternehmen – eine Einordnung

Nachhaltigkeit stellt in Unternehmen eine strategische Querschnittsaufgabe dar und erweitert damit auch die wirtschaftliche Perspektive von Unternehmen – vorausgesetzt, man berücksichtigt die Komplexität von Natur und Gesellschaft, in

---

[17] vgl. Jansen, 2012b: 46
[18] vgl. ores [2018]: 2
[19] vgl. International Organization for Standardization, 2017: 1
[20] vgl. Bishop & Hydoski, 2009: 31-32
[21] vgl. Becker, Braumandl & Schoemakers, 2019: 19
[22] vgl. Sutcliffe & Vogus, 2003: 96
[23] vgl. Fontanari & Kredinger, 2017: 3

denen unternehmerisches Wirken eingebettet ist. Die Lösung von sozialen, ökologischen oder ökonomischen Problemen erfordert entsprechendes antizipatives Planen und Steuern der Unternehmensaktivitäten sowie verantwortungsbewusstes Wirtschaften. Das Management sieht sich in der Verantwortung, wirtschaftliche, gesellschaftliche und ökologische Erwartungen in Einklang zu bringen.[24]

Corporate Social Responsibility (CSR) hat sich vor dem Hintergrund ökologischer und sozialer Transformationsprozesse sowie sich verändernder Machtverteilungen als Konzept bzw. Synonym für gesellschaftlich verantwortungsbewusste Unternehmensführung etabliert. Dieses basiert auf der Idee, dass Unternehmen aufgrund ihrer wachsenden Größe und Macht Verantwortung für Herausforderungen übernehmen, die über die wirtschaftliche Dimension hinausgehen. Für Unternehmen führt die Veränderung ihrer wirtschaftlichen und gesellschaftlichen Rolle dazu, dass sie diese im Kontext einer nachhaltigen Entwicklung neu definieren bzw. die existentielle und damit langfristige Sicherung des Unternehmens stärker in den Mittelpunkt stellen;[25] zugleich sind damit auch Ansätze und Beiträge zur reziproken Existenzsicherung bzw. Stabilisierung von Netzwerkbeziehungen ihrer Mitarbeiter, Kunden und Stakeholder angesprochen.[26] In diesem Kontext wird zunehmend darüber diskutiert, wie gesellschaftliches Engagement und nachhaltiges Wirtschaften die Wettbewerbsfähigkeit von Unternehmen steigern kann:[27] Effizienz,[28] Konsistenz[29] und Suffizienz[30] werden in der Nachhaltigkeitsdebatte als drei wesentliche Kernstrategien zur nachhaltigen Entwicklung diskutiert.

Der Abschlussbericht der UN-Kommission für Umwelt und Entwicklung (Brundtland-Kommission), 1987 initiiert, fokussierte sich als erstes politisches Dokument auf den Nachhaltigkeitsgedanken und gilt noch heute als einer der wichtigen Ausgangspunkte der Nachhaltigkeitsdebatte. Die Kommission stellte u.a. fest, dass nachhaltige Entwicklung nur in stabilen (politischen) Systemen realisierbar ist.[31] Umso bedeutender werden diese Überlegungen in Zeiten volatiler, disruptiver und unsicherer Marktentwicklungen, die immer stärker von übergeordneten, global wirksamen oder unerwarteten Einflussfaktoren getroffen oder

---

[24] vgl. Knopf & Hoffmann, 2014: 5f
[25] vgl. Weisensee & Baumann, 2014: 14
[26] vgl. Wieland & Schmiedeknecht, 2010: 6ff
[27] vgl. Loew & Clausen, 2010: 11
[28] vgl. Princen, 2003: 42; vgl. Vahs & Schäfer-Kunz, 2015: 9; vgl. Behrendt et al., 2018: 7f
[29] vgl. Huber, 1999: 3f.; vgl. Scherhorn, 2008: 25ff; vgl. Brand & Jochum, 2000: 38
[30] vgl. Brischke et al., 2016: 8; vgl. Huber, 1995: 89f.; vgl. Behrendt et al., 2018: 12ff.; vgl. Stengel, 2004: 163
[31] vgl. Kopfmüller, 2001: 33f

erfasst werden, und nur schwer zeitlich und sachlich identifiziert bzw. unternehmerisch eingeordnet werden können. Der Begriff der unternehmerischen Resilienz kommt ins Spiel.

Immer mehr Experten und Wissenschaftler thematisieren die Bedeutung des Begriffes Resilienz im Kontext der Nachhaltigkeit von Unternehmen;[32] dabei wird Resilienz als erweitertes, neues Feld der Nachhaltigkeitsausrichtung von Unternehmen definiert und als übergeordneter Ansatz der Nachhaltigkeit angesehen.[33]

Resilienz vervollständigt demnach das Konzept der Nachhaltigkeit, sie ersetzt es nicht.[34] Die Einordnung der Resilienz als übergeordneter Rahmen des (marktorientierten) strategischen Denkens nimmt einen viel stärkeren Bezug auf die makroökonomischen Einflüsse (Politik, Ökonomie, Recht, Technologien, Umwelt, soziale Faktoren und Beziehungen etc.)[35] und bezieht weitaus stärker die Instabilitäten und die Fragilität übergeordneter Systeme in unternehmenspolitische Überlegungen ein; diese Betrachtung ist aber keine einseitige Maßnahme einer Krisenvorbereitung, sondern identifiziert auch Chancen und Perspektiven des Unternehmens, aus denen sich abseits einer markt- und wettbewerbskonformen Unternehmensausrichtung völlig neue Felder für die Produkt- und Angebotsausrichtung sowie das Ressourcenmanagement ableiten lassen und die neben der Versorgungssicherheit im Krisenfall zu innovativen Prozessen und Marktlösungen führen können.

3 Resilienzmodelle – zum Stand der Gestaltung unternehmerischer Resilienz

Zwar gibt es viele partikulare Erklärungsansätze, die sich auf Facetten der Resilienzfähigkeit von Unternehmen konzentrieren, allerdings existieren nur wenige ganzheitliche Erklärungsansätze und Modelle, die die zugrundeliegende Resilienzfähigkeit bzw. -ausrichtung von Unternehmen thematisieren.

Eine bislang unzureichende Thematisierung des Begriffs Resilienz in Unternehmen liegt möglicherweise in der Überlegung, dass man sich in Zusammenhang mit unternehmerischer Verantwortung nicht mit „unwahrscheinlichen Wahrscheinlichkeiten" auseinandersetzt; schlichtweg deshalb, weil die Evidenz solcher Phänomene nicht erkannt wird. Die Makroumwelt wird zwar einflussnehmend auf die Mikroumwelt bzw. das Marktgeschehen analysiert, doch die Kom-

---

[32] vgl. Jansen, 2012b: 46
[33] vgl. Exner, 2013; Weiser, 2012
[34] vgl. Turek, 2017: 36
[35] vgl. Clegg et al., 2017: 47

plexität der makroökonomischen Umwelt liegt auch in der fehlenden Wissense-
videnz zahlreicher interdisziplinärer oder entfernter Wissenschaftsbereiche, denen selbst wieder Evidenzgrenzen gesetzt sind: Die Aufmerksamkeit und damit
der Ressourceneinsatz des Unternehmens gehört der Gestaltung der operativen
Ausrichtung im Kontext des Marktgeschehens. Daher wird zwangsweise ver-
nachlässigt über den Tellerrand des Marktes, der Branche oder der Umwelt zu
sehen, auch wenn Ansoff mit seinem Konzept der „schwachen Signale" auf die
strategische Verantwortung eingeht, auftretende Diskontinuitäten zu erkennen
und sich entsprechend darauf vorzubereiten.[36]

3.1 Internationale Resilienzmodelle (ISO-Term)

Der ISO-Term versucht als ein Beispiel eine standardisierte Definition und Prinzipien aufzustellen und verknüpft diese mit organisatorischer Belastbarkeit.[37] Die
Attribute der ISO-Dokumente führen dann zu Faktoren und internen Ansätzen,
um die Widerstandsfähigkeit zu erhöhen. In diesem Beitrag werden interne Ansätze als Begriff verwendet, um einen breiteren Überblick darüber zu vermitteln,
welche internen Maßnahmen Unternehmen ergreifen, um die eigene Widerstandsfähigkeit zu erhöhen. Die Prinzipien bieten eine Grundlage für mögliche Faktoren
oder Ziele, um einen "erhöhten Zustand der organisatorischen Belastbarkeit" zu
erreichen. Demnach:

- wird Resilienz gestärkt, wenn das Verhalten innerhalb der Organisation durch
  die Ausrichtung auf ein gemeinsames Ziel und eine gemeinsame Vision ausgerichtet ist;
- basiert Resilienz auf einem aktuellen Verständnis der Umwelt;
- basiert Resilienz auf der Fähigkeit, Veränderungen aufzunehmen, sich diesen
  anzupassen, sowie effektiv auf diese zu reagieren;
- basiert Resilienz auf guter Führung und einem guten Management;
- wird Resilienz durch eine Vielfalt an Führung, Fähigkeiten, Erfahrungen und
  Wissen unterstützt;
- wird Resilienz durch die Koordination aller Systeme und alles Wissens innerhalb des gesamten Unternehmens auch über organisatorische Grenzen hinweg erreicht;
- basiert Resilienz auf der Fähigkeit, Risiken effizient zu managen.

Die genannten Faktoren sind alle mit dem Ziel verbunden, in einem sich ständig
verändernden Umfeld kontinuierlich erfolgreich zu sein.

---

[36] vgl. Ansoff, 1981
[37] vgl. International Organization for Standardization, 2017: 2-5

Ausgehend von diesen Prinzipien der organisatorischen Belastbarkeit nach der ISO gibt es neun Faktoren oder "Attribute", die diese Prinzipien unterstützen und die Belastbarkeit erhöhen. Das erste Attribut ist, dass ein Unternehmen (1) eine gemeinsame Vision sowie einen klaren Zweck und Unternehmenswerte hat. Es ist wichtig, dass diese auf allen Ebenen des Unternehmens klar kommuniziert werden, um die Organisation in die Lage zu versetzen, Entscheidungen zu treffen, die der Situation angemessen sind. Das zweite Merkmal ist, dass das Unternehmen (2) seinen "Kontext", d.h. sein externes und internes Umfeld, versteht und seine strategischen Entscheidungen auf dieser Basis anpassen kann. Das nächste Attribut für die organisatorische Belastbarkeit ist, dass es eine (3) effektive und befähigte Führung gibt, die die Führungsebenen ermutigt, auch in unsicheren Zeiten und bei Störungen zu führen. Das vierte Attribut ist eine (4) Kultur der organisatorischen Belastbarkeit, die Resilienzausrichtung unterstützt. Eine solche Kultur zeichnet sich durch das Bekenntnis zu gemeinsamen Werten und Überzeugungen sowie durch ein positives Verhalten und eine positive Einstellung aus. Wichtig ist auch, dass (5) Wissen und Informationen innerhalb der Organisation geteilt werden. Die gesamte Organisation muss ermutigt werden, voneinander und von den bisherigen Erfahrungen im Unternehmen zu lernen. Das sechste Attribut ist die (6) "Verfügbarkeit von Ressourcen". Unter Ressourcen versteht die ISO Finanzen, Informationen, Räumlichkeiten, Menschen und Technologie. (7) Die Managementdisziplinen sind der nächste Aspekt, für den ein Unternehmen die Faktoren selbst gestalten, entwickeln und koordinieren muss. Zusätzlich müssen sie auf die strategischen Ziele der Organisation abgestimmt werden. Wichtig ist auch (8) die Unterstützung der kontinuierlichen Verbesserung, ein wichtiger Teil bei der Förderung einer Kultur der Ermutigung innerhalb einer Organisation, um ihre operative Leistung zu überwachen und die besten Praktiken zur Verbesserung der Gesamtleistung der Mitarbeiter und damit des Unternehmens selbst zu entwickeln. Das letzte Attribut in der Liste ist die (9) Fähigkeit der Organisation, Veränderungen zu antizipieren und erfolgreich zu managen.

3.2 Das Spannungsfeld organisatorischer Resilienz

Ein zweiter Ansatz, um Resilienz in Unternehmen zu thematisieren, wurde von Denyer[38] entwickelt. Er versucht die verschiedenen vorhandenen Definitionen und Standpunkte zu vereinen. Dazu wertet er fünf verschiedene Forschungsstufen durch Literatur und Gedanken zur organisatorischen Belastbarkeit aus. Die ersten beiden Phasen hatten eine eher defensive Perspektive. Gründe für organisatorische Resilienz sind die Vermeidung von Verlusten sowie der Werterhalt. Ergo

---

[38] vgl. Denyer, 2017: 9-10

strebt die defensive Perspektive die Beseitigung der Bedrohung an. Die "vorbeu-
gende Kontrolle" betrachtete die organisatorische Belastbarkeit als eine präven-
tive Maßnahme, damit sich das betreffende Subjekt nach einer Störung "erholen"
kann. Aus diesem stabileren Ansatz, der nächsten Phase "achtsame Aktion",
wurde die Fähigkeit zur effektiven Reaktion in das Forschungsfeld eingebracht
und somit ein flexiblerer Ansatz entwickelt, der seine ursprünglichen defensiven
Qualitäten beibehält. In den nächsten beiden Phasen ging es bei der organisatorischen Belastbarkeit nicht mehr nur um defensiven Schutz, sondern es wurde ein
progressiverer Ansatz gewählt. Die Fähigkeit, "nach vorne zu springen", um zukünftige Erfolge zu bewältigen. Dies bedeutet, dass Organisationen nach möglichen Krisen kontinuierlich nach positiven Erkenntnissen und Ergebnissen suchen.
Die "Leistungsoptimierung" legte einen neuen Schwerpunkt auf die kontinuierliche Verbesserung. Die Zeitphase der "anpassungsfähigen Innovation" entwickelte
diesen Aspekt weiter zu flexibler Innovation. Laut Denyer enden all diese verschiedenen Phasen in einer eigentlichen Phase des "paradoxen Denkens", in der
die organisatorische Belastbarkeit alle oben beschriebenen Phasen abdeckt. Ein
Unternehmen   muss   all   die   verschiedenen   Aspekte   im   sogenannten
"Spannungsquadranten" ausbalancieren, wie in Abbildung 1 dargestellt.

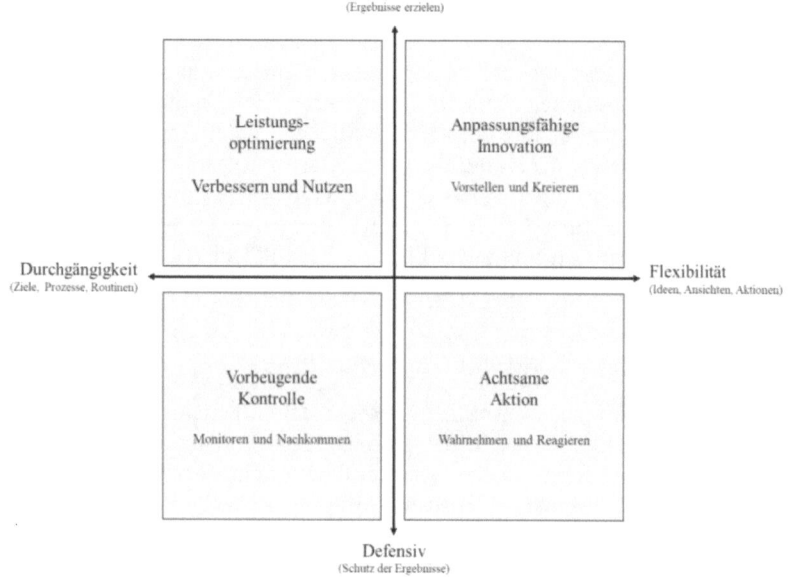

Abbildung 1: Denyer's Spannungsquadrant[39].

---

[39] Quelle: Eigene Darstellung nach Denyer, 2017: 10

3.3 Das Modell für organisatorische Resilienz der British Standards Institution

Das Modell der British Standards Institution (bsi)[40] definiert resilienzsteigernde Ansätze in den vier Organisationsbereichen Produkt, Führung, Menschen und Prozesse - wie in der nachfolgenden Abbildung 2 dargestellt. Die erste Säule in diesem Modell ist das „Produkt" oder die Produktexzellenz: Organisationen müssen sich fragen, auf welchen Märkten sie tätig sind und ob die existierenden Fähigkeiten marktnahe Produktentwicklung durchgehend ermöglichen. Laut der British Standards Institution schaffen wirklich belastbare Unternehmen neue Produkte und differenzieren ihr Angebot durch immer weitere Innovationen, um wettbewerbsfähig zu bleiben.

Die zweite Säule des Modells dreht sich um resiliente Führung. Das Unternehmen braucht eine Vision und eine klare Zielsetzung, um sich ausgerichtet den Herausforderungen des Marktes stellen zu können. Managementsysteme wie Finanzmanagement und Ressourcenmanagement müssen durch weitblickende Entscheidungen fähig sein, auf Veränderungen reagieren zu können.

Produkt	Führung	Menschen	Prozesse
• Anpassungsfähigkeit • Innovation • Strategische Früherkennung	• Führung • Vision und Zielsetzung • Reputationsrisiko • Finanzmanagement • Ressourcenmanagement	• Kultur • Gemeinnütziges Engagement • Sensibilisierung, Schulung und Prüfung • Ausrichtung	• Information und Wissen • Lieferkette • Betriebliche Kontinuität • Governance und Verantwortlichkeiten

Abbildung 2: Das Modell der British Standards Institution[41]

In der dritten Säule bemüht man sich alle Mitwirkenden in einer Organisation zu mehr resilienter Ausrichtung zu ermutigen und diese Ausrichtung als integralen Bestandteil ihrer eigenen Arbeit zu sehen. In der Säule „Prozesse" oder Prozesssicherheit sind Faktoren wie die Verankerung von Best Practices in Entwicklung und Marketing von Produkten und Dienstleistungen durch Informationen und Wissen ein wesentlicher Erfolgsfaktor. Auch in den geschäftskritischen Prozessen in den Bereichen der Lieferketten, Qualität, Umwelt, Gesundheit und Sicherheit, Informationssicherheit und Unternehmenskontinuität sollte ein Unternehmen robust und konform sein, um ein hohes Resilienzlevel aufzuweisen.

---

[40] vgl. bsi, 2018: 22
[41] vgl. bsi 2019: 22

3.4   Von Resilienzmodellen zu Resilienzfähigkeit und -fertigkeit im Kontext unternehmerischer Verantwortung

Trotz der zu Beginn des Kapitels 3 dargelegten eher geringen Durchdringung ganzheitlicher Resilienzmodelle, an die sich Unternehmen anlehnen können, bieten die dargestellten Modelle einen guten ersten Überblick zu Handlungsfeldern und Ansatzpunkten, wie die Resilienzfähigkeit in der Unternehmensführung erhöht werden kann. Unter der Voraussetzung des Bestrebens einer langfristigen und damit nachhaltigen Unternehmenssicherung, kann die Unternehmensführung auf Basis der erwähnten Modelle ihre Unternehmensausrichtung, -fähigkeiten und -strukturen analysieren und Ansatzpunkte zur Steigerung der Resilienzfähigkeit identifizieren. Die Übersetzung der Ansatzpunkte in konkrete Maßnahmen und Veränderungsbestrebungen im Sinne einer proaktiven Absicherung vor ggf. unkonkreten, diffusen und nur mit geringer Wahrscheinlichkeit eintretender Krisen bedarf eines sensiblen und weitsichtigen Managements. Doch die Sicherung der langfristigen Unternehmensstabilität und Krisenfestigkeit ist die unverrückbare Verantwortung der Unternehmensführung. Die Erhöhung der Resilienzfähigkeit und -fertigkeit sollte daher als ganzheitlicher Ansatz höchster Priorität verstanden und verfolgt werden. Das Ziel dabei ist, das Unternehmen in ein in sich stabile und aus sich heraus lernende Organisation zu transformieren.

4   Empirische Befunde

4.1   Systemische Faktoren der Stabilität und Entwicklung von Unternehmen

An der ISM Köln (International School of Management) fanden im Jahr 2017 zwei Forschungsprojekte statt, die sich mit dem Grad der Auseinandersetzung von Unternehmen mit dem Thema Nachhaltigkeit und Unternehmensresilienz beschäftigten. Während sich die erste Online-Befragung an Industrieunternehmen des Mittelstands richtete (Gruppe MI),[42] wandte sich die zweite Online-Befra-

---

[42] Die Umfrage "Psychologische Gefährdung am Arbeitsplatz. Rechtliche Rahmenbedingungen und Implikationen für Krisenmanagement und Widerstandsfähigkeit kleiner und mittlerer Unternehmen" fand vom 11.11.2016 - 06.02.2017 statt und richtete sich an kleine und mittlere Unternehmen in Deutschland. Der Fragebogen bestand i.w. aus geschlossenen Fragen, darunter dichotome Fragen, Multiple-Choice-Fragen, Filter- und Kontingenzfragen, Fragen zur Ratingskala (Likert-Skala, semantische Differentialskala) und demographische Fragen. Zusätzlich wurden offene Fragen gestellt, um subjektive und detaillierte Antworten zu erhalten. Von 2000 angeschriebenen Unternehmen nahmen 101 an der Umfrage teil (n/MI = 101). Die Empirie wurde in Zusammenarbeit mit dem BVMW und dem Unternehmen youccom gestaltet.

gung an Dienstleistungsunternehmen, konkret an mittelständische Reiseveranstalter in Deutschland (Gruppe MT).[43]

Beide Befragungen erstreckten sich über verschiedene – aber in Teilen idente – Themenschwerpunkte. Im Kern wurden Fragen zu einflussnehmenden externen Faktoren zur Markt- und Unternehmensentwicklung unter besonderer Berücksichtigung der Nachhaltigkeit und der unternehmerischen Resilienzausrichtung gestellt.

Unter einer Auswahl von acht zentralen Einflussfaktoren auf die Unternehmensentwicklung nannte beispielsweise die Gruppe der mittelständischen Reiseveranstalter als positive Einflussfaktoren an erster Stelle den (1) Technologiewandel, an zweiter Stelle (2) die Globalisierung der Wirtschaft und an dritter Stelle (3) die gestiegenen Kundenansprüche. Kritisch wurden vor allem (1) die Sicherheitslage in Destinationen und (2) die Stabilität der politischen Systeme angesehen (vgl. Tabelle 1).

Unmittelbar mit der Kenntnis des Begriffes der Nachhaltigkeit und im Weiteren der Resilienzfähigkeit von Unternehmen wurde erhoben, welche externen Determinanten in welchem Ausmaß Einfluss auf die Unternehmensstabilität und die unternehmerische Entwicklung nehmen. In der nachfolgenden Abbildung 3 sind die Ergebnisse der Gruppe der Mittelständischen Industrie (MI) und der mittelständischen Reiseveranstalter (MT) zur jeweils identischen Faktorenabfrage getrennt ausgewiesen.

Ein Vergleich der Bedeutungszumessung ergibt zwischen beiden Unternehmergruppen keine bedeutsamen Abweichungen: So werden z.B. Cyberattacken und Betriebsspionage von befragten Industrieunternehmen zu 43,6% als negativer Einfluss auf die eigene Unternehmensstabilität und die unternehmerische Entwicklung gesehen, bei den Tourismusveranstaltern wird dies zu 36,4% als negativer Einfluss festgestellt. Mittelständische Reiseveranstalter bewerten zu 29,3% dahingehend einen neutralen Einfluss, während dies bei mittelständischen Industrieunternehmen ein Quorum von 19,8% erhält; lediglich 1,4% der Reiseveranstalter und 5,0% der Industrieunternehmen können diesem externen Faktor sogar einen positiven Einfluss abgewinnen.

---

[43] Vom 17.05.2017 bis zum 31.07.2017 führte die ISM Köln eine semi-strukturierte Online-Befragung unter deutschen Reiseveranstaltern zu „Produktgestaltungsschwerpunkte/ Managementansätze in der Reiseveranstaltung unter besonderer Berücksichtigung des Faktors Resilienz" durch. Kontaktiert wurden mehr als 1000 Reiseveranstalter; daraus resultierten 141 valide Interviews. 89.2% der Befragten ordneten sich den Führungsebenen in ihrem Unternehmen zu. Die Verteilung der befragten Führungskräfte spiegelt die Größenverteilung der deutschen Reiseveranstalterlandschaft wider, die stark von klein- und mittelständischen Unternehmen geprägt ist. (n/MT = 141).

MT (Mittelstand Reiseveranstalter)	Positiver Einflussfaktor	Ranking positiv	Negativer Einflussfaktor	Ranking negativ
Technologiewandel	53,9%	1	3,5%	7
Arbeitsrechtliche Bestimmungen	5,0%	8	12,8%	5
Stabilität der politischen Systeme	18,4%	5	31,9%	2
Umweltveränderungen/-auflagen	8,5%	6	12,8%	5
Gestiegene Kundenansprüche	27,7%	3	14,9%	3
Globalisierung d. Wirtschaft	28,4%	2	2,8%	8
Sicherheitslage in Destinationen	20,6%	4	43,3%	1
Wettbewerbsintensität/Konkurrenten	7,8%	7	13,5%	4

Tabelle 1: Einflussgrad externer Faktoren auf die unternehmerische Entwicklung[44]

Unterschiede ergeben sich aus der Einschätzung des Faktors „Migration und innere Sicherheit": Während nur 5,9% der Industrieunternehmen hier einen positiven Einfluss feststellen, übertreffen mit 24,3% die Reiseveranstalter (Dienstleister) die positive Einschätzung um das Vierfache. Auch 15,8% der Gruppe MI und 16,4% der Gruppe MT identifizieren negative Einflüsse auf die eigene Unternehmensstabilität und die unternehmerische Entwicklung, während nochmals mit 46,5% die überwiegende Mehrheit der MI einen neutralen Einfluss konstatiert – bei 38,6% der Gruppe MT. Die Gruppe derjenigen, die sich einer Einschätzung enthielten, lag bei dieser Frage bei 20,7% bei MT und bei 31,7% bei der Gruppe MI.

Kontrovers in ihrer positiven Einschätzung als Einflussfaktor zu allen anderen Kriterien wurden die Faktoren „Globalisierung und Vernetzung" sowie „Technologiewandel/digitale Gesellschaft" bewertet. Beide Gruppen (MI und MT) sehen im ersten Faktor überwiegend einen positiven Einfluss auf die eigene Unternehmensstabilität (MI: 39,6%, MT: 39,3%), beim zweiten Faktor „Technologie-

---

[44] Frage „Welche der genannten externen Faktoren haben sich in den letzten drei Geschäftsjahren am stärksten positiv bzw. negativ auf ihre unternehmerische Entwicklung ausgewirkt? – wählen Sie jeweils die drei wichtigsten Einflussfaktoren"

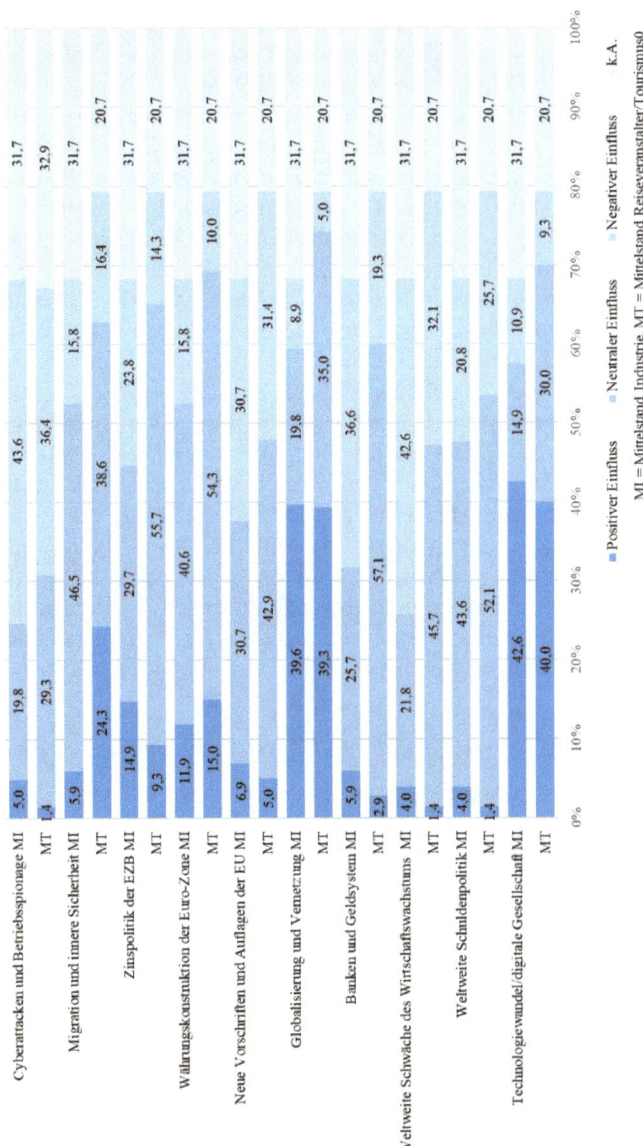

Abbildung 3: Einflussnahme externer Faktoren auf die unternehmerische Entwicklung, zur Frage: „Wie beurteilen Sie hinsichtlich folgender externer Faktoren deren Einflussnahme auf Ihre Unternehmensstabilität und die unternehmerische Entwicklung?" Quelle: eigene Darstellung.

wandel/ digitale Gesellschaft" mit Abstand aber den positivsten Einfluss (MI: 42,6%, MT:40%). In der zunehmenden „Globalisierung und Vernetzung" ordnen nur 8,9% der befragten Industrieunternehmen der eigenen Unternehmensstabilität einen negativen Einfluss zu, auf Seiten der Reiseveranstalter sind es gar nur 5,0%. Die größten Sorgen bereiten den mittelständischen Unternehmen neben den bereits erwähnten „Cyberattacken und der Betriebsspionage" die Faktoren „Neue Vorschriften und Auflagen der EU", das „Banken- und Geldsystem" sowie die „weltweite Schwäche des Wirtschaftswachstums". EU-Auflagen werden von der Gruppe MI zu 30,7% als negativ einflussnehmend festgehalten (MT: 31,4%), das „Banken- und Geldsystem" mit 36,6% seitens MI (MT: nur 19,3%) und „die weltweite Schwäche des Wirtschaftswachstumes" der Gruppe MI sogar mit 42,6% (MT: 32,1%) als negativer Einflussfaktor auf die eigene Unternehmensstabilität und unternehmerische Entwicklung gesehen.

Aus diesen ersten Angaben und Analysen lassen sich noch keine aussagekräftigen Schlüsse der Risikoeinschätzung pro Faktor ziehen, lediglich eine zeitliche Einordnung der Bewertung externer Einflussfaktoren unterschiedlicher Unternehmen des sekundären und tertiären Sektors, die abhängig vom aktuellen konjunkturellem Verlauf und von wahrgenommenen politischen Interventionen zur Steuerung von Märkten gesehen werden muss. Diese Überlegungen führten zur Konzeption einer weiteren Studie, die in tiefergehenden Expertengesprächen auf strategischer Ebene das Risikobewusstsein und die Resilienzausrichtung von Unternehmen in Erfahrung bringen wollte.

4.2   Unternehmensinterne Ansätze zur Ausgestaltung von Resilienzfähigkeit

Im Sommer 2019 wurde im Rahmen eines Studienprojektes der ISM Köln eine telefonische Expertenbefragung in Deutschland durchgeführt, die zum Ziel hatte, den Kenntnisgrad von Unternehmensberatern und Managern zum Thema „Unternehmensresilienz" zu ermitteln und die Anwendung bzw. Ausprägung resilienter Unternehmensstrategien zu erheben. Hierbei wurden vor allem unternehmensinterne Faktoren der Organisationsgestaltung über semi-strukturierte Fragen zur Bewertung vorgelegt.[45]
Die Expertenbefragung umfasste die Untersuchungsbereiche
1.   des generellen Resilienz- und Strategieverständnisses,
2.   der Einschätzung der externen Umwelt als Risikofaktor der Stabilitätssicherung von Unternehmen und

---

[45] Von den 12 durchgeführten Expertengesprächen sind 9 Experten der Beratungsindustrie und 3 Experten der Leitungsebene von Logistikunternehmen hinzuzurechnen. Den Experten wurde vorab der Interviewer-Leitfaden zur Vorbereitung der Tiefeninterviews zugesandt; alle Gespräche wurden aufgezeichnet und transkribiert.

3. der Faktoren und internen Gestaltungsansätze zur Steigerung der Resilienzfähigkeit von Unternehmen.

Die Forschungsfrage lautete, welche aktuellen internen Ansätze die strategische Resilienz in Unternehmen erhöhen und in welchem Umfang diese vorbereitet werden müssen, um sich nach externen Störungen zu behaupten und die Funktionsfähigkeit des Unternehmens (Produktivität) zu erhalten. Zur Ableitung von Fragen wurden umfangreiche Literaturrecherchen und -analysen vorgenommen. Von den insgesamt 17 entwickelten Fragestellungen werden im Folgenden nur einzelne Fragen bzw. empirische Ergebnisse fokussiert betrachtet.

Frage zum Begriffsverständnis von unternehmerischer Resilienz

Eine der Einstiegsfragen „Was verstehen Sie unter dem Begriff der Resilienz in Unternehmen?" zielte darauf ab, einen ersten Überblick über den Wissensstand der Experten bezüglich der Relevanz von „Resilienz in Unternehmen" zu gewinnen. Alle Antworten der 12 Experten fielen unterschiedlich, aber nicht gegensätzlich aus:

- Fähigkeit von Unternehmen, Katastrophen zu bewältigen;
- Widerstand gegen Krisensituationen;
- Anpassungsfähigkeit eines Unternehmens an die neuen Bedingungen;
- Fähigkeit eines Unternehmens, sich auf kritische Geschäftssituationen einzustellen;
- Widerstandsfähigkeit und Anpassungsfähigkeit;
- Resistenz und Selbstversorgung sowie Flexibilität in der Reaktion;
- Fähigkeit, jederzeit eine geeignete Antwort oder Reaktion auf unerwartete Ereignisse zu finden und durchzuführen;
- Fähigkeit, auf externe Veränderungen, insbesondere Störungen, reagieren zu können;
- Vorbereitung auf bestimmte Eventualitäten;
- Vorbereitung auf externe Störungen oder Umbrüche;
- Fähigkeit, sich an äußere Einflüsse anzupassen und mit ihnen umzugehen; und
- Maßnahmen oder die Fähigkeiten, die entwickelt und verwaltet werden müssen, um externe Veränderungen zu überstehen.

Die Hälfte der Experten hatte den expliziten Begriff der „Unternehmensresilienz" zuvor schon gehört. Alle Experten hatten zudem ein ausgeprägtes Verständnis für die zugrundeliegende Idee dieser Terminologie. Nur ein Interviewpartner ordnete den Begriff in seinem ursprünglichen Kontext, der Psychologie, zu.

Merkmal	Nennungen [% d. Nennungen]	Personen [% d. Personen]
Externe Entwicklungen	21 [32,8%]	8 [66,7%]
Reaktions- und Widerstandsfähigkeit	9 [14,1%]	7 [58,3%]
Anpassungsfähigkeit	9 [14,1%]	4 [33,3%]
Organisationale Vorbereitung	7 [10,9%]	5 [41,7%]
Krise/Katastrophe	4 [6,3%]	4 [33,3%]
Unterbrechungen	4 [6,3%]	4 [33,3%]
Selbstversorgung	4 [6,3%]	1 [8,3%]
Langfristiges Überleben	3 [4,7%]	3 [25,0%]
Eventualitäten	2 [3,1%]	2 [16,7%]
Neue Geschäftsmodelle	1 [1,6%]	1 [8,3%]
Summe	64	12

Tabelle 2: Begriffsverständnis und zentrale Beschreibungsmerkmale von "Resilienz"

Aus Tabelle 2 geht hervor, welche Wörter und Begriffe zur Erläuterung der Frage verwendet werden, um Resilienz im Unternehmenskontext zu beschreiben. Von insgesamt 64 Erwähnungen, mit denen der Resilienzbegriff in Zusammenhang stand bzw. beschrieben wurde, heben sich "Externe Entwicklungen" (32,81% aller Nennungen) hervor, die auch von zwei Dritteln der Befragten (66,67%) genannt wurden. "Anpassungsfähigkeit" und "Reaktions- und Widerstandsfähigkeit" sind mit 14,06% am zweitmeisten genannt worden. Eher selten wurde der Begriff "Langzeitüberleben" verwendet (4,69%) oder „Selbstversorgung", dieser von einem Experten allerdings viermal.

Eine weiterführende Frage bat um eine persönliche Einschätzung der Bedeutung von Resilienz für Unternehmen. Jeweils ein Drittel der Experten schätzten das Thema als entweder überlebenswichtig ein oder maßen ihm eine sehr hohe Bedeutung bei. Ein Viertel bewertete dieses Thema als hochbedeutend und nur ein Experte bemaß der Resilienzfähigkeit von Unternehmen eine niedrige bis mittlere Bedeutung.

Fragen bezüglich externer Unternehmensrisiken

Die Frage "Welche externen Risiken haben Unternehmen bereits heute auf dem Radar und welche nicht?" wurde von allen Experten ausführlich beantwortet. Die Ergebnisse sind in den folgenden Tabellen 3 und 4 dargestellt:

Risiko	Nennungen [% d. Nennungen]	Personen [% d. Personen]
Informationstechnologie	7 [12,5%]	4 [33,3%]
Technologischer Fortschritt/Cybertechnologie	7 [12,5%]	3 [25,0%]
Politik und politische Krise/Handelskrise	5 [8,9%]	4 [33,3%]
Datenbetrug und Cyberangriffe	4 [7,1%]	3 [25,0%]
Ausfall von kritischen Infrastrukturen	4 [7,1%]	2 [16,7%]
Ausfall der kritischen Informationsinfrastruktur	3 [5,4%]	3 [25,0%]
Nachteilige Folgen des technolog. Fortschritts	3 [5,4%]	2 [16,7%]
Naturkatastrophen	3 [5,4%]	2 [16,7%]
Globalisierung	3 [5,4%]	2 [16,7%]
Datenschutz und Datensicherheit	2 [3,6%]	2 [16,7%]
Scheitern der Stadtplanung	2 [3,6%]	2 [16,7%]
Finanz. Risiken/Versagen Finanzmechanismen	2 [3,6%]	2 [16,7%]
Mangel an Facharbeitern	2 [3,6%]	1 [8,3%]
Terrorismus	1 [1,8%]	1 [8,3%]
Menschlich verursachte Umweltkatastrophen	1 [1,8%]	1 [8,3%]
Deflation oder Inflation	1 [1,8%]	1 [8,3%]
Energiepreisschock	1 [1,8%]	1 [8,3%]
Energiepolitik	1 [1,8%]	1 [8,3%]
Verbrauchs-/Investitionsverhalten	1 [1,8%]	1 [8,3%]
Digitalisierung	1 [1,8%]	1 [8,3%]
Lieferkette	1 [1,8%]	1 [8,3%]
Vorschriften	1 [1,8%]	1 [8,3%]
Summe	56	12

Tabelle 3: Erkannte externe relevante Risiken laut Experteneinschätzung

Eine weiterführende Frage bat die Experten anzugeben, für welche spezifischen externen Risiken bzw. Störungen sich ihnen bekannte Unternehmen heute schon mit konkreten Maßnahmen im Falle des Risikoeintritts vorbereitet haben; dies beinhaltet auch die Nennung jener spezifischen Risiken, worauf sich auch die Experten in ihrem unternehmerischen Umfeld selbst vorbereitet haben.

Risiko	Nennungen [% d. Nennungen]	Personen [% d. Personen]
Nahrungsmittel- oder Wasserkrise	3 [11,1%]	3 [25,0%]
Demographischer Wandel	3 [11,1%]	1 [8,3%]
Zwischenstaatlicher Konflikt	2 [7,4%]	2 [16,7%]
Ungewollte Migration in großem Maßstab	2 [7,4%]	2 [16,7%]
Ausfall kritischer Infrastrukturen	2 [7,4%]	2 [16,7%]
Scheitern von Governance und Politik	1 [3,7%]	1 [8,3%]
Staatszerfall oder -krise	1 [3,7%]	1 [8,3%]
Nachteilige Folgen des technischen Fortschritts	1 [3,7%]	1 [8,3%]
Scheitern von Klimaschutz / Anpassung an den Klimawandel	1 [3,7%]	1 [8,3%]
Ausfall der Stromversorgung	1 [3,7%]	1 [8,3%]
Vermögensblasen	1 [3,7%]	1 [8,3%]
Scheitern des Finanzierungsmechanismus	1 [3,7%]	1 [8,3%]
Soziale Ungerechtigkeit	1 [3,7%]	1 [8,3%]
Terror	1 [3,7%]	1 [8,3%]
Technik	1 [3,7%]	1 [8,3%]
Cyberattacken	1 [3,7%]	1 [8,3%]
Umweltkrise	1 [3,7%]	1 [8,3%]
Wetteränderungen	1 [3,7%]	1 [8,3%]
Nachhaltigkeit	1 [3,7%]	1 [8,3%]
Veränderungen in der Personalsituation	1 [3,7%]	1 [8,3%]
Summe	27	12

Tabelle 4: Noch nicht erkannte externe Risiken laut Experteneinschätzung

Die am häufigsten angesprochene Risikokategorie betrifft "Technologische Risiken". Sechs der insgesamt 15 genannten Risiken können dieser Kategorie zugeordnet werden. In dieser Kategorie wurden dann im Weiteren "Informationstechnologie & Cyberangriffe" fünfmal und "Technologie" im Allgemeinen einmal genannt. Demgegenüber wurden z.b. die "Umweltrisiken" viermal (26,67%) genannt, wobei "Umweltrisiken", "Wetterbedingungen" (zweimal aufgeführt) und "Umweltschutz" thematisiert wurden (vgl. Tabelle 5).

Risiko-gruppe	Nennungen [% d. Nennungen]	Spezifische Risiken	Nennungen
Technologische Risiken	6 [40,00%]	Informationstechnologie und Cyberangriffe	5
		Technik	1
Umweltrisiken	4 [26,67%]	Umweltrisiken	1
		Witterungsbedingungen	2
		Schonung der Umwelt	1
Soziale und wirtschaftliche Risiken	3 [20,00%]	Scheitern der Stadtplanung	1
		Versagen d. Finanzierungsmechanismen	1
		Marktentwicklungen	1
Andere Risiken	2 [13,33%]	Personenbezogene Risiken	1
		Schiffsunfall	1
Summe	15		

Tabelle 5: Experteneinschätzung für welche Risiken schon konkrete Maßnahmen vorbereitet sind

Frage zur sektoralen Resilienzbewertung

Eine abschließende Frage im Forschungsprojekt widmete sich der sektoralen Bedeutungszumessung resilienter Strukturen bzw. Ausrichtung: "Wenn Sie generell an den Primär-/Sekundär-/Tertiärsektor denken: Wie hoch ist die strategische Belastbarkeit auf einer Skala von 1-10?" (von 1 = geringe bis keine strategische Belastung bis 10 = hohe strategische Belastung). Da es sich um eine Ratingfrage handelt, wurden die Ergebnisse mit der Frequenzmethode analysiert.

Sektor	Durchschnitt
Primärsektor	6,04
Sekundärsektor	6,21
Tertiärsektor	7,21
Summe	6,49

Tabelle 6: Geschätzte existierende strategische Resilienz

Wie in Tabelle 6 dargestellt, liegen die Durchschnittswerte der drei Sektoren im mittleren Bereich. Der tertiäre Sektor wird mit der höchsten strategischen Belastbarkeitsstufe (höhere Resilienzerfordernis) bewertet.

Die Hälfte der Befragten (50%) konzentrierte sich in ihren Antworten auf den Primärsektor mit der Erklärung, dass dieser Sektor durch die aktuellen Entwicklungen (Umwelt- und Klimaveränderungen, Globalisierung etc.) schon länger gezwungen sei, sich anders oder neu aufzustellen und damit hohe Auswirkungen auf bzw. Veränderungen in ihrem Geschäftsmodell einhergingen; so meinte ein Experte, dass im primären Sektor verstärkt über Risiken und Widerstände durch Regularien nachgedacht werden müsse. Industrieenergie ist ein zweimal genannter Industriesektor, der nach Expertenmeinung eine höhere strategische Widerstandsfähigkeit als andere Industriesektoren inne hat. Der Agrarsektor wird lediglich einmal mit einer sehr geringen erforderlichen strategischen Belastbarkeit ausgewiesen, da laut Expertenmeinung Umweltrisiken noch nicht ernsthaft diskutiert werden.

Was den sekundären und tertiären Sektor betrifft, so bewertete die Hälfte der Befragten (50%) den tertiären Sektor im Vergleich zum sekundären Sektor höher in ihrer resilienten Ausrichtung. Meistgenannter Grund ist, dass der Dienstleistungssektor durch weniger Vermögenswerte und geringere Investitionen flexibler und die damit verbundenen Geschäftsmodelle robuster erscheinen. Zwei Interviewpartner bewerteten den sekundären Sektor höher als den tertiären Sektor; Gründe dafür liegen im längeren Planungszeitraum sowie der hohen inhärenten Belastbarkeit zugrundeliegender Geschäftsmodelle. Die Automobilindustrie wird seitens der Experten allerdings als ein Industriezweig mit einer sehr hohen strategischen Belastbarkeit erwähnt. Was den tertiären Sektor betrifft, so haben einige Interviewpartner ihre Antworten zurückgenommen, da kleine Unternehmen heutzutage kaum über eine strategische Widerstandsfähigkeit verfügen. In zwei Ausnahmen sind multinationale Dienstleistungsunternehmen und die IT-Branche nach Ansicht der Experten bereits sehr widerstandsfähig. Im Sekundärsektor unterscheidet ein Interviewpartner zwischen der Automobilindustrie als gutem Beispiel für hohe Belastbarkeit und der Konsumgüterindustrie als Sektor mit niedriger strategischer Belastbarkeit. Die letztgenannte Branche schaut kaum über Marktrisiken hinaus.

5 Diskussion: Ableitung der Begriffe der impliziten und partiellen Resilienz unternehmerischer Ausrichtung

5.1 Risiko- und Resilienzbewusstsein

Die Ergebnisse der empirischen Untersuchung in Kapitel 4.1. verdeutlichen im Lichte der aktuellen COVID-19-Pandemie, wie sehr die in Abbildung 3 aufgezeigten externen Faktoren ernst zu nehmen sind und deren Interdependenz die Problematik von globalen, vernetzten und komplexen Systemen aufzeigt. Fällt ein Baustein um (z.b. durch Pandemien, Überschuldung von Staaten, Zusammenbruch von Banken), ergibt sich das Risiko eines Dominoeffektes. Im Konkreten fällt dabei auf, dass z.b. der Faktor der Globalisierung und der zunehmend übergreifenden Vernetzung der Wirtschaft als durchaus positiv gesehen wird und nur ein geringer Anteil der befragten Unternehmer dies als negativen Einflussfaktor wahrnimmt – bei gleichzeitiger Enthaltung vieler Befragten; die Fragilität der Konstruktion einer globalen Wirtschaft scheint zumindest in der Zeit vor der COVID-19-Pandemie nicht wirklich kritisch hinterfragt worden zu sein, noch wird vielen vor allem kleineren Unternehmen das ökonomische Konzept von globalen Märkten und deren Auswirkungen auf Wettbewerbsstrukturen bekannt sein, wie dies von Theodore Levitt in seinem 1983 erschienenen Beitrag zu „The globalization of markets" erkannt und vorausgedacht wurde.[46] Die Bedeutung der darin enthaltenen Gedanken wurde bereits von vielen anderen Wirtschaftswissenschaftlern thematisiert, z.b. in Bezug auf die zunehmenden Spekulationen an den globalen Finanzmärkten, die für das langsame Wachstum der OECD-Länder, eine steigende Arbeitslosigkeit, zunehmende Einkommens-Ungleichgewichte und ein instabiles Wettbewerbsniveau verantwortlich gemacht werden. Die „Nicht-Wahrnehmung" oder unkritische Position zu ökonomischen Gesetzmäßigkeiten, die allen einzelnen externen Faktoren unterlegt sind, und deren Konsequenzen auf das eigene Marktgeschehen bzw. die eigene unternehmerische Tätigkeit, zieht sich auch mehrheitlich bei der Bewertung der weiteren externen Einflussfaktoren durch. Mit anderen Worten: Man unterschätzt diese Einflussfaktoren insgesamt in ihrer Dimension sowie wechselseitigen Wirkung und weist als Unternehmen demnach ein nur in Maßen gegebenes Risiko- und Resilienzbewusstsein auf.

---

[46] vgl. Levitt, 1983: 92ff

5.2   Resilienzfähigkeit und -fertigkeit in heutigen Unternehmensstrukturen

Ziel der qualitativen Forschung im Sommer 2019[47] war es, den Grad der strategischen Belastbarkeit von Unternehmen zu bewerten, nachdem in der vorangegangenen Empirie[48] verdeutlicht werden konnte, dass grundsätzlich ein Defizit an notwendigem Risiko- und Resilienzbewusstsein vorherrscht und die Fragilität der Systeme und deren Interdependenz nicht ausreichend erkannt wird. Aus den Antworten der Experten lässt sich zu allererst erkennen, dass der Begriff der Resilienz in der unternehmerischen Praxis noch nicht seine Bedeutung gefunden hat. Dennoch ist die zugrundeliegende Idee und Konzeption einer stärker resilienten unternehmerischen Ausrichtung nach Expertenangaben bereits berücksichtigt. Die Notwendigkeit von Anpassungsfähigkeit und Flexibilität unternehmerischen Wirkens, um am Markt und im Wettbewerb bestehen zu können, wird grundlegend wahrgenommen. Nicht nur der zukünftige Erfolg, sondern auch das langfristige wie kurzfristige Überleben des Unternehmens (Überwindung von Disruptionen) am Markt sind von zentraler Bedeutung. Die Experten sind der Überzeugung, dass die Märkte und Marktbedingungen in der Zukunft von noch größerer Volatilität und Unsicherheit geprägt sein werden und deshalb der Resilienzfähigkeit eine größere Bedeutung zukommen wird. Nach den Antworten der Expertengruppe ist eine Implementierung des Begriffs möglicherweise nicht notwendig. Eine Erkenntnis ist, dass eine partielle Resilienz – je nach Geschäftsmodell – in unterschiedlichen Perspektiven mit unterschiedlichen Schwerpunkten der unternehmerischen Tätigkeit existiert. Angesichts dieser Feststellung könnte eine verstärkte Verwendung des Begriffs (in Fachmedien, in der Beratung, in Fachtagungen, in Coaching-Prozessen etc.) zu einem höheren unternehmerischen Bewusstsein führen und damit zu einer aktiveren Auseinandersetzung innerhalb von Organisation auf allen Ebenen.

Eine weitere Erkenntnis liegt darin, dass es vorerst keinen Bedarf für einen separaten „Resilienzmanagement-Prozess" gibt, solange sich die Unternehmensleitung der Bedeutung von Resilienz bewusst ist und alle Strukturen darauf ausgerichtet sind das Niveau der unternehmerischen Resilienz zu erhöhen. Risikomanagement mit Fokus auf *Foresight* und die Berücksichtigung schwacher Signale als zentrale Maßnahmen zur Resilienzerhöhung sollte stärker mit dem traditionellen Controlling zusammengeführt werden. Diese Weiterentwicklung könnte einem quasi-organisatorischen Resilienzprozess nahekommen. Dazu ist es notwendig, nicht nur zukünftige Risiken zu bewerten oder neue Risiken zu identifizieren, sondern aus ihnen präventiv-operative Antworten, unternehmenskulturelle

---

[47] siehe Kapitel 4.2
[48] siehe Kapitel 4.1

Aspekte und Werte sowie organisatorisch notwendige Adaptionsprozesse zu entwickeln. Eine Intensivierung des Business Continuity Management könnte eine Antwort auf die Notwendigkeit höherer Widerstandsfähigkeit sein. Erkenntnisse aus dem Risikomanagement sollten in ein proaktives Management umgesetzt werden; Strategieentwicklung und Risikomanagement müssen möglichst eng mit strategischen Frühwarnsystemen und z.b. der strategischen Vorausschau verzahnt werden. Unternehmensstrategien müssen aber auch den unternehmerischen Freiraum für dezentrale oder kurzfristige Entscheidungen gewährleisten, um Antworten auf spezifische Risiken und mögliche Einflüsse individuell für die betreffenden Organisationsebenen zu entwickeln und deren spezifisches Resilienzvermögen freizusetzen.

Auch wenn Führungskräften und den Experten die Bedeutung der Resilienzorientierung bewusst ist, bestätigen die Experten, dass es im unternehmerischen „Alltag" oft zu zeitaufwendig und komplex sei, entsprechende Analysen vorzunehmen, Szenarien zu erstellen und strategische Direktiven ab- und einzuleiten, die außerhalb des Marktumfeldes liegen. Lediglich großen, multinationalen und börsennotierten Unternehmen scheint es vorbehalten zu sein, sich permanent über ihre Struktur, ihre Unternehmenskultur oder sogar über ihr gängiges Geschäftsmodell Gedanken zu machen um im Falle des Auftretens von Systemkrisen und massiven disruptiven Störungen diese zu überwinden. Ein Ergebnis resultiert darin, dass das Bewusstsein für die Notwendigkeit einer Resilienzorientierung und ihrer organisatorischen Umsetzung weder von der Größe des Unternehmens noch von der Branche abhängen sollte. Resilienzdenken ist für viele Unternehmen bereits Teil des Strategieprozesses, daher kann Resilienzdenken als Teil des strategischen Denkens betrachtet werden. Dieser Teil des strategischen Denkens stößt jedoch aufgrund fehlender analytischer und systematischer Herangehensweisen in der Strategieentwicklung vielfach an ihre umsetzungsfähigen Grenzen. Störungen oberhalb des Marktniveaus (Makroebene) werden in der Unternehmensführung zusätzlich noch nicht ausreichend diskutiert bzw. erörtert. Obwohl Resilienz Gegenstand strategischer Diskussionen ist, erfolgt die Initiierung durch Faktoren, die außerhalb des Unternehmens liegen und die Unternehmensstabilität akut bedrohen, jedoch nicht aus dem inneren Verständnis eines Unternehmens, sich nach dem Konzept einer lernenden Organisation kontinuierlich den Markt- und Organisationsbedingungen proaktiv („agil") anzupassen.

Unternehmen müssen demnach ihr Resilienzdenken respektive ihre Resilienzfähigkeit im strategischen Kontext erhöhen. Sie sollten versuchen, dem operativen (Markt-)Druck auszuweichen, ohne diesen zu ignorieren, um sich bestmöglich auf Disruptionen vorzubereiten (Blackout, längerfristige Unterbrechung logistischer Ketten durch Unruhen, Umwelt- oder Naturkatastrophen, Cyberattacken etc.). Paradoxes, antizyklisches Denken kann die Basis dafür sein. Nach Ansicht der Experten reagieren Unternehmen eher ad hoc als langfristig vorbereitet auf Disruptionen. Demnach wird Resilienz auch als organisatorische Kompetenz verstanden, um die im Ernstfall erforderlichen Ad-hoc-Veränderungen agil umsetzen zu können.

Die generelle Resilienzfähigkeit und -fertigkeit von Unternehmen lässt sich aus der Forschungsperspektive gut mit dem von einem der Experten eingeführten Begriff der "partiellen Belastbarkeit" zusammenfassen. Die Experten sind sich einig, dass die strategische Belastbarkeit der Unternehmen nur als durchschnittlich bewertet werden kann. Ein Teil der Resilienz liegt dabei in ihren Geschäftsmodellen, die bei z.b. einer niedrigen Asset-Rate leichter personelle Anpassungen vornehmen können. Die Bewertung der Experten zur Bedeutung des Resilienzniveaus fällt differenziert aus: Teilweise erscheint dieses als sehr hoch gegenüber spezifischen Herausforderungen oder gegenüber spezifischen organisatorischen Faktoren gegeben zu sein. Allerdings ist das Resilienzniveau abhängig vom jeweiligen Geschäftsmodell, von der Branche, der Größe und den unterschiedlichen Perspektiven mit ihren unterschiedlichen Schwerpunkten der Geschäftsentwicklung.

Verbindet man diese Ergebnisse mit dem Resilienzmodell von Denyer, besteht die Herausforderung darin, Organisationen von einer präventiven Kontrolle hin zu einem proaktiven, unkonventionellen Denken in allen Aspekten zu entwickeln. Einige Organisationen des Primärsektors, wie z.b. im Öl- und Energiesektor, scheinen sich bereits in einer proaktiven Phase der "adaptiven Innovation" zu befinden. Dennoch ist das "paradoxe Denken", das alle Perspektiven der Belastbarkeit berücksichtigt, wie in Kapitel 2.1.2 erläutert, noch nicht erreicht.

Zusammenfassend lässt sich ableiten, dass sich Unternehmen der Notwendigkeit ihrer permanenten Anpassungsfähigkeit an Marktveränderungen und darüber hinaus der Möglichkeit von Disruptionen und Systemkrisen bewusst sind. Das Resilienzdenken fließt bereits in strategische Entwicklungsprozesse und operative Strukturen ein. Es existiert eine partielle strategische und partielle operative Resilienz, deren Ausmaß davon abhängt, inwieweit das Unternehmen einen strategischen „Plan B" erstellt hat, der von der Branche, dem Geschäftsmodell und der Unternehmensgröße abhängt. Trotz allem ist das strategische Resilienzlevel nicht hoch genug für die skizzierten kritischen Herausforderungen der makropolitischen Einflüsse.

6   Ausblick

Resilienz als Merkmal verantwortlicher Unternehmensführung herauszuarbeiten und den Stand der Resilienzausrichtung empirisch darzustellen war Gegenstand dieses Beitrages. Die ökonomischen Rahmenbedingungen des 21. Jahrhunderts werden von technologischen Revolutionen („digitalen Schüben") und einem immer disruptiveren Marktumfeld sowie instabilen Systemen im Kontext der weiteren Globalisierung gekennzeichnet sein (VUCA[49]-World). Strategisches und operatives Risikomanagement sowie Nachhaltigkeitsstreben fusionieren im neueren Begriff der Unternehmensresilienz. Diese muss strategisch vorbereitet und in der Unternehmensorganisation in alle Richtungen implementiert bzw. diffundiert werden.

Die in Kapitel 3 dargestellten Resilienzmodelle zielen vor allem auf die Führungsqualität und auf Fragen der damit zusammenhängenden organisatorischen Ausrichtung ab. Im Wesentlichen beziehen sich die dort genannten unternehmerischen Maßnahmen auf die seit den späten 80er Jahren bekannten Ansätze des Total Quality Managements (TQM) und des paradoxen Denkens. Im bsi-Modell wird eine stärkere Hinwendung zur Sensibilisierung der Mitarbeiter und der Prozessgestaltung thematisiert, die auf der Basis einer resilienteren Führungsausrichtung beruht. Auf Basis der Erkenntnisse der vorliegenden empirischen Befunde und Expertenbewertungen müsste allerdings eine Erweiterung der Wissensbasis der unternehmerischen Ausrichtung erfolgen, die eine stärkere Antizipationsfähigkeit von Umfeld- und makroökonomischen Faktoren gewährleistet. Denn auf ein reaktives Verhalten sowie auf veränderte Markt- und Umweltbedingungen muss vielfach stärker ein proaktives Modell unternehmerischer Ausrichtung aufgestellt werden. Diesem Gedanken folgt das in Abbildung 4 dargelegte Grundlagenmodell der unternehmerischen Resilienzausrichtung, welches einen ganzheitlichen Gestaltungsrahmen berücksichtigt.

Unternehmensresilienz wird zum einen als Fähigkeit und als Fertigkeit des Unternehmens verstanden, sich mit den sich stets verändernden Markt- und Umweltbedingungen permanent unter der Prämisse nachhaltigen Wirtschaftens auseinanderzusetzen. Zum anderen steht der Begriff auch für die Fähigkeit, Resilienz auszuweiten und die Fertigkeit zu erlangen, bei massiven Disruptionen oder Zusammenbrüchen ökonomischer und kultureller Grundlagen die unternehmerische Überlebensfähigkeit zu gewährleisten und damit ihrer gesellschaftlichen Verantwortung gerecht zu werden.

---

[49] Das Akronym fasst die herausfordernden Umweltbedingungen mithilfe der englischen Ausdrücke volatility (Volatilität), uncertainty (Unsicherheit), complexity (Komplexität) und ambiguity (Vieldeutigkeit) zusammen.

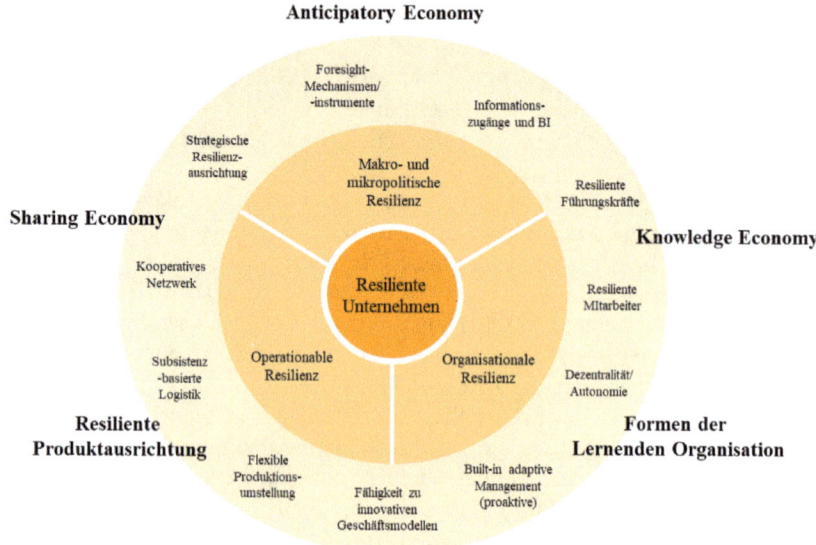

Abbildung 4: Modell der unternehmerischen Resilienzausrichtung[50].

Eine verantwortliche Unternehmensführung stellt Ressourcen und Leadership zur Erlangung resilienter Fähigkeiten, vor allem innerhalb der Unternehmensorganisation bei den Mitarbeitern, zur Verfügung und gestaltet alternative Szenarien und Unternehmenspläne (Plan B), die ein schnelles Umstellen im Störfall oder im Kontext eines Systemzusammenbruchs ermöglichen. Im Idealfall entwickelt und produziert ein Unternehmen auf Basis seiner Kernkompetenzen heute schon bereits mit seinem Plan B und generiert dadurch entsprechende Wettbewerbs- und Wertschöpfungsvorteile. Die starke regionale Einbettung des Unternehmens, der regionale Ressourcenbezug und die Auf- oder Teilnahme an einem regionalen Kreislaufwirtschaftssystem werden dabei entscheidende Determinanten einer resilienten Wertschöpfung sein.

Literatur

Allvin, M.; Aronsson, G.; Hagström, T.; Johansson, G. & Lundberg, U. (2011): Work without boundaries: psychological perspectives on the new working life. Malden, MA & Oxford, UK: Wiley & Sons.

---

[50] In Anlehnung an: Fontanari & Ugur, 2018

Ansoff, H.I. (1981): Die Bewältigung von Überraschungen und Diskontinuitäten — Strategische Reaktionen auf schwache Signale, in: Steinmann, H. (Hrsg.): Planung und Kontrolle: Probleme der strategischen Unternehmensführung. München: Vahlen, S. 233-264.

Becker, B.; Braumandl, S. & Schoemakers, J. (2019): Digitale Transformation: Resilienz als neue Schlüsselressource. Überleben im permanenten Veränderungsdruck. In: ZCG, 14(2), S. 19–22.

Behrendt, S.; Göll, E. & Korte, F. (2018): Effizienz, Konsistenz, Suffizienz. Strategieanalytische Betrachtung für eine Green Economy. Berlin: IZT Gmbh.

Bidder, B. (2020): So würgt das Virus Chinas Wirtschaft ab. In: DER SPIEGEL. Abgerufen am 15.04.2020.

Bishop, T. J. F.; Hydoski, F. E. (2009): Corporate Resiliency. Managing the Growing Risk of Fraud and Corruption. Hoboken, NJ: Wiley & Sons.

Brand, K.-W. & Jochum, G. (2000): Der deutsche Diskurs zu nachhaltiger Entwicklung. München: Münchner Projektgruppe für Sozialforschung e.V.

Brischke, L.-A.; Leuser, L.; Duscha, M.; Thomas, S.; Thema, J. & Spitzner, M. (2016): Energiesuffizienz - Strategien und Instrumente für eine technische, systemische und kulturelle Transformation zur nachhaltigen Begrenzung des Energiebedarfs im Konsumfeld Bauen / Wohnen. Endbericht. Heidelberg: ifeu - Institut für Energie- und Umweltforschung Heidelberg gGmbH.

bsi (Hrsg.) (2018): Index für organisatorische Resilienz. Report 2018. London, UK: BSI-group.

bsi (2019): Organizational resilience standard published (https://www.bsigroup.com/en-GB/about-bsi/media-centre/press-releases/2014/november/Organizational-resilience-standard-published/). Abgerufen am 24.06.2019.

Clegg, S.; Schweitzer, J.; Whittle, A. & Pitelis, C. (2017): Strategy. Theory and Practice. London: Sage (2. Aufl.).

Denyer, D. (2017): Organizational Resilience. A summary of academic evidence, business insights and new thinking by BSI and Cranfield School of Management. London: BSI-group.

Exner, A. (2013): Von der Nachhaltigkeit zur Resilienz? Mögliche Diskursveränderung in der Vielfachkrise. In: Phase 2, Vol. 45. (https://phase-zwei.org/hefte/artikel/von-der-nachhaltigkeit-zur-resilienz-408/). Abgerufen am 09.08.2019.

Fontanari, M.; Kredinger, D. (2017): Risiko- und Resilienzbewusstsein. Empirische Analysen und erste konzeptionelle Ansätze zur Steigerung der Resilienzfähigkeit von Regionen. readbox unipress (ISM Workingpaper, Vol. 9).

Fontanari, M. & Ugur, L. (2018): Entrepreneurial approaches by German tour operators to enhance their managerial-resilience and to support the implementation of resilient destinations. A model for integrative management of resilience, Vortrag anlässlich der Tourism Naturally Conference 2018 (16.-18. Mai, Zell am See/Kaprun, Österreich).

Hoffmann, G. P. (2017): Organisationale Resilienz. Kernressource moderner Organisationen. Berlin: Springer.

Huber, J. (1995): Nachhaltige Entwicklung. Strategien für eine ökologische und soziale Erdpolitik. Berlin: Edition Sigma.

Huber, J. (1999): Industrielle Ökologie: Konsistenz, Effizienz und Suffizienz in zyklusanalytischer Betrachtung. Konferenzbeitrag anlässlich der „Global Change" VDW-Jahrestagung 1999 (28.-29. Oktober, Berlin)

International Organization for Standardization (Hrsg.) (2017): Security and resilience - Organizational resilience - Principles and attributes. ISO 22316. Genf: International Organization for Standardization.

Jansen, S. A. (2012): Die Fähigkeit zum Widerstand. In: BRAND EINS, No. 11, S. 46–47.

ores (Hrsg.) (2018): Angewandte Forschung und Diagnostik. Umsetzung mit Qualität; für mehr Resilienz im Unternehmen. Stein: ores.

Knopf, J. & Hoffmann, E. (2014): Handlungsfelder unternehmerischer Nachhaltigkeit. Praxisbeispiele und Entwicklungsbedarf. Berlin: adelphi & IÖW.

Kopfmüller, J. (2001): Nachhaltige Entwicklung integrativ betrachtet. Konstitutive Elemente, Regeln, Indikatoren. Berlin: Ed. Sigma (Global zukunftsfähige Entwicklung – Perspektiven für Deutschland, Bd. 1).

Levitt, T. (1983): The globalization of markets. In: Harvard Business Review, 61(3), S. 92-102.

Loew, T. & Clausen, J. (2010): Wettbewerbsvorteile durch CSR. Eine Metastudie zu den Wettbewerbsvorteilen von CSR und Empfehlungen zur Kommunikation an Unternehmen. Berlin: Institute4Sustainability & Hannover: Borderstep Institut für Innovation und Nachhaltigkeit.

Meuse, K. P. de; Marks, M. L. & Dai, G. (2011): Organizational downsizing, mergers and acquisition, and strategic alliances: Using theory and research to enhance practice. Washington DC: American Psychological Association.

Princen, T. (2003): Principles for Sustainability: From Cooperation and Efficiency to Sufficiency. In: Global Environmental Politics, 3(1), S. 33–50.

Scherhorn, G. (2008): Über Effizienz hinaus. In: Hartard, S.; Schaffer, A. & Giegrich, J. (Hg.): Ressourceneffizienz im Kontext der Nachhaltigkeitsdebatte. Baden-Bdaen: Nomos S. 21–31.

Stengel, O. (2004): Suffizienz, Wuppertal Institut für Klima, Umwelt, Energie, [Dissertation]. (https://epub.wupperinst.org/frontdoor/deliver/index/docId/3822/file/WSFN1_Stengel.pdf). Abgerufen am 10.01.2020.

Sutcliffe, K. M. & Vogus, T. J. (2003): Organizing for resilience. In: Cameron, K. S.; Dutton, J. E. & Quinn, R. E. (Hrsg.): Positive Organizational Scholarship. Foundations of a New Discipline. San Francisco, CA: Berrett-Koehler, S. 94–110.

Turek, J. (2017): Globalisierung im Zwiespalt. Die postglobale Misere und Wege, sie zu bewältigen. Bielefeld: transcript Verlag.

Vahs, D. & Schäfer-Kunz, J. (2015): Einführung in die Betriebswirtschaftslehre. Stuttgart: Schäffer-Poeschel Verlag (7. überarb. Aufl.).

Winston, A. (2014): Why You Need a Resilience Strategy Now. In: Harvard Business Review (https://hbr.org/2014/05/why-you-need-a-resilience-strategy-now). Abgerufen am 10.08.2019.

Weisensee, M; Baumann, L. (2014): Aspekte des Konzepts der unternehmerischen Verantwortung. Eine kritische Betrachtung des Verantwortungsbegriffes im Unternehmenskontext, Arbeitspapier Nr. 9, Leibniz-Fachhochschule Hannover.

Weiser, U. (2012): Leben mit dem unperfekten Leben (https://www.ots.at/presseaussendung/OTS_20120111_OTS0192/die-presse-leitartikel-leben-mit-dem-unperfekten-leben-von-ulrike-weiser). Abgerufen am 25.07.2019.

Wieland, J. & Schmiedeknecht, M. (2010): Corporate Social Responsibility (CSR), Stakeholder Management und Netzwerkgovernance. KIeM Working Paper No. 31/2010. Konstanz: KIeM.

World Economic Forum (Hrsg.) (2019): Global Risks Report 2019. Insight report. 14th ed., Genf: World Economic Forum.

Responsible entrepreneurship in the tourism industry: the state of the art on CSR diffusion among tourism businesses

Erica Mingotto & Mara Manente

Abstract

CSR has become increasingly urgent in the tourism industry, since the competitiveness of tourism businesses strongly depends on sustainability. The present chapter, therefore, investigates the application of CSR in the tourism industry, discussing specificities, challenges and issues about the application of responsible practices by tourism companies.

Content

© Springer Fachmedien Wiesbaden GmbH, ein Teil von Springer Nature 2020
H. Pechlaner und S. Speer (Hrsg.), *Responsible Entrepreneurship*, Entrepreneurial
Management und Standortentwicklung, https://doi.org/10.1007/978-3-658-31616-7_9

1 Introduction

When thinking about responsible entrepreneurship, one of the first concepts that comes to mind is that of Corporate Social Responsibility – CSR. Indeed, CSR has to do with the adoption by the company of a conscious and respectful conduct towards the environment and the society. This means for the company to be driven by a commitment to environmental and ethical standards with regard to working conditions, relationships with employees, suppliers, consumers and the community at large, as well as the saving use of natural resources.

Although CSR began to be developed more than twenty years ago, it is still a current concept which has a great popularity in public debate and environmental discourses. It goes hand in hand with the increasing awareness of the international public opinion about the urgency to act for sustainable development. In this sense, companies play a key role, since sustainable development cannot be achieved if they don't take their responsibility for the economic, social and environmental impacts they produce with their activities[1]. They are facing great pressure and their actions are increasingly "under observation" by the market and the society. If well implemented, CSR can then be considered an effective tool for assisting businesses in responsibly behaving, while at the same time retaining confidence from consumers, employees and the community[2].

CSR is a very common topic also in tourism, where it is considered even more urgent than in other sectors. Indeed, sustainable development – and then the implementation of responsible practices by tourism companies – is strongly connected to the competitiveness of the tourism industry. In other words, the competiveness of tourism businesses and destinations depends on sustainability, since the attractiveness of tourism products and places is primarily based on natural and cultural heritage, on human resources, and on the well-being of the local community. The relation between sustainability and tourism competitiveness is clearly explained also by the European Commission[3], with reference to the long-term development of European tourism.

The present chapter, therefore, focuses on the application of CSR specifically in the tourism industry, by explaining how CSR is adapted to the specificities of tourism companies; it will also discuss challenges and issues that still limit a concrete and virtuous CSR adoption in this sector. A preliminary analysis of literature about CSR, with particular regard to tourism literature, will be provided in order to trace the evolution of the concept of CSR and of its application. In addition, it

---

[1] Kalish, 2002

[2] Kalish, 2002

[3] EC COM (2007), 621 final

cannot but think of how the attention on CSR could change and could become even more imperative today following the Covid-19 emergency.

2 The past and present debate about CSR and its evolution over time

2.1 Main definitions and fundamental aspects about CSR

Several definitions of CSR have been provided by organisations and institutions since the mid-1990s when the concept started to be proposed and developed as a strategic tool for changing management practices, making them more responsible. According, for example to the World Business Council for Sustainable Development, CSR is "the continuing commitment by businesses to behave ethically and contribute to economic development while improving the quality of life of the workforce and of their families as well as of the local community and society at large"[4]. Similarly, the working definitions provided by the World Bank explains CSR as "the commitment of businesses to contribute to sustainable economic development - working with employees, their families, the local community and society at large to improve the quality of life, in ways that are both good for business and good for development"[5]. Also, the European Commission has given its contribution in defining CSR as "a concept whereby companies integrate social and environmental concerns in their business operations and in their interaction with their stakeholders on a voluntary basis"[6]. The Commission put forward a newly updated definition of CSR in 2011 as "the responsibility of enterprises for their impacts on society"[7].

CSR has a completely voluntary character and it doesn't mean – or not only – to fulfil legal expectations, but to go beyond compliance. CSR requires companies to switch from the "financial bottom line" to the so-called "triple bottom line", taking care of the environmental, socio-cultural and economic dimensions, in addition to profit maximization. In this sense, CSR requires a great deal of effort from companies that want to implement it, since it means to invest more into the human capital, the environment and the relations with internal and external stakeholders (employees, customers, local communities, suppliers, non-governmental organizations, public authorities, etc.), following a multi-stakeholder approach.

---

[4] WBCSD, 1999

[5] World Bank, 2004

[6] EC COM (2001) 366

[7] EC COM (2011) 681 final

It is not just to provide simple altruistic campaigns and to implement sporadic and isolated responsible actions that have nothing to do with the company's core business. Rather, CSR should become a cornerstone of the business identity. It asks companies to rethink their strategies, operations and relationships (from human resource management, to supply chain management, from customer care to public relations, etc.), in order to align and infuse the whole business with the principle of responsibility and, doing so, effectively managing the impacts of their actions.

2.2   The multi-stakeholder approach and the effects of CSR on business performance, brand image and trust

Although the theme of CSR started to be investigated early in the 1950s and 1960s, the great debate developed in the 1990s[8] and it gradually spread to all sectors, including tourism.

The concept of CSR is based on the awareness that a company has not only to take into account the needs and interests of its shareholders, but also those of several other actors, the so-called stakeholders, such as employees, clients, suppliers, institutions and the community at large, whose needs and decisions can impact the business performance in a positive or negative way. In this sense, CSR is perfectly aligned with the Stakeholder Theory described by Freeman[9], who argued that a company creates value not only for its shareholders but also for the stakeholders[10]. Indeed, CSR is based on a multi-stakeholder approach, which requires a commitment from the business towards all those subjects that are directly or indirectly involved in its activity[11].

One of the most investigated issues in the context of CSR research is the effects brought by CSR on the financial and economic performance of the company. Several studies showed that the application of CSR positively affects the business performance, by contributing to improve its competitive advantages[12]. This seems to be confirmed also for the tourism industry, where researchers found a positive relation between CSR and business profit[13].

---

[8] Carroll, 1999

[9] Rhou et al., 2016

[10] Freeman, 1984

[11] Kalish, 2002

[12] See for example, Grave & Waddock, 1994; Russo & Fouts; 1997; Post et al., 2000; Bird, 2007; Nicolau, 2008; Kang et al., 2009; Rhou et al., 2016

[13] See for example, Nicolau, 2008; Kang et al., 2009; Theodoudilis et al., 2017

Consumers' and stakeholders' perception about the company is another highly investigated topic when it comes to CSR. According to several studies, the implementation of a responsible path in combination with the adoption of a conscious and respectful conduct, can improve brand awareness and brand image not only of consumers but also of other stakeholders, such as employees and residents[14], and it can support consumer trust and customer loyalty[15]. With specific reference to tourism, CSR seems to create favourable conditions that enhance corporate image and tourists' perception and attitude towards the firm[16].

However, the benefits brought by CSR to the relationships with stakeholders and to the economic performance should not be taken for granted[17], since, as underlined by several studies, these positive impacts depend on internal and external factors, such as the individual characteristics of the firm, the actions put in place for implementing CSR, and the external context. One of the most important conditions for ensuring the success of CSR is the effort put by the company in communicating and promoting in a correct, true and transparent way its commitment[18]. Stakeholders need to perceive that the business is really responsible and that it is not about greenwashing or other actions only aimed to increase sales. If so, the firm risks a "boomerang" effect, by seriously damaging its image and stakeholders' trust[19]. As a consequence, CSR authenticity and the degree to which this true commitment is communicated and perceived play a key role in building stakeholders' attitude and trust[20]. Communication needs to be based on clear, transparent, comprehensive and objective information that not only claims that the company is implementing CSR but that explains how it concretely fulfils its responsible commitment, by taking into account stakeholders' needs[21]. Social accounting, codes of conduct and CSR reporting systems, that are based on independent and reliable standards, are important tools that support the business in communicating and help stakeholders assess the authenticity of its commitment[22].

---

[14] Turban & Greening, 1997; Hoeffler & Keller, 2002; Hur et al., 2014; Saeidi et al., 2015; Fatma et al., 2016; Gursoy et al., 2019

[15] Vitel et al., 2003; Garcia de los Salmones et al., 2005; Becker-Olsen et al., 2006; Castaldo et al., 2008; Nicolau, 2008; Pivato et al., 2008; Swaen & Chumpitaz, 2008; Marin et al., 2015; Inoue et al., 2017

[16] Nicolau, 2008; Kim et al., 2020

[17] Visser, 2016

[18] Rhou et al., 2016

[19] Yoon et al. 2006

[20] Joo et al., 2019

[21] Castaldo et al., 2008

[22] Pivato et al., 2008

Other factors mediate and moderate the relation between CSR, stakeholders' perception and business performance. With regard to internal factors, studies in scientific literature identified several success factors: the level of consistency between the CSR strategy and actions implemented by the company and its core business[23]; the ability and seriousness of the business in producing its goods and services[24]; the constancy with which the company carries out its responsible commitment over time[25]. With regard to external factors sources of success are: the degree of trust that consumers and other stakeholders usually place towards others[26]; the level of coherence between stakeholders' moral values and the specific areas of the CSR that the company has developed most[27]. Regarding this last aspect, companies that focus their business, for example, on fair trade products or organic and environmental-friendly products attract, above all, those consumers who, in the first case, believe in social causes that support communities of developing countries[28] and, in the second case, share environmental values.

2.3 Factors affecting the CSR implementation process inside the business

CSR has also been investigated with respect to the process put in place by companies for implementing and integrating it into their strategies and operations and to the internal factors that can ensure a successful development of CSR.

CSR is a complex concept and, although it should infuse all the business processes, companies tend to develop it to their liking, by taking into account the economic, social and environmental local context[29] and by focusing and investing more on some dimensions (for example the environmental impacts or the relationships with employees, etc.) than others[30].

Two business functions that are mainly involved in the CSR implementation process are human resource management and supply chain management. Indeed, if on the one hand the company needs to pay attention to costs and profitability, on the other hand, CSR requires optimal working environment, fair treatment both

---

[23] Marin et al., 2015; Zhou et al., 2018

[24] Marin et al., 2015

[25] Zhou et al., 2018

[26] Marin et al., 2015

[27] Baskentli et al., 2019

[28] Vittel et al., 2003

[29] Visser, 2016

[30] Baskentli et al., 2019

towards suppliers and employees, as well as a careful selection of suppliers consistent with the responsibility profile of the company[31].

Leadership and corporate culture seem to be two important prerequisites at the base of an effective implementation of CSR: if managers are motivated and prepared and the corporate culture is particularly open, the company is more likely to successfully integrate CSR[32]. The corporate identity itself, that includes the mission, the vision, the strategic goals and the fundamental values of the business, plays a key role, since it supports, at a strategic level, in identifying the main drivers for the CSR implementation as an integral part of what the company wants to be; and, at an operational level, in transferring these drivers from managers to employees, so that the latter can align their behaviours[33].

However, the level to which a business effectively implements CSR seems not only to depend on internal factors but also on the external socio-cultural context. Some studies showed that the socio-cultural context can motivate businesses in acting more responsibly. Indeed, a greater and more structured level of commitment and responsibility by companies is registered in those countries, whose society is characterised by solid democratic values, high education level, strong sense of common good, reduced tolerance for behaviour not beeing compliant with the law and in general principles of respect for nature and society[34]. The relation between CSR implementation and location has not yet been much investigated[35], but it could explain why the level of CSR adoption by businesses is different depending on the place in which the company operates. Indeed, although the potential benefits brought by CSR are well-known[36] and more and more companies are aware of the importance of CSR[37], there are still many differences in the diffusion of CSR[38].

---

[31] Roberts, 2003; Andersen & Skjoett-Larsen, 2009; Park & Levy, 2014; Govindan et al., 2018; Su & Swanson, 2019

[32] Phillips et al., 2019

[33] Tourky et al., 2019

[34] Lynes & Andrachuck, 2008; Ding et al., 2019

[35] Ding et al., 2019

[36] Gordon, 2002

[37] Marin et al., 2015; Baskently et al., 2019

[38] Oberseder et a., 2013

2.4   CSR today

There is no doubt that CSR is still a current topic. But two major interesting issues to be investigated are (1) how CSR has evolved over time and (2) what is its role today, in an era when the environmental concern is increasingly urgent (see for example climate change and natural disasters connected to this) and when businesses have just come out of one of the biggest financial and economic – and in certain terms also social – crises. The situation is even more uncertain in these days, when the whole world is dramatically shaken by the Covid-19 pandemia – first a health emergency and now an economic and social crisis – and is looking for a way to start again. Of course, it is too early to imagine the evolution of CSR following the present emergency, but the most recent debate on CSR could provide some useful inputs for discussion.

According to a study carried out in 2018[39], businesses don't seem to have reduced their overall commitment towards responsibility during and after the last financial and economic crisis, although most of them have reallocated the CSR investments, giving priority to some other aspects of doing business, in particular those ones related to corporate governance and diversity, over others, for example the relationship with the community and the employees or the environment. Of course it would be interesting to further investigate whether this change is temporary and the result of a situation that has strongly impacted on companies and on their business model, or if a new way of conceiving CSR is emerging.

However, a study among more than 500 experts from 32 European countries[40] argued that CSR could gain further importance in the near future, since several factors are contributing to underline its strategic role for businesses: growing international competition; increasing expectations from consumers, employees and other stakeholders; new regulatory pressures, for example at environmental level; greater awareness on the social role taken by companies; the speed with which information can be shared today on a global scale. Consumers, and other competing companies will be the stakeholders who, more than others, will exercise significant influence in pushing companies to implement CSR.

Visser[41] talked about transformative CSR or CSR 2.0, arguing that a new CSR is needed for facing many of today's most urgent issues at social and environmental level. This new CSR will be driven by five principles – creativity, scalability, responsiveness, glocality and circularity – that will develop a new model of responsible business, based on value creation, good governance, contribution to the society, and environmental integrity. On the basis of these principles,

---

[39] Sakunasingha et al., 2018

[40] Kudłak et al., 2019

[41] Visser, 2016

CSR will require businesses: 1) to apply their creativity not only for innovating themselves but also for finding effective solutions for the environmental and social issues; 2) to make their responsible actions scalable, able of expanding and growing, since many of these issues are so large and urgent that the small scale is not enough; 3) to answer the community's needs, being part of the solution and not part of the problem; 4) to adopt a glocal approach, finding tailor-made solutions that are more consistent with the specific situations, without, however, forgetting the general principles of CSR; 5) to contribute to build a system, that is able to regenerate not only in terms of eco-sustainability but also in terms of human and social capital, by investing in training and education, in people wellbeing.

As a consequence, it seems that CSR will give businesses a more active and creative role; it isn't enough that they responsibly manage the impacts brought by their actions but they have to be more proactive, finding innovative solutions that benefit not only themselves but also the community at large. Doing so, CSR could also contribute to business resilience in an era of growing uncertainty and disruption. This seems to be even more truth in this present situation due to Covid-19 emergency, when a great collective effort of adaptation is needed for recovering.

3 CSR and tourism

3.1 CSR importance in the tourism industry

Between the late 1980' and the early 1990s' sustainable development started to be recognized as an urgent need for tourism, following the concern for the negative impacts caused by mass tourism. Since then, a new awareness began to develop: on the one hand, a new way of conceiving holidays by travellers, who have looked with interest at the so-called responsible tourism; on the other hand, the adoption by tourism companies of practices that are more respectful of the environment and the community[42].

In tourism, CSR can be even more strategic for businesses than in other sectors, since the specificities characterising the tourism industry, that is in particular people-centered, experienced-based, and founded on natural and cultural resources that are unique and not-reproducible and whose protection is necessary for ensuring adequate level of attractiveness. This is confirmed by the European Commission too, who in the 2007 Report of the Tourism Sustainability Group[43]

---

[42] Coles et al., 2013

[43] EC COM (2007), 621 final

urged companies to adopt CSR, in order to improve the quality of their offer and contribute to the competitiveness of European tourism.

First of all, since people – intended both as employees and the host community at large – are a key resource for the delivery and experience of the product, in terms of hospitality and encounter, the business should particularly take care and maintain solid relationships with its staff and the community. Then, CSR positively contributes to human resource management and to cooperation with external stakeholders. Indeed, CSR stimulates the business in motivating, equally paying, making aware and training its employees[44], who can thus be more willing towards their jobs and more well disposed towards clients. In addition, it requires the business to build positive relationships with residents, by involving them in the decisions about the destination development and supporting the local economy and well-being[45].

Secondly, since the tourism product is intangible and based on the experience that the tourist can live only once at destination itself and then it is based on the promise the company makes to the traveller[46], CSR supports the business in building consumer trust. CSR can be a guarantee of the fact that the business seriously pays attention to customer satisfaction, fair prices, safety and quality and to the communication of transparent and truthful information. Indeed, there is evidence that CSR can reduce the uncertainty perceived by tourists[47].

Finally, CSR is useful to the company for implementing eco-friendly actions and interventions for the protection of the environmental and cultural heritage[48], that not only has a value "in itself", but is also the primary tourism attraction of destinations, representing the main tourist's motivations[49].

As a consequence, not only CSR is even more urgent in tourism, since tourism competitiveness strictly depends on sustainable development, but it could also bring even greater benefits to businesses who implement it, in addition to those companies in general and already discussed in the previous paragraphs[50].

---

[44] Wells et al., 2015; Su & Swanson, 2019

[45] Kalish, 2002; Gursoy et al., 2019

[46] Mitchell & Vassos, 1997; Holloway, 2002

[47] Nicolau, 2008

[48] Kalish, 2002

[49] Ritchie & Crouch, 2003

[50] Gordon, 2002; Kalish, 2002; Nicolau, 2008; Levy & Duverger, 2012; Martínez & Rodriguez del Bosque, 2013; Prud'homme & Raymond, 2013

3.2 CSR diffusion among tourism businesses

More than ten years ago, experts argued that, although the commitment towards CSR could no longer be postponed in tourism, the implementation of responsible practices by tourism businesses was still unexplored compared to other industries[51]. Since then, the awareness of tourism companies and the adoption of CSR has increased[52], although many firms – in particular small and medium enterprises – are still reluctant to develop a serious responsible path and great differences seem to persist between tourism and other sectors[53].

Also inside the tourism industry, the level of diffusion of responsible practices significantly differ, first of all depending on the kind of core business. For example, considering the main tourism activities – hospitality, transports and tourism intermediation – hotel companies and airlines are more likely to engage in CSR in comparison to tour operators[54]. This is an interesting finding, since tour operators usually have a sort of pivot role in the tourism value-chain, since they combine and sell multiple tourism services. As a consequence, they have relationships with several tourism companies (accommodations, transports, tourist guides, restaurants, etc.) and usually a greater bargaining power[55], that they could use also for making their partners and suppliers more aware and willing to adopt a responsible conduct.

However, the main difference in terms of CSR implementation inside the tourism industry concerns the size of companies. Indeed, big firms, such as international hotel chains, airlines and big tour operators, for years have integrated and implemented solid CSR policies and actions and have equipped themselves with reporting systems in accordance with the main internationally recognized standards (for example the GRI - Global Reporting Initiative). On the contrary, small and medium enterprises find it difficult to comply with CSR[56].

An exception seems to be those businesses specialised in responsible tourism (and in related forms of tourism such as fair-trade tourism, community-based tourism, ecotourism, etc.). They are, in particular, small tour operators, that usually offer tailor-made package holidays to destinations in under-developed countries

---

[51] Ermlich, 2009

[52] Coles, 2013; Fatma et al., 2016; Gursoy et al., 2019

[53] Ermlich, 2009; Frey and George, 2010; Coles et al 2013; Tamajon and Font 2013; Sandve et al., 2014; Akmese et al., 2016.

[54] Coles et al., 2013

[55] Miller, 2001

[56] Ermlich, 2009; Frey and George, 2010; Coles et al 2013; Tamajon and Font 2013; Sandve et al., 2014; Akmese et al., 2016

addressed to small groups of conscious tourists. Despite their size, these businesses put in place serious responsible practices, since their value proposition itself is based on a way of travelling that is respectful of people and place; that promotes responsible travel behaviour among tourists and above all that wants to contribute to local development of poor communities. These businesses have a strong commitment towards stakeholders, since their mission is to bring benefits to all parties involved through their holidays: for example, offering tourists an experience of real cultural exchange and learning; and, above all, supporting the economic and social development of the host community by actively involving inhabitants, preferring local suppliers and partners and building solid and fair relationships with them[57]. As a consequence, the CSR of these firms pays particular attention to the socio-cultural and economic dimensions, in addition to the environmental one.

Also regarding to this last aspect, businesses specialised in responsible tourism differ from the other "generalist" tourism companies. Indeed, many firms who implement CSR seem to put in place above all eco-friendly actions addressed to prevent and/or mitigate the environmental impacts, partially undervaluing at the same time the important role that the company should take at social and economic level in favour of the host community[58]. However, remuneration conditions and employees' well-being represent another CSR area well developed by many companies, in addition to measures for ensuring the responsibility along the value chain[59].

3.3   Main issues for CSR diffusion in the tourism industry

The high fragmentation of the tourism industry, characterized, above all, by small and even micro firms, might be considered the biggest issue that hinders CSR diffusion and that makes it difficult to ensure the establishment of responsibility along the entire tourism production and distribution value chain. Most tourism businesses are not able to face the necessary investments for implementing an effective CSR process, due to their small size.

According to experts, small tourism firms find it difficult to systematically redesign and reorganise their internal processes for meeting CSR standards. First of all, they cannot bear the costs, including those ones required by the reporting and certification systems, that are usually costly to run, time consuming and labour-intensive. Secondly, they do not have human resources and adequate skills

---

[57] Manente et al., 2014

[58] Coles et al., 2014

[59] Manente et al., 2014

for integrating CSR into their business and adopting concrete measures that are consistent with their core activity. There is also a problem of low awareness both among entrepreneurs and among the employees of what CSR really means and why a company should implement it[60].

However, some responsible actions are gradually put in place also by small firms[61] and, although they cannot be conceived as a structured CSR path, they show some sort of commitment towards responsibility also from small businesses. Interventions refer, for example, to eco-friendly measures (reduction of water and energy consumption, separate collection of waste, recycling of paper) and/or to human resources and supply chain management (flexible working hours; preference for local suppliers).

In addition, it is not excluded that, since small businesses are not so aware of CSR, they may already have more organized responsible actions in place but do not recognize them as part of a CSR project[62].

3.4 Implementing CSR in the tourism industry

As underlined in paragraphs 2.3 and 2.4, although CSR is based on some pillars that are now universally known and shared, businesses usually implement a tailor-made CSR process, focussing mainly on some areas, depending on their individual characteristics and on the economic, social and environmental local context[63].

Also for tourism companies CSR implementation should be based on the identification of the main actors directly or indirectly involved in their business, according to the multi-stakeholder perspective, and on managing the impacts produced with their actions on the three dimensions – the economic, social and environmental one – according to the triple-bottom line approach.

An investigation of some of the main CSR reporting systems for the tourism industry[64] – such as GRI, Travelife, etc. – shows that the responsible standards recommended to tourism companies have to do with all the main business functions and operations: human resource management, supply chain management, customer satisfaction and relationships with tourists; relations with local partners, communities, institutions; environmental policy and protection of environment and cultural heritage.

---

[60] Fyall & Garrod, 2005; Dodds & Joppe, 2005; Jarvis et al., 2010; Bobbin, 2012; Tamajon & Font, 2013

[61] Tamajon & Font, 2013; Nolan et al., 2020.

[62] Coles et al., 2014

[63] Visser, 2016

[64] Manente et al., 2011; Manente et al., 2014.

As a consequence, the effort and the kind of actions required to tourism companies are the same as for any other type of business. However, the specificities of the tourism sector make some interventions more urgent and strategic than others, since some impacts can be greater both in size and/or in the number of actors involved. Because of this reason, in tourism particularly attention should be paid to some specific CSR areas, also depending on the type of destination in which the company operates or sells its products.

Think, for example, of the labour policies, that, if they are important for all businesses, become more imperative in the tourism industry, which is labor-intensive and characterized by a consistent component of seasonal work and unfortunately at risk of irregular and underpaid work, especially in developing countries. As a consequence, CSR should stress tourism businesses even more in ensuring fair remunerations, equal opportunities, regular and lasting employment contracts, and, with particular reference to developing countries, the recruitment of local staff, even in high qualified jobs, in order to support the local economic development.

The relationship with the local community of destinations in under-developed countries becomes a topical issue in particular when the destination tourism development is led and "managed" by a few big international companies, such as hotel groups or large tour operators. In these situations, the community could be the weaker part: it may be in the situation to helplessly see the exploitation of its natural and cultural resources and at the same time be excluded from the benefits produced by tourism that flow abroad. External businesses should be a sort of driver for the economic and social growth respecting the local specificities. This has not that much to do with charity initiatives but rather with the concrete actions that make the community an active part in making decisions and in generating their sources of income; this means to "invest" in local people and in local firms – usually micro family businesses –, by preferring local jobs and suppliers, building long-term relationships and investing in their training.

However, the responsibility towards the host community is of great relevance even in destinations in developed countries, where there may be other issues. Think, for example, of those destinations with "overtourism" problems linked to overcrowding and congestion, in which tourism companies, should contribute to the governance of flows and to the development of high quality tourism, in order to ensure both tourists' satisfaction and residents' well-being. Or think of those destinations that are located in particularly "sensitive" natural or cultural areas, that need the adoption of protection measures by all parties involved, including tourism firms.

Finally, the environmental dimension takes on significant importance for those tourism businesses whose impacts on environment can be very high. It is the case, for example, of airlines, that largely contribute to CO_2 emissions and are pressed to invest in low-emission airplanes and in CO_2 compensation projects. Or of hotel companies, tour operators, golf courses located in drought-prone destinations, where actions for water saving is of vital importance, also considering that a tourist, when on vacation, tends to consume more water than when being at home.

All these examples show that in the tourism industry a stronger commitment and investment towards some specific categories of stakeholders and CSR areas is needed, in order to pay attention to the most pressing issues and challenges for sustainable development.

4 Final considerations: challenges for fostering CSR implementation in the tourism industry

The present chapter tried to make clear and explain that the tourism industry, due to its specificities, needs CSR even more than other sectors, so that companies could be active drivers for sustainable development. The central role of people who produce and deliver the tourism product; who make hospitality welcoming; who live the tourism experience; as well as the central role of cultural and environmental heritage that transforms places in attractive tourism destinations on the one hand, the negative impacts that tourism can cause – if it is not well managed – such as congestion, crowding out, cultural banalisation, environmental impoverishment, etc; all these factors make urgent also for tourism companies to take their part of responsibility, and, where possible, be a pivotal actor in making tourists and the other stakeholders more aware of the issues and of the respectful behaviour they should take.

However, even if significant progress has been made, the tourism industry is still far from systematically applying CSR, above all because of the small size of most firms as well as the little knowledge still existing with regard to this topic. As a consequence, if it is true that CSR plays an important role for the sustainability and competitiveness of the tourism industry, ad hoc interventions should be put in place by institutions, trade organisations and other related associations, as well as by the academia and the education sector, for further stimulating CSR implementation in tourism. In particular, three main directions for intervention can be identified. These directions are not new, since institutions and organisations have long been promoting CSR among tourism businesses, but interventions need to be strengthened.

The first direction is raising awareness of tourism firms, by explaining not only what CSR is but also why it is a topic of such strategic relevance. It could be useful to stress the concept that CSR is not a cost; that sustainability is not a theoretical concept that has nothing to do with businesses; that, on the contrary, their performance and competitiveness on the tourism market depend to a significant extent on the adoption of responsible actions. In addition, dissemination of concrete examples and of best practices is needed, in particular for providing evidence that applying CSR is feasible and that benefits are concrete.

The second direction is to further invest in the development of adequate skills inside and outside tourism companies. On the one hand, training should be addressed to entrepreneurs and internal employees, since CSR can be successfully implemented only if the entire staff is informed, aligned with the CSR strategy, and trained for taking responsible behaviour. On the other hand, specific university or post-graduate training courses should be strengthened for training human resources specialised in CSR who can be employed in tourism businesses as CSR manager and/or work as consultant.

Finally, the third direction is providing support measures for small businesses, for example by promoting the adaptation of CSR standards and reporting systems to the specific context of micro and small tourism firms (fee reduction for small businesses; less demanding procedures to meet standards, etc.); by providing expert figures who guide the firm in implementing a virtuous CSR process; by stimulating networks and exchange of good practices among small businesses.

An important aspect to keep in mind is that CSR is an investment that not only responds to the need for sustainable tourism development but can also improve the adaptability of tourism companies during crises and emergencies, in other words their resilience. The tourism sector is facing increasingly rapid changes and is very sensitive to external and not always manageable forces (weather conditions, natural disasters, terrorism, political instability, health emergencies, etc.). By forcing companies to adapt and in some case redesign their strategies and internal processes, CSR supports efficiency, internal and external relationships, risk prevention and management and then the ability to react to changes, to evolve and innovate. These characteristics are increasingly important today, in the light of some megatrends, impacting tourism too: the pressure from public opinion, especially from generations Y and Z (in particular this last one represents the consumers of tomorrow), to mitigate climate change and promote sustainable development; the general increase in tourists' interest in purchasing products made according to processes that are more respectful of the environment and the community; a greater risk (increased among other things by the speed with which information is spread on a global scale today) of damages to brand reputation and consumer trust in case of wrong behaviour made by companies; increasingly strict regulations aimed at reducing pollution, the violation of workers' and consumers' rights, etc.

In addition, if resilience is particularly needed today, it will be even more in the near future due to the Covid-19 pandemic that, having started from a health emergency perspective, has become an economic crisis for any sectors. In the present situation, CSR could support companies in reacting and re-launching their activities without losing sight of "the common good". Indeed, many decisions that businesses are facing right now refer to CSR, but at the same time there could be the risk that companies are so frustrated and overwhelmed by the emergency leading them to non-sophisticated and unresponsible decisions. Think, for example, of those businesses that are unfortunately forced to dismiss part of their employees; to resort to lay-off measures; to suspend seasonal jobs; to find solutions for remote working and flexible measures addressed to employees in complex situations, such as parents who stay at home with young children and who may have difficulties in managing their working day together with the family needs. Or think of the safety protocols necessary for preventing infections that businesses should apply not only for complying with legal regulations and avoiding penalties, but above all, for guaranteeing the safety of their employees, clients and partners. In all these decisions, businesses can try to act as responsibly as possible, or, on the contrary, to think only of their individual interest.

The Covid-19 crisis is impacting the tourism industry, maybe to an even greater extent in comparison with other sectors. Indeed, not only tourism businesses have lost their clients and profit during the lock-down period but they will significantly suffer the consequences of the pandemic also during the "restart phase" and throughout 2020-2021. Social distancing and other security measures, closure of borders, fear of being infected are all elements that are hindering tourism, since the conditions underlying tourism – interaction between people, free movement, a sort of sense of freedom and adventure – have been compromised. Scenarios are not positive[65], with a drastic drop in tourists in all destinations in the world and of course in the revenue of tourism companies, which in many cases could not resume their "normal" business shortly. Thinking for example of tourism companies in seaside resorts or in urban destinations, there is the risk that they may prefer to remain closed during the summer season even after the lock-down, since only few tourists would not allow to cover the costs.

In a disruptive situation like this – anything we have seen before – CSR may not be a priority for tourism firms, who are struggling to survive in the face of liquidity problems and lack of customers. The risk is that, among those companies that previously implemented CSR, there will be a budget reallocation, in particu-

---

[65] https://www.unwto.org/news/covid-19-international-tourist-numbers-could-fall-60-80-in-2020

https://www.unwto.org/impact-assessment-of-the-covid-19-outbreak-on-international-tourism lar in the short-term, in order to save costs and than a disengagement and a reduction in some not-priority investments, for example some of those addressed to CSR (think of the environmental ones); and that, among the other firms, the interest in CSR will be even lower. This could compromise the efforts made up to now for promoting and increasing awareness.

However, although the current condition is too uncertain to make predictions, a culture of responsibility could be all the more essential in these trouble times. We refer in particular to a culture of responsibility focused on the people on whom companies depend most - employees, customers and locals -; ensuring safety; giving them reassurance in any form; giving something, not necessarily money but skills and competence. This consideration may seem "idealistic" or just a "slogan", in reality, from many different perspectives the current crisis is perceived so great that a collective commitment is needed to recover. It is clear that everyone thinks primarily of his own situation and well-being, but there is a need for a sense of community, for acting together for the common good of all. And there is a need for creativity to be able to look beyond, to what is called the next normal. Everyone, including businesses, should contribute and, in this sense, CSR should be seen as part of the solution for addressing some challenges and opportunities, also in the short-term.

References

Akmese H., Cetin H. & Akmese K. (2016). Corporate Social Responsibility Reporting: A Comparative Analysis of Tourism and Finance Sectors of G8 Countries. Procedia Economics and Finance, 39, pp. 737 – 745.

Andersen M. & Skjoett-Larsen T. (2009). Corporate social responsibility in global supply chains. Supply Chain Management: An International Journal, 14(2), pp.75-86.

Baskentli S., Sen S., Duc S. & Bhattacharyad C.B. (2019). Consumer reactions to corporate social responsibility: The role of CSR domains. Journal of Business Research, 95, pp. 502–513.

Becker-Olsen K.L., Cudmore B.A. & Hill R.P. (2006). The impact of perceived corporate social responsibility on consumer behavior. Journal of Business Research, 59(1), pp. 46–53.

Bird R., Hall A.D., Momente F. & Reggiani, F. (2007). What corporate social responsibility activities are valued by the market? Journal of Business Ethics,76 (2), pp. 189–206.

Bobbin J. (2012). Researching responsible tourism reporting. International Centre for Responsible Tourism, Occasional Paper Op. 24.

Carroll A.B. (1999). Corporate social responsibility. Evolution of a definitional construct. Business and Society, 38(3), pp. 268-295.

Castaldo S., Perrini F., Misani N. & Tencati A. (2008). The missing link between Corporate Social Responsibility and consumer trust: the case of fair trade products. Journal of Business Ethics 84(1), pp. 1-15.

Coles T., Fenclova E. & Dinan C. (2013). Tourism and corporate social responsibility: A critical review and research agenda. Tourism Management Perspectives, 6, pp. 122–141.

Dodds R. & Joppe M. (2005). CSR in the tourism industry? The status of and Potential for Certification, Codes of Conduct and Guidelines. CSR Practice Foreign Investment Advisory Service Investment Climate Department, IFC/ World Bank, Washington.

Ding D.K., Ferreira C., Wongchoti U. (2019). The geography of CSR. International Review of Economics and Finance 59, pp. 265–288.

Ermlich G. (2009). Corporate Social Responsibility (CSR). ITB Berlin – Special Press Release, 04/2009.

European Commission. (2001). Promoting a European Framework for Corporate Social Responsibility. COM (2001) 366 final.

European Commission (2007). Communication from the Commission. Agenda for sustainable and competitive European tourism. COM (2007) 621 final.

European Commission. (2011). A renewed EU strategy 2011-14 for Corporate Social Responsibility. COM (2011) 681 final.

Fatma M., Rahman Z. & Khan I. (2016). Measuring consumer perception of CSR in tourism industry: Scale development and validation. Journal of Hospitality and Tourism Management 27, pp. 39-48.

Freeman R. E. (1984). Strategic Management: a stakeholder approach. Pitman, Boston.

Frey N. & George R. (2010). Responsible tourism management: the missing link between business owners' attitude and behaviour in the Cape Town Tourism industry. Tourism Management, 31, pp. 621-628.

Fyall A. & Garrod B. (2005). Tourism Marketing: a collaborative approach. Channel View Publications.

Garcia de los Salmones M.M., Herrero Crespo A. & Rodriguez del Bosque I. (2005). Influence of corporate social responsibility on loyalty and valuation of services. Journal of Business Ethics, 61(4), pp. 369–385.

Grave S.B. & Waddock S.A. (1994). Institutional owners and corporate social performance. Academy of Management Journal, 37 (4), pp. 1034–1046.

Gordon G. (2002). Improving tour operator performance: the role of corporate social responsibility and reporting. ABTA, TOI, Tearfund, London.

Govindan K., Shankar M., & Kannan D. (2018). Supplier selection based on corporate social responsibility practices. International Journal of Production Economics, 200, pp. 353-379.

Gursoy D., Boğan E., Dedeoğlu B.B. & Çalışkanb C. (2015). Residents' perceptions of hotels' corporate social responsibility initiatives and its impact on residents' sentiments to community and support for additional tourism development. Journal of Business Research 68, pp. 341–350.

Hoeffler S. & Keller K.L. (2002). Building brand equity through corporate societal marketing. Journal of Public Policy and Marketing, 21(1), pp. 78–89.

Holloway C. (2002). The business of tourism. Heinemann Butterworth, London.

Hur W., Kim, H. & Woo J. (2014). How CSR leads to corporate brand equity: Mediating mechanisms of corporate brand credibility and reputation. Journal of Business Ethics, 125(1), pp. 75–86.

Inoue Y., Funk D.C. & McDonald H. (2017). Predicting behavioral loyalty through corporate social responsibility: The mediating role of involvement and commitment. Journal of Business Research, 75, pp. 46–56.

Jarvis N., Weeden C. & Simcock N. (2010). The Benefits and Challenges of Sustainable Tourism Certification: A Case Study of the Green Tourism Business Scheme in the West of England. Journal of Hospitality and Tourism Management, 17(1), 83-93.

Joo S., Miller E.G. & Fink G.S. (2019). Consumer evaluations of CSR authenticity: Development and validation of a multidimensional CSR authenticity scale. Journal of Business Research, 98, pp. 236–249.

Kalish A. (2002). Corporate Futures. Social responsibility on the tourism industry. Tourism Concern, London.

Kang K.H., Lee S. & Huh C. (2009). Impacts of positive and negative corporate social responsibility activities on company performance in the hospitality industry. International Journal of Hospitality Management, 29(1), pp. 75-82.

Kim M., Yin X. & Lee G. (2020). The effect of CSR on corporate image, customer citizenship behaviors, and customers' long-term relationship orientation. International Journal of Hospitality Management, 88

Kudłak R., Sz}ocs I., Krumay B. & Martinuzzi A. (2018). The future of CSR - Selected findings from a Europe-wide Delphi study. Journal of Cleaner Production, 183, pp. 282-291.

Levy S.E. & Duverger P. (2010). Consumer perceptions of sustainability in the lodging industry: examination of sustainable tourism criteria. Paper presented at the International CHRIE Conference-Refereed Track, University of Massachusetts, Amherst, 30 July 2010.

Lynes J.K., Andrachuk M. (2008). Motivations for corporate social and environmental responsibility: a case study of Scandinavian Airlines. Journal of International Management 14(4), pp. 377-390.

Manente M., Minghetti V. & Mingotto E. (2011). Turismo responsabile e CSR: guida e confronto tra programmi di valutazione per uno sviluppo sostenibile. Franco Angeli, Milano.

Manente M., Minghetti V. & Mingotto E. (2014). Responsible Tourism and CSR - Assessment Systems for Sustainable Development of SMEs in Tourism. Springer International Publishing.

Marín L., Cuestas P.J. & Román S. (2016). Determinants of Consumer Attributions of Corporate Social Responsibility. Journal of Business Ethics, 138(2), pp. 247–260.

Martìnez P. & Rodrihuez del Bosque I. (2013). CSR and customer loyalty: the roles of trust, customer identification with the company and satisfaction. International Journal of Hospitality Management, 35, pp. 89-89.

Miller G. (2001). Corporate Responsibility in the UK Tourism Industry. Tourism Management, 22(6), pp. 589-598.

Mitchell V.W & Vassos V. (1997). Perceived risk and risk reduction in holiday purchases: a cross-cultural and gender analysis. Journal of Euro-marketing, 6(3), pp. 47-97.

Nicolau J.L. (2008). Corporate social responsibility: worth-creating activities. Annals of Tourism Research, 35(4), pp. 990–1006.

Nolan C., Garavan T.N. & Lynch P. (2020). Multidimensionality of HRD in small tourism firms: A case study of the Republic of Ireland. Tourism Management, 79.

Oberseder M., Schlegelmilch B.B. & Murphy P.E. (2013). CSR practices and consumer perceptions. Journal of Business Research, 66(10), pp. 1839–1851.

Park S.Y. & Levy S.E. (2014). Corporate social responsibility: Perspectives of hotel frontline employees. International Journal of Contemporary Hospitality Management, 26(3), pp. 332–348.

Pivato S., Misani N. & Tencati A. (2008). The impact of corporate social responsibility on consumer trust: the case of organic food. Business Ethics: A European Review 17(1), pp. 3-12.

Phillips S., THAI V.V. & HALIM Z. (2019). Airline value chain capabilities and CSR performance: the connection between CSR leadership and CSR culture with CSR performance, customer satisfaction and financial performance. The Asian Journal of Shipping and Logistics 35(1), pp. 30-40.

Post J.E., Preston L.E. & Sachs, S. (2002). Managing the extended enterprise: the new stakeholder view. California Management Review, 45(1), pp. 6–28.

Prud'homme B. & Raymond L. (2013). Sustainable development practices in the hospitality industry: an empirical study of their impact on customer satisfaction and intentions. International Journal of Hospitality Management, 34, pp. 116-126.

Rhou I., Singal M., Koh Y. (2016). CSR and financial performance: The role of CSR awareness in the restaurant industry. International Journal of Hospitality Management, 57, pp. 30–39.

Roberts S. (2003). Supply Chain Specific? Understanding the Patchy Success of Ethical Sourcing Initiatives. Journal of Business Ethics, 44(2–3), pp. 159–170.

Ritchie J.R. & Crouch G.I. (2003). The competitive Destination: a Sustainable Tourism Perspective. CAB International.

Russo M.V. & Fouts P.A. (1997). A resource-based perspective on corporate environmental performance and profitability. Academy of Management Journal, 40(3), pp. 534–559.

Sandve A., Marnburg E. & Øgaard T. (2014). The ethical dimension of tourism certification programs. International Journal of Hospitality Management, 36, pp. 73– 80.

Saeidi S.P., Sofian S., Saeidi P., Saeidi S.P. & Saeaeidi S.A. (2015). How does corporate social responsibility contribute to firm financial performance? The mediating role of competitive advantage, reputation, and customer satisfaction. Journal of Business Research, 68(2), pp. 341–350.

Sakunasingha B., Jiraporn P. & Uyar A. (2018). Which CSR activities are more consequential? Evidence from the Great Recession. Finance Research Letters, 27, pp. 161–168.

Su L. & Swanson S.R. (2019). Perceived corporate social responsibility's impact on the well-being and supportive green behaviors of hotel employees: The mediating role of the employee-corporate relationship. Tourism Management, 72, pp. 437–450.

Swaen V. & Chumpitaz, R.C. (2008). Impact of Corporate Social Responsibility on Consumer Trust. Recherche et Applications en Marketing (English Edition) 23(4), pp. 7-34.

Tamajón L.G. & Font X. (2013). Corporate social responsibility in tourism small and medium enterprises. Evidence from Europe and Latin America. Tourism Management Perspectives, 7, pp. 38–46.

Theodoulidis B., David D., Crotto F. & Rancati E. (2017). Exploring corporate social responsibility and financial performance through stakeholder theory in the tourism industries. Tourism Management, (62), pp. 173-188.

Tourky M., Kitchen P., Shaalan A. (2019). The role of corporate identity in CSR implementation: an integrative framework. Journal of Business Research.

Turban D.B. & Greening D.W. (1997). Corporate social performance and organizational attractiveness to prospective employees. Academy of Management Journal, 40(3), pp. 658–672.

Visser W. (2016). The future of CSR: towards transformative CSR or CSR 2.0. In Örtenblad A. (eds.), Research Handbook on Corporate Social Responsibility in Context. Edward Elgar Publishing.

Vitell S., Paolillo J., Thomas J.L. (2003). The Perceived Role of Ethics and Social Responsibility: A Study of Marketing Professionals. Business Ethics Quarterly, 13, pp. 63-86.

Yoon Y., Gurhan-Canli Z. & Schwarz N. (2006). The effect of corporate social responsibility (CSR) activities on companies with bad reputations. Journal of Consumer Psychology, 16(4), pp. 377–390.

Wells V.K., Manika D., Gregory-Smith D., Taherid B. & McCowlen C. (2015). Heritage tourism, CSR and the role of employee environmental behavior. Tourism Management, 48, pp. 399-413.

World Bank. (2003). Strengthening implementation of Corporate Social Responsibility on global supply chains. http://siteresources.worldbank.org/.../CSR/Strengthening_Implementatio.pdf.

World Business Council for Sustainable Development. (1999). Meeting changing expectations: Corporate social responsibility. http://www.wbcsd.org/templates/TemplateWBCSD5/layout.asp?type¼p&MenuId¼MTE0OQ.

Zhou Z. & Ki E. (2018). Exploring the role of CSR fit and the length of CSR involvement in routine business and corporate crises settings. Public Relations Review, 44, pp. 75–83.

Corporate Social Responsibility im Tourismus - der Einsatz von CSR-Aktivitäten in familiengeführten touristischen Unternehmen

Anita Zehrer & Frieda Raich

Abstract

Nachfolgender Beitrag beschäftigt sich mit Corporate Social Responsibility in familiengeführten touristischen Unternehmen. Zunächst wird über die allgemeine Bedeutung von CSR im Tourismus gesprochen, dann wird auf Besonderheiten von Familienunternehmen eingegangen. Letztlich werden verschiedene Handlungsfelder aufgezeigt sowie Vorteile aber auch Herausforderungen diskutiert, die mit CSR-Aktivitäten in familiengeführten touristischen Unternehmen verbunden sind.

Inhalt

H. Pechlaner und S. Speer (Hrsg.), *Responsible Entrepreneurship*, Entrepreneurial
Management und Standortentwicklung, https://doi.org/10.1007/978-3-658-31616-7_10

1 Einführung

Tourismus ist ein bedeutender Wirtschaftsfaktor, der Wertschöpfung und Arbeits-plätze schafft. Dabei ist Tourismus stark von natürlichen Ressourcen und dem Wohlwollen der lokalen Bevölkerung abhängig. Die negativen Effekte des Tou-rismus wie Umweltverschmutzung, Ressourcenverbrauch etc. bedrohen jedoch diese Voraussetzungen.[1] Es ist deshalb im Interesse des Tourismus, die Natur zu bewahren und für das gesellschaftliche Gemeinwohl einzustehen.[2] Eine verstärkte Fokussierung auf Corporate Social Responsibility (CSR) in der Tourismusbran-che ist deshalb unabdingbar.

Der Terminus „Corporate Social Responsibility" (CSR) beschreibt unterneh-merische Aktivitäten, von denen im weitesten Sinne die Gesellschaft profitiert.[3] CSR wird dabei stark mit dem Begriff der unternehmerischen Verantwortung as-soziiert. Unternehmen sind für ihre (Nicht-)Handlungen verantwortlich und zwar auf sozialer, ökologischer, politischer und ökonomischer Ebene. Corporate Social Responsibility ist damit eng mit einer nachhaltigen Entwicklung verbunden und die Verantwortung eines Unternehmers liegt darin, Nachhaltigkeit in die strategi-sche und operative Tätigkeit zu integrieren. In einer ökonomischen Dimension bedeutet dies u.a. den langfristigen Unternehmenserhalt anzustreben, einen Bei-trag zur lokalen Wertschöpfung zu leisten oder faire Konditionen gegenüber den Anspruchsgruppen auszuarbeiten. Die soziale Dimension umfasst z. B. die Ko-operation mit dem lokalen Umfeld, den Respekt gegenüber der regionalen Kultur, die Berücksichtigung von Mitarbeiterinteressen oder auch ein allgemeines ethi-sches Geschäftsverhalten. Ergänzend wirkt die ökologische Dimension, wobei es insbesondere um Umweltmanagement und Energieeffizienz geht.[4] CSR über-steigt dabei das bloße Wahrnehmen der vorhandenen gesetzlichen Rahmenbedin-gungen und ist unabhängig vom wirtschaftlichen Kerninteresse eines Unterneh-mens.[5]

Der Einsatz von CSR-Maßnahmen ermöglicht es touristischen Akteuren, ne-gative Effekte auszugleichen und Verantwortung gegenüber der Gesellschaft wahrzunehmen.[6] CSR erfreut sich im Tourismus steigender Popularität und wird von immer mehr Unternehmen aktiv forciert.[7] Diese Entwicklung wird nicht nur

---

[1] Feng & Tseng, 2019

[2] Camilleri, 2014

[3] Gavana, Gottardo & Moisello, 2018

[4] Weisensee & Baumann, 2014

[5] Kirchhoff, 2006

[6] Hatipoglu, Ertuna & Salman, 2019

[7] Fatma, Rahma & Khan, 2016

von Großunternehmen verfolgt, sondern auch von klein- und mittelständischen Betrieben mitgetragen.[8] Besonders Familienunternehmen weisen ein starkes Verantwortungsbewusstsein für ihr Umfeld auf.[9] So ist Familienunternehmen die positive Entwicklung der heimischen Bevölkerung sowohl in ökonomischer als auch sozialer Hinsicht ein besonderes Anliegen. Diese Tendenz hin zu mehr regionaler Verantwortung hat sich in den letzten Jahren bei familiengeführten klein- und mittelständischen Betrieben spürbar verstärkt. Gleichzeitig wird auch seitens der Bevölkerung ein erhöhtes gesellschaftliches Engagement von den Unternehmen erwartet.[10]

Der Beitrag beschäftigt sich mit Corporate Social Responsibility in familiengeführten touristischen Unternehmen. Nachdem allgemein die Bedeutung von CSR im Tourismus aufgezeigt wird, werden jene Besonderheiten von Familienunternehmen diskutiert, die den Nährboden für CSR darstellen und somit diese Betriebe zu bedeutenden Akteuren der Umsetzung machen. Die Autorinnen zeigen verschiedene Handlungsfelder auf und diskutieren Vorteile aber auch Herausforderungen, die mit CSR-Aktivitäten in familiengeführten touristischen Unternehmen verbunden sind.

2 Corporate Social Responsibility im Tourismus

Die Europäische Kommission definiert CSR als "die Verantwortung von Unternehmen für ihre Auswirkungen auf die Gesellschaft".[11] Besonders im Tourismus sind die Auswirkungen auf die Gesellschaft groß und vielfältig. Es ist daher gerade für diese Branche naheliegend und von großer Bedeutung Verantwortung zu übernehmen.

2.1 Bedeutung von CSR im Tourismus

Positive und negative ökonomische, ökologische und sozio-kulturelle Effekte prägen das Image des Tourismus. Von diesen Wirkungen sind auch nicht-touristische Akteure betroffen. So können in unterschiedlichsten Regionen durch Tourismus die finanziellen und sozialen Gegebenheiten verbessert und die Lebensqualität erhöht werden. Nichtsdestotrotz sind negative Auswirkungen, wie beispielsweise Luftverschmutzung oder der Verlust von Biodiversität, nicht zu vernachlässigen. Zudem brauchen touristische Akteure öffentliche Ressourcen

---

[8] Ettinger, Grabner-Kräuter & Terlutter, 2018

[9] Uhlaner, van Goor-Balk & Masurel, 2004

[10] Früh & Lüth, 2018

[11] Europäische Kommission, 2001, S. 7

und das Wohlwollen der Bevölkerung, um attraktive, authentische Produkte anbieten zu können.[12] Tabelle 1 gibt einen Überblick der wesentlichen Wirkungen des Tourismus in den Zielgebieten.

	Nutzen	Schaden
ökonomisch	Arbeitsplätze Umsätze Einkommen Verbesserung der Infrastruktur Erschließung neuer Märkte für einheimische Produkte ...	Anstieg der Bodenpreise Anstieg der Lebenshaltungskosten ...
ökologisch	Nutzung von Brachland Schutz vor Verödung Finanzierung von Umweltschutzmaßnahmen Sensibilisierung für natürliche Schönheiten ...	Beeinträchtigung der Umwelt durch Schadstoffe (Verkehr), Abwasser, Abfälle etc.) Beeinträchtigung des Landschaftsbildes durch Bauten etc. Bodenverbrauch ...
sozio-kulturell	Stopp der Abwanderung Durch Tourismus finanzierte Kulturpflege (z. B. Denkmalschutz) Neues Wissen Begegnung mit anderen Kulturen ...	Entfremdung Verlust der kulturellen Identität ...

Tabelle 1: Wirkungen des Tourismus[13]

Die Tourismustreibenden müssen ihrer Verantwortung gegenüber der Gesellschaft und der Umwelt nachkommen, da die externen Effekte groß und das ökologische wie soziale Umfeld entscheidende Teile der Konsumentenerfahrung sind. Zudem zeigt die Tabelle zahlreiche positive Wirkungen, die bewusst gefördert werden müssen. Die Hotelbranche setzt mittlerweile bereits vielfach auf ökologische Themen.[14] Gleichzeitig sind gerade im Tourismus noch oft schlechte Arbeitsbedingungen zu finden, wie beispielsweise geringe Löhne, lange Arbeitszeiten oder Saisonarbeit.[15] Diese Ausführungen zeigen die besondere Bedeutung von CSR im Tourismus, wobei nicht nur große Unternehmen sondern

---

[12] Eisenstein, 2014; Bieger & Beritelli, 2013; De Grosbois, 2012
[13] Bieger & Beritelli, 2013
[14] Ettinger et al., 2018
[15] Camilleri, 2014

auch kleine und mittelgroße Betriebe eine bedeutende Rolle spielen. Eine Besonderheit sind in diesem Zusammenhang familiengeführte Unternehmen.

2.2 Familiengeführte Unternehmen als wesentliche Akteure

Familienunternehmen gibt es in unterschiedlichen Größen und Organisationsformen, vom kleinen mittelständischen Betrieb bis hin zum multinationalen Konzern. In Europa sind ca. 85% der Unternehmen familiengeführt, in Amerika sind es 70%. Entsprechend groß ist die Rate auch in den einzelnen Ländern. In Deutschland wird der private Wirtschaftssektor von Familienunternehmen bestimmt: Über 90 Prozent der Unternehmen werden von Familien kontrolliert, 86 Prozent der privatwirtschaftlichen Unternehmen sind eigentümergeführte Familienunternehmen.[16] Auch in Österreich sind 90% aller Unternehmen Familienunternehmen.[17] Laut KMU Forschung Österreich gibt es in Österreich 156.400 Familienunternehmen, von denen die meisten weniger als zehn Mitarbeiter haben und bevorzugt im Handel, Tourismus, Bauwesen und der Produktion agieren.[18] Circa 74% aller Familienunternehmen in Österreich sind im Tourismus tätig.[19]

Werden nur die Daten der österreichischen Hotellerie betrachtet, so arbeiten in 85,2% aller Betriebe unter 10 Mitarbeiter und in 12,7% zwischen 10 und 50 Mitarbeiter, was in Summe und nach Definition der Europäischen Kommission für KMUs 97,9% an Kleinunternehmen ergibt; d.h. die österreichische Hotellerie ist sehr stark von kleinbetrieblichen Familienunternehmen geprägt.[20]

In der Wissenschaft erfreut sich die Erforschung von Familienunternehmen seit Beginn dieser Dekade zunehmender Beliebtheit.[21] Wird der Fokus auf den Tourismus gelegt, so findet bislang das Forschungsfeld der Familienunternehmen weit weniger Beachtung.[22] Der traditionelle Familienbetrieb ist typisch für die Alpenländer und stellt für die alpine Tourismuswirtschaft einen wichtigen internationalen Wettbewerbsvorteil dar.[23]

---

[16] Stiftung Familienunternehmen, 2019

[17] Dörflinger et al., 2013

[18] Haushofer, 2013

[19] Wirtschaftskammer Österreich, 2018; Zehrer, 2017

[20] KMU Forschung Austria, 2016; Wirtschaftskammer Österreich, 2015

[21] Zahra, 2016; Zellweger et al., 2010; Sharma, 2004; Bird et al., 2002; Sorenson, 2000

[22] Peters & Kallmünzer, 2015; Rhodri et al., 2011; Zehrer & Haslwanter, 2010; Zehrer & Siller, 2007; Getz & Carlsen, 2005

[23] Hennerkes et al., 2007

Eine der zentralen Unterschiede von Familienunternehmen gegenüber Nicht-Familienunternehmen und gleichzeitig wesentliche Besonderheit ist die enge Verzahnung von Familie und Betrieb. Kernbegriff hierbei ist der Faktor Familiness, welcher als die einzigartige Ressource und Fähigkeit eines Unternehmens bezeichnet wird, die aus der engen Interaktion von Familie und Unternehmen entsteht.[24] Entscheidungen in Familienunternehmen werden gleichermaßen von sachlichen und emotionalen Motiven geleitet.[25] Ein wesentlicher Punkt ist die langfristige Existenzsicherung der Familien, die dem familiären Wunsch entspricht, das Unternehmen als solches zu erhalten und an die nächste Generation weiterzugeben. Dies stellt eine herausfordernde Aufgabe für ein Familienunternehmen und deren Verantwortliche dar.[26] So stehen in den nächsten zehn Jahren laut KMU Forschung Österreich rund 2.200 Betriebe aus Hotellerie und Gastronomie vor der Herausforderung der Unternehmensübergabe.[27]

Eine weitere Besonderheit ist die Eigentümerstruktur von Familienunternehmen, bei der die Unternehmerfamilie entweder durch Managementfunktionen oder durch Besitz am Eigentum des Unternehmens beteiligt ist. Der damit verbundene maßgebliche Einfluss der Familie auf die Entwicklung des Unternehmens und dessen strategische Ausrichtung hat auch einen starken Einfluss auf die Finanzierungsstruktur.[28] Und gerade diese Finanzierungsstruktur wird aufgrund der mangelnden Eigenkapitalausstattung von touristischen Familienunternehmen vielfach als Problembereich gesehen. Des Weiteren werden Familienunternehmen oft mit einer geringeren Bezahlung, weniger Internationalität sowie schlechteren Karriere- und Aufstiegschancen in Verbindung gebracht als Nicht-Familienunternehmen.[29] Zudem verfügen kleinstrukturierte Familienunternehmen u.a. vielfach über limitierte finanzielle Ressourcen, wenig wirtschaftliches Know-How, kämpfen aufgrund ihrer Größe mit Herausforderungen und Nachteilen am sich verändernden und gesättigten Markt, und sind im operativen Tagesgeschäft gefangen,[30] wodurch die Beschäftigung mit strategischen Szenarien meist hintangestellt wird.

Ein Weg, die Potentiale familiengeführter Unternehmen auszuschöpfen und die Nachteile zu minimieren, ist die Beschäftigung mit CSR.

---

[24] Beritelli et al., 2013; Mühlebach, 2012; Kraus et al., 2011

[25] Rüsen, 2009; Schuckert et al., 2008

[26] Zehrer, 2014; Achleitner et al., 2011; Chua et al., 2003; Getz & Carlsen, 2005; Peters, 2001

[27] KMU Forschung Austria, 2016

[28] Lee, 2006; Lee et al., 2003

[29] Zahra & Garvis, 2000; Tagiuri & Davis, 1996

[30] Zehrer & Haslwanter, 2010; Skrt & Antoncic, 2004

3   Unternehmerische Verantwortung von Tourismusbetrieben

CSR-Überlegungen werden vielfach stärker von Familienunternehmen angestrebt als von Unternehmen ohne Familienbeteiligung.[31] Somit spielen familiengeführte Unternehmen eine bedeutende Rolle bei der Verankerung und Umsetzung von CSR im Tourismus. Ein wesentlicher Grund liegt in einigen ihrer Besonderheiten, die einen Nährboden für CSR darstellen.

3.1   Besonderheiten familiengeführter Unternehmen als Nährboden für Corporate Social Responsibiltiy

Folgende Besonderheiten fundieren die Bedeutung von familiengeführten Unternehmen nicht nur für das touristische Angebot, sondern auch für CSR.

Verbundenheit mit der Region: Familienbetriebe zeigen vielfach eine tiefe Verbundenheit mit dem Ort und der Region, in der sie angesiedelt sind. Dies fördert die Beziehungen zu internen und externen Anspruchsgruppen wie Mitarbeitern, Lieferanten, öffentlichen Insitutionen oder auch den Nachbarn. Die Führungskräfte wissen um die regionale Kultur und Tradition, kennen die Werte und Normen, da die Region auch Wohn- und Lebensraum für die Unternehmerfamilie ist. Somit ist eine wesentliche Voraussetzung für die Entwicklung authentischer, zum geografischen Raum passender Angebote geschaffen. Zudem können die Probleme der lokalen Bevölkerung besser nachvollzogen und adressiert werden. Die oft spürbare Solidarität den Einheimischen gegenüber beruht auf dieser Nähe und Verankerung. In diesem Sinne verstehen sich Familienbetriebe als Bindeglied zwischen den Einheimischen und Gästen und sehen sich mitverantwortlich für den Erhalt der Destination als Lebensraum. Diese Verbundenheit führt zu einem positiven Image und einem hohen gesellschaftlichen Stellenwert, der wiederum die Umsetzung von CSR-Maßnahmen fordert und fördert.[32] Beispiele sind die Zusammenarbeit mit lokalen Produzenten, die nachhaltige Nutzung regionaler Ressourcen, das Vermeiden oder zumindest Vermindern von umweltschädlichen Handlungen, das Aufwerten kulinarischer Besonderheiten oder das Entwickeln authentischer Produkte.[33]

Starke Prägung des unternehmerischen Handelns durch Werte: Das unternehmerische Handeln in Familienunternehmen ist stark von Werten geprägt.

---

[31] Dyer & Whetten, 2006

[32] Baumgartner, 2016; Dörflinger et al., 2013; Niehm et al., 2008

[33] Baumgartner, 2008

Durch die Einbindung der Familie in das Unternehmen stehen die Familienmitglieder für menschliche Verbindlichkeit und sind dadurch sehr authentisch. Dabei
strahlen die Unternehmerfamilien eine gewisse Verlässlichkeit aus und stehen mit
ihrem Namen ein für Stabilität und Qualität.[34] Weitere familiäre Werte sind Vertrauen, Aufrichtigkeit, Bindung und Loyalität.[35] „Die Wertesysteme von Familienunternehmen werden meist als menschlich, emotional und funktional beschrieben. In den Werteformulierungen von Nicht-Familienunternehmen finden
sich dagegen eher transaktionale, unpersönliche und stärker erfolgsorientierte
Aussagen."[36] An vorderster Front stehen hier die Unternehmer, innovationsstarke
Persönlichkeiten, die die Grundlage bilden für verantwortungsbewusstes und kre-
atives Handeln.[37] Die Werte, die in Folge auch das Handeln der Familienmitglieder prägen, führen zur Wahrnehmung von gesellschaftlicher Verantwortung und
stützen entsprechende Entscheidungen.

Langfristige Orientierung: Zahlreiche Familienunternehmen kennzeich-
nen sich durch ein langjähriges Bestehen aus – oft gelingt es, das Unternehmen
familienintern an die nächste Generation weiterzugeben. Diese Konstanz hat in
Kombination mit Werten wie Vertrauen oder Solidarität positive Auswirkungen
auf den Aufbau von langfristigen Beziehungen mit verschiedenen Stakeholdern
wie Mitarbeitern oder Lieferanten.[38] Langfristige Beziehungen fördern die Verbundenheit mit den Menschen und Institutionen vor Ort und motivieren dazu,
diese Menschen und die Umwelt zu respektieren und zu schützen. Da Familienbetriebe neben ökonomischen Zielen oftmals viele nicht-ökonomische Ziele verfolgen, ist auch die strategische Ausrichtung eine andere.[39] Familienunternehmen
scheinen bereit zu sein, gesellschaftliche Verantwortung zu übernehmen.[40] Dyer
und Whetten kommen in ihrer Studie zu der Erkenntnis, dass Familienunternehmen einen größeren Grad an sozialer Verantwortung im Sinne einer nachhaltigen
Entwicklung wahrnehmen. Gründe dafür liegen in der Bedachtheit von Familienunternehmen, den Ruf, das Image und das Ansehen der Familie nach außen hin
zu wahren.[41] Die Verfolgung von nicht-ökonomischen Zielen von Familienunternehmen wird in der Fachliteratur unter dem Konzept *socio-emotional wealth*

---

[34] Beck & Kenning, 2015; Dörflinger et al., 2013; Krappe et al., 2011; Lumpkin et al., 2008

[35] Schlippe et al., 2009

[36] Felden & Hack, 2014, S. 46

[37] Hoffmann, 2016

[38] Röd, 2016; Alderson, 2015; Felden & Hack, 2014; Achleitner et al., 2011; Avram & Kühne, 2008; Carrigan & Buchley, 2008; Lumpkin et al., 2008; Peters 2004

[39] Berrone et al., 2012

[40] Dyer & Whetten, 2006

[41] Glowka & Zehrer, 2020; Gómez-Mejía et al., 2011

(SEW) zusammengefasst.[42] SEW wird oft als ein entscheidendes Differenzierungsmerkmal von Familienunternehmen zu Nicht-Familienunternehmen angesehen.[43] Damit werden die Grundwerte des Unternehmens sowie die unternehmerische Mission und Vision konsequent und mit Weitblick in die Zukunft gelebt; im Gegensatz dazu denken managergeführte Unternehmen eher in Quartalen.[44]

Unternehmerische Flexibilität: Volatile Märkte, komplexe Wertschöpfungsketten und wachsende politische und wirtschaftliche Unsicherheit verlangen von Unternehmen Anpassungsfähigkeit und Flexibilität. Familienunternehmen sind zwar komplexe und sensible Gebilde, zeichnen sich jedoch vielfach durch unternehmerische Flexibilität aus. Diese entsteht zum einen durch unbürokratische und flache Hierarchien, zum anderen durch die Person des Eigentümers, der trotz der Prämisse nach langfristiger unternehmerischer Stabilität, mit Mut und Tatkraft schnelle und flexible Entscheidungen trifft.[45] Dadurch gelingt es, sich internen und externen Änderungen anzupassen.[46] Nehmen die Betriebe die Notwendigkeit sozialen oder ökologischen Handelns wahr, kann darauf schnell und unkompliziert reagiert werden.

Identifizierung der Familienmitglieder mit dem Unternehmen: Werte beeinflussen das Verhalten von Familienunternehmen durch die enge Verbundenheit der individuellen Werte der Familienmitglieder und dem Unternehmen selbst.[47] Das Wertesystem in der Familie steht im engen Zusammenhang mit dem Wertesystem im Unternehmen.[48] Werte und somit auch die Ziele eines Unternehmens sind meist langfristig orientiert und werden häufig über Generationen hinweg gelebt.[49] Die Identität der Familienmitglieder ist demnach oft mit dem Selbstverständnis des Unternehmens verbunden und führt zu einer stabilen,   gemeinsamen Identität, die zur inneren Einheit des Unternehmens beiträgt.[50] In Familienunternehmen ist diese Identität stark von Werten und der Kultur der Unternehmerfamilie geprägt. Eine negative Außenwirkung ist somit für die Familie auch von persönlicher Bedeutung und kann die generationenübergreifende Identitätsweitergabe maßgeblich beeinflussen. „Aus diesem Grund sind Familienmitglieder oft auf ihr Firmenimage bedacht. Dies spiegelt sich in höherer Corporate

---

[42] Debicki et al., 2016; Hauck et al., 2016; Berrone et al., 2012; Gómez-Mejía et al., 2011

[43] Berrone et al., 2012

[44] Baus, 2013

[45] Kinkel & Lay, 2012

[46] Schlippe et al., 2009

[47] Astrachan et al., 2002; Dyer, 2003

[48] Tàpies & Ward, 2008

[49] Sharma & Sharma, 2011

[50] Süss & Weissmeier-Sammer, 2013

Social Responsibility oder Community Citizenship von Familienunternehmen wider."[51]

Diese Besonderheiten stellen einen idealen Nährboden für CSR dar, denn sie lenken das strategische Denken und Handeln der Familienunternehmen, machen sie offen für gesellschaftliche Belange und motivieren zur Übernahme von sozialer Verantwortung.

3.2 Handlungsfelder

Familienbetriebe können sich gezielt gesellschaftlicher Herausforderungen wie Integration, Gesundheit, Bildung oder Umweltschutz annehmen und im Rahmen ihrer Möglichkeiten Maßnahmen setzen, die eine positive Veränderung bewirken.[52] Im Tourismus ist damit im Wesentlichen ein „faires und verantwortungsvolles Verhalten gegenüber Mitarbeiter/innen und Geschäftspartner/innen, aber auch gegenüber den lokalen Gemeinschaften, in deren Umfeld man arbeitet respektive produziert, und nicht zuletzt auch gegenüber der Umwelt" gemeint.[53] Grundsätzlich können fünf Handlungfelder ausgemacht werden:[54]

Ökologische und soziale Produktverantwortung: Während bestehende Erfolgspotentiale die im Zeitablauf gewonnenen Erfahrungen, Kompetenzen und Ressourcen widerspiegeln, zielen neue Erfolgspotentiale „auf die Entwicklung von Fähigkeiten ab, die zukünftig geeignet sind, entsprechende Vorteile gegenüber dem Wettbewerb zu erzielen".[55] Das steigende Umweltbewusstsein und die Suche nach Natur von Seiten verschiedener Zielgruppen bringen neue Möglichkeiten der Produkt- und Angebotsgestaltung mit sich. Hier kann CSR eine richtungsgebende Rolle spielen, die auch kleine und mittlere Betriebe nutzen können. Es gilt darauf zu achten, dass bei neuen Angeboten, lokale und regionale Produkte und Dienstleistungen berücksichtigt werden. Auf diese Weise werden die lokalen Akteure gefördert und die regionalen Tätigkeiten in Wert gesetzt. Angebotsentwicklung im Sinne der CSR bedeutet einen möglichst geringen Bodenverbrauch, einen rücksichtsvollen Umgang mit der Landschaft, die Wahrung der Biodiversität und die Vermeidung sonstiger Umweltbeeinträchtigungen. Hohe Qualität, Umweltfreundlichkeit, Einklang mit der lokalen Kultur, Einzigartigkeit aufgrund der territorialen Verankerung und der Innovationsgehalt, den CSR mit sich bringt,

[51] Felder & Hack, 204, S. 48

[52] Alonso & Austin, 2016

[53] Bundesministerium für Wirtschaft, Familie und Jugend (bmwfj), 2012, S. 7

[54] Loew & Braun, 2009

[55] Bleicher, 2011, S. 90

führen zu einem besonderen Kundennutzen und zu mehr Authentizität.[56] „Tourismusangebote sind authentisch, wenn diese einen engen, verorteten Bezug zu einer Region haben. Verortung bezieht sich auf unverwechselbare Beziehungen zur Landschaft, zu den Menschen, zum Handwerk, zur Gestaltung, allgemein zur Kultur sowie zu aktuellen und historischen Inhalten. Authentizität bedeutet in dem Sinn nicht nur Bewahrung und Erhaltung, sondern ist dynamisch zu verstehen. Es geht auch um die Weiterentwicklung von Tradition in der heutigen Zeit, es geht um den Alltag und die reale Bedeutung von kulturellen und natürlichen Werten".[57]

Interessen der Mitarbeiter: Die Sicherung der Einkommensmöglichkeiten für die in der Region Lebenden ist ein wichtiges Kriterium der Agenda 21. Es gilt, faire und attraktive Arbeitsbedingungen zu bieten. Zudem ist es wichtig, Möglichkeiten der Weiterbildung zu schaffen. Diese stärken die Motivation der Beschäftigten und tragen dadurch auch zum wirtschaftlichen Erfolg bei.[58] Weitere wesentliche Themen sind Lohngleichheit, Sicherheit, Gesundheit, Vereinbarkeit von Familie und Beruf, Förderung der Diversität in Bezug auf Alter, Geschlecht, Kultur etc.[59] In Familienunternehmen wird mehr in Humanressourcen investiert, wodurch Mitarbeiter aufgrund der integrativen Funktion von Werten, die den Mitarbeitern Sicherheit, Vertrauen und Identifikation weitergeben, grundsätzlich länger ans Unternehmen gebunden werden können.[60] Die Mitarbeiterfluktuation ist daher generell geringer ausgeprägt als in Nicht-Familienunternehmen. Familienunternehmen schaffen langfristige Arbeitsplätze und tragen zur Wertschöpfung der Region bei. Durch die Einbindung der Familie in das Unternehmen stehen Familienunternehmen für menschliche Verbindlichkeit. Familienunternehmen können flache Hierarchien, ein vielfältiges Aufgabenspektrum und persönlichen Kontakt zur Unternehmensleitung bieten.[61] Zudem haben Familienunternehmen eine auf die Mitarbeiter ausgerichtete Kultur und Wertschätzung und bieten ein Arbeitsumfeld, das den Bedürfnissen der Mitarbeiter in besonderer Weise Rechnung trägt.

Betrieblicher Umweltschutz: Zu diesem Bereich zählen die Erhaltung von Ressourcen z. B. durch die Nutzung umweltfreundlicher Güter oder die Reduzierung von Energie- und Wasserverbrauch; die Verringerung der Verschmutzung z. B. durch Maßnahmen zur Verringerung von Belastungen durch

---

[56] Weber & Taufer, 2016

[57] Hochschule Luzern, 2016, S. 2

[58] Baumgartner, 2008

[59] Weber & Taufer, 2016

[60] Haushofer, 2013

[61] Zehrer et al., 2017

Lärm, Licht, Abfluss oder durch die Verringerung des Abfalls sowie die Erhaltung der Ökosysteme und der Artenvielfalt.[62] Eine umwelt- und ressourcenschonende Politik in einem touristischen Familienunternehmen umfasst bspw. den Schutz von Mitarbeitern durch die Auseinandersetzung mit zentralen Sicherheitsthemen. Ausgewählte und erprobte Arbeitsstoffe und Arbeitsmittel, persönliche Schutzausrüstungen, geschulte Sicherheitsvertrauenspersonen – all das sollte mit der Unternehmensleitung und den Präventivdiensten so zusammenwirken, dass Sicherheits- und Gesundheitsschutz für alle Mitarbeiter gewährleistet ist.[63]

Kundeninteresse: Bei der Produktakzeptanz spielt das Vertrauen der Konsumenten in das Unternehmen eine besondere Rolle. Daher ist die Berücksichtigung der Kundenwünsche im Sinne eines regional-typischen und nachhaltigen Urlaubserlebnisses für alle Gäste essentiell. Die Herstellung von Gästezufriedenheit ist Teil von sozio-kultureller Nachhaltigkeit und trägt zum wirtschaftlichen Erfolg bei. Dabei sollten auch die Bedürfnisse spezieller Gästegruppen befriedigt werden, z. B. durch Barrierefreiheit.[64] Familienunternehmen werden im Allgemeinen als vertrauenswürdiger als vergleichbare nicht-familiengeführte Unternehmen wahrgenommen.[65] Durch die verstärkte Kommunikation des Familienunternehmensstatus kann eine höhere Vertrauenswürdigkeit beim Kunden erreicht werden.[66] Die Qualität der Beziehungen zwischen Familienunternehmen und Gast ergibt sich dabei aus leistungs- sowie aus transaktionsbezogenen Einflussgrößen.[67] Zu leistungsbezogenen Faktoren zählt bspw. die Servicequalität, zu transaktionsbezogenen Faktoren z.B. soziale Leistungen, Aufbau von Vertrauen und Commitment. Beispiele für soziale Leistungen sind das Wiedererkennen des Gastes, die persönliche Ansprache, Zuhören, die Einbindung des Gastes etc. Soziale Leistungen sind dem Gast vielfach wichtiger als monetäre Anreize, z. B. Spezialangebote.[68] Familienunternehmen sind durch ihre immanente Konstellation bzw. familienunternehmensspezifischen Stärken besonders befähigt, die Anforderungen der Kunden hinreichend zu erfüllen respektive zu übertreffen.[69]

Umweltschutz sowie Arbeitsbindungen und Menschenrechte in der Supply Chain: Die Verantwortung von Tourismusbetrieben sollte nicht auf den eigenen Betrieb beschränkt sein – CSR-Prinzipien müssen für die gesamte

---

[62] Global Sustainable Tourism Council, 2016

[63] Holzträger, 2012

[64] Baumgartner, 2008

[65] Zeppelin Universität, 2015

[66] Raich & Zehrer, 2018

[67] Raich & Zehrer, 2018; Hadwich, 2003

[68] Raich & Zehrer, 2018

[69] Frey & Halter, 2006

Wertschöpfungskette gelten. Die Einhaltung von CSR-Standards sollte auch bei den Zulieferern und von allen Partnerbetrieben gefordert werden.[70] Ein Familienunternehmen kann ohne seine Stakeholder nicht erfolgreich geführt werden.

3.3 Vorteile

CSR-Maßnahmen bringen Vorteile für die einzelnen Betriebe und die Region, unterstützen die Wertigkeit der natürlichen Ressourcen sowie die Kultur. Das Besinnen auf die Besonderheiten und die Geschichte der Region sowie die Inwertsetzung und Pflege kultureller Praktiken stellen Grundlagen touristischer Anziehungspunkte dar. Sie können gleichzeitig zur Stärkung der lokalen Kultur und zur Aufwertung lokaler Ausdrucksformen beitragen. Die Identifikation mit der Region führt auch zu einem angemessenen Umgang mit der Landschaft.[71] Umgekehrt ist es für das Unternehmen und die Unternehmerfamilie von Vorteil, in einem aufgewerteten Umfeld zu wirken: Authentische, mit dem Territorium verbundene und daher nur schwer imitierbare Produkte und Angebote aus der Region bieten lokalen touristischen Anbietern Wettbewerbsvorteile. Zudem führen CSR-Aktivitäten zu einem stärkeren Rückhalt in der Gesellschaft und seitens der Stakeholder.[72] Somit können weitere entscheidende Wettbewerbsvorteile geschaffen werden, die zudem durch neue, nachhaltige Wege der Produktoptimierung und Unternehmensentwicklung entstehen. Der effiziente Einsatz von Energie und Ressourcen, die Optimierung von Prozessen im Unternehmen und gegenüber Zulieferern haben nicht nur positive Auswirkungen auf die Umwelt, sondern auch auf die Finanzen des Unternehmens und die Nachhaltigkeit der gesamten Destination.[73]

Ein weiterer wesentlicher Vorteil, der mit CSR-Maßnahmen angepeilt werden kann, ist die Motivation der Mitarbeiter. „Gute Arbeitsbedingungen, ein gutes Arbeitsklima, gegenseitige Wertschätzung und professionelle Weiterbildung tragen entscheidend dazu bei, dass die Mitarbeiter/innen motiviert sind, sich verstärkt mit dem Unternehmen zu identifizieren und höhere Leistungen zu erbringen."[74] Dies erleichtert zudem die Mitarbeiterakquise und -bindung und verringert die Mitarbeiterfluktuation.[75]

---

[70] Bundesministerium für Wirtschaft, Familie und Jugend (bmwfj), 2012

[71] Forster et al., 2011

[72] Niehm et al., 2008

[73] Bundesministerium für Wirtschaft, Familie und Jugend (bmwfj), 2012

[74] Bundesministerium für Wirtschaft, Familie und Jugend (bmwfj), 2012, S. 9

[75] Zehrer et al., 2017

Jedoch nicht nur betriebs- und destinationsintern können CSR-Maßnahmen zu Vorteilen führen. Die Kunden haben ein steigendes Umweltweltbewusstsein, aber auch die Bedeutung von Werten wie Authentizität, Gesundheit oder Nachhaltigkeit fördern das Bedürfnis nach ökologisch wertvollen, umweltfreundlichen touristischen Angeboten. Der Gesundheitsgedanke spielt in diesem Zusammenhang ebenso eine Rolle wie die Beruhigung des schlechten Gewissens betreffend immer größer werdender Umweltbelastungen. In diesem Zusammenhang helfen CSR-Aktivitäten den Ansprüchen der Gäste entgegenzukommen und dem sich ändernden Reiseverhalten der Menschen gerecht zu werden. Zum einen reagieren Anbieter durch die Auseinandersetzung mit Corporate Social Responsibility auf die sich verändernden Bedürfnisse und Ansprüche der Nachfrager und zum anderen nutzen sie selbst Entwicklungen z. B. im technologischen Bereich, um neue Impulse und Innovationen zu erarbeiten.[76]

Hierbei ist es entscheidend die jeweilige CSR-Aktivität zu kommunizieren, um entsprechende Vorteile gegenüber den Mitbewerbern zu erzielen.

3.4 Herausforderungen

Die Umsetzung von CSR-Maßnahmen ist mit verschiedenen Kosten verbunden wie Informationskosten, Kontrollkosten oder Anpassungskosten. Hinzu kommen vielfach Motivations- oder Koordinationsprobleme, auch da sich zahlreiche Vorteile meist erst mittel- bis langfristig zeigen.[77] Neben diesen allgemeinen Kosten sind in familiengeführten Unternehmen weitere Herausforderungen zu finden, die vor allem aufgrund der Unternehmensgröße und den limitierten finanziellen Ressourcen entstehen.

Während in großen Unternehmen CSR-Maßnahmen oft von eigenen Abteilungen mit wesentlich mehr finanziellen und technologischen Mitteln durchgeführt werden, sind es bei KMU in der Regel die Unternehmer selbst, die mit hohem persönlichen Engagement CSR-Projekte leiten.[78] So lebt CSR in KMU-Familienbetrieben zum Großteil von der Hingabe und den Ressourcen der Eigentümerfamilie. Als stark personenbezogene Wirtschaftssubjekte zeichnen sich Familienunternehmen dadurch aus, dass die Unternehmerfamilie viele unternehmensrelevante Agenden im operativen und strategischen Bereich übernimmt.[79] So

---

[76] Baumgartner, 2008

[77] Baumgartner, 2010

[78] Jenkins, 2004

[79] Weiermair et al., 2004; Getz & Carlsen, 2000

formen und beeinflussen die Eigentümer gemeinsam mit den mitwirkenden Familienmitgliedern deren strategisches Verhalten, auch im Hinblick auf CSR.[80] Durch die Konzentration auf das operative Tagesgeschäft fehlt den Entscheidungsträgern oftmals jedoch sowohl Zeit als auch das Wissen, sich mit strategisch relevanten Inhalten auseinanderzusetzen.[81] Dieser Zeitmangel birgt die Gefahr, dass strategische Entscheidungen unter Zeitdruck und als Antwort auf sich ändernde Rahmenbedingungen chaotisch und zufällig getroffen werden und keine einheitliche CSR-Strategie verfolgt wird.[82] Die Herausforderungen liegen hierbei oft im Fehlen ausreichender Planung und gezieltem Management sowie in der mangelnden Kommunikation der CSR-Maßnahmen, wodurch die beschriebenen möglichen Vorteile nicht oder nur teilweise umgesetzt werden.[83]

4 Fazit und Ausblick

Familienunternehmen weisen ein starkes Verantwortungsbewusstsein für ihr regionales Umfeld auf. So ist Familienunternehmen die positive Entwicklung der heimischen Bevölkerung sowohl in ökonomischer als auch sozialer Hinsicht ein besonderes Anliegen.[84] Dies kann darauf zurückgeführt werden, dass familiengeführte Unternehmen einen engen Bezug zur jeweiligen Region haben und in dieser meist tief verwurzelt sind.[85] Diese Tendenz hin zu mehr regionaler Verantwortung hat sich in den letzten Jahren bei familiengeführten KMU spürbar verstärkt[86] und führt zu einem stärkeren Rückhalt von Familienunternehmen in der Gesellschaft sowie bei den Stakeholdern.

Obgleich man sich der Rolle von touristischen Familienunternehmen im regionalen Kontext bewusst ist, wird CSR in den kleinstrukturierten familiengeführten Unternehmen bislang wenig bis gar nicht systematisch betrieben, d.h. es existieren selten konkrete CSR-Pläne, Strategien und Messinstrumente. Grund dafür ist, dass sich in diesen Unternehmen die Verantwortung auf den Eigentümer konzentriert, der stark persönlich ins operative Tagesgeschäft eingebunden ist.[87]

---

[80] Kelly et al., 2000

[81] Culkin & Smith, 2000

[82] Gilmore et al., 2001

[83] Garay & Font, 2012

[84] Uhlaner et al., 2004

[85] Niehm et al., 2008

[86] Dyer & Whetten, 2006; Uhlaner et al., 2004

[87] Spence, 2016; Spence, 2007

Dadurch wird oft reaktiv und kurzfristig auf aktuelle Geschehnisse eingegangen, anstatt CSR strategisch anzugehen.[88]

Vazquez (2018) begründet die Ethik in Familienunternehmen durch die Involvierung der Familie, des Gründers und des Nachfolgers, sowie die Werte und Ziele, die sich von Nicht-Familienunternehmen unterscheiden.[89] Letztlich basiert demnach das verantwortungsvolle Handeln des Eigentümers auf seiner individuellen Überzeugung und seinen persönlichen Werten. Es ist daher von großer Bedeutung, dass der Eigentümer im Betrieb als Vorbild agiert, seine Werte in die Unternehmenskultur und das Unternehmenswissen einbringt, wodurch Mitarbeiter und nachfolgende Generationen positiv beeinflusst werden. Zahlreiche Eigentümer von Familienbetrieben sind zudem in verschiedenen Gremien des Destinationsmanagements aktiv,[90] wo es ebenfalls von großer Bedeutung ist, dass eine nachhaltige Entwicklung forciert wird. In diesem Sinne sind Familienbetriebe wesentliche Bausteine einer Destination Network Responsibility sprich einer akteurübergreifenden, vernetzten Wahrnehmung von sozialer, ökologischer und ökonomischer Verantwortung auf Destinationsebene.[91]

Aufgrund der sich verändernden Rahmenbedingungen und des zunehmend volatilen Umfelds, wird die Verbindung von langfristiger Orientierung mit Ethik und verantwortlichem Wirtschaften mit Sicherheit künftig einen erlebbaren Unterschied machen, der sich im Unternehmenserfolg widerspiegelt. Auch wenn Familienunternehmer aufgrund ihrer Besonderheiten mit ihrer CSR-Tätigkeit positive Einflüsse liefern können, bedeutet dies nicht, dass klassische Entrepreneure negativer zu bewerten sind. Es braucht beide Unternehmerarten, um die Wirtschaft eines Landes zu beleben und Innovationsgeist voranzutreiben.

Literatur

Achleitner, A.; Kaserer, C.; Günther, N. & Volk, S. (2011). Kapitalmarktfähigkeit von Familienunternehmen. München: Stiftung Familienunternehmen.

Alderson, K. (2015). Conflict management and resolution in family-owned businesses. In: Journal of Family Business Management, 5(2), 140-153.

Alonso, A. D. & Austin, I. (2016). Entrepreneurial CSR in the context of a regional family firm: a stakeholder analysis. In: Annals in Social Responsibility, 2(1), 48-62.

Astrachan, J. H.; Klein, S. B. & Smyrnios, K. X. (2002). The F-PEC scale of family influence: A proposal for solving the family business definition problem. In: Family Business Review, 15(1), 45–58.

---

[88] Jenkins, 2006

[89] Vazquez, 2018

[90] Zehrer & Raich, 2017

[91] Petersik et al., 2017; Glowka & Zehrer, 2020

Avram, D. O. & Kühne, S. (2008). Implementing Responsible Business Behavior from a Strategic Management Perspective: Developing a Framework for Austrian SMEs. In: Journal of Business Ethics, 82, 463-475.

Baumgartner, R. J. (2010). Nachhaltigkeitsorientierte Unternehmensführung. Modell, Strategien und Managementinstrumente. München: Hampp Verlag.

Baumgartner, C. (2008). Nachhaltigkeit im Tourismus. Von 10 Jahren Umsetzungsversuchen zu einem Bewertungssystem. Innsbruck: Studienverlag.

Baus, K. (2013). Die Familienstrategie. Wie Familien ihr Unternehmen über Generationen sichern. Wiesbaden: Springer Gabler.

Beck, S. & Kenning, P. (2015). The influence of retailers' family firm image on new product acceptance. In: International Journal of Retail & Distribution Management, 43(12), 1126-1143.

Beritelli, P.; Strobl, A. & Peters, M. (2013). Interlocking directorships against community closure: a trade-off for development in tourist destinations. In: Tourism Review, 68(1), 21-34.

Berrone, P.; Cruz, C. & Gomez-Mejia, L. R. (2012). Socioemotional Wealth in Family Firms. Theoretical Dimensions, Assessment Approaches, and Agenda for Future Research. In: Family Business Review, 25(3), 258-279.

Bieger, T. & Beritelli, P. (2013). Management von Destinationen. München: Oldenbourg Verlag.

Bird, B.; Welsch, H.; Astrachan, J. H. & Pistrui, D. (2002). Family business research: The evolution of an academic field. In: Family Business Review, 15(4), 337-350.

Bundesministerium für Wirtschaft, Familie und Jugend (2012). Erfolgreich mit Corporate Social Responsibility – Ein Leitfaden für den Tourismus. Verfügbar unter https://www.respact.at/dl/uMKoJLJlOLJqx4OooJK/CSR_Leitfaden_Tourismus_2012.pdf (18.10.2019).

Camilleri, M. (2014). Advancing the sustainable tourism agenda through strategic CSR perspectives. In: Tourism Planning & Development, 11(1), 42-56.

Carrigan, M. & Buchley, J. (2008). 'What's so special about family business?' An exploratory study of UK and Irish consumer experiences of family businesses. In: International Journal of Consumer Studies, 32, 656-666.

Chua, J. H.; Chrisman, J. J. & Sharma, P. (2003). Succession and Non-succession Concerns of Family Firms and Agency Relationship with Nonfamily Managers. In: Family Business Review, 16(2), 89-107.

Culkin, N. & Smith, D. (2000). An emotional Business: A Guide to understanding the motivation of small Business Decision Takers. In: Qualitative Market Research – An International Journal, 3(3), 145-157.

De Grosbois, D. (2012). Corporate social responsibility reporting by the global hotel industry: Commitment, initiatives and performance. In: International Journal of Hospitality Management, 31(3), 896-905.

Debicki, B.; Kellermanns, F.; Chrisman, J.; Pearson, A. & Spencer, B. (2016). Development of a socioemotional wealth importance (SEWi) scale for family firm research. In: Journal of Family Business Strategy, 7(1), 47-57.

Dörflinger, C.; Dörflinger, A.; Gavac, K. & Vogl, B. (2013). Familienunternehmen in Österreich: Status quo 2013. Wien: Austrian Institute for SME Research.

Dyer, W. G. (2003). The family: The missing variable in organizational research. In: Entrepreneurship Theory and Practice, 27(4), 401-416.

Dyer, W. G. & Whetten, D. A. (2006). Family firms and social responsibility: Preliminary evidence from the S&P 500. In: Entrepreneurship Theory and Practice, 30(6), 785-802.

Eisenstein, V. (2014). Grundlagen des Destinationsmanagements. München: Oldenbourg Verlag.

Ettinger, A.; Grabner-Kräuter, S. & Terlutter, R. (2018). Online CSR communication in the hotel industry: Evidence from small hotels. In: International Journal of Hospitality Management, 68, 94-104.

EU-Kommission (2011). Eine neue EU-Strategie (2011–14) für die soziale Verantwortung der Unternehmen (CSR). Verfügbar unter: https://eur-lex.europa.eu/legal-content/DE/TXT/PDF/?uri=CELEX:52011DC0681&from=DE (15.10.2019).

Fatma, M.; Rahman, Z. & Khan, I. (2016). Measuring consumer perception of CSR in tourism industry: Scale development and validation. In: Journal of Hospitality and Tourism Management, 27, 39-48.

Felden, B. & Hack, A. (2014). Management von Familienunternehmen Besonderheiten – Handlungsfelder – Instrumente. Wiesbaden: Springer.

Feng, Z. Y. & Tseng, Y. J. (2019). Corporate social responsibility in the tourism industry: evidence from seasoned equity offerings. In: Current Issues in Tourism, 22(1), 91-106.

Forster, S.; Gruber, S.; Roffler, A. & Göpfert, R. (2011). Tourismus – ganz natürlich! Von der Idee über die Marktanalyse zum natur- und kulturnahen Tourismusangebot.Wergenstein: ZHAW / IUNR / FS TNE und sanu. Verfügbar unter: URL: https://www.naturkultur-erlebnis.ch/ uploads/downloads/sanu_HandbuchTourismus1.pdf (01.03.2020).

Frey, U. & Halter, F. (2006). Kundenbindung von Familienunternehmen zwischen Persönlichkeit und professionellem Marketing. In: Böllhoff, C.; Krüger, W. & Berni, M. (Hrsg.), Spitzenleistungen in Familienunternehmen: ein Managementhandbuch. Stuttgart: Schäffer-Poeschel, 165-176.

Früh, M. & Lüth, A. (2018). Familienunternehmen als regionale Treiber von CSR. In: Altenburger, R. & Schmidpeter, R. (Hrsg.), CSR und Familienunternehmen. Berlin: Springer Gabler, 119-128.

Garay, L. & Font, X. (2012). Doing good to do well? Corporate social responsibility reasons, practices and impacts in small and medium accommodation enterprises. In: International Journal of Hospitality Management, 31(2), 329-337.

Gavana, G.; Gottardo, P. & Moisello, A. (2018). Do Customers Value CSR Disclosure? Evidence from Italian Family and Non-Family Firms. In: Sustainability, 10(5), 1642.

Getz, D. & Carlsen J. (2005). Family business in tourism - state of the art. In: Annals of Tourism Research, 32(1), 237-258.

Getz, D. & Carlsen, J. (2000). Characteristics and goals of family and owner-operated businesses in the rural tourism and hospitality sectors. In: Tourism Management, 21, 547-560.

Gilmore, A.; Carson, D. & Grant, K. (2001). SME Marketing in Practice. In: Marketing Intelligence & Planning, 19(1), 6-11.

Global Sustainable Tourism Council (2016). GSTC Hotel Kriterien. Verfügbar unter: https://www.gstcouncil.org/wp-content/uploads/German-Deutsch-GSTC-Hotel_Industry_ Criteria_with_hotel_ indicators-Dec2016.pdf (23.10.2019).

Glowka, G. & Zehrer, A. (2020). Die gesellschaftliche Verantwortung von Familienunternehmen – Analyse der Interaktionsebene zwischen Beherbergung und DMO. In: Reif, J. & Eisenstein, B. (Hrsg.), Tourismus und Gesellschaft: Kontakte – Konflikte - Konzepte. Berlin: Erich Schmidt Verlag, 263-277.

Gómez-Mejía, L. R.; Cruz, C.; Berrone, P. & Castro, J. de (2011). The Bind that Ties: Socioemotional Wealth Preservation in Family Firms. In: The Academy of Management Annals, 5(1), 653-707.

Hadwich, K. (2003). Beziehungsqualität im Relationship Marketing. Konzeption und empirische Analyse eines Wirkungsmodells. Wiesbaden: Springer.

Hatipoglu, B.; Ertuna, B. & Salman, D. (2019). Corporate social responsibility in tourism as a tool for sustainable development: An evaluation from a community perspective. In: International Journal of Contemporary Hospitality Management, 31, 2358-2375.

Hauck, J.; Suess-Reyes, J.; Beck, S.; Prügl, R.; & Frank, H. (2016). Measuring socioemotional wealth in family-owned and -managed firms. A validation and short form of the FIBER Scale. In: Journal of Family Business Strategy, 7(3), 133-148.

Haushofer, C. (2013). Familienunternehmen in Österreich - Eine aktuelle Studie der WKO. Dossier Wirtschaftspolitik, Nr. 11. Wien: WKO.

Hennerkes, B.-H.; Berlin, M. & Berlin, T. (2007). Die Familie und ihr Unternehmen in Österreich. München: FinanzBuch Verlag.

Hochschule Luzern (2016). Nachhaltige Tourismusangebote - Dokumentation und Beispiele zu nachhaltigen Angeboten. Verfügbar unter: https://www.hslu.ch/de-ch/hochschule-luzern/search/ (12.06.2017).

Hoffmann, T. M. (2016). Motivation im Führungskontext von Sozialunternehmen. Wiesbaden: Springer Fachmedien.

Holzträger, D. (2012). Gesundheitsförderliche Mitarbeiterführung. Gestaltung von Maßnahmen der Betrieblichen Gesundheitsförderung für Führungskräfte. München: Rainer Hampp Verlag.

Jenkins, H. (2006). Small business champions for corporate social responsibility. In: Journal of Business Ethics, 67(3), 241-256.

Jenkins, H. (2004). A critique of conventional CSR theory: An SME perspective. In: Journal of General Management, 29(4), 37-57.

Kelly L. M.; Athanassiou N. & Crittenden W. F. (2000). Founder centrality and strategic behavior in the family-owned firm. In: Entrepreneurship Theory & Practice, 25(2), 27-42.

Kinkel, S. & Lay, G. (2012). Familienunternehmen: Langfristige Stabilität statt kurzfristiger Optimierung. Wettbewerbs- und Modernisierungsstrategien von Familienbetrieben im Vergleich zu anderen Betrieben. Karlsruhe: Fraunhofer Institut für System- und Innovationsforschung.

Kirchhoff, K. R. (2006). CSR als strategische Herausforderung. In: Gazdar, K.; Habisch, A.; Kirchhoff, K.R. & Vaseghi, S. (Hrsg.), Erfolgsfaktor Verantwortung. Berlin: Springer, 13-33.

Krappe, A.; Goutas, L. & Schlippe von A. (2011). The "family business brand": an inquiry into the construction of the image of family businesses. In: Journal of Family Business Management, 1(1), 37-46.

Kraus, S.; Märk, S. & Peters, M. (2011). The influences of family on the everyday business of a family firm entrepreneur. In: International Journal of Entrepreneurship and Small Business, 12(1), 82-100.

Lee, J. (2006). Family Firm Performance – Further Evidence. In: Family Business Review, 19(2), 103-114.

Lee, D. S.; Lim, G. H. & Lim, W. S. (2003). Family business succession: Appropriation risk and choice of successor. In: Academy of Management Review, 28(4), 657-666.

Lumpkin, G.T.; Martin, W. & Vaughn, M. (2008). Family Orientation: Individual-Level Influences on Family Firm Outcomes. In: Family Business Review, 21 (2), 127-138.

Mühlebach, C. (2012). Family Business Governance. In: Hilb, M. (Hrsg.), Corporate Governance im Praxistest. Bern: Haupt Verlag, 111-124.

Niehm, L. S.; Swinney, J. & Miller, N. J. (2008). Community social responsibility and its consequences for family business performance. In: Journal of Small Business Management, 46(3),
331-350.

Peters, M. (2004). Business planning processes in tourism family enterprises. In: Economics and Business Review, 4(1), 74-86.

Peters, M. (2001). Wachstum und Internationalisierung. Überlebenschancen für touristische Klein-
und Mittelbetriebe. Wien: Linde Verlag.

Peters, M. & Kallmünzer, A. (2015). Entrepreneurial Orientation in Family Firms: the Case of the
Hospitality Industry. In: Current Issues in Tourism, 21(1), 21-40.

Petersik, L.; Pechlaner, H. & Zacher, D. (2017). Destination Network Responsibility (DNR) als
Grundlage für regionale Resilienz. In: Lund-Durlacher, D.; Fifka, M. & Reiser, D. (Hrsg), CSR
und Tourismus: Handlungs- und branchenspezifische Felder. Heidelberg: Springer, 315-332.

Raich, F. & Zehrer, A. (2018). Die Bedeutung von Beziehungsqualität im Tourismus: Besonderheiten
in familiengeführten Unternehmen. In: Bieger, T.; Beritelli, P. & Laesser, Ch. (Hrsg.), Wettbewerb und Digitalisierung im alpinen Tourismus. Schweizer Jahrbuch für Tourismus 2017/2018.
Berlin: ESV Verlag, 129-140.

Rhodri, T.; Shaw, G. & Page, S.J. (2011). Understanding Small Firms in Tourism: a perspective on
Research Trends and Challenges. In: Tourism Management, 32(5), 963-976.

Röd, I. (2016). Disentangling the family firm's innovation process: A systematic review. In: Journal
of Family Business Strategy, 7, 185-201.

Rüsen, T. (2009). Krisen und Krisenmanagement in Familienunternehmen - Schwachstellen erkennen,
Lösungen erarbeiten, Existenzbedrohung meistern. Wiesbaden: Gabler Verlag.

Schlippe, v. A.; Buberti, C.; Groth, T. & Plate, M. (2009). Die zehn Wittener Thesen. In: Rüsen, T.
A.; Schlippe, v. A. & Groth, T. (Hrsg.), Familienunternehmen – Exploration einer Unterneh-
mensform. Lohmar: Josef Eul Verlag, 1-24.

Schuckert, M.; Peters, M.; Fessler, B. (2008): An empirical assessment of owner-manager motives in
the B&B and vacation home sector. In: Tourism Review, 63(4), 27-39.

Sharma, P. (2004). An overview of the field of family business studies: current status and directions
for the future. In: Family Business Review, 17(1), 1-36.

Sharma, P. & Sharma, S. (2011). Drivers of proactive environmental strategy in family firms. In:
Business Ethics Quarterly, 21(2), 309–334.

Skrt, B. & Antoncic, B. (2004). Strategic planning and small firm growth: An empirical examination.
In: Managing Global Transitions, 2(2), 107-122.

Sorenson, R. L. (2000). The contribution of leadership style and practices to family and business success. In: Family Business Review, 13(3), 183-200.

Spence, L. J. (2016). Small business social responsibility: Expanding core CSR theory. In: Business
& Society, 55(1), 23-55.

Spence, L. J. (2007). CSR and small business in a European policy context: the five "C" s of CSR and
small business research agenda 2007. In: Business and Society Review, 112(4), 533-552.

Stiftung Familienunternehmen (2019). Die volkswirtschaftliche Bedeutung der Familienunternehmen. München: Stiftung Familienunternehmen. Verfügbar unter: https://www.familienunter-
nehmen.de/media/public/pdf/publikationen-studien/studien/Die-volkswirtschaftliche-Bedeu-
tung-der-Familienunternehmen-2019_Stiftung_Familienunternehmen.pdf (04.05.2020).

Süss, J. & Weissmeier-Sammer, D. (2013). Familiness: Der Einfluss der Familie auf das Unternehmen – Wie die Familie Strukturen, Entscheidungen und die Unternehmensidentität beeinflussen kann. In: Austrian Management Review, 3, 60-66.

Tagiuri, R. & Davis, J. A. (1996). Bivalent Attributes of the Family Firm. In: Family Business Review, 9(2), 199-208.

Tàpies, J. & Ward, J. (2008). Family values and value creation: The fostering of enduring values within family-owned businesses. Wiesbaden: Springer.

Uhlaner, L.M.; van Goor-Balk, H.J.M. & Masurel, E. (2004). Family business and corporate social responsibility in a sample of Dutch firms. In: Journal of Small Business and Enterprise Development, 11(2), 186-194.

Vazquez, P. (2018). Family business ethics: At the crossroads of business ethics and family business. In: Journal of Business Ethics, 150(3), 691-709.

Weiermair, K.; Pechlaner, H. & Kaiser, M.O (2004). Unternehmertum im Tourismus: Führen mit Erneuerungen. Berlin: Erich Schmidt.

Weisensee, M. & Baumann, L. (2014). Aspekte des Konzepts der unternehmerischen Verantwortung. Eine kritische Betrachtung des Verantwortungsbegriffes im Unternehmenskontext. Arbeitspapier Nr. 9 der Leibniz-Fachhochschule Hannover. Verfügbar unter: http://www.leibniz-fh.de/fileadmin/Redaktion/pdf/FH/Arbeitspapiere/Arbeitspapier_9_Aspekte_unternehmerischer_Verantwortung.pdf (29.02.2020).

Wirtschaftskammer Österreich (2018). Familienunternehmen in Österreich. Verfügbar unter: https://news.wko.at/news/oesterreich/2018_15_Familienunternehmen.pdf (14.10.2019).

Zahra, S. A. (2016). Developing theory-grounded family business research. In: Journal of Family Business Strategy, 7(1), 3-7.

Zahra, S. A. & Garvis, D. M. (2000). International corporate entrepreneurship and firm performance. In: Journal of Business Venturing, 15(5-6), 469-492.

Zehrer, A. (2017). Touristische Familienunternehmen als tragende Säule des Alpentourismus – Zentrale Herausforderungen für Unternehmertum und Tourismuspolitik. In: Bußjäger, P. & Gsodam, Ch. (Hrsg.), Tourismus als treibende Kraft für regionale Kooperation im Alpenraum. 124. Schriftenreihe Institut für Föderalismus. Wien: New Academic Press, 47-61.

Zehrer, A. & Raich, F. (2017). Generationenwechsel in touristischen Familienunternehmen: Herausforderungen für die Destinationsentwicklung. In: Bieger, T.; Beritelli, P. & Laesser, Ch. (Hrsg.), Markt- und Branchenentwicklungen in alpinen Tourismus. Schweizer Jahrbuch für Tourismus 2016/2017. Berlin: ESV Verlag, 1-16.

Zehrer, A. (2014). Führungskompetenzen bei der Betriebsübergabe familiengeführter Unternehmen. In: Schumacher, M. & Wiesinger, M. (Hrsg.), Unternehmensübergabe im Tourismus. Wien: Linde Verlag, 17-29.

Zehrer, A., & Haslwanter, J. (2010). Management of change in tourism – the problem of family internal succession in family-run tourism SMEs. In: Electronic Journal of Family Business Management, 2(4), 147-162.

Zehrer, A.; Danler, M. & Petry, T. (2017). Die Arbeitgebermarke von Familienunternehmen. In: TourismusWissenQuarterly, 9, 191-195.

Zehrer, A. & Siller, H. (2007). Familiengeführte Unternehmen im Tourismus. In: Siller, H. & Zehrer, A. (Hrsg.), Schriftenreihe Tourismus & Freizeitwirtschaft. Innsbruck: Studia Universitätsverlag, 3-15.

Zellweger, T.M.; Eddleston, K.A. & Kellermanns, F.W. (2010). Exploring the Concept of Familiness: introducing Family Firm Identity. In: Journal of Family Business Strategy, 1(1), 54-63.

Zeppelin Universität (2015). Wahrnehmung von Familienunternehmen. IHK Ulm.

Responsible Tourism Entrepreneurship nach COVID-19: Neue Wege im Tourismus

Sarah Eichelberger & Mike Peters

Abstract

Touristische Überentwicklungen können positive oder negative Auswirkungen in Destinationen mit sich bringen und somit den ursprünglichen Lebensraum beeinträchtigen. In diesem Zusammenhang ist eine verantwortungsvolle touristische Entwicklung getragen von UnternehmerInnen und somit von *Entrepreneurship,* für die Destinationsentwicklung von zentraler Bedeutung. Hinzu kommt die Forderung nach verantwortungsvollem Unternehmertum, nach *Responsible Entrepreneurship.* Nur durch die Berücksichtigung dieser Verantwortung kann der Tourismus adäquat auf die derzeitige Stagnation der Globalisierung, ausgelöst durch die COVID-19 Krise, reagieren.

Responsible Tourism Entrepreneurship zeigt, dass in den Bereichen: Wirtschaft, Soziales, Kultur, Ökologie und Governance Verantwortung übernommen werden soll. Diese Verantwortungsbereiche werden im Rahmen dieses Beitrags im Detail beschrieben, um Leitlinien für *Responsible Tourism Entrepreneurship* ableiten und Mechanismen für dessen Umsetzung aufzeigen zu können.

Inhalt

1   Einführung

Der Tourismus stellt eine wichtige sozioökonomische Kraft in einer Wirtschaft dar[1]. Die Veränderung einer Region zu einer Tourismusdestination hat allerdings vielfältige Folgen[2]. So kann Tourismus einerseits zu mehr Beschäftigungsmöglichkeiten für die Bewohner, zu unternehmerischen Perspektiven für die lokale Gemeinschaft, sowie zur Erhaltung von natürlichen Lebensräumen führen. Die Entwicklung des Tourismus kann andererseits aber auch vermehrte Verkehrsprobleme, Überfüllungen oder Konflikte über die Landnutzung zur Folge haben[3]. Der Zusammenhang zwischen den touristischen Entwicklungen und dessen Auswirkungen auf die Lebensqualität derjenigen, die an der Produktion oder Konsumation touristischer Dienstleistungen beteiligt sind, ist deutlich in touristischen Systemen verankert[4]. Eine Überentwicklung des Tourismus kann daher das Gleichgewicht zwischen positiven und negativen touristischen Auswirkungen beeinträchtigen[5] und zu einem unausgewogenen („unbalanced") Tourismus führen.

Tourismusdestinationen werden als Gebiete bezeichnet, die kulturelle und soziale Interdependenzen von Einheimischen und Konsumenten abbilden und somit deren Lebensqualität entsprechend berücksichtigen[6]. Ebenso versucht auch ein *Entrepreneur* im Tourismus die Lebensqualität zu maximieren[7]. Ein *Entrepreneur* strebt nach wirtschaftlichem Wachstum[8], wobei jedoch eine kontinuierliche Entwicklung ebenfalls dazu führen kann, dass natürliche Ressourcen verbraucht werden, die natürliche Umwelt degradiert wird[9] oder soziale Probleme entstehen[10]. In diesem Zusammenhang haben Bemühungen um eine verantwortliche Tourismusentwicklung immer mehr an Bedeutung gewonnen, sowohl im Bereich *Entrepreneurship*[11], als auch im Bereich der Destinationsentwicklung im Sinne des *Responsible Tourism*[12]. *Responsible Entrepreneurship* umschreibt damit die Notwendigkeit jenen nachhaltigen Entwicklungen zu folgen, die die Bedürfnisse

---

[1] Pechlaner & Tschurtschenthaler, 2003

[2] Pechlaner et al., 2019

[3] Andereck et al., 2005

[4] Uysal et al., 2016

[5] Tran et al., 2018

[6] Pechlaner, 2019

[7] Weiermair & Peters, 2012a; Peters & Schuckert, 2014

[8] Schumpeter, 2000

[9] Vallaster et al., 2019

[10] Ostrom, 1997

[11] Vallaster et al., 2019

[12] Fang, 2020

verschiedener Generationen berücksichtigen, indem wirtschaftliche, soziale und ökologische Verantwortung übernommen werden[13].

Kontinuierliche Steigerungen der Nächtigungszahlen und Überentwicklungen von touristischen Destinationen führten vermehrt zu kritischen Stimmen am unaufhörlichen Tourismuswachstum und mündeten in den „*Overtourism*"-Debatten der letzten Jahre. Diese forderten eine nachhaltige und verantwortungsvolle Tourismusentwicklung[14]. Die aktuelle COVID-19 Krise unterstreicht diesen Appell für *Responsible Tourism*, denn die Pandemie wird den Tourismus nach 2020 deutlich prägen – „*Overtourism*" könnte man und möchte man nun vermeiden[15]. Wie kann nun aber der touristische *Responsible Entrepreneur* handeln, um zu einer nachhaltigeren Tourismusentwicklung beitragen zu können? Dieser Frage wollen wir in diesem Beitrag nachgehen und aus einer unternehmerischen Perspektive Verantwortungsbereiche für den Tourismus nach der COVID-19 Krise aufzeigen. Dabei werden zunächst im Kapitel 2 die Auswirkungen der Pandemie auf den Tourismus beschrieben, als auch die Notwendigkeit einer verantwortungsvollen touristischen Entwicklung aufgezeigt. Kapitel 3 beschäftigt sich mit der Rolle des *Entrepreneurships* im *Responsible Tourism*. Darauf aufbauend werden in Kapitel 4 Verantwortungsbereiche für *Responsible Entrepreneurship* im Tourismus definiert, um im Kapitel 5 Leitlinien für *Responsible Tourism Entrepreneurship* anhand verschiedener Thesen ableiten zu können. Das letzte Kapitel gibt einen Ausblick in die Zukunft und stellt weitere Forschungsmöglichkeiten dar.

2   Die Notwendigkeit des Responsible Tourism

2.1   Stagnation der Globalisierung ausgelöst durch die COVID-19 Pandemie

Der Prozess der Globalisierung, der die Welt in den letzten 75 Jahren erheblich verändert hat, wurde im Grunde nur durch wenige Krisen wie bspw. die Finanzkrise in den Jahren 2008 und 2009 beeinträchtigt. Eine der bedeutendsten Manifestationen der Globalisierung im letzten halben Jahrhundert war die Popularisierung des internationalen Tourismus. Folglich entwickelte sich der Tourismus zu einem der größten und globalsten Industriezweige[16]. Die Globalisierung ist aber auch von Herausforderungen und Risiken geprägt, wie der Bewegung von Menschen als Wirtschaftsmigranten, Flüchtlingen oder TouristInnen, als auch durch

---

[13] Elkington, 1997; Vallaster et al., 2019

[14] Seraphin et al., 2018; Jacobsen et al., 2019

[15] Zheng et al., 2020

[16] Niewiadomski, 2020

schnellere und leichtere Bewegungen von Finanzen, Waren, Wissen und Krankheiten. Die Globalisierung bringt es mit sich, dass die Welt durch politische, soziokulturelle und wirtschaftliche Prozesse verändert wird und deutlich stärker miteinander verwoben ist. Diese Prozesse haben zum einen bedeutende Auswirkungen auf den Tourismus, und zum zweiten ist der Tourismus selbst eine der treibenden Kräfte der Globalisierung[17]. Der Ausbruch der COVID-19 Pandemie im Januar 2020 in China, mit der folgenden Verbreitung auf der ganzen Welt, führte bereits dazu, dass typische Eigenschaften der Globalisierung effektiv eingeschränkt wurden. Das Schließen der Grenzen, Einschränkungen der Reisefreiheit, als auch Begrenzungen der internationalen Transporte haben zu einer temporären De-Globalisierung geführt. In diesem Zusammenhang sind erneut geografische Barrieren entstanden, die relative Distanzen größer und wahrnehmbarer machen[18]. Die Tourismusindustrie war unverzüglich von Beginn an durch regionale und lokale Reisebeschränkungen, als auch durch Quarantänemaßnahmen und behördliche Schließungen, betroffen: hierzu zählten bspw. internationale Reisen, Inlandsreisen, Tagesreisen, die völlige Streichung von Transportoptionen (Flugverbindungen, Seilbahnen, Kreuzfahrten oder öffentliche Verkehrsstrukturen) und die Schließung touristischer Leistungsträger wie Beherbergungsbetriebe, Cafés und Restaurants[19]. Innerhalb weniger Monate wandelte sich der Rahmen des globalen Tourismus von einer Überentwicklung zu einem Untertourismus, mit unklaren Aussichten für die Zukunft[20].

Die Pandemie wird dem Tourismus, als auch all seinen Teilsektoren und verwandten Bereichen, nach erfolgreichem Überwinden dieser Krise, Möglichkeiten zur Neupositionierung und Neugestaltung bieten[21]. Dabei geht es nicht nur um koordinierte Krisenbewältigungs- und Kommunikationspläne, die Imageveränderung oder das Medienmanagement und die Werbung[22], sondern um die Nutzung dieser Chancen, zu einer Verbesserung der gesamten touristischen Entwicklung[23]. Das heißt die Nachfrage nach *Responsible Tourism*, ausgelöst durch touristische Überentwicklungen[24], wird durch die Krise verstärkt, um eine nachhaltige Wertschöpfung im Tourismus zu generieren. Die COVID-19 Pandemie bietet dazu

---

[17] Jamal & Budke, 2020; Peters & Vellas, 2019

[18] Niewiadomski, 2020

[19] Gössling et al., 2020

[20] Gössling et al., 2020

[21] Niewiadomski, 2020

[22] Jamal & Budke, 2020

[23] Niewiadomski, 2020

[24] Seraphin et al., 2018; Jacobsen et al., 2019

eine Gelegenheit, den Tourismus sowohl umweltverträglicher, achtsamer, nachhaltiger, verantwortungsvoller, als auch respektvoller gegenüber den Einheimischen und ihren Traditionen und Kulturen zu gestalten[25].

2.2 Sustainable Tourism

Seit Ende der 1980er Jahre stellt Sustainable Tourism ein relevantes und populäres Thema in der Tourismusforschung dar, das seinen Ursprung in der Umweltschutzbewegung der 1970er Jahre hat[26]. Das Konzept Sustainable Tourism bezieht sich auf die wechselseitig abhängigen wirtschaftlichen, sozialen, kulturellen und ökologischen Gegebenheiten[27], insbesondere um auf die Herausforderungen der Tourismusentwicklung zu reagieren und die negativen touristischen Auswirkungen zu reduzieren[28]. Wirtschaftliche Nachhaltigkeit konzentriert sich auf Einnahmen, Rentabilität und Beschäftigung als auch auf die Zufriedenheit der TouristInnen oder deren Ankünfte. Andererseits fokussiert die soziale Nachhaltigkeit Sicherheit, Schutz, Bildung und den Einbezug der Einheimischen. Umweltschutz, Wasser- und Luftqualität sind Teile der ökologischen Nachhaltigkeit, die Erhaltung von Kulturstätten, die Beibehaltung lokaler Bräuche oder die Förderung der Authentizität zählen zur kulturellen Nachhaltigkeit[29]. Für Bramwell et al. (2017) hat Sustainable Tourism, als ein breites und integriertes Forschungsfeld, eine große Bedeutung für die gesamte Branche, mit einem Fokus weitgehend auf Destinationen und nicht auf die Mikroebene eines Unternehmens[30].

In dieser Hinsicht stellt Corporate Social Responsibility (CSR) die Nachhaltigkeit auf Unternehmensebene dar[31]. Die drei Säulen der Nachhaltigkeit mit Ökologie, Ökonomie und Soziales werden von den Unternehmen mit dem Ziel avisiert, als Teil zur Nachhaltigkeit innerhalb der Gesellschaft als Ganzes beizutragen[32]. CSR bezieht sich daher auf die Verantwortung eines Unternehmens einen Beitrag zu der Gesellschaft zu leisten[33]. Frühe Versuche von CSR konzentrierten sich auf maximale finanzielle Renditen der Aktionäre, doch die Berücksichtigung

---

[25] Niewiadomski, 2020

[26] Hashemkhani Zolfani et al., 2015; Liu, 2003

[27] Eller et al., 2020; Fuchs et al., 2002; Kuščer & Mihalič, 2019

[28] Eckert & Pechlaner, 2019

[29] Agyeiwaah et al., 2017

[30] Dwyer, 2005

[31] Carroll, 1991

[32] Mihalič, 2016; van Marrewijk, 2003

[33] Tran et al., 2018; Lund-Durlacher, 2015

der Legislativen führte das Konzept zu einer viel umfassenderen Betrachtung[34]. *CSR* bedeutet somit mehr als nur dem Gesetz zu folgen und Firmeninteressen zu erfüllen, es bedeutet, ein soziales Gut zu produzieren[35]. Das heißt, *CSR* ist auf Unternehmensebene verwurzelt, während *Sustainable Tourism* vor allem im öffentlichen Sektor und in der Destinationsentwicklung verankert ist[36].

2.3 Responsible Tourism

Responsible Tourism entwickelte sich getrennt vom Konzept des *Sustainable Tourism* in den frühen 1980er Jahren, abgeleitet aus Umweltproblemstudien im Tourismus[37]. In diesem Zusammenhang verfolgt *Responsible Tourism* die Ziele der lokalen Gemeinschaft wirtschaftlichen und sozialen Nutzen zu bringen, unter Berücksichtigung von Kulturen, Traditionen und Religionen, als auch die natürliche Umwelt sowie die Ressourcen zu schützen und die Umweltverschmutzung zu verringern[38].

Ebenso wie *Sustainable Tourism* besteht *Responsible Tourism* aus den Dimensionen der wirtschaftlichen, sozialen, kulturellen und ökologischen Verantwortung[39], die von verschiedenen Stellen verfolgt werden sollten, zum Beispiel vom Destinationsmanagement oder vom privaten Sektor[40]. Die wirtschaftliche Verantwortung umfasst die Unterstützung lokaler Produkte, lokaler Dienstleistungen sowie lokaler Institutionen. Kultur, Erbe und Traditionen sind Teil der kulturellen Verantwortung. Sicherheit, Menschenrechte und Engagement für die Gemeinschaft beziehen sich auf die soziale Verantwortung. Die ökologische Verantwortung beschäftigt sich mit der Erhaltung der Umwelt sowie der Reduktion von Umweltverschmutzungen[41]. *Responsible Tourism* wird als verantwortungsbewusstes Verhalten und Handeln angesehen und stellt kein Synonym für *Sustainable Tourism* dar, sondern baut auf nachhaltigkeitsorientierten Strategien und Politiken auf. *Responsible Tourism* ist also der Prozess des tatsächlichen Verhaltens zur Erreichung von Nachhaltigkeitszielen, als auch das Ergreifen von Maßnahmen im Einklang mit dem *Sustainable Tourism* Konzept, was *Sustainable*

[34] Carroll, 1991

[35] McWilliams & Siegel, 2001; Kallmuenzer et al., 2018

[36] Eckert & Pechlaner, 2019; Kuščer et al., 2017; Fuchs et al., 2002

[37] Bramwell et al., 2008; Mihalič, 2016

[38] Fang, 2020

[39] Fang, 2020; Gong et al., 2019

[40] Pechlaner et al., 2019

[41] Gong et al., 2019; Mathew & Sreejesh, 2017

Tourism als Theory und *Responsible Tourism* als Praxis berücksichtigt. [42] Die Frage, die sich somit stellt, ist, inwiefern und unter welchen Voraussetzungen ein *Entrepreneur* im Tourismus verantwortungsvoll handeln kann?

3   Entrepreneurship im Responsible Tourism

Die wissenschaftliche Forschung zu *Entrepreneurship* hat in den letzten Jahrzehnten drastisch zugenommen, besonders da *Entrepreneurship* ökonomisches Wachstum innerhalb einer Wirtschaft schafft[43]. *Entrepreneurship* umfasst einen Prozess, etwas Anderes und Neues zu kreieren, mit dem Ziel individuellen Wohlstand und einen Beitrag für die Gesellschaft zu leisten[44]. *Entrepreneurship* stellt eine unternehmerische Tätigkeit dar, basierend auf den fünf Elementen: UnternehmerIn, unternehmerische Gelegenheit, Ressourcen, Organisation und Umwelt[45]. Auch innerhalb des Tourismus ist *Entrepreneurship* von großer Bedeutung[46], da die Rolle eines Tourismusunternehmens für die gesamte touristische Entwicklung von entscheidender Bedeutung ist. Im Kontext des Tourismus ist es aufgrund der durch die COVID-19 Pandemie ausgelösten Krise von Relevanz die Rolle des *Entrepreneurships* und dessen Ausrichtung zu definieren[47]. Im *Community-Oriented* (europäischen) Tourismusmodell finden sich besonders viele Kleinunternehmen, die in Summe die touristische Wertschöpfungskette bilden – somit ist eine zentrale Anforderung die Fähigkeit zur Kollaboration. Oftmals nimmt hier die Tourismusorganisation die vermittelnde, stimulierende Rolle zur holistischen Angebotsgestaltung ein. Im sogenannten *Corporate-Oriented* Modell der Tourismusdestination finden sich Großunternehmen bzw. Konzerne, die die gesamte Dienstleistungskette im Tourismus unter einer gemeinsamen Führung abzudecken versuchen[48]. Die Rolle der Tourismusorganisation ist hier weniger zentral und stärker auf die Basisfunktionen des Marketings fokussiert.

Während des letzten Jahrzehnts, angeregt durch dramatische Veränderungen auf den globalen Märkten, wurde *Entrepreneurship* und das ethische Verhalten innerhalb und zwischen den globalen Märkten diskutiert[49]. Das Modell, bezogen

---

[42] Mihalič, 2016

[43] Weiermair & Peters, 2012b; Amit et al., 1993

[44] Kao, 1993

[45] Fueglistaller et al., 2008

[46] Kallmuenzer et al., 2019

[47] Roberts, 2001

[48] Flagestad & Hope, 2001; Pikkemaat et al., 2018

[49] Weiermair & Peters, 2012b

auf einen nicht ausschließlich wirtschaftlich orientierten *Entrepreneur,* wurde Gegenstand empirischer Untersuchungen[50]. Demgemäß wurden Begriffe wie *Sustainable Entrepreneurship*[51], *Social Entrepreneurship*[52], *Green Entrepreneurship*[53], *Eco-Entrepreneurship*[54], als auch *Environmental Entrepreneurship*[55] in der Forschung eingeführt. All diese Konzepte verfolgen das Ziel einer nachhaltigen Entwicklung durch unternehmerische Aktivitäten, wobei diese Begriffe oft synonym verwendet werden[56]. Zunächst wurde *Social Entrepreneurship* thematisiert, was bedeutet, dass ein *Entrepreneur* soziale Ziele fokussiert, anstatt wirtschaftliche Werte in den Vordergrund zu stellen[57]. *Social Entrepreneurship* umfasst das Gründen eines Unternehmens, das hauptsächlich soziale Absichten hat[58] und erwähnt zwar üblicherweise Umweltaspekte und -faktoren, allerdings spielen diese eher eine untergeordnete Rolle, im Gegensatz zu *Responsible Entrepreneurship*[59].

Responsibility spielt nun auch im Geschäftsleben eine zentrale Rolle[60]. Konkret versuchen hier *Responsible Entrepreneurs* die großen Herausforderungen der Nachhaltigkeit anhand verschiedener sozialer und ökologischer Verantwortungen zu adressieren[61]. Die Beziehung zwischen *Entrepreneurship* und nachhaltiger Entwicklung betrifft die gegenseitige Unterstützung, als auch den Widerspruch von Wirtschaft und Umwelt. Zum einen kann die nachhaltige Entwicklung Marktchancen kreieren, die zu neuen Unternehmen führen, welche wiederum neue, innovative Produkte und Dienstleistungen erzeugen, als auch Arbeitsplätze schaffen. Zum anderen besteht die Möglichkeit, dass Unternehmen neue ökologische Risiken fördern, und Umweltbelastungen schließlich die Gründungen von Unternehmen einschränken[62]. Generell bezieht sich *Responsible Entrepreneurship* auf

---

[50] York et al., 2016

[51] Cohen & Winn, 2007; Schaltegger & Wagner, 2011; Belz & Binder, 2017

[52] Bacq & Janssen, 2011; Zahra et al., 2009

[53] Allen & Malin, 2008; Silajdžić et al., 2015; Taylor & Walley, 2004

[54] Wagner, 2009; Mars & Lounsbury, 2009

[55] Keogh & Polonsky, 1998; York et al., 2016

[56] Vallaster et al., 2019

[57] Bacq & Janssen, 2011; Zahra et al., 2009

[58] Shaw & Carter, 2007

[59] Mair & Martí, 2006

[60] Tiba et al., 2019

[61] Markman et al., 2016

[62] Vallaster et al., 2019

Umweltverantwortung[63]. *Responsible Entrepreneurs* müssen somit ein besonderes Augenmerk auf die bestehenden Tourismus-Umwelten legen – eine Analyse dieser Umwelten ist eine Grundvoraussetzung für *Sustainable und Responsible Tourism*.

4   Verantwortungsbereiche Responsible Tourism Entrepreneurship

Die PESTEL-Analyse, die für das politische, wirtschaftliche, soziale, technologische, ökologische und rechtliche Makro-Umfeld steht, wird üblicherweise zur Analyse externer Faktoren verwendet[64]. Diese Analyse eignet sich für Unternehmen und Wirtschaftssektoren, die von Veränderungen auf dem Markt bzw. dem externen Umfeld, abhängig sind[65].

Die PESTEL-Analyse wurde bereits in verschiedenen Bereichen eingesetzt, wobei aufgrund der Besonderheiten des Tourismus von Moutinho et al. (2011) eine adaptierte Form für eine Applikation im Tourismus empfohlen wird. Zum Beispiel sind im Vergleich mit anderen Branchen in der Tourismusindustrie kulturelle Begebenheiten einer Region oder die natürliche Umwelt wesentliche Bestandteile des touristischen Produkts[66]. In diesem Zusammenhang wurde das SCEPTICAL-Schema mit sozialen, kulturellen, wirtschaftlichen, physischen, technologischen, internationalen, kommunikativen und infrastrukturellen, administrativen und institutionellen als auch legalen und politischen Faktoren entwickelt[67]. Jede dieser Kategorien kann eine Quelle für Veränderung mit vielfältigen Möglichkeiten und Risiken darstellen[68].

Abbildung 1 verbindet das Konzept *Responsible Entrepreneurship* mit den Analysefaktoren der SCEPTICAL-Analyse, um die Verantwortungsbereiche im Tourismus darzustellen. Dazu zählen neben den SCEPTICAL-Analysefaktoren: wirtschaftliche, soziale, physische, kulturelle sowie rechtliche und politische Faktoren, die in den Verantwortungsbereichen dargestellt werden, auch internationale Faktoren, Kommunikation und Infrastruktur, administrative und institutionelle

---

[63] Roberts, 2001

[64] Yüksel, 2012

[65] Peattie & Moutinho, 1999

[66] Peattie & Moutinho, 1999

[67] Moutinho et al., 2011

[68] Peattie & Moutinho, 1999

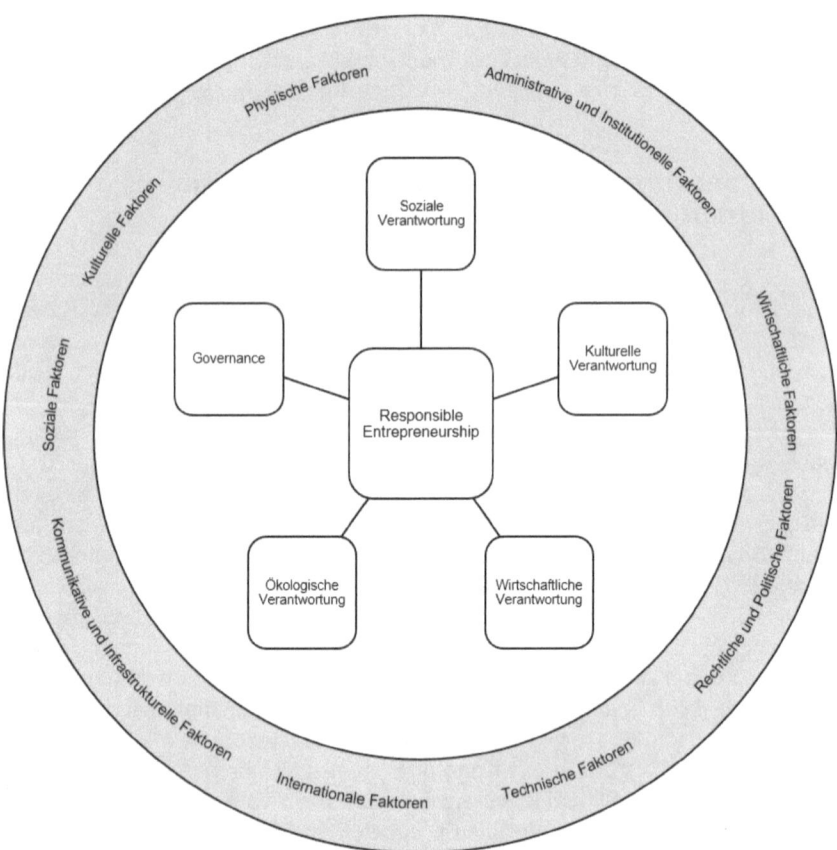

Abbildung 1: Verantwortungsbereiche des *Responsible Tourism Entrepreneurship* basierend auf Fang (2020) und Moutinho et al. (2011).

Faktoren sowie technische Faktoren. Diese Faktoren resultieren aus den technologischen Entwicklungen, im Speziellen der Digitalisierung, den infrastrukturellen Gegebenheiten, den Förderungen durch Institutionen sowie den Reisebarrieren und Grenzbestimmungen als Einflussfaktoren auf den Tourismus[69]. Konkret bedeutet dies, dass ein Entrepreneur von sozialen, kulturellen, wirtschaftlichen, physischen, technologischen, internationalen, kommunikativen und infrastruktu-

---

[69] Moutinho et al., 2011

rellen, administrativen und institutionellen als auch legalen und politischen Faktoren beeinflusst wird. Entsprechend dem Konzept des *Responsible Tourism* kann er in den fünf nachfolgenden Bereichen Verantwortung übernehmen, um auf diese Veränderungen reagieren zu können.

1. Soziale Verantwortung: Die sozialen Faktoren umfassen im Tourismus im Wesentlichen die Gesellschaft, wobei die TouristInnen die Einheimischen je nach Grad der Tourismusentwicklung entscheidend prägen[70]. Die Einheimischen und ihre Kultur sind in einer Destination ein integraler Bestandteil des touristischen Produkts, da alle unterschiedlichen Arten des Tourismus zumindest ein bestimmtes Maß an Interaktion zwischen den Einheimischen und den Besuchern enthalten[71]. Die Einheimischen können dabei als Individuen mehreren Stakeholdergruppen angehören, wie beispielsweise als *Entrepreneur* oder als MitarbeiterIn in touristischen Betrieben. Durch diese unterschiedlichen Rollen üben sie auf verschiedene Ebenen, wie beispielsweise in der Tourismusplanung oder der Bereitstellung von Dienstleitungen, Einfluss aus und stellen somit eine omnipräsente Stakeholdergruppe in der touristischen Dienstleistungskette dar[72].

Die Einbeziehung der Einheimischen ist einerseits ein wichtiger Input für die Planung und Entwicklung des touristischen Erlebnisses; andererseits beeinflusst die Tourismusentwicklung diese Stakeholder. Deren Berücksichtigung ist für ein erfolgreiches Destinationsmanagement wesentlich. Einwohner sind zum einen KonsumentInnen touristischer Dienstleitungen und zum anderen agieren sie als Einheimische: die Tourismusentwicklung wirkt somit auf die Wahrnehmung der Lebensqualität. Angebotsentwicklung muss somit verschiedenste Stakeholder in der Destination miteinbeziehen. Ein konstanter Dialog mit Interessensgruppen vor Ort ist wesentlich für den langfristigen Erfolg. Zudem ist die Einstellung, beziehungsweise die Gesinnung der Einheimischen gegenüber der touristischen Entwicklung für den Erfolg des Tourismus maßgeblich, da die Einheimischen als Co-Produzenten das touristische Erlebnis entscheidend prägen[73]. In diesem Sinne ist eine positive Tourismuseinstellung der Einheimischen bzw. eine hohe wahrgenommene Lebensqualität von unverzichtbarem Wert, um den TouristInnen ein authentisches, ehrliches und qualitativ hochwertiges Tourismusprodukt anbieten zu können. Entsprechend kann *Entrepreneurship* erstens bei Planungen von touristischen Angeboten die Bedürfnisse der Einheimischen berücksichtigen, um auch den Lebensraum zu gestalten und damit die Lebensqualität der Einheimischen

---

[70] Moutinho et al., 2011

[71] Lawson et al., 1998

[72] Peters & Siller, 2014

[73] Peters & Siller, 2014; Pechlaner, 2019

bestimmen. Zweitens muss aber ein konstantes Monitoring der Einstellung Einheimischer implementiert werden (bspw. durch Befragungen oder Beteiligungsprozesse).

2. Kulturelle Verantwortung: Das kulturelle Umfeld lebt im Tourismus von der Beziehung zwischen Reisenden und Einheimischen. Die Kultur einer Region kann dabei einen Teil des touristischen Produkts einnehmen, hingegen kann aber auch der Tourismus Teil der Kultur in einer Region werden. Das heißt der Tourismus bringt verschiedene Kulturen zusammen, dies kann aber auch zu einem wesentlichen negativen Einfluss auf kulturelle Begebenheiten führen[74]. Daher sollen im *Responsible Tourism* Traditionen und das kulturelle Erbe entsprechend gefördert werden, um kulturell Verantwortung zu übernehmen[75]. Dies kann konkret durch die Einbindung von Kultur, als auch durch die Förderung von Traditionen im *Entrepreneurship* passieren, indem beispielsweise Vereine unterstützt werden.

3. Wirtschaftliche Verantwortung: Die wirtschaftlichen Faktoren im Tourismus fokussieren vor allem die anwachsenden Nachfragezahlen, Nächtigungen, Ankünfte und Einnahmen im Tourismus[76]. Dabei kann wirtschaftliche Verantwortung für die touristischen Entwicklungen übernommen werden, indem lokale Institutionen, lokale Dienstleister und auch lokale Produkte unterstützt werden[77]. Dabei sollte vor allem der Lebensqualität und dem wertschätzenden Umgang mit den MitarbeiterInnen Rechnung getragen werden:

- Lebensqualität: Es ist von Relevanz die Lebensqualität im *Entrepreneurship* zu berücksichtigen, da hier oft die Herausforderung besteht, Geschäftsentscheidungen und eigenes Wohlergehen gleichzeitig steuern zu müssen. Da der Erfolg einer Destination vom *Entrepreneurship* abhängig ist, sollen touristische Destinationen Bedingungen schaffen, die den sozialen Austausch in regionalen Gemeinschaften und das Vertrauen in die politische und wirtschaftliche Stabilität fördern. Insbesondere, da Netzwerkverbindungen einen starken Einfluss auf den Erfolg von Unternehmen und die Geschäftsentwicklung haben, aber auch auf den Erfolg der gesamten Destination Einfluss nehmen können[78]. So kann ein *Entrepreneur* durch die Förderung und Teilnahme in Gemeinschaften die eigene Lebensqualität positiv beeinflussen, als auch einen Beitrag zur Lebensqualität anderer leisten.

---

[74] Moutinho et al., 2011

[75] Gong et al., 2019; Mathew & Sreejesh, 2017

[76] Moutinho et al., 2011

[77] Mathew & Sreejesh, 2017; Gong et al., 2019

[78] Peters et al., 2019

- Arbeitnehmerpolitik: Zusätzlich ist eine verantwortungsvolle Arbeitnehmerpolitik im Rahmen von *Entrepreneurship* für den *Responsible Tourism* von Bedeutung. Das Konzept der nachhaltigen Beschäftigung bezieht sich dabei auf die Aufnahme von Beschäftigungsverhältnissen, die
  auf längere Sicht bestehen bleiben[79]. Das heißt eine verantwortungsvolle
  Arbeitnehmerpolitik soll Fluktuationen der Mitarbeiter reduzieren, Mit-
  arbeiterloyalität erzeugen und einen Beitrag zu einer starken Arbeitgebermarke leisten[80]. Verantwortungsvolle Arbeitnehmerpolitik umfasst
  daher auch Gleichberechtigung der Mitarbeiter und nachhaltige Personalpolitik[81]. Zum anderen besteht durch eine verantwortungsvolle Entwicklung und *Responsible Entrepreneurship* auch die Möglichkeit die
  Einstellungen und Verhaltensweisen der Mitarbeiter zu beeinflussen.
  Konkret verändern die Organisationskultur und das Entrepreneurship in
  diesem Kontext das Einhalten von Vorschriften, als auch die Werte, die
  in den Geschäftsprozessen integriert werden sollen[82]. Speziell im Tourismus spielt die Saisonalität eine große Rolle in der Personalpolitik, was
  zu saisonalen Anstellungen, Unterbesetzungen und Arbeitslosigkeiten
  führen kann. Im Sinne einer verantwortungsvollen Arbeitnehmerpolitik
  bedarf es hier Strategien für die Rekrutierung, Auswahl, Training und
  Wiederanstellung der Mitarbeiter[83]. Außerdem spielt im Tourismus nach
  wie vor die geringe Berücksichtigung von Qualifikationen eine Rolle, in
  der Personen mit spezieller Ausbildung keine besonderen Vorteile gegenüber ArbeitnehmerInnen mit weniger relevanten Qualifikationen haben. Auch die Bezahlung im Tourismus stellt eine Herausforderung für
  die Arbeitnehmerpolitik dar. Daher bedarf es nachhaltiger Konzepte der
  verantwortungsvollen Arbeitnehmerpolitik, die diese Besonderheiten
  des Tourismus berücksichtigen[84].

4. Ökologische Verantwortung: Beim physischen Umfeld spricht man hauptsächlich von den natürlichen Ressourcen, bspw. der Klimaveränderung, der Zer-
störung der natürlichen Umwelt, Verschmutzung oder Wasserverschwendung[85].
Dies spiegelt sich in der ökologischen touristischen Verantwortung im Rahmen
des *Responsible Tourism* wider, die sich auf die Erhaltung der natürlichen Umwelt

---

[79] McCollum, 2012

[80] Neßler & Lis, 2015

[81] Moore & Wen, 2008

[82] Collier & Esteban, 2007

[83] Jolliffe & Farnsworth, 2003; Mackenzie & Peters, 2014

[84] Hjalager & Andersen, 2001

[85] Moutinho et al., 2011

in einer touristischen Region konzentriert, indem die Beeinträchtigungen der Umwelt entsprechend reduziert werden[86]. In diesem Sinne kann ein *Entrepreneur* hier beispielsweise die jeweilige Abfallentsorgung gemäß dem Umweltschutz gestalten.

5. Governance: Das politische Umfeld im Tourismus beschäftigt sich unter anderem mit einer marktbestimmten Wirtschaft, Regulierungen, Förderungen und Entwicklungen hinsichtlich *Responsible Tourism*[87]. *Governance* thematisiert Politik und Öffentlichkeit, definiert als Akt des Regierens, als Anpassen eines Staates an das politische und wirtschaftliche Umfeld, als Regierungsführung, sowie als die Rolle bei der Koordinierung sozioökonomischer Systeme[88]. Im Tourismus besteht *Governance* aus verschiedenen Mechanismen zur Regierungsbildung, Regulierung und Mobilisierung von Maßnahmen, als auch der Lenkung wie zum Beispiel durch Institutionen, bestehender und etablierter Praktiken sowie aus Entscheidungsstrukturen[89]. *Governance* kann mithilfe der folgenden Dimensionen beurteilt werden: Partizipation, Transparenz, Ehrlichkeit und Legitimität[90]. Durch die Berücksichtigung des politischen Umfelds und die entsprechende Teilnahme durch den *Entrepreneur* kann *Governance* umgesetzt werden. Effektive und bedarfsgerechte *Governance* ist daher eine Schlüsselvoraussetzung für die Umsetzung von *Sustainable Tourism* und fördert demokratische Prozesse, gibt Orientierung, und stellt Mittel zur Verfügung.

5   Leitlinien für Responsible Tourism Entrepreneurship

Die obigen Erläuterungen erlauben es, Leitlinien als Rahmenbedingungen für *Responsible Entrepreneurship* im Tourismus abzuleiten. Es wurde bereits deutlich, dass es für die herrschende Krise, ausgelöst durch die COVID-19 Pandemie, Maßnahmen und Konzepte für eine erfolgreiche Neupositionierung des Tourismus braucht. Die folgenden Leitlinien sind somit Empfehlungen für *Responsible Tourism Entrepreneurship*. Nur so lässt sich die Tourismusdestination der Zukunft gemäß der Idee der Resilienz entwickeln.

---

[86] Gong et al., 2019; Mathew & Sreejesh, 2017

[87] Peattie & Moutinho, 1999

[88] Hall, 2011

[89] Bramwell & Lane, 2011

[90] Ruhanen et al., 2010

These 1: Es braucht eine Balance zwischen internationalen Reisemärkten und dem regionalen Markt mit regionalen Abnehmern

Durch die anhaltenden Reisebeschränkungen und Grenzschließungen, als auch durch den eingeschränkten Flugverkehr, ausgelöst durch die COVID-19 Pandemie, wird der Tourismus der nahen Zukunft stark durch lokale und regionale Abnehmer bestimmt sein. Wie die SCEPTICAL Analyse gezeigt hat, benötigt der Tourismus üblicherweise ein internationales Umfeld, das von Reisemöglichkeiten bestimmt und durch Reisebeschränkungen begrenzt werden kann. In Fall der COVID-19 Krise konnte der Tourismus allerdings dieses Umfeld nicht adressieren und benötigt folglich einen klaren und starken Fokus auf den Inlandstourismus. Der regionale Markt als aussichtsreiches Marktsegment unterstützt ferner die Strategien des *Responsible Tourism*. Durch beispielsweise verkürzte Reisewege, als auch durch die Möglichkeit auf umweltschonendere Reisemittel umzusteigen, werden InlandstouristInnen zur Erhaltung der natürlichen Gegebenheiten beitragen, was wiederrum die ökologische Verantwortung und nachhaltigen ökologischen Entwicklung stützt. In diesem Sinne können sich *Responsible Entrepreneurs* im Tourismus stark auf das Inland fokussieren, indem sie die regionale Nachfrage mit ihren Wünschen und Bedürfnissen zielgerecht durch geeignete Kommunikationsmaßnahmen ansprechen.

These 2: Die wirtschaftliche Verantwortung verlangt nach Qualitätssteigerung als Schlüsselfaktor zur Sicherung der heimischen Wertschöpfung

Die Tourismusnachfrage endete abrupt mit der COVID-19 Pandemie und nach Überstehen der Krise kann das Niveau der Nachfrage in den ersten Monaten nicht erreicht werden. Wie im Rahmen der SCEPTICAL Analyse angeführt, determinieren Nachfragezahlen und Ankünfte die wirtschaftliche Charakterisierung des Tourismus. Da dieses Wachstum oder diese Steigerung nach der COVID-19 Krise allerdings nicht erwartet werden kann, sind Alternativstrategien gefragt. Ein Streben nach einer höheren Qualität der touristischen Dienstleistungen und Produkte wird empfohlen, damit in Zukunft höhere Preise avisiert werden können. Dies stützt die Leitlinien einer nachhaltigen Wirtschaftspolitik, die sich durch wirtschaftliche Rentabilität legitimieren muss. Zusätzlich kann eine Qualitätssteigerung der touristischen Produkte insbesondere durch den Bezug von lokalen Produkten und Dienstleistungen erreicht werden. Das heißt dem *Responsible Entrepreneurship* im Tourismus wird eine Qualitätssteigerung zur Kompensation der geringeren Nachfrage aufgrund der COVID-19 Pandemie, als auch zur Bekräftigung des *Responsible Tourism* empfohlen.

These 3: Das Ansprechen von nachhaltigen TouristInnen ist einer der Erfolgs-
faktoren für Responsible Tourism

Wie die theoretische Analyse gezeigt hat, wird *Responsible Tourism* als Ergebnis von nachhaltigen Tourismuskonzepten und Tourismusstrategien betrachtet. Das heißt durch die Berücksichtigung von nachhaltigen Konzepten, Strategien
und Produkten kann *Responsible Tourismus* zu einem verantwortungsvolleren
Verhalten der Einheimischen und der TouristInnen führen. Die Besucher einer
Region verändern dabei ihr Verhalten, was zu präferierten nachhaltigen Angeboten führen kann. So helfen nachhaltige touristische Angebote zum einen die Ziel-
gruppe anzusprechen und zum anderen auch ihr Verhalten und ihre Einstellung
entsprechend positiv zu beeinflussen. *Responsible Entrepreneurship* im Tourismus sollte TouristInnen mit nachhaltigen Präferenzen ansprechen, die folglich ihr
Verhalten und ihre Einstellung nach dem *Responsible Tourism* richten.

These 4: Das Verfolgen einer verantwortungsvollen Arbeitnehmerpolitik ist ei-
ner der Kernbeiträge des Responsible Entrepreneurs und sichert eine nachhal-
tige touristische Entwicklung

Als wesentlicher Beitrag zu den nachhaltigen Strategien und Konzepten im
Tourismus kann das Verfolgen einer verantwortungsvollen Arbeitnehmerpolitik
gesehen werden. Durch verantwortungsvolles Arbeitnehmermanagement kann
die Loyalität der MitarbeiterInnen gesteigert werden, was deren Fluktuationen reduzieren kann. In diesem Zusammenhang muss *Responsible Entrepreneurship*
nachhaltige Personalpolitik betreiben. Besonders im Tourismus, wo immer wieder der Fachkräftemangel thematisiert wird, verbessert eine verantwortungsvolle
Arbeitnehmerpolitik die Nachfrage auf dem Arbeitsmarkt. Saisonale Anstellung,
kurzfristige Arbeitslosigkeit, Fluktuation und mangelnde Identifikation mit dem
Unternehmen und der Branche gilt es hier zu bekämpfen durch adäquate Strategien der Rekrutierung, Weiterbildung, Training, Bezahlung und Wertschätzung.
Zusätzlich leisten *Responsible Entrepreneurs* einen Beitrag zur nachhaltigen Entwicklung, in dem sie eine Vorbildfunktion gegenüber ihren MitarbeiterInnen einnehmen und damit die Verhaltensweisen und Einstellungen einzelner ArbeitnehmerInnen beeinflussen können. Außerdem profitieren Unternehmen von den Vorteilen einer starken Arbeitgebermarke[91].

---

[91] Lin et al., 2018

These 5: Governance ist eine Schlüsselvoraussetzung für Sustainable Tourism und liegt in der Verantwortung von Entrepreneurship in der Tourismusregion

Wie die Erläuterungen zum politischen Umfeld der SCEPTICAL Analyse zeigen, wird *Governance* auch in Zukunft im Tourismus von großer Bedeutung sein. Zum einen werden Regulierungen, wie beispielsweise Reisebeschränkungen oder Regulierungen in Hotel- und Gastronomiebetrieben das touristische Unternehmen bestimmen. Zum anderen werden auch Institutionen eine entscheidende Rolle bei der Umsetzung einnehmen. Zudem ist *Governance*, wie bereits erwähnt, eine Schlüsselvoraussetzung für *Sustainable Tourism*. In diesem Sinne werden Fördermechanismen von Bedeutung sein, die Nachhaltigkeitsinitiativen unterstützen und Mittel für die Umsetzung bereitstellen. Beispielsweise in den Bereichen der Umsetzung regulatorischer Vorgaben, als auch Förderungen der Mobilität, im Sinne der „Last Mile" werden hier anvisiert. Verschiedene *Governance* Mechanismen, unter anderem mit Partizipation, Legitimität und Transparenz, werden durch effektive und bedarfsgerechte Gestaltungen des demokratischen Prozesses für nachhaltige Fortschritte über einen langen Zeithorizont sorgen. Der Tourismusorganisation oder *Destination Management Organisation (DMO)* kommt hier eine Schlüsselrolle zu[92].

6   Conclusio und Ausblick

Die derzeitigen Entwicklungen rund um die COVID-19 Pandemie werden den Tourismus maßgeblich bestimmen. Dies kann auch als Chance angesehen werden auf die, vor der Krise vorherrschenden „*Overtourism"* Debatten zu reagieren. Im Sinne des *Responsible und Sustainable Tourism* kann *Responsible Entrepreneurship* nun dazu beitragen den Tourismus sozialer, ausgeglichener, achtsamer, umweltverträglich und auch respektvoller gegenüber den Interessensgruppen zu gestalten.

Responsible Tourism Entrepreneurship kann in den Bereichen Wirtschaft, Soziales, Kultur, Ökologie und *Governance* Verantwortung übernehmen. Dies bedeutet konkret für die wirtschaftliche Verantwortung, dass lokale Dienstleister, lokale Produkte und lokale Einrichtungen unterstützt werden. Zusätzlich kann durch eine verantwortungsvolle Arbeitnehmerpolitik und die Betrachtung der Lebensqualität im *Entrepreneurship* im Sinne von regionalen Gemeinschaften und Stabilitäten wirtschaftlich verantwortlich gehandelt werden. Kulturelle Verantwortung kann durch die Unterstützung und Einbindung von kulturellem Erbe und Traditionen übernommen werden. Die Gestaltung eines Lebensraums unter Be-

---

[92] Pechlaner et al., 2015; Strobl & Peters, 2013

rücksichtigung der Einheimischen, um ihre Lebensqualität und Tourismusgesinnung zu verbessern, wird unter der sozialen Verantwortung berücksichtigt. Verantwortung im ökologischen Bereich kann durch den Schutz der Umwelt und die Vermeidung von Umweltverschmutzungen erbracht werden. Zudem kann *Governance* mithilfe von demokratischen Prozessen Orientierung für eine verantwortungsvolle Entwicklung liefern.

Die Herausforderungen der Zukunft liegen somit in der Gestaltung des *Responsible Entrepreneurship,* um kurzfristig mit den Auswirkungen der COVID-19 Krise umzugehen, aber auch langfristig einer nachhaltigen Entwicklung folgen zu können. Die Forderungen nach *Sustainable Tourism* bestanden bereits in der Vergangenheit und werden sich in Zukunft verstärken, um einen Lebensraum nicht nur für die TouristInnen, sondern auch für die Einheimischen gestalten zu können.

Responsible Entrepreneurship entsteht aber nicht von allein. Sicherlich fördern Krisen wie COVID-19 ein Überdenken traditioneller Wachstumsmodelle, aber sobald Krisen überwunden sind, verfällt *Entrepreneurship* wieder dem Tagesgeschäft, umso mehr die entgangenen Einnahmen nun wieder wett gemacht werden müssen. Es braucht daher gezielte Mechanismen, die ein Umdenken und die Entwicklung zum *Responsible Entrepreneur* stimulieren. Hierzu zählen:

- *Ein Diskurs mit Vielfalt:* Kritikfähigkeit und Selbstreflexion sind vor allem im Tourismus von Bedeutung, der von einer immensen Erfolgsgeschichte über Generationen von *Entrepreneurship* geprägt ist. Zudem sind viele Fronten verhärtet und insbesondere in kleinstrukturierten, ruralen Regionen herrschen über Generationen angelernte Verteidigungsmechanismen. Hier braucht es die Einladung zum Diskurs und zur Diversität. So müssen TourismuskritikerInnen und TouristikerInnen in den Dialog treten und externe Branchen und ExpertInnen dazu einladen.

- *Freiraum und Unterstützung durch die Tourismuspolitik:* Der oben genannte Diskurs sollte nicht von Parteipolitik geprägt sein. Aber die Tourismuspolitik kann die Infrastruktur und mit Förderungen Diskursmodelle unterstützen. Ebenso wäre es bedeutend solche Diskurs-Resultate an alle relevanten Stakeholder zu kommunizieren und im Idealfall in die Tourismusstrategie einfließen zu lassen.

- *Gemeinschaften mit sozialem Austausch:* Um die soziale Kommunikation und den sozialen Austausch im *Entrepreneurship* zu fördern, können regionale Gemeinschaften genutzt werden. Dies ist besonders im *Community-Oriented* Tourismusmodell mit vielen Kleinunternehmen von Bedeutung. In Krisenzeiten können sich Unternehmen in diesen Gemeinschaften und Kollaborationen gegenseitig unterstützen und somit voneinander profitieren, um dann auf langfristiger Basis entsprechend zusammenzuarbeiten. So lässt sich auch im kleinstrukturierten Tourismus ein Mindestmaß an Resilienz aufbauen.

- *Destinationen als Unternehmensverbund:* Während sich das einzelne Unternehmen sehr schwer tut Widerstandsmechanismen gegenüber Krisen zu entwickeln, kann die Destination mit ihrem Unternehmensverbund eine starke krisenfestere Gemeinschaft bilden.

Die Zukunft der Erforschung von *Responsible Tourism Entrepreneurship* wird sich vermehrt auf die genannten Verantwortungsbereiche beziehen. Konkrete Nachhaltigkeitskonzepte und Strategien in den Bereichen Wirtschaft, Soziales, Ökologie, Kultur und *Governance* werden benötigt, um einen entsprechenden Beitrag zu einer nachhaltigen Tourismusentwicklung leisten zu können. Die verantwortungsvolle Arbeitnehmerpolitik und die Berücksichtigung der Lebensqualitäten werden relevante Forschungsgegenstände sein. Insbesondere gilt es, sinnvolle Messvariablen mit Indikatoren zu hinterlegen, um vergleichbare Zeitreihendaten in diesen Bereichen zu generieren; während wir zuverlässige Daten über die Nachfrage im Tourismus haben, so mangelt es an verlässlichen ressourcenbezogenen Daten. Dennoch braucht es weiterführende Forschungen, um die resultierenden Verhaltensänderungen (und nicht nur Einstellungen) der TouristInnen aufzeigen. Zentrale Forschungsbeiträge finden sich hierzu bereits in der aktuellen Tourismusforschung und geben *Responsible Entrepreneurship* konkrete Handlungsempfehlungen, wie sie ihre nachhaltigen Produkte und Dienstleistungen anbieten können[93].

Literatur

Agyeiwaah, E.; McKercher, B.; Suntikul, W. (2017): Identifying core indicators of sustainable tourism: A path forward? In: *Tourism Management Perspectives* 24, S. 26-33. DOI: 10.1016/j.tmp.2017.07.005.

Allen, J. C.; Malin, S. (2008): Green Entrepreneurship: A Method for Managing Natural Resources? In: *Society & Natural Resources* 21 (9), S. 828-844. DOI: 10.1080/08941920701612917.

Amit, R.; Glosten, L.; Muller, E. (1993): Challenges to theory development in entrepreneurship research. In: *Journal of Management Studies* 30 (5), S. 815-834. DOI: 10.1111/j.1467-6486.1993.tb00327.x.

Andereck, K. L.; Valentine, K. M.; Knopf, R. C.; Vogt, C. A. (2005): Residents' perceptions of community tourism impacts. In: *Annals of Tourism Research* 32 (4), S. 1056-1076. DOI: 10.1016/j.annals.2005.03.001.

Bacq, S.; Janssen, F. (2011): The multiple faces of social entrepreneurship: A review of definitional issues based on geographical and thematic criteria. In: *Entrepreneurship & Regional Development* 23 (5-6), S. 373-403. DOI: 10.1080/08985626.2011.577242.

---

[93] siehe z.B. Dolnicar, 2020; Filimonau et al., 2017; Hall, 2013

Belz, F. M.; Binder, J. K. (2017): Sustainable Entrepreneurship: A Convergent Process Model. In: *Business Strategy and the Environment* 26 (1), S. 1-17. DOI: 10.1002/bse.1887.

Bramwell, B.; Higham, J.; Lane, B.; Miller, G. (2017): Twenty-five years of sustainable tourism and the Journal of Sustainable Tourism: looking back and moving forward. In: *Journal of Sustainable Tourism* 25 (1), S. 1-9. DOI: 10.1080/09669582.2017.1251689.

Bramwell, B.; Lane, B. (2011): Critical research on the governance of tourism and sustainability. In: *Journal of Sustainable Tourism* 19 (4-5), S. 411-421. DOI: 10.1080/09669582.2011.580586.

Bramwell, B.; Lane, B.; McCabe, S.; Mosedale, J.; Scarles, C. (2008): Research Perspectives on Responsible Tourism. In: *Journal of Sustainable Tourism* 16 (3), S. 253-257. DOI: 10.1080/09669580802208201.

Carroll, A. B. (1991): The pyramid of corporate social responsibility: Toward the moral management of organizational stakeholders. In: *Business Horizons* 34 (4), S. 39-48.

Cohen, B.; Winn, M. I. (2007): Market imperfections, opportunity and sustainable entrepreneurship. In: *Journal of Business Venturing* 22 (1), S. 29-49. DOI: 10.1016/j.jbusvent.2004.12.001.

Collier, J.; Esteban, R. (2007): Corporate social responsibility and employee commitment. In: *Business Ethics* 16 (1), S. 19-33. DOI: 10.1111/j.1467-8608.2006.00466.x.

Dolnicar, S. (2020): Designing for more environmentally friendly tourism. In: *Annals of Tourism Research* 84, S. 102933. DOI: 10.1016/j.annals.2020.102933.

Dwyer, L. (2005): Relevance of triple bottom line reporting to achievement of sustainable tourism: A scoping study. In: *Tourism Review International* 9 (1), S. 79–938. DOI: 10.3727/154427205774791726.

Eckert, C.; Pechlaner, H. (2019): Alternative Product Development as Strategy Towards Sustainability in Tourism: The Case of Lanzarote. In: *Sustainability* 11 (13), S. 3588. DOI: 10.3390/su11133588.

Elkington, J. (1997): Cannibals with Forks: The Triple Bottom Line of 21st Century Business. Gabriola Island: New Society Publishers.

Eller, R.; Glowka, G.; Zehrer, A.; Peters, M. (2020): Sustainability Attitudes of Tourism Family Firms in Alpine Tourism Regions. In: Patricia Ordóñez de Pablos, Jesús Manuel Palma-Ruiz, Ismael Barros-Contreras und Luca Gnan (Hg.): Handbook of Research on the Strategic Management of Family Businesses, Bd. 19. Mexico, Chile, Italy: IGI Global (Advances in Business Strategy and Competitive Advantage), S. 280-303.

Fang, W.-T. (2020): Responsible Tourism. In: Wei-Ta Fang (Hg.): Tourism in Emerging Economies, Bd. 50. Singapore: Springer Singapore, S. 131-151.

Filimonau, V.; Lemmer, C.; Marshall, D.; Bejjani, G. (2017): 'Nudging' as an architect of more responsible consumer choice in food service provision: The role of restaurant menu design. In: *Journal of Cleaner Production* 144, S. 161-170. DOI: 10.1016/j.jclepro.2017.01.010.

Flagestad, A.; Hope, C. A. (2001): Strategic success in winter sports destinations: a sustainable value creation perspective. In: *Tourism Management* 22 (5), S. 445-461. DOI: 10.1016/S0261-5177(01)00010-3.

Fuchs, M.; Peters, M.; Weiermair, K. (2002): Tourism Sustainability Through Destination Benchmarking Indicator Systems: The Case of Alpine Tourism. In: *Tourism Recreation Research* 27 (3), S. 21–33. DOI: 10.1080/02508281.2002.11081371.

Fueglistaller, U.; Müller, C. A.; Volery, T.; Müller, S. (2008): Entrepreneurship. Modelle, Umsetzung, Perspektiven; mit Fallbeispielen aus Deutschland, Österreich und der Schweiz. 2., überarbeitete und erweiterte Auflage. Wiesbaden: Betriebswirtschaftlicher Verlag Dr. Th. Gabler/GWV Fachverlage GmbH Wiesbaden.

Gong, J.; Detchkhajornjaroensri, P.; Knight, D. W. (2019): Responsible tourism in Bangkok, Thailand: Resident perceptions of Chinese tourist behaviour. In: *International Journal of Tourism Research* 21 (2), S. 221-233. DOI: 10.1002/jtr.2256.

Gössling, S.; Scott, D.; Hall, C. M. (2020): Pandemics, tourism and global change: a rapid assessment of COVID-19. In: *Journal of Sustainable Tourism* 12 (5), S. 1-20. DOI: 10.1080/09669582.2020.1758708.

Hall, C. M. (2011): A typology of governance and its implications for tourism policy analysis. In: *Journal of Sustainable Tourism* 19 (4-5), S. 437-457. DOI: 10.1080/09669582.2011.570346.

Hall, C. M. (2013): Framing behavioural approaches to understanding and governing sustainable tourism consumption: beyond neoliberalism, "nudging" and "green growth"? In: *Journal of Sustainable Tourism* 21 (7), S. 1091-1109. DOI: 10.1080/09669582.2013.815764.

Hashemkhani Zolfani, S.; Sedaghat, M.; Maknoon, R.; Zavadskas, E. K. (2015): Sustainable tourism: a comprehensive literature review on frameworks and applications. In: *Economic Research-Ekonomska Istraživanja* 28 (1), S. 1-30. DOI: 10.1080/1331677X.2014.995895.

Hjalager, A.-M.; Andersen, S. (2001): Tourism employment: contingent work or professional career? In: *Employee Relations* 23 (2), S. 115-129. DOI: 10.1108/01425450110384165.

Jacobsen, J. K. S.; Iversen, N. M.; Hem, L. E. (2019): Hotspot crowding and over-tourism: Antecedents of destination attractiveness. In: *Annals of Tourism Research* 76, S. 53-66. DOI: 10.1016/j.annals.2019.02.011.

Jamal, T.; Budke, C. (2020): Tourism in a world with pandemics: local-global responsibility and action. In: *Journal of Tourism Futures* ahead-of-print. DOI: 10.1108/JTF-02-2020-0014.

Jolliffe, L.; Farnsworth, R. (2003): Seasonality in tourism employment: human resource challenges. In: *International Journal of Contemporary Hospitality Management* 15 (6), S. 312-316. DOI: 10.1108/09596110310488140.

Kallmuenzer, A.; Kraus, S.; Peters, M.; Steiner, J.; Cheng, C.-F. (2019): Entrepreneurship in tourism firms: A mixed-methods analysis of performance driver configurations. In: *Tourism Management* 74, S. 319-330. DOI: 10.1016/j.tourman.2019.04.002.

Kallmuenzer, A.; Nikolakis, W.; Peters, M.; Zanon, J. (2018): Trade-offs between dimensions of sustainability: exploratory evidence from family firms in rural tourism regions. In: *Journal of Sustainable Tourism* 26 (7), S. 1204-1221. DOI: 10.1080/09669582.2017.1374962.

Kao, R. W.Y. (1993): Defining Entrepreneurship: Past, Present and? In: *Creativity and Innovation Management* 2 (1), S. 69-70. DOI: 10.1111/j.1467-8691.1993.tb00073.x.

Keogh, P. D.; Polonsky, M. J. (1998): Environmental commitment: a basis for environmental entrepreneurship? In: *Journal of Organizational Change Management* 11 (1), S. 38-49. DOI: 10.1108/09534819810369563.

Kuščer, K.; Mihalič, T. (2019): Residents' Attitudes towards Overtourism from the Perspective of Tourism Impacts and Cooperation–The Case of Ljubljana. In: *Sustainability* 11 (6), S. 1823. DOI: 10.3390/su11061823.

Kuščer, K.; Mihalič, T.; Pechlaner, H. (2017): Innovation, sustainable tourism and environments in mountain destination development: a comparative analysis of Austria, Slovenia and Switzerland. In: *Journal of Sustainable Tourism* 25 (4), S. 489-504. DOI: 10.1080/09669582.2016.1223086.

Lawson, R. W.; Williams, J.; Young, T.; Cossens, J. (1998): A comparison of residents' attitudes towards tourism in 10 New Zealand destinations. In: *Tourism Management* 19 (3), S. 247-256. DOI: 10.1016/S0261-5177(98)00018-1.

Lin, M.-Y.; Chiang, C.-F.; Wu, K.-P. (2018): How Hospitality and Tourism Students Choose Careers: Influences of Employer Branding and Applicants' Customer Orientation. In: *Journal of Hospitality & Tourism Education* 30 (4), S. 229-240. DOI: 10.1080/10963758.2018.1480377.

Liu, Z. (2003): Sustainable Tourism Development: A Critique. In: *Journal of Sustainable Tourism* 11 (6), S. 459-475. DOI: 10.1080/09669580308667216.

Lund-Durlacher, D. (2015): CSR und nachhaltiger Tourismus. In: Andreas Schneider und René Schmidpeter (Hg.): Corporate Social Responsibility, Bd. 31. Berlin, Heidelberg: Springer Berlin Heidelberg, S. 879-890.

Mackenzie, M.; Peters, M. (2014): Hospitality Managers' Perception of Corporate Social Responsibility: An Explorative Study. In: *Asia Pacific Journal of Tourism Research* 19 (3), S. 257-272. DOI: 10.1080/10941665.2012.742915.

Mair, J.; Martí, I. (2006): Social entrepreneurship research: A source of explanation, prediction, and delight. In: *Journal of World Business* 41 (1), S. 36-44. DOI: 10.1016/j.jwb.2005.09.002.

Markman, G. D.; Russo, M.; Lumpkin, G. T.; Jennings, P. D. D.; Mair, J. (2016): Entrepreneurship as a Platform for Pursuing Multiple Goals: A Special Issue on Sustainability, Ethics, and Entrepreneurship. In: *Journal of Management Studies* 53 (5), S. 673-694. DOI: 10.1111/joms.12214.

Mars, M. M.; Lounsbury, M. (2009): Raging Against or With the Private Marketplace? In: *Journal of Management Inquiry* 18 (1), S. 4-13. DOI: 10.1177/1056492608328234.

Mathew, P. V.; Sreejesh, S. (2017): Impact of responsible tourism on destination sustainability and quality of life of community in tourism destinations. In: *Journal of Hospitality and Tourism Management* 31, S. 83-89. DOI: 10.1016/j.jhtm.2016.10.001.

McCollum, D. (2012): The sustainable employment policy agenda: What role for employers? In: *Local Economy* 27 (5-6), S. 529-540. DOI: 10.1177/0269094212444571.

McWilliams, A.; Siegel, D. (2001): Corporate Social Responsibility: A Theory of the Firm Perspective. In: *AMR* 26 (1), S. 117-127. DOI: 10.5465/amr.2001.4011987.

Mihalic, T. (2016): Sustainable-responsible tourism discourse – Towards 'responsustable' tourism. In: *Journal of Cleaner Production* 111, S. 461-470. DOI: 10.1016/j.jclepro.2014.12.062.

Moore, S.; Wen, J. J. (2008): Tourism Employment in China: A Look at Gender Equity, Equality, and Responsibility. In: *Journal of Human Resources in Hospitality & Tourism* 8 (1), S. 32-42. DOI: 10.1080/15332840802274429.

Moutinho, L.; Ballantyne, R.; Rate, S. (2011): The new business environment and trends in tourism. In: Luiz Moutinho (Hg.): Strategic management in tourism. 2. ed. Wallingford: CABI, S. 1-19.

Neßler, C.; Lis, B. (2015): Die Bedeutung von CSR im Rahmen der Unternehmensführung. In: *WIST* 44 (4), S. 176–181. DOI: 10.15358/0340-1650-2015-4-176.

Niewiadomski, P. (2020): COVID-19: from temporary de-globalisation to a re-discovery of tourism? In: *Tourism Geographies*, S. 1-6. DOI: 10.1080/14616688.2020.1757749.

Ostrom, V. (1997): The meaning of democracy and the vulnerability of democracies. A response to Tocqueville's challenge. Ann Arbor: Univ. of Michigan Press.

Peattie, K.; Moutinho, L. (1999): The marketing environment for travel and tourism. In: L. Moutinho (Hg.): Strategic management in tourism. Wallingford: CABI, S. 17-37.

Pechlaner, H. (2019): Destination und Lebensraum: Perspektiven touristischer Entwicklung. In: Harald Pechlaner (Hg.): Destination und Lebensraum, Bd. 46. Wiesbaden: Springer Fachmedien Wiesbaden, S. 1-21.

Pechlaner, H.; Tschurtschenthaler, P. (2003): Tourism Policy, Tourism Organisations and Change Management in Alpine Regions and Destinations: A European Perspective. In: *Current Issues in Tourism* 6 (6), S. 508-539. DOI: 10.1080/13683500308667967.

Pechlaner, H.; Zacher, D.; Eckert, C.; Petersik, L. (2019): Joint responsibility and understanding of resilience from a DMO perspective – an analysis of different situations in Bavarian tourism destinations. In: *International Journal of Tourism Cities* 5 (2), S. 146-168. DOI: 10.1108/IJTC-12-2017-0093.

Pechlaner, Harald; Beritelli, Pietro; Pichler, Sabine; Peters, Mike; Scott, Noel (Hg.) (2015): Contemporary destination governance. A case study approach. 1st ed. Bingley, UK: Emerald (Bridging tourism theory and practice, 6).

Peters, M.; Kallmuenzer, A.; Buhalis, D. (2019): Hospitality entrepreneurs managing quality of life and business growth. In: *Current Issues in Tourism* 22 (16), S. 2014-2033. DOI: 10.1080/13683500.2018.1437122.

Peters, M.; Schuckert, M. (2014): Tourism Entrepreneurs' Perception of Quality of Life: An Explorative Study. In: *Tourism Analysis* 19 (6), S. 731-740. DOI: 10.3727/108354214X14146846679484.

Peters, M.; Siller, H. (2014): Tourismusentwicklung im alpinen Lebensraum: Zur Erforschung der Rolle der Einheimischen. In: Kurt Matzler, Harald Pechlaner und Birgit Renzl (Hg.): Strategie und Leadership. Wiesbaden: Springer Fachmedien Wiesbaden, S. 175-189.

Peters, M.; Vellas, F. (2019): Globalisation, innovation, and tourism. In: Dallen Timothy (Hg.): Handbook of Globalisation and Tourism. Cheltenham, UK: Edward Elgar Publishing, S. 214-224.

Pikkemaat, B.; Peters, M.; Chan, C.-S. (2018): Needs, drivers and barriers of innovation: The case of an alpine community-model destination. In: *Tourism Management Perspectives* 25, S. 53-63. DOI: 10.1016/j.tmp.2017.11.004.

Roberts, L. (2001): Rural tourism and recreation. Principles to practice. Oxford: CABI Pub.

Ruhanen, L.; Scott, N.; Ritchie, B.; Tkaczynski, A. (2010): Governance: a review and synthesis of the literature. In: *Tourism Review* 65 (4), S. 4-16. DOI: 10.1108/16605371011093836.

Schaltegger, S.; Wagner, M. (2011): Sustainable entrepreneurship and sustainability innovation: categories and interactions. In: *Business Strategy and the Environment* 20 (4), S. 222-237. DOI: 10.1002/bse.682.

Schumpeter, J. A. (2000): Entrepreneurship as innovation. In: *Entrepreneurship: The Social Science View*, S. 51-75.

Seraphin, H.; Sheeran, P.; Pilato, M. (2018): Over-tourism and the fall of Venice as a destination. In: *Journal of Destination Marketing & Management* 9, S. 374-376. DOI: 10.1016/j.jdmm.2018.01.011.

Silajdžić, I.; Kurtagić, S. M.; Vučijak, B. (2015): Green entrepreneurship in transition economies: a case study of Bosnia and Herzegovina. In: *Journal of Cleaner Production* 88, S. 376-384. DOI: 10.1016/j.jclepro.2014.07.004.

Strobl, A.; Peters, M. (2013): Entrepreneurial reputation in destination networks. In: *Annals of Tourism Research* 40, S. 59-82. DOI: 10.1016/j.annals.2012.08.005.

Taylor, D. W.; Walley, E. E. (2004): The green entrepreneur: Opportunist, Maverick or Visionary? In: *International Journal of Entrepreneurship and Small Business* 1 (1/2), S. 56. DOI: 10.1504/IJESB.2004.005377.

Tiba, S.; van Rijnsoever, F. J.; Hekkert, M. P. (2019): Firms with benefits: A systematic review of responsible entrepreneurship and corporate social responsibility literature. In: *Corporate Social Responsibility and Environmental Management* 26 (2), S. 265-284. DOI: 10.1002/csr.1682.

Tran, H.; Hwang, Y.; Yu, C.; Yoo, S. (2018): The Effect of Destination Social Responsibility on Tourists' Satisfaction: The Mediating Role of Emotions. In: *Sustainability* 10 (9), S. 3044. DOI: 10.3390/su10093044.

Uysal, M.; Sirgy, M. J.; Woo, E.; Kim, H. (2016): Quality of life (QOL) and well-being research in tourism. In: *Tourism Management* 53, S. 244-261. DOI: 10.1016/j.tourman.2015.07.013.

Vallaster, C.; Kraus, S.; Kailer, N.; Baldwin, B. (2019): Responsible entrepreneurship: outlining the contingencies. In: *International Journal of Entrepreneurial Behavior & Research* 25 (3), S. 538-553. DOI: 10.1108/IJEBR-04-2018-0206.

van Marrewijk, M. (2003): Concepts and Definitions of CSR and Corporate Sustainability: Between Agency and Communion. In: *Journal of Business Ethics* 44 (2), S. 95-105. DOI: 10.1023/A:1023331212247.

Wagner, M. (2009): Eco-entrepreneurship: An empirical perspective based on survey data. In: Gary D. Libecap (Hg.): Frontiers in Eco-Entrepreneurship Research, Bd. 20. Bingley, UK: Emerald Group Publishing Limited (Advances in the Study of Entrepreneurship, Innovation & Economic Growth), S. 127-152.

Weiermair, K.; Peters, M. (2012a): Quality-of-Life Values Among Stakeholders in Tourism Destinations: A Tale of Converging and Diverging Interests and Conflicts. In: Muzaffer Uysal, Richard Perdue und M. Joseph Sirgy (Hg.): Handbook of Tourism and Quality-of-Life Research, Bd. 31. Dordrecht: Springer Netherlands, S. 463-473.

Weiermair, K.; Peters, M. (2012b): Sustainable entrepreneurship: Its role and importance in the creation of long term prosperity for tourism development. International Conference on Sustainable Mountain Tourism: Changing Paradigms in Sustainable Mountain Tourism Research: Problems and Perspectives", October 15th. Brixen, Italy, 2012.

York, J. G.; O'Neil, I.; Sarasvathy, S. D. (2016): Exploring Environmental Entrepreneurship: Identity Coupling, Venture Goals, and Stakeholder Incentives. In: *Journal of Management Studies* 53 (5), S. 695-737. DOI: 10.1111/joms.12198.

Yüksel, I. (2012): Developing a Multi-Criteria Decision Making Model for PESTEL Analysis. In: *International Journal of Business and Management* 7 (24). DOI: 10.5539/ijbm.v7n24p52.

Zahra, S. A.; Gedajlovic, E.; Neubaum, D. O.; Shulman, J. M. (2009): A typology of social entrepreneurs: Motives, search processes and ethical challenges. In: *Journal of Business Venturing* 24 (5), S. 519-532. DOI: 10.1016/j.jbusvent.2008.04.007.

Zheng, Y.; Goh, E.; Wen, J. (2020): The effects of misleading media reports about COVID-19 on Chinese tourists' mental health: a perspective article. In: *Anatolia* 31 (2), S. 337-340. DOI: 10.1080/13032917.2020.1747208.

Verzeichnis der Autorinnen und Autoren

Dipl.-Wirtsch.-Ing. Karsten BOLZ, Doktorand an der Bergischen Universität Wuppertal. eMail: karsten.bolz@uni-wuppertal.de

Univ.-Prof. Dr. Anne CHWOLKA, Inhaberin des Lehrstuhls für Betriebswirtschaftslehre, insb. Unternehmensrechnung/Accounting an der Otto-von-Guericke-Universität Magdeburg. eMail: chwolka@ovgu.de

Prof. Dr. Claus DIERKSMEIER, Professor für Globalisierungsethik am Institut für Politikwissenschaft an der Eberhard Karls Universität Tübingen. eMail: claus.dierksmeier@uni-tuebingen.de

Sarah EICHELBERGER M.Sc., Doktorandin am Institut für Strategisches Management, Marketing und Tourismus – KMU und Tourismus an der Universität Innsbruck. eMail: sarah.eichelberger@uibk.ac.at

Prof. Dr. Martin L. FONTANARI, für Tourismus und Eventmanagement am Department Marketing, Sales & Tourism an der International School of Management (ISM) in Köln. eMail: martin.fontanari@ism.de

Prof. Dr. Jacob HÖRISCH, Juniorprofessur für Nachhaltigkeitsökonomie und -management an der Leuphana Universität Lüneburg. eMail: hoerisch@leuphana.de

Dr. Mara MANENTE, Direktorin des CISET (International Centre of Studies on Tourism Economics) an der Ca' Foscari Universität Venedig in Treviso. eMail: mara.manente03@unive.it

Erica MINGOTTO, Mitarbeiterin und Forschungsstipendiatin am CISET (International Centre of Studies on Tourism Economics) an der Ca' Foscari Universität Venedig in Treviso. eMail: ericamin@unive.it

Sebastian OELRICH M.Sc. LL.M.oec., wissenschaftlicher Mitarbeiter am Lehrstuhl für Betriebswirtschaftslehre, insb. Unternehmensrechnung/Accounting an der Otto-von-Guericke-Universität Magdeburg. eMail: sebastian.oelrich@ovgu.de

© Springer Fachmedien Wiesbaden GmbH, ein Teil von Springer Nature 2020
H. Pechlaner und S. Speer (Hrsg.), *Responsible Entrepreneurship*, Entrepreneurial Management und Standortentwicklung, https://doi.org/10.1007/978-3-658-31616-7

Prof. Dr. Harald PECHLANER, Inhaber des Lehrstuhl Tourismus samt Zentrum für Entrepreneurship an der Katholischen Universität Eichstätt-Ingolstadt. eMail: harald.pechlaner@ku.de

Univ.-Prof. Dr. Mike PETERS, Professor am Institut für Strategisches Management, Marketing und Tourismus – KMU und Tourismus an der Universität Innsbruck. eMail: mike.peters@uibk.ac.at

Dr. Frieda RAICH, Lehrbeauftragte am Management Center Innsbruck (MCI), an der Freien Universität Bozen und an der Fernhochschule SRH Riedlingen. eMail: frieda@raich.it

Univ.-Prof. Dr. Matthias RAITH, Inhaber des Lehrstuhls für Betriebswirtschaftslehre, insb. Entrepreneurship an der Otto-von-Guericke-Universität Magdeburg. eMail: raith@ovgu.de

Theresa REICHE M.Sc., Mitarbeiterin an der International School of Management (ISM) in Köln. eMail: theresa.reiche.17@student.ism.de

Sebastian SPEER M.Sc., Doktorand am Lehrstuhls Tourismus und Zentrum für Entrepreneurship an der Katholischen Universität Eichstätt-Ingolstadt. eMail: speer.sebastian@outlook.com

Isabell TENNER M.A., wissenschaftliche Mitarbeiterin an der Juniorprofessur für Nachhaltigkeitsökonomie und -management an der Leuphana Universität Lüneburg. eMail: isabell.tenner@leuphana.de

Prof. Dr. Christine K. VOLKMANN, Lehrstuhlleiterin des Lehrstuhls für Unternehmensgründung und Wirtschaftsentwicklung sowie Lehrstuhlinhaberin des UNESCO-Lehrstuhls für Entrepreneurship und Interkulturelles Management an der Bergischen Universität Wuppertal. eMail: volkmann@wiwi.uni-wuppertal.de

PD Dr. Anita ZEHRER, Leiterin Zentrum Familienunternehmen am Management Center Innsbruck (MCI) Die Unternehmerische Hochschule. eMail: anita.zehrer@mci.edu